Zhengjing Yu Bujing

经/邦/济/世/

励/商/弘/文/

京师经管文库

政经与不经

李由／著

中国财经出版传媒集团
经济科学出版社
Economic Science Press

总　序

北京师范大学是教育部直属重点大学，其前身是1902年创立的京师大学堂师范馆，1908年改称京师优级师范学堂，独立设校，1912年改名为北京高等师范学校。1923年学校更名为北京师范大学，成为中国历史上第一所师范大学。1931年、1952年北平女子师范大学、辅仁大学先后并入北京师范大学。师大始终同中华民族争取独立、自由、民主、富强的进步事业同呼吸、共命运，经过百余年的发展，秉承“爱国进步、诚信质朴、求真创新、为人师表”的优良传统和“学为人师，行为世范”的校训精神，形成了“治学修身，兼济天下”的育人理念，现正致力于建设成为具有“中国特色、京师风范”的世界一流大学。

经济与工商管理学院是北师大这棵百年大树长出的新枝嫩叶，其前身是北京师范大学政治经济学系，始建于1979年9月，由著名经济学家陶大镛教授担任第一届系主任。1985年更名为经济系，1996年6月组建为北京师范大学经济学院，2004年3月更名为经济与工商管理学院。作为改革开放的产物，北师大经管学院一直坚守“经邦济世、励商弘文”的使命，见证了中国近四十年来所取得的伟大成就，并为之做出了自己的贡献，在这一过程中，自身不断壮大，成为中国经济学和工商管理的重要人才培养和科学研究基地。

北师大经管学院现在涵盖了理论经济学、应用经济学和工商管理三个一级学科，在世界经济、政治经济学、西方经济学、劳动经济、收入分配、教育经济、金融、国际贸易、公司治理、人力资源管理、创新创业、会计、市场营销等领域形成了稳定的研究方向，产生了一批有影响的研究成果。比如世界经济，它是国家重点培育学科，其最早的带头人陶大镛先生是我国世界经济学科的创始人之一。学院在此基础上，还衍生出了国际贸易和国际金融两大研究领域，现在都有很强的实力。还比如教育经济，它是国家重点学科，作为新兴学科和交叉学科，它也是经管学院的特色学科，其带头人王善迈教授是我国教育经济学科的创始人之一，他在20世纪80年代初参与了“六五”国家社会科学重点项目“教育经费在国民收入中的合理比重”的研究，其研究成果为国家财政性教育经费占GDP 4%的目标提供了依据。再比如劳动经济和收入分配，已具有广泛的学术影响和社会影响，其带头人李实教授更被国际同行誉为“收入分配先生”（Mr. Distribution），他所主持的CHIPs数据库，被誉为迄今中国居民收入分配与劳动力市场研究领域中最具权威性的数据库之一。近些年来，学院通过队伍建设、国际化、体制机制改革等措施，因应国家重大理论和现实问题的能力进一步提升，学术成果的影响力进一步增强。比如在“十二五”期间，学院共承担国家社科基金重大项目、教育部人文社科重大攻关项目、国家社科基金重点项目、国家自科基金重点项目15项；在第七届高等学校科学研究优秀成果奖（人文社会科学）评选中，学院7项成果榜上有名，其中一等奖1项，二等奖2项，三等奖4项；此外，学院还有多项成果获北京市哲学社会科学优秀成果奖一等奖、孙冶方经济科学奖、安子介国际贸易研究奖、张培刚发展经济学奖、蒋一苇企业改革与发展学术基金优秀专著奖等，并有

3 项成果入选国家哲学社会科学成果文库。

北师大经管学院一直很重视将教师的学术成果集中呈现给社会。早在 1980 年 5 月，就主办了《经济学集刊》，在中国社会科学出版社出版，其宗旨是“促进我国经济科学的繁荣和发展，积极开展经济理论的研究，提高经济科学的水平，更好地为我国社会主义革命和建设服务”。《经济学集刊》收集有胡寄窗、朱绍文、田光等著名经济学家的大作，但更多的是本院教师的作品，如陶大镛教授的《论现代资本主义的基本特征》、詹君仲教授的《劳动价值学说的由来与发展》、杨国昌教授的《〈资本论〉创作发展阶段问题的探讨》、王同勋教授的《墨子经济思想初探》、程树礼教授的《简论人口规律和生产方式的关系》等，出版后产生了很好的影响。后来又陆续出版了多本。现在我国正处于全面建成小康社会的决胜阶段，未来一个时期，仍是经管学科发展的重要战略机遇期。北京师范大学经济与工商管理学院的愿景是成为具有人文底蕴和国际影响力的一流经管学院，要为“两个一百年”中国梦的实现做出更大的贡献。今天，学院与经济科学出版社合作推出《京师经管文库》，目的是要集中展示学院教师取得的成果，发出师大经管人关于中国社会经济改革和发展的声音，并推动各位学者再接再励，再攀新高。

《京师经管文库》的汇集出版，得到了北京师范大学“985”工程建设项目和一级学科建设项目的慷慨资助，得到了北京师范大学学科建设与规划处、社会科学处、财经处等的具体指导，得到了经济科学出版社的大力支持。此外，学院学术委员会就文库编辑出版事宜多次开会讨论，许多教职员工为之付出了大量心血。在此一并表示感谢。

《京师经管文库》编委会

2016 年 2 月 14 日

目录 CONTENTS

自序

一

本书并不是一本中规中矩的学术文集，只是一些关于自然、社会和人生的观察思考。

“人生识字忧患始，姓名粗记可以休。”苏轼访问石苍舒醉墨堂后写下的诗句，当然不无自嘲、无奈和愤懑。而我更认同《罗素自传》中关于人生追求的回答：有三种简单然而无比强烈的激情左右了我的一生，即对爱的渴望、对知识的探索和对人类苦难的难以忍受的怜悯。

祖籍山东，家乡江苏，读书，劳作，观察，迷惑，少年的文字如野马蜃楼，早就随风飘散。考入北京师范大学政治经济学系的第一个暑假，我做了一点社会调查，不期短短的《农村需要大学生》登上了1984年9月15日的《中国教育报》，这是我的第一篇印成铅字的文字。1987年大学毕业，在旧都城西的南京艺术学院马列主义教研室任教，两年后重回母校读研究生，从此就留在了这儿。既忙忙碌碌于柴米油盐，又于工作、闲暇之余思考、写作，转瞬三十多年就过去了。

中学时期，我大致还抱着文艺启蒙、科学救国的传统理念，没有认识到社会发展的经济基础和法治秩序问题。或如硕士学位论文初稿首段所言："十八岁以前，我从未想到今天会埋首于经济理论的思考与研究。那个时候，我正做着科学家的梦——牛顿、高斯、居里夫人、爱因斯坦等科学大师的高贵形象，占据着我理想的天空。给我一个支点，我可以撬动地球。那个时候，初雪的静美，落日的绚丽，或者一朵小花、一阵雁鸣，更能触动我心灵的憧憬和悸动。对于发生在耳畔身前的柴米油盐等家庭生计，或者变动多难的国家经济，却熟视无睹，更不用说作形而上的深沉思考……"

正是从大学本科到硕士研究生，我开始系统学习经济理论，具体观察和思考真实的经济现象，在《艺苑》《农村经济与社会》《马克思主义理论教育参考资料》《教学与研究》《经济体制改革内部参考》《内部文稿》《生产力研究》《经济问题》《广东社会科学》《宁夏大学学报》等期刊发表了 18 篇文章，尝试探讨了艺术品价格、国有经济、收入分配、区域经济、产业结构、经济发展、体制改革等诸多经济问题。每个人早年的文章，思想可能肤浅，文字难免稚嫩，但往往寄寓了他的人生向往，体现着他的思想风格。

在古希腊诗人阿奇洛库斯（Archilochus）的寓言中，狐狸知道很多的事，刺猬则知道一件大事。1989 年春夏之后，思想淡出，学术凸显，研究走向职业化、专门化，我则好高骛远，细大不捐，又浅尝辄止，不求甚解，许多思考不伦不类，许多解答不中不西，大约属于狐狸型的学人。事实上，我的教学和研究工作涉及古典政治经济学和马克思主义政治经济学，以及现代的劳动经济学、制度经济学、发展经济学等学科，职称穿越了政治经济学、工商管理、世界经济和公共管理等岗位，偶尔还"流窜"到政治、法律、文学、历史等领地。

在过去的学习和研究中，我比较集中地思考了马克思主义政治经济学、劳动工资和收入分配、企业制度和公司治理、中国经济增长和发展、制度分析和中国经济转型等问题，从《中国个人收入分配论纲》（1996 年）、《职能定位与制度创新》（1998 年）、《大国经济论》（2000 年）、《公司制度论》（2003 年）和《公司制度概论》（2010 年）、《中国转型期公共政策过程研究》（2008 年）、《现代政治经济学教程》（2015 年）、《新编政治经济学》（2018 年）、《唐诗选笺》(2016 年) 和《唐诗今选》(2020 年) 等独立或合作的著作大致体现了我的学术偏好。

二

20 世纪七八十年代，中国的经济理论研究差不多都是从马克思的政治经济学出发的。回想大学本科的政治经济学专业，不仅系统学习了马克思主义政治经济学的资本主义和社会主义部分、经济思想史和马克思主义经济思想史及《资本论》研究等课程，其他课程也几乎都建立在马克思主义政治经济学的基础之上。只是在大学第四年上学期，才批判性、简单地学习了两课时的所谓的西方经济学。

1987 年大学毕业后，我在南京艺术学院讲授政治经济学课程，加入了江苏省经济学会。最初发表的几篇文章，就是试图运用马克思的经济理论，具体分析现实世界的经济问题，如《战后西方国有经济的发展、地位和作用》(1988 年)、《资产存量重组——产业结构调整的另一种思路》(1988 年)、《试论艺术品的劳动特征和价格形成》(1989 年) 等。后来，多次恭逢全国高校社会主义经济问题研讨会，参与朱元珍、陶大镛、王善迈、邢文英、白暴力、李翀等教授主持的科研项目，相关选题也未离开马克思主义理论的范围。比如，在陶大镛教授主编的《现代资本主义论》(1996 年) 和《世界经济新格局研究》(2001 年) 两部著作中，我分别承担了关于经济增长和产业结构、中国国际地位和发展战略的撰写工作，以及撰写了《世界经济新格局研究》的两篇评论文章，这两部著作也分别获得了教育部人文社会科学研究成果二等奖和北京市哲学社会科学研究成果一等奖。

随着我国社会主义市场经济的建立和发展，我的研究领域很快偏重于中国经济改革和发展问题。直到 2011 年新学年，时隔 20 多年，重新主讲政治经济学，才再次关注似已荒疏的马克思主义经济理论。鉴于国内外出版的大量教科书，在内容安排、叙述方法和编写体例等方面还有待完善，于是决定根据马克思主义的基本原理和教育部关于马克思主义政治经济学原理的教学要求，力求既准确理解和系统表述马克思、恩格斯等经典作家的经济理论，突出和深化对基本概念和原理的认识，又吸收、综合马克思主义政治经济学和非马克思主义政治经济学的研究成果，反映经济发展的时代特征和政治经济学的重要发展，修正政治经济学的某些知识和结论，重新撰写一部尽可能达到内容精当、逻辑严密、结构合理、体例规范、风格突出的教科书，这就是经济科学出版社 2015 年版《现代政治经济学教程》和北京师范大学出版社 2018 年版《新编政治经济学》。

在研究和叙述的方法上，这两本教科书既继承了马克思的从具体到抽象、逻辑和历史相统一的研究方法，以及从抽象到具体的叙述方法，又尝试吸收现代经济学以及其他学科的研究成果，坚持个人主义与整体主义相结合的研究方法，力求在经过多元性吸纳、批判性综合的基础上，准确分析资本主义经济的运行过程和发展规律。全面揭示资本主义生产方式的本质特征和内在矛盾，对马克思主义政治经济学进行创造性转化和现代化叙述。

《现代政治经济学教程》的创新突出表现在第一章关于政治经济学的一般思考，第二章关于劳动、商品和价值的逻辑分析，第四、第五章关于资本运动和剩余价值生产的两阶级、产业资本的模型分析，第九章关于社会再生产和经济危机的宏观分析等章节上。

比较而言，《新编政治经济学》则按照资本最大化地追逐剩余价值的基本原则，从商品生产和商品流通出发，依循从劳动、商品、货币到资本；从价值创造、价值实现到价值分配；从个别资本、产业资本、总资本到国际资本的进程而展开的理论逻辑，构建政治经济学的内容结构。其中，第一章、第二章、第三章主要叙述政治经济学的性质和研究的对象、方法，商品、劳动和市场经济，货币及其职能等基础知识和理论，全面深入地论述了劳动是形成和决定商品价值的基本因素，自由竞争的市场是资本主义和社会主义共同采取的基础性、决定性的资源配置方式。第四章、第五章、第六章、第七章、第九章分析产业资本和剩余价值的生产与扩大再生产，资本的循环、积累和平均利润，职能资本、生息资本和剩余价值的实现、分配，社会再生产、经济危机和资本主义的历史性等有关资本主义经济的基本理论，揭示资本主义生产方式的本质在于剩余价值的生产和分配，探讨社会化大生产和再生产的一般规律，以及资本主义发展的历史性和社会主义的可能性。第八章重点分析现代资本主义经济中的两种重要现象，即垄断资本主义、世界资本主义的生产方式特征，以及资本与国家、政府之间的关系问题。对于马克思当年研究相对薄弱的部分，如劳动与分工、价值与价格、纸币和电子货币、市场及其结构、公司资本与公司治理、剩余价值分配、信用与生息资本、垄断资本与垄断价格、技术创新与经济增长、社会再生产与经济危机、国有资本和社会福利制度、跨国公司和全球化等问题，本书在相应章节都作了一定的补充和完善。

三

1989 年，我再次考入母校，师从朱元珍教授，攻读政治经济学硕士研究生。读书之余，在导师以及学院程树礼、王善迈、邢文英等老师，以及学界任扶善、杨时旺、练岑、袁崇法等前辈引导下，走进机关、企业、农村做调查，了解社会活动的真实面目。北京是首都和中央机关驻地，工商企业云集，我曾经向国家发展改革委、计委、经委、财政部、劳动部、农业部等综合或专业性经济管理部门人员请教，走访了纺织、印染、钢铁、化工、轻工、饮料、商业等企业，还先后到福建、广东、山东、山西等地区，调查企业承包、农村改革、城乡建设等社会经济活动。

由于导师的研究重心从马克思主义政治经济学和社会主义经济理论转入劳动工资和收入分配问题，因缘际会，随后几年我的阅读和研究也在这一领域。研究生第二年，经导师和中国社科院法学所史探径研究员推介，加入了北京市劳动学会，参与了劳动部、中国劳动学会、北京市劳动局等组织的一些调研活动。主要围绕劳动工资问题，发表了《论工效挂钩改革的局限性》(1991 年)、《国民收入、物价与工资适度增长》(1991 年)、《工资适度增长：理论、现状、对策》(1991 年)、《行业工资制度改革的设想》(1991 年)、《论企业工资的形成机制》(1992 年)、《关于共同富裕的思考》(1992 年) 等十多篇论文，参与撰写了劳动科学领域国内第一部《实用劳动大辞典》(1992

年)，硕士学位论文《个人收入分配与国民经济发展》后来成为《中国个人收入分配论纲》(1996 年) 的第一、第三、第四、第五、第六章。

在劳动工资和收入分配上，基本理论和定量分析不容我辈置喙，主要梳理几项经验事实：一是通过分析新中国的统计资料，考虑经济增长、赡养系数、物价等因素，重现了前三十年城镇职工货币工资、农村居民纯收入严重下降的现象；二是分析了我国企业工资制度、行业工资制度等劳动工资问题，提出居民和企业为主体、劳动用工和收入分配市场化的改革目标，溯源了收入分配中的公平、平等与效率问题；三是探讨和揭示了我国居民收入的来源、形式、结构和变动等问题，这是进一步分析收入分配的基础工作。

在人类经济活动中，财产所有制是投资和分配（激励）的制度前提，生产是价值创造的主要环节，市场或政府是资源配置的基本方式。比较而言，收入分配只是经济过程的中间环节和经济机体的神经末梢，尽管它的细微触发都会使居民心动、企业伤神、政府头痛，但并非基础性和决定性的经济问题，这是我的研究领域迅即转向的重要原因。当然，后来还是探讨了经济发展与收入分配中的公平与效率问题，明确提出了基于公民主体、权利本位的制度公平与经济效率之间呈现着统一互动的关系，而囿于结果均等的收入平等与经济效率之间则存在冲突、抉择的关系，这体现在《公平、平等与我国收入分配政策取向》(2013 年)、《走向人民主体、公平本位、创新驱动的共同富裕之路》(2021 年) 等文章中。

四

大学毕业前，我曾在北京育才学校教了一节“国有企业改革是经济体制改革的中心环节”的课；研究生期间，发表了关于企业承包、企业破产等方面的论文；没想到的是企业改革和公司治理成为我长期研究的经济问题。1992 年春天，邓小平南方谈话之后，中国经济开始全面转型，个人行为经济化、公有经济私有化、工厂商店企业化、经济活动市场化成为经济改革的基本内容。

硕士研究生毕业前，我曾联系国务院研究室、农业部农村经济研究中心等工作单位，但因教育部的一纸命令而最终留在母校，并分配到经济管理教研室。最初讲授的课程虽然是国民经济管理学和中国经济体制改革，但首次参与的研究课题是邢文英教授主持的“国有企业活力研究”，不久又兼任中国人民银行《当代证券》杂志编辑，对经济现象的关注很快从收入分配转向企业改革、金融市场、公司治理等方面。

我首先思考和研究的是国有经济和国有企业改革问题。国有经济是计划经济的主要基础，但市场化改革必须重建国民经济的微观结构。虽然国家国有资产管理局在 1988 年建立，《中华人民共和国公司法》在 1993 年底颁布，但我国改革长期摸石头过河，至今没有确立权威、系统、稳健的国有经济改革方案。1995 年前后，国家经委曾经牵头起草《中华人民共和国国有资产法》，为国有经济和国有企业改革铺路搭桥。于是，我开始探究国有经济的性质、职能和地位，国有企业的改革、经营和效率，产权安排、所有制结构与经济运行等问题，阶段性成果体现在著作《国有资产管理体制改革实务》（1996 年）和《职能定位与制度创新》（1998 年）中。

自东印度公司 1600 年在英国伦敦设立后，公司制即股份制或现代企业制度就成为经济组织的主要形式，这也是我的企业研究的第二阶段主题。诸如公司制度如何创立和演变，公司权力中心为什么从股东会向董事会、公司利益相关者转移，公司治理如何在内部和外部展开，公司如何通过产品和资本市场运行等现象，不仅是政治经济学和微观经济学的重要问题，也成为管理学、法学、社会学、历史学等学科的研究对象。我的研究成果不仅呈现在一系列分析和评论性文章中，而且凝结于《公司制度论》（2003 年）和《公司制度概论》（2010 年，2014 年）两部专著。虽然我更喜爱《大国经济论》，但《公司制度论》在 2004 年获得了北京市哲学社会科学研究成果二等奖，其中的许多分析结论也在后来的企业改革和法律修订中成为现实。

五

对于落后国家，唯有开放、改革、发展才是硬道理。马克思、恩格斯分析和批判资本主义，最终目的是人的全面自由发展和社会经济的持续进步。

中国经济增长和发展也是我最初关心的经济问题。大学毕业的次年，我就发表了《资产存量重组：产业结构调整的另一种思路》（1988 年）、《城乡局域一体化》（1988 年）、《我国西部地区发展模式小议》（1988 年）等数篇论文。留校重登讲台，经济全面改革，国家渐次开放，很快感觉到了持续深造和深入研究的压力。1995 年，我报考了中国人民大学的国民经济管理和本校的世界经济博士研究生，最终选择了师从胡乃武教授跨校读书。

本科和研究生阶段主要是基础知识的系统学习，博士研究生期间则应当是学术研究导向。在探寻博士学位论文选题时，《老子》的“治大国若烹小鲜”和“小国寡民”“民至老死不相往来”，亚当·斯密《国民财富的性质和原因的研究》提出的“劳动生产力上最大的增进，以及运用劳动时所表现的更大的熟练、技巧和判断力，似乎都是分工的结果”和“分工受市场范围的限制”两个命题，以及斯蒂格勒等分析的市场结构和规模经济，钱纳里等分析的大国小国经济问题，等等，对我颇有启发，并让我最终确定了大国的经济发展特征和政府管理方式的研究选题。中国是改革发展中的社会主义国家，更是一个地域、人口、资源、历史大国和潜在的经济大国，其经济发展和政府管理方式随之不同。具体而言，生产要素和经济活动的规模状况直接引致了规模经济、范围经济、外部经济、聚集经济等经济效应，进而制约着一国的分工、专业化、市场结构、资源配置、区域经济、经济开放等经济发展型式，并影响着一国的国家结构、中央与地方关系、行政区划、产业政策等政府管理方式。因此，从经济规模特别是从国家经济规模角度，系统地分析中国的经济发展和政府管理，就具有特殊的基础研究和应用研究价值。1998 年博士学位论文完成后，我发表了《试论收入变动、国家规模与积累的相互关系》（1999 年）、《开放条件下的中国区域发展》（2006 年）等论文，出版了《大国经济论》（2000 年），并引发了国内学界的一些相关研究。

进入 21 世纪，我申请主持了国家社会科学基金项目“开放经济中的大国产业发展与产业政策”和北京市哲学社会科学项目“地方公共物品与首都公共财政政策”，参与了北京市重点学科世界经济的研究项目，协助编辑发表了

《北京对外经济的回顾与展望研究报告》（2005 年），试图从国际分工、开放经济的角度进一步分析我国的经济发展问题。由于数理分析和定量分析能力所限，加上个人懒散等原因，这一设想至今仍在缓慢落实。欣慰的是，许多研究者已经大大推进了这一问题研究。

六

对于发展中国家，发展不只是单纯的经济增长，而且是包含了知识创新、产业调整、制度变迁、社会进步等多重内涵的大转型。因此，分析中国经济的运行和发展，必须兼顾制度问题。由于教学需要和个人志趣，制度分析和中国转型自然而然地成为我长期着力的又一个学术领域，从 1990 年开始发表了如《体制效益与改革周期》（1990 年）、《建立开放性、竞争性市场》（1992 年）、《不规范的现实和规范的实现》（1994 年）、《经济转型与政府管理》（1995 年）、《论中国经济体制改革中的通货膨胀问题》（1996 年）、《试论经济发展中的法律创新》（1997 年）、《社会经济转型与工会的职能定位和职工的权益保护》（2006 年），以及近期的《政府与市场关系的应有性质与制度基础》（2012 年）、《论经济转型的动力主体、实现途径和制度保障》（2014 年）、《中国发展道路：条件、原则、方式与未来》（2015 年）、《知识创新、市场与经济发展》（2015 年）、《知识创新、分工扩展与社会扩大再生产》（2017 年）等大约 30 篇文章。

这一系列文章主要探讨了社会主义市场经济体制的内涵、原则、工具、运行和目标。诸如宪法、法律与经济体制改革；所有制的性质和结构与经济发展；政府的性质、权力、职能、机构和管理；公平、公共利益、公共物品与公共管理；公共政策的制定、实施和评估；经济发展中的人口、财政、货币、收入、区域等经济政策和宏观调控体系等问题。关于我国公共政策的制定和实施的系统性思考，则体现在《中国转型期公共政策过程研究》（2008 年，2011 年），这本专著也荣幸地获得了北京市哲学社会科学研究成果二等奖。

七

经历了古代文明和现代探索，自由个体、市场经济、民主政治、和谐环境应当是中国转型的方向，以个人的全面自由发展实现社会福利的最大化应当是中国发展的目标。

近年来，中国竞争开放的市场经济体制初步确立，但民主法治的政治体制改革相对滞后，经济和社会转型困难重重，我的学术兴趣再次转向了重读马克思理论、公平与公共利益、知识创新与发展等方面，尝试从跨学科、大历史、国际化的角度，全面、准确地了解和理解中国的大转型问题。

关于中国大转型的新的思考，在《论公平的权利本体与效率取向》（1990年）、《知识创新、市场与经济发展》（2015年）等文章以及《中国转型期公共政策过程研究》（2008年，2011年）、《新编政治经济学》（2018年）等著作中已有所体现。但是，还有许多基础性、关键性、敏感性的问题，有待我努力思考和不断写作。经济学作为一种自由的学术，不唯书、唯上、唯利，而求真、唯美、向善。我们如果以激情、理性和幻想，对历史、当下和未来负责，勇敢地思考和实践，顽强地发出声和光，就可能打破黑暗和寂寞。我们如果坚持不懈、刚健有力、自由独立、批判创造，路总会向前延伸的。

八

社会发展不只是经济决定，而是经济因素和非经济因素综合推动的结果。科学是对世界规则的发现，艺术则是人类精神的创造。换言之，科学求真，艺术唯美，生活向善。在从事机械的经济理论教学和研究之外，我一直留心和思考经济之外的其他问题，关心那些真实有趣、有用无用的知识和现象。大学时期，曾因为主张“60分万岁”和倾心窗外之事而受到批评，但积习难改，仍我行我素。比较而言，这些年在社会科学的政治法律、人文学科的文学历史等领域心有旁骛，杂七杂八地翻了些书籍，胡言乱语地写了些东西，收进“不经之谈”中的就是这些年的一小部分积累。何况，按照马克思的实践、熊彼特的总结和科斯的批评，经济学不只是黑板上的语言命题和逻辑演绎，经济学应当包括经济基础理论、经济史和经济思想史、经济统计和数据等组成部分，而后两者必须通过全方位观察和跨学科研究才可能获得。

经济之外的著作和文章，主要涉及三个方面。一是关于社会现象的思索评论。如早年《农村需要大学生》（1984 年）对于教育、知识与农村发展的观察，《五四随想》（1989 年）对于五四运动性质、新权威主义、现代人格的思考，《围城·洗澡·百合心》《空白或模糊的一页》《老舍之死》《钱钟书不招研究生》《小说中的大学》对于知识分子的心灵史和心灵的社会史的探讨。二是关于历史琐碎的发掘梳理。如已经出版的《唐诗选笺》（2016 年）、《唐诗今选》（2020 年），尚待修订出版的《唐宋词今选》《稼轩长短句校笺》，以及《岁寒三友偏爱竹》《故园梦里，籍贯何处?》《千古文人武将梦》《盛唐诗人张万顷生平考释》《嘉祐二年春的帝国华彩》《南宋诗人张良臣及张尧臣、张畤事迹考辨》《元旦·社论·中国》等历史小问题的考释文章。此外，还做了几个系列读书笔记，如《小说中的大学》《所谓教授》等出自“高校八卦”系列，《苦楝·麻苘·灰菜》出自“人间草木”系列。三是关于母校历史和大学生活的回顾审理。如《细说京师大学堂》《五四运动：人物与细节》《父母、大学与经济学家的成长》《政治经济学与五虎将》《马特》《师大的鲁迅》。这些文字，虽然超出经济或经济学的范围，但也是我的社会观察和学术研究的一部分。

九

著作相对容易查找，散落各处的文字则难以归集。由此，选入这部集子的文字，大致有这么几个特点：不限于经济与管理领域，还涉及对于世界和人生的思考；大部分文章已经正式发表或出版，小部分还置于抽屉或挂在网上；论文或著作偏重于早年，评论或随笔则以近期为主；多数为独立写作，个别为第一作者；为保持全书体例一致，部分文章的注释、参考文献、标题编号等作了调整，错别字作了更正，但文字一仍其旧，少数文章如《华为的治理方法论》等收录的是原稿，发表时有所删节。本书大致分为三篇：经济之论、政经之见、不经之谈。比较而言，前两篇的文章基本出版过，大致按发表时间编排，字数约占 2/3；最后一篇则野草闲云，大致按历史顺序和文章内容编排。本书以“经”字贯穿文集始终。如果问哪些是更好的文字，还得矫情地说：写作中的篇章，下一部集子！

从知识创新、演进的角度看，从事知识生产或学术研究者众，但绝大多数人只是从业者而非创新者，绝大多数文章并无学术价值。自斯密以来，经济学虽然经过了长期发展而被视为一门社会科学，甚至僭称为经济学帝国主义，但微观行为和宏观现象都受到众多经济因素和非经济因素的错综影响，经济活动的原因与结果之间往往呈现非线性、交互性、随动性的复杂关系，经济学在逻辑和经验上都远非严格意义的现代科学，经济学家赢得的通常只是自我或同道的掌声罢了。我的这些文章，尽管苦心劳力，兜售些知识，转述些常识，也抒发些感慨，散布些怪论，但由于经验、理性和情感、德行的局限，在这速成、低值、易耗的时代，制造的大多仍是次品或废品，自己也非严格意义上的专家或学者。读者展卷，如果能够博得一粲，则感激不尽。

孔子慨叹，四十而不惑，五十而知天命。我虽平常，于书无不爱读，凡事多有其议，而宇宙浩瀚，学海无涯，生命倏忽，能力有限，远未达到不惑而知天命、从心所欲而不逾矩的人生境界。只是，孩子和文章都属自己的好，于是就敝帚自珍，赧颜结集，灾梨祸枣了。这本杂七杂八的自选集既有关于经济问题的观察、分析和评论的正经八百的政治经济学传统，也有关于政治、社会、自然、心灵等问题的闲言碎语，这是源于中国传统文化的杞人忧天和不经之谈，故书名为《政经与不经》。

第一篇 经济之论

- 试论艺术品的劳动特征和价格形成
- 体制效益与改革周期
- 论工效挂钩改革的局限性
- 工资适度增长：理论·现状·对策
- 建立开放性、竞争性市场
- 企业隐蔽性破产：原因、现状与对策
- 试论收入变动、国家规模与积累的相互关系
- 《大国经济论》导言
- 开放条件下的中国区域发展问题
- 《公司制度概论》导言
- 论经济转型的动力主体、实现途径和制度保障
- 《新编政治经济学》自序
- 知识创新、分工扩展与社会扩大再生产

试论艺术品的劳动特征和价格形成*

随着我国商品经济的全面发展，文化艺术市场已初具规模，作为艺术工作者劳动成果的艺术品，正大量涌进交换场所，以商品形式出现在人们面前。在国外，艺术品买卖早已成为兴旺行业。如何认识艺术品的商品属性和劳动特征？如何认识艺术品的价格形成？本文从经济和社会角度进行初步探讨。

一、艺术品也是一类商品

商品是不同生产者通过交换、用来满足人们的消费需求的劳动产品。人的消费需求大致可以划分为两个层次：生理性需要和社会性需要。前者如衣食住用等方面；后者如文化、审美、沟通等方面。传统的政治经济学主要研究人们的生理生活消费，而相对忽略了人的社会生活消费，许多人仅仅把艺术品视为精神财富的结晶，而羞于和商品性联系起来。

在商品经济体系中，一切的交换都不可避免地染上了商品的光辉，都是一种劳动价值交换。衣食住行早已全部纳入市场经济运动轨道，精神性的文化艺术品也是社会分工下的劳动产物，也能够满足人们的消费需求，同样应该按照价值规律的要求，进入市场交换。艺术品的使用价值是其美的效用，

---

* 本文原载于《艺苑》（现《南京艺术学院学报》）1989 年第 2 期，是笔者 1987 ~ 1989 年任教于南京艺术学院期间发表的论文之一。

其消费过程就是人的认识、教育和审美过程。

作为一类商品，艺术品的外延是什么呢？或者说，哪些艺术创作可作为艺术品商品？据存在方式的特征，我们可以把艺术创作大致区分为实体性的和劳务性的两大类别。实体性艺术创作是指将艺术构思诉诸一定的物质载体的艺术产品，主要包括绘画、雕塑手工艺品等视觉艺术，以及文艺创作中的手稿曲谱等。这类艺术品不仅具有可感受的审美认识效用，而且是独立的实物形式，艺术品通过交换后就为不同的人所占有，艺术生产者和所有者可以相互分离，我们称这类创作为艺术品商品，它也是本文的研究对象。

另一类劳务性艺术创作指表演艺术，如舞蹈、戏剧声乐、器乐、歌剧，以及艺术品的展览。这类艺术形式主要为广大消费者提供瞬间性的艺术表现，公众可以共享艺术的认识、教育和审美效用。然而这类艺术创作和生产者不可分离，犹如锋利之于刀，消费者并不能获得独立存在的使用价值实体，因此它还不能称为科学意义上的商品。当然，劳务性艺术也是艺术工作者的劳动付出，也必须以价格形式收取劳动费用，实行等价交换。

需要指出的是，独创性是每一件艺术品的共同属性。对艺术品原作的大量复制，如工厂批量生产的书籍、磁带、画册、石膏模型，等等，它们虽然也具有一定的艺术价值，但在生产和交换上更接近于一般商品，本文不把它们列入艺术品范围，在这一点上专利作品和艺术品有相似之处。按照独创性原则，硕果仅存的具有艺术价值的文物和一般产品，我们也可以把它作为艺术品看待。

二、艺术品生产是创造性的复杂劳动

艺术创造是一种千变万化难以把握的劳动过程，如何认识艺术创造的内在规律特征，文艺理论家已经作了许多阐释，本文则从劳动创造商品价值的角度来分析艺术劳动的创造性和复杂性。与其他产品生产一样，艺术品生产也是人类的具体劳动和抽象劳动的统一，艺术劳动创造着使用价值和价值。

一方面，每一件艺术品都是由互不雷同的具体劳动过程生产出来的，艺术工作者多样化的自由劳动创造出了丰富多彩的艺术产品；另一方面，艺术品生产需要耗费人类一般的体力和脑力，抽象劳动创造了艺术品的经济价值。与其他产品生产不同的是，艺术品劳动具有极其强烈的创造性和复杂性特征。

艺术品生产是一种创造性劳动。我们知道，艺术的生命力在于推陈出新，每一件优秀作品都是对传统的突破，都是艺术工作者精心构思或灵感突发的产物。对于一般商品，如服装、电器，不同企业可以按照同一设计进行大批量的标准化生产，工人劳动主要是一种重复性劳动。对于艺术品，某件作品只能为某个人所创造，复制或伪造之物，其价值则大打折扣。

艺术品生产又是一种复杂性劳动，并不是任何人都可以成为艺术家，都可以进行艺术创作。艺术工作者进入创作之前，一般需要具备较高的文化修养，具有一定的艺术创造技巧和财力。这种艺术素质需经过较长时期的专门学习和刻苦锻炼才能形成，必须指出，艺术劳动不是轻松之事，需耗费大量的、常人领会不到的脑力和体力，每一件成功之作都是作者惨淡经营的智慧结晶。

众所周知，商品价值由生产该商品的社会必要劳动时间决定，是不同企业生产同种产品的劳动耗费的平均值。而艺术生产中的每一件艺术品都是各不相同的、独创性的劳动产物，一件成功之作往往需要经过多次尝试才能完成。社会必要劳动时间是相对于大量同种产品而言的，艺术品都是单一独创之物，也就不存在社会平均的必要劳动时间，价值只能由个别劳动时间来决定。而且，艺术创作是一种复杂性劳动，复杂劳动创造的价值量是简单劳动的数倍，因此每一件艺术品一般具有较高的价值。

三、艺术品的价格形成

价值凝结在商品之中，看不见摸不着，在社会经济生活中，价值只有通过货币表现的价格形式显示出来，因而研究艺术品的价格形成更具有实践意义。一般商品可以通过必要劳动时间的社会比较，可以借助精确的质量指标来规定价格的高低，但艺术品无规则，艺术劳动的个性和复杂性直接决定了艺术品价格弹性很大，人们难以把握。事实上，艺术家创作某一作品时，也很难预料作品的命运是举世瞩目、倾国倾城，还是弃如敝屣、无人问津。

一般情况下，商品价格必须以其劳动耗费、以（c+v）为基础，围绕价值量基数上下波动。可是对于艺术品商品，某价格不仅受艺术劳动量制约，而且还受到其他因素的影响，多种因素的联合作用往往导致艺术品价格大大超出其原有价值。如何解释艺术品价格背离其价值这一反常现象呢？换言之，如何认识艺术品价格的特殊性呢？实际上，这正是由艺术商品本身的特殊性决定的，经济和社会的多方面因素共同抬高了艺术品价格。

第一，艺术品本身的两个基本特征——独创性和可存性，是影响艺术品价格的两个恒常性因素。首先，艺术品是创造性的劳动产品，每一件作品都具有不可替代的审美效用，艺术品的占有者据此可以随意规定垄断价格，垄断价格往往高出其原有价值。对于已故作者的艺术品，占有者更可能漫天要价，因此艺术品价格的卖方市场特征十分突出。其次，美的效用具有永久的魅力，因此艺术品可以世代继承，具有可存性。前人创造的艺术作品，经过一代代人的精心保管和辗转流传，其数量已经蔚为大观。一般商品随着时间的流逝，有形、无形的磨损令其使用价值和价值逐渐减少，最后成为一堆废品。艺术品则相反，美是永存的；保管流传费用和通货膨胀等因素使艺术品的附加值越来越高，艺术品年代越久远，其价值越与日俱增，“酒越藏越醇”也是对艺术品价值的恰当写照。

在分析艺术品价格时，独创性和可存性，或者说垄断性和累加性，是必须考虑的两个因素，例如，货币流通水平就是影响艺术品价格的一个极重要的时期性变量。在通货膨胀时期，为保证艺术品实际价格不下降，艺术品价格至少要与通货膨胀率保持同一上升速度。如果年通货膨胀率为10%，则一年后艺术品价格将上升10%，五年后的艺术品价格将是初始价格的4.6倍。因此收藏一件艺术品，五年后的卖价至少要比买价翻两番，否则连成本也保不住①。

第二，市场供求关系在极大程度上调整着艺术品价格。一般而言，艺术品供给量越稀少，购买者竞争越激烈，其价格也就越高；反之，某一时期某一类别的艺术品存量丰富，其价格就很难高企。纽约画家摩利·卡兹，三分钟就可在揉皱的手纸上作一幅画，至1982年已卖出了11万件作品，不知道这架“绘画机器”的杰作能值多少钱。不过，供求规律在艺术大师面前也可能黯然失色，毕加索一生创作了数以十万计的作品，而世人对他的作品仍然趋之若骛。

随着历史的变迁，当某类艺术品因过分稀少，人们可望不可得时，供求规律便会使人转向新的迷恋对象，在市场上造就新的艺术品价格高峰。由于意大利早期油画作品已成为凤毛麟角，17世纪荷兰的油画正风靡一时；由于印象派画家的油画过于昂贵，一些后现代派如瓦尔塔、勒布尔的作品得以重见天日，受到人们的宠爱。在艺术品交换中，物以稀为贵的价格法则发挥得淋漓尽致。

第三，心理预期和投机动机也常常左右着艺术品价格的形成。在健全、正常的市场体系中，一般商品价格上升时，需求减少而供给增加。受垄断条件制约的艺术品则反其道而行之：当价格持续上升时，人们预期该艺术品仍将升值，预期价格与现期价格的差额十分诱人，因此人们的购买欲有增无减；而精明的生产者和销售者则故意减少该艺术品的供应量，以期单件作品得到更高的卖价。

受累加价格的支持，艺术品价格一般呈上涨趋势，不少人就试图在艺术品的买进卖出中赚一笔，近年来许多人投身艺术品市场，欧美艺术品交易生意格外兴旺，很大程度上就是投机动力的推动。艺术品的美学魅力总在吸引着一批追求者，金钱的诱惑更驱动着一大批人充当艺术“搞客”。他们购买艺术品与其说出于欣赏，不如说着眼于画价；与其说为了收藏，不如说是待价

① 原文关于通货膨胀与价格关系的数字有误，五年后价格应为1.6倍。

而沽。

在艺术品市场上，卖主总希望卖个好价钱，买者也必须有利可图，如果保证买卖双方都有赚头，对艺术品的轮番加价就是必然的选择了。有时，美与金钱的双重动力可能驱动几位财大气粗的买主对某件艺术品展开疯狂的角逐，势均力敌的激烈竞争往往极大地抬高了艺术品的价格，例如在 1988 年 11 月 11 日的纽约名画市场，咄咄逼人的争夺使雷诺阿的名作《提花篮的少女》卖价从 200 万美元上升到 400 万美元，最后日本人松尾以 528 万美元将画买走，一日之内画价足足翻了一番半。

第四，经济发展水平直接决定着艺术品需求者的购买能力，从而也决定着艺术品的价格水平和流通方向。经济萧条时期，少数人可能因为需要金钱而急于出卖艺术品；经济增长时期，艺术品又和金银珠宝一起，备受大多数人的青睐，富者往往不惜重金竞相购买名画艺术品，作为保值之物。第二次世界大战后，美国取代欧洲成为第一经济金融大国，富有的美国人也就成了艺术品的最大买主，他们收藏了大量的世界艺术珍品。20 世纪 70 年代以来，经济迅速崛起的日本人又掀起了购买艺术品的旋风，日元升值进一步强化了日本人的收藏欲，据日本海关统计，仅 1987 年前八个月，日本人就从海外购入了 82.29 万件绘画，总金额达 734 亿日元。同样，海湾石油国家的亿万富翁们，也常常挥金如土购买艺术名作。大量金钱涌向艺术品市场，无疑大大提高了艺术品身价。

在艺术品交易中，国家经济政治的相对落后，也就意味着无法有效地保护自己的艺术产品。近代史上，亚非拉艺术珍品大量流入欧美资本主义国家；20 世纪以来，欧洲艺术佳作又不断涌向美国及日本市场，这是实力对比的必然结果。据统计，我国古代名画散失在外的情况是：美国、加拿大 1900 件，欧洲和东南亚 1260 件，日本 3900 件。经济发达国家如美国、日本，一些大企业为扩大公司声誉，美化公司形象，常常购买几件艺术名作，或资助创办艺术博物馆，或举办艺术展览，以招揽顾客。新兴的“暴发户”为了炫耀经济富足，显示趣味高雅，也爱花钱买几件艺术品陈列，特别是 70 年代以来，富有的日本人更以在室内挂一幅画为荣，结果是许多不出名的日本画家的作品也卖出了好价钱。

第五，其他因素。由于社会审美时尚的偏差和保守心理的压抑，许多艺术形式和艺术流派当初遭到了人们的冷遇，艺术家卖艺不足谋生，生活贫困不堪，而死后，其作品却被尊为神圣，价格扶摇直上。1898 年，凡高创作了《蝴蝶花》，他曾说，“有朝一日，我的作品将比我的生命更有价值”，今日凡高作品的艺术价值有目共睹，但画家恐怕很难想到，未过百年他的一幅画的经济价值竟达 3 亿法郎吧？

由于生活条件的限制，人们对不同类艺术品的需求强度也不一样，价格忽高忽低。二战后到 60 年代，法国人的住房过于狭窄，挂毯之类占用较多空间的艺术品就遭到了人们的冷落，许多精美的挂毯也被人以低价转手了。又如，由于文化生活背景的差异，欧美人很难理解东方艺术，中国名画的售价就往往低于欧洲同类作品的价格。再如，当现代工业制成品大量充斥市场时，古朴稚拙的手工艺品和老式家具又迎合了一部分人的偏好，其价格大大高于同类的工业制品，这是消费生活中的复古现象。

艺术品交易中，信息传递手段和交通运输工具等因素也起着一定的辅助作用。在艺术品拍卖前，通过广告宣传媒介以提高它的知名度和神奇感，或者选择一个好日子，说不定会带来一笔意外收入；相反，不为人知的艺术佳作则可能以低廉价格出手。交通工具便利，卖家则可以使艺术品及时追踪最佳卖价市场。在艺术品的众多买主中，越来越多的博物馆已成为令人侧目的对手，尤其是美日等国的一些博物馆机构，具有强大的经济后盾，大量购进艺术名作，操纵着艺术品价格。

由于以上种种因素及其他未知因素的交互作用，艺术品价格带有很大的偶然性，人们在给艺术品定价时，几乎从不考虑创作时的劳动付出，而是随行就市，拍卖定价。但总体说来，艺术品价格呈不断上升态势，早在 20 年前，达·芬奇的《蒙娜丽莎》即估价为 1 亿美元，今天恐怕已达 5 亿美元了吧？

四、艺术品的管理

由以上分析可知，艺术品价值创造与价格形成，不仅具有商品的一般属性，而且具有其独特的运动特征。在封建社会，艺术创作已有润笔之酬，现代经济中，艺术创作更成为一部分人的劳动方式。据统计，1987 年我国已有从事文化艺术工作的专业人员 42.8 万人。但在发展过程中，也出现了这样那样的问题，国家在保证艺术创作和艺术市场繁荣的前提下，必须有效地管理艺术品市场。就目前情况来看，至少要加强以下三方面的工作。

第一，尽快制定和颁布版权法等法规，以法律形式保护艺术工作者的劳动合法权益。

第二，建立健全艺术品的生产和流通管理体制。在艺术品的交易渠道上，可建立国家专卖与市场交换相结合的双重流通形式。对具有重大价值的艺术作品，由国家专门机构进行管理和买卖，防止艺术品的流失；对一般艺术品价格，则由市场规则支配，国家通过税收方式实行管理。

第三，无论是私人收藏还是国家所有，艺术品都是整个民族文化遗产的重要组成部分，艺术名作更是国之瑰宝。国家应设立艺术发展和保护基金，建立各类艺术博物馆，严厉打击盗窃、毁坏和走私艺术品的犯罪活动。

体制效益与改革周期*

——兼论对体制改革的态度取向

体制改革已经成为我国社会经济生活中的主旋律之一，人们对改革也寄予了许多美好的设想，希望通过一次性改革，就能够消除原有体制中的各种弊端，扫清前进道路上的层层障碍，从而永久地推动着社会经济进步。实践证明，这种设想虽然诱人，实际上只能是人们的一厢情愿而已。由于种种原因，任何一种经济体制，包括人们所瞩望所认可的最佳体制，都有一定的生命周期，改革是一种周期性的社会经济调整过程。

一

经济体制是社会经济制度在一定历史条件下的特殊存在形式，是生产力和生产关系的具体结合过程。经济体制的基本结构，大约可以分为三个层次：作为经济发展微观基础的企业制度；国民经济的运行发展机制；政府对国民经济的宏观管理体制。一般情况下，企业制度和经济运行机制这两个层次的经济体制相对稳定；国民经济管理体制作为国家上层建筑的重要组成部分，则具有更大的可塑性、变异性。在社会主义国家，表现为中央政府计划管理的手段、对象和范围的改革。

---

* 本文原载于《广西党校学报》1990 年第 3 期，与韦克俭、李林宁合作。

经济体制是一定历史阶段上的生产关系适应生产力性质的客观产物，因而新体制的建立，也就意味着旧有的生产关系特别是利益关系被打乱、破坏，新型生产关系特别是利益关系的重建确立。一般而言，体制变革尽管触动了一部分人的原有经济地位和经济利益，但从社会整体的角度来看，则改良并发展了大多数人的经济地位和经济利益，更加适应了经济发展的客观要求。因此，新体制往往大大解放了社会生产力，在较短时间内释放出潜藏在原有体系内部的巨大能量，而且全面激发了经济主体的劳动积极性和创造性，强有力地促进了社会经济进步。

显而易见，由于改革不合理的经济体制，原有经济系统中受压抑受埋没的生产可能性，可以得到全面迅速的释放。这种经济效应不同于科技进步、生产创新所直接带来的经济效益，我们把源于体制改革而引致的经济社会进步称为体制效益。纵观古今中外历史，改革过程中的新体制建立初期，体制效益常常得到加速度释放；在体制运转期间，这种效益仍能持续不断地涌现出来。近十年来的我国经济社会体制改革，就产生了举世瞩目的巨大效益。资本主义国家通过改良调整其社会经济关系，生产力也会相应获得一定程度的发展。例如，20 世纪 80 年代欧美各国政府实行自由化经济政策和国际经济协调化体制，就推动了其经济的较快增长。

二

正如土地效益和政策效益具有依时递减性一样，体制效益也具有依时递减这一特征。由于经济体制是生产关系在特定历史条件下的表现形式，它的存在必然具有一定的时间、空间限制，有其发生、发展和消亡的过程。新体制在建立和运行过程中，必然受到各方面因素的阻挠、破坏和挑战。

第一，生产力进步的挑战。生产力是最活跃、最革命的社会结构，当代科学技术的持续进步和加速运用，更为生产力肌体注入了恒新激素。生产力随时随地地改变着自身本来面貌和社会生产内容，由此经济体制就必须及时调整其功能结构，自觉适应并不断推动社会生产力进步。

第二，经济体制中的既得利益者的保守倾向和强大惰性。任何一种经济在其生存时期，都要培育造就出一大批最大利益承受者。为保证既得利益格局的稳定性，这批经济主体必然全力维护原有社会经济体制甚至原有体制的弊端，反对和扼杀创新因素，减慢体制更替速度，这就促使体制加速退化，体制效益迅速衰退。少数经济主体甚至千方百计利用原有体制的不足，来获取自己局部的、暂时的经济利益。体制所不能限制的也就是体制所允许的，上有政策下有对策，体制弱点和空白下的随机应变、各自为政，在很大程度上妨碍着社会整体利益和长远目标的顺利实现。

第三，从体制本身来看，任何一种体制都不可能完美无缺，永葆其勃勃生机。建立之初的经济体制，较好地适应了经济生活的客观状况，它能够直接刺激并推动着生产力前进。随着时间的推移，潜伏在体制内部的各种缺陷将不断暴露出来，体制有效功能渐渐趋于衰弱钝化，这些缺陷势必削弱体制生命力，从自身否定体制存在的合理性。

第四，求新求异的社会需求心理对日趋僵化体制的厌倦逆反效应。经济体制运动过程中，社会成员在实现了最初目标，享受了最大效益之后，必然追求更新更高的生活目标。这时，原有体制的动力机制和目标导向往往变得陈旧保守，实现途径常常壅塞不通，因而需要更换新的体制。一个不很恰当的类比：某种美味佳肴吃久了，也会胃口不佳，营养失衡，人们必须更换品种花样。

由于以上的及其他方面的原因，任何一种经济体制都有其相对有限的生命期限，不存在万古长青的经济体制之树。体制效益在经历了一个或长或短的释放过程后，便开始衰弱减少。一个体制的生命周期大致可以分成以下几个阶段：体制建立、体制正常运行、体制效益衰退、新体制的萌动。每当旧的体制废除，新的体制建成之后，体制诸阶段又将周期性地循环出现。频繁变换的经济体制，既说明了体制效益的递减性，又意味着体制改革需要耗费大量费用。因此，衡量体制改革成功与否的标志就是体制效益的广泛性，特别是持续性。新体制发挥其自身效益的范围越广，时间越长，则改革越成功，否则改革越不成功。

实际上，政策效益就是体制效益的直接、具体的表现。国家政策就是特定的经济体制决策系统，根据当时的利益占有格局和未来发展目标，制定出来的经济发展的原则、措施和规则，是经济体制功能的外在特征。经济体制运行过程，在一定意义上也就是经济政策的制定、执行和废除过程。在每一种经济体制的生存周期中，政府为实现其发展目标，需要颁布一套至多套政策体系，直到政策已不足以产生积极效益。政策的最终无能为力，也就标志着体制生命的行将结束。

三

在现实生活中，体制生命周期已经无数次地出现过。纵观中外历史，体制建立之后，都存在着一个大小不同、长短不等的效益释放期，短则半年一年，长则十年几十年，甚至更长时间。从这一意义上说，社会历史也就是体制肯定—否定的循序上升过程。

以中国为例，新中国成立以来，我们就试行了三次经济体制改革，每一次间隔十年左右。1949～1956 年，我们建立了以公有制为主体的社会主义经济制度，对经济实行统一计划、分级控制的管理体制。“一五”计划完成以后，国家对国民经济直接控制从而妨碍着经济主体活力这一弊端便逐渐暴露出来，于是我们掀起了第一次体制改革浪潮。1957 年，国务院公布了《关于改进工业管理体制的决定》等三个文件，决定把工业、财政、商业管理的部分权力，合理下放给地方政府和企业，以便进一步发挥地方政府积极性，推动全国经济大跃进。在 1958～1960 年的改革尝试中，由于过分地将中央政府的管理职能和大型骨干企业下放给地方政府，结果造成了经济宏观失控，社会生活动荡。

1961～1965 年，我们不得不进行经济调整，适当加强中央计划控制职能。

1970 年前后，中央又一次试图改革经济体制，扩大地方权力，将包括鞍钢、大庆在内的大批企业再次下放给地方，推行“块块为主、条块结合”的管理体制。这次改革尝试在实践上表现为行政权力的全面干预和地方经济的相互分割，并没有收到应有的效果。1979 年至今，我们第三次进行了以扩大地方特别是企业自主权为中心、以有计划的商品经济为目标的体制改革。

回顾历次经济体制改革，我们可以发现，每一次体制改革，包括目前尚在进行的第三次改革，都没有令人非常满意。每一次改革方案出台不久，效益递减就开始出现，于是不得不随之进行整顿提高，这就大大降低了体制改革原本的价值。三起三落的体制改革，我们从中至少可以得到三点启示。

第一，主观政治愿望过多地干预体制改革，弊多利少。在以往的体制改革中，上层建筑往往单纯从自身政治需求出发，不顾经济发展的客观规律，随意推出许多不恰当的改革措施，致使改革尚未全面展开就已陷入困境。

第二，许多改革方案缺乏理论上的周密论证和操作上的可行性试验，就匆匆出台。在改革过程中，操作又失于简单粗率，急躁求快，各种措施之间配套协调性差，由此新体制尚未建成，功能失调、效益递减等现象就开始涌现。这些问题在前一阶段的税收、企业、工资、价格等方面改革中，曾经突出地表现出来。

第三，三次改革的根本性失误还在于，我们一直未能抓住经济体制改革的本质内容，改革措施主要停留在经济体制的浅表层次，即国民经济管理体制上。三十多年来，我们过多地纠缠于经济政治权力在中央与地方政府之间的相互划分上，管理权限收收放放，却没有从整体结构和深层结构上对经济体制和政治体制进行系统性、革命性的改造，由此改革不可能取得最终胜利。中国体制改革的中心应当放在重新认识和建构公有制经济发展体制上，建立健全企业的自主发展、自我约束经济机制，同时围绕转变企业经营机制这个中心环节，逐步进行经济、政治、社会文化等方面的配套改革，唯此我国的体制改革才可能获得决定性的胜利。

四

体制效益递减和周期性改革这一社会运动规则的初步揭示，对于渴望毕其功于一役的改革者，是一个极其不愿意正视和接受的尴尬事实。既然经济体制呈周期性变革，每一次大动干戈的改革背后，已悄悄孕育着新一轮改革的胚芽，那么体制改革不就是一种周而复始、永不停息地循环运动吗？竭忠尽智的体制改革经历一定时间，又要被生产力进步和体制自身的矛盾性所否定，改革是否还有其必要性？

如果改革态度不严肃，方法不正确，改革措施仓促出台，缺乏科学性、配套性，未能触及并打破产生种种弊端的旧体制的深层结构，最终无法形成健全、统一的新体制，那么这种改革同样会阻碍社会经济的健康发展，以致造成困顿局势的进一步恶化，迫使我们重新开始改革，甚至退回旧体制，从而增大社会动荡停滞频率，导致社会经济的严重破坏。

中国是一个人口众多、情况复杂的大国，中国经济政治体制改革已经十年，处于双轨制并存阶段，改革欲退不能，欲进艰难，已经走到了关键路口。由于社会历史的种种原因，高度计划经济和自由市场经济在中国都是“水土不服”，计划与市场、平等与效率、发展与改革、政治与经济的结合，仍然是困扰我们的难题。十年改革过程中，我们已经徘徊再三，几失良机，经济生活问题频出，危机初萌，现实不允许我们在体制改革上犹豫不决，反复折腾，老子的“治大国若烹小鲜”，亦同此理。

在这种历史背景下，如果体制的新体系迟迟不能彻底建成，已经获得的局部体制效益也势必不断丧失。为此，我们当前应当在治理整顿、稳定大局的前提条件下，充分发挥政府和人民的聪明才智，坚定果敢而又谨慎有效地建设社会主义有计划的商品经济体制，并在经济发展中不断调整完善之，从而减少体制自身局限性和运行中的各种摩擦，放大体制效益范围，延长体制生命期限，让新体制在尽可能长的时期，促进社会经济不断进步。这就是历史赋予我们的唯一选择。

论工效挂钩改革的局限性*

——从广东、福建两省看威胁工效挂钩改革的几个因素

改革常常被自身的一些不合理性所阻碍。1985 年开始的全民所有制企业的工效挂钩改革方案，目前正遭受着自身存在的一系列不合理因素的侵蚀和损害。为此，1990 年 5 ~6 月，我们对广东、福建两省的工效挂钩情况进行了调查研究，其中反映出来的一些共同性问题，对于我们全面认识工效挂钩改革方案，并提出可行性对策，具有一定的启迪意义。

一、脆弱的理论依据

1985 年以来，我国城市经济体制改革中出现了一个引人注目的改革尝试，这就是以企业工资总额与企业生产成果或经济效益挂钩为中心内容的企业经营新形式，简称"工效挂钩"。挂钩形式包括工资总额和奖励基金与实现税利、与销售收入、与工作量、与上缴税利等指标挂钩，挂钩比例一般保持在 1∶0.3 ~1∶0.7，即效益每增长 1%，工资总额和奖励基金相应增长 0.3% ~0.7% 。1988 年以后，工效挂钩被推广到广大全民所有制企业，而且以省、市

* 本文原载于《广东社会科学》1991 年第 3 期。1990 年 5 月，北京师范大学经济系部分师生与劳动部工资研究所合作，对北京、福建、广东、湖北等地区的企业劳动工资制度改革进行调查研究，朱元珍、练岑、刘志华、杨黎明、马小丽等在调查研究中给予了许多指导。本文是关于福建、广东两省企业承包制改革中的工效挂钩问题的分析。

范围内的全部全民所有制企业为对象，进行了全体企业、全行业企业与上一级政府主管部门间的工效总挂钩。

缺乏正确理论指导的实践是盲目而危险的实践。经济体制改革由于涉及政治、经济、社会文化等多方面内容，更需要获得坚实可行的理论指导。然而，工效挂钩改革方案在理论指导上，偏偏存在着极大的缺陷。工效挂钩首先关联到的两个基本经济概念即工资总额与经济效益，理论上就缺乏科学依据。

在狭义上，工资指国家统一规定的职工标准工资，即等级工资。在广义上，工资还包括国家和企业发给职工的、反映职工劳动贡献的各种货币性和实物性的津贴、补贴、奖金。目前，职工基本工资与奖金、津贴、补贴等收入在数量上已经大致拉平，广东、福建两省部分企业中，基本工资、奖金与津贴、补贴已经在收入上构成了鼎足三分之势。标准工资只是职工收入的固定部分，职工所说的工资只是标准工资。

可是，如果根据马克思关于工资的定义，工资是用来维持劳动力再生产的生活费用，它大致包括工人生活、学习发展和家庭赡养三部分，那么，目前我国职工的标准工资，就已经不完全符合工资的职能。我国职工的平均基本工资即标准工资不足百元，远不能实现劳动力的再生产；一级工的标准工资只有35元左右，连自身温饱也难以保证。所以企业多发奖金、乱发奖金，奖金蜕变为基本工资，这在一定意义上也是对现行不合理工资制度的“对策”反应。

而且，从工资的定义出发，职工自己负担的医疗、教育、居住、交通、养老等费用，也应划入工资范围。过去，这部分费用在很大比例上由国家和企业承担，政府办大社会、企业办小社会已成为我国社会的特殊现象。在改革中，这部分社会性福利保险费用有转为由职工承担的趋势，广东省部分福利支出已由暗补改为明补，这就扩大了职工货币收入的数量与结构。因此，为使工效挂钩与经济改革相配套、相适应，应将由职工负担的福利保险费用和生活开支也划入工资总额，扩大工资范围。

总而言之，无论是以实物、以福利形式分配给职工的，还是以奖金、津贴和补贴形式分配给职工的，只要这些收入是由国家和企业支付给职工的，都应划入职工工资范围。全面而严格地讲，在现行收入格局中，工资总额应指一定时期内实际支付给职工的全部劳动报酬，它包括标准工资、津贴补贴、奖金和福利保险基金四大部分。而在工效挂钩工作中，工资总额大大打了折扣，往往只包括标准工资部分（如总挂分提），或标准工资加奖励基金（如总挂总提）。工效挂钩中的工资总额与实际生活中的职工收入、与职工的实际工资需求常常不相契合，这是威胁工效挂钩方案生存的第一个因素。

再看经济效益。效益是指经济活动中，劳动消耗、劳动占用同符合社会需求的劳动成果之间的比较，是经济投入与产出之比。因此，利润率或净产值率 $m/(c+v)$ 应该是衡量企业经济效益的最重要、最基本的指标，在实际工作中，我们也可以用全员劳动生产率或资金利税率来衡量企业效益。

但是，实际工作中我们采用的效益指标却偏偏不是上述指标，而是企业总产值、总收入或税利额之类生产成果绝对量指标，如企业总产值、销售总收入、实现税利、上缴税利、产品总数，等等。单纯的总产值或净产值指标，至多只表示企业的生产经营规模和盈亏状况，它怎么能全面显示企业的经济效益水平和职工的劳动生产率呢？又怎么能显示什么样的工资水平才是职工的合理劳动报酬呢？假定有甲、乙两家企业，固定资产都是 10 万元，其中甲企业有职工 10 人，年总产值 1000 万元，净产值 200 万元，上缴税利 100 万元；乙企业有职工 100 人，年总产值 1100 万元，净产值 210 万元，上缴税利 110 万元，乙企业在各项经济总量指标上都高于甲企业，你能说乙企业经济效益高于甲企业吗？以数量代替效益，过去三十年的历史经验已经证明了这种做法既不能提高数量更不能增进效益。可以说，经济效益的内涵误置已注定了工效挂钩的命运多舛。

二、艰辛的操作过程

理论转化为可行性方案，进而落实到实际生活中，这仍非轻而易举之事。而一种改革方案，在理论上已经缺乏科学依据，在实践上又无法调和于经济生活的客观要求，则这种方案在具体执行过程中，无论如何小心翼翼，也无法避免失败的厄运。退一步讲，假定以标准工资和奖励基金（或效益工资）之和作为工资总额，以总产值或实现税利等总量指标作为企业效益，那么，如何确定其基数值，如何确定工效之间的浮动比例呢？这依然是实际工作中难以很好解决的难题。

先看工资总额。实际工作中通常采取两种方法：一是以前一年工资水平作为挂钩基数；二是以前三年的平均工资水平作为挂钩基数。这两种方法确定的工资基数，都无法解决因职工人数增减、物价水平升降所带来的工资自然变动问题，何况我国工资制度本身就不合理，工资水平偏低。于是企业一方面想方设法扩大工资基数，另一方面只好发放各种补贴和实物，在挂钩工资以外另辟增资渠道，人为地破坏了工效挂钩的严肃性。

再看经济效益。由于实际采用的是各个企业的经济总量指标，这种指标本身就不能反映企业的经济效益水平及其升降情况，更不能反映该企业效益与全行业、全社会的平均效益或先进效益之间的差距。在确定企业效益基数时，缺乏同行业的效益水平标准指标作为依据或借鉴，因而只能以各个企业的协定数字作为基准，纵向规定今后若干年的效益目标和工效比例。由此，实际工作中就出现了挂钩双方斗智斗勇、讨价还价的热闹情况，其场面千变万化，极富戏剧性。

当工资基数相对固定后，对于企业或主管部门，效益基数就具有了重大而直接的经济意义。既然工资与效益挂钩，效益基数规定得越低，则工资总量越容易随效益提高而提高。效益基数如何确定呢？以本企业的历史水平为准吗？以前企业的人财物要素和产供销关系，受到国家计划的全面控制和行政部门的直接支持，企业经济效益在很大程度上已由国家规定好了，企业只要完成上级计划即可，自身无须注重其经济效益。改革以来，企业生产由计划控制转为市场导向为主，效益在很大程度上已成为随市场变化而变化的变量。这样，原先的效益数据，已不能真实反映当前企业的效益实际水平。

以本企业前一年或前三年的平均数作为挂钩基数吗？我国企业尚缺乏大致平等的竞争条件，在市场供求和价值规律的调节下，企业经济活动极难保持一个平稳上升的常态。同时企业又受国家计划的约束，近几年的经济计划和政策方针愈趋变幻不定，企业无所适从。何况我国正处于经济体制和产业结构的双重转轨时期，制度和产业上的许多不确定因素随时随处地影响改变着企业的生产经营状况。因此，一旦国家经济形势有变，经济政策逆转，市场供求失衡，企业的经济效益将发生巨大波动，我们仍无法以企业前一年或前三年的统计基数作为挂钩依据。

现阶段以工效挂钩为中心内容的企业经营机制中，工资基数、效益基数既不能由企业内在经济规则来决定，也不能由市场竞争过程来选择，于是这个难题便只好交给企业和企业主管部门之间的讨价还价式行政谈判来解决了。企业每年都要精心准备好工效挂钩所需要的各种统计资料，参加工效挂钩谈判，并且还要随时应付上级部门对企业的各种检查和考核。企业领导人要善于诉苦示弱，以博得上级主管者的同情和让步。主管部门则必须以有限的人力、物力，收集分析各个企业的生产经营及盈亏信息，进而与所管辖的众多企业，分别进行一轮接一轮拉锯式的工效挂钩谈判。谈判中，企业一方力图夸大经营困难，压低效益基数，扩大工资基数，主管部门则要求企业控制工资总额，提高效益水平。这是一种工作量巨大、工作内容单调重复的烦琐劳动，这种日复一日、年复一年的枯燥工作，极易使人陷入疲惫厌烦状态。在调查中，企业和政府部门对挂钩工作都流露出了强烈的厌倦和无奈情绪。

多数企业挂钩基数一定三年不变，实行环比递增。由于基数本身就不合理，加上政治经济形势多变，环比结果使原先效益较好的企业，效益增长往往赶不上工资增长，造成“鞭打快牛”的现象；原先效益不好的企业，工资增长又超越效益增长，鼓动了原先落后的企业。而且在工效挂钩中，由于缺乏统一、科学的标准指标，企业看到哪个指标增长较快，于自己有利，就选用哪个作为挂钩指标。

如厦门工程机械厂，1987 年工资总额与上缴税利挂钩，1988 年工资总额与销售产品台数挂钩。又如莆田县电力公司 1988 年进行工效挂钩前，将七种挂钩方式、包干方式对企业影响全部测量出来，选择了供电量与实现税利这两个有利的效益指标，再经职工讨论，最后确定了工资总额与实现税利挂钩这一最佳形式。因此，随着时间的推移，工效挂钩中的缺陷愈来愈被放大，愈来愈为企业所利用，从而导致挂钩方案的有效性过早地消失殆尽。

工效挂钩中，效益与工资之间的相关浮动比例是另一类难以合理确定的经济参数。国家规定，浮动比例一般应限制在 1：0.3～1：0.7，其用意显然是使工资随效益浮动而浮动，防止消费基金过度膨胀。实际上，由于工资与效益在指标上和基数上难以确定，浮动比例无论如何也无法合理给出。如果一个企业效益基数过低，甚至为负数，浮动比例即使低达下限的 1：0.3，该企业效益基数一旦回升，工资水平将有大幅度提高。反之，如果该企业效益很好，生产经营管理已达其高峰，浮动比例即使高达上限的 1：0.7，由于效益基数极难增长，工资水平很难有所提高。例如，厦门市财政局根据统计报表测算，厦门市 1988 年人均创利税低于 2000 元的企业有 12 家，而它们的人均工资高达 2500 元，其中轻工机械厂人均税利 1134 元，人均工资 3051 元；灯泡厂人均税利 1149 元，人均工资 3377 元，高于厦门市全民企业人均 2860 元的工资水平。相反，人均创税利近 15000 元的厦门工程机械厂，职工人均工资收入也只有 3100 元。更何况，挂钩企业的工效浮动比例，很少有向 1：0.3 这一低限方向移动的，多数保持在 1：0.7 左右，广东省许多企业则将工效挂钩的浮动比例推向 1：0.8～1：0.9 区间。

总之，挂钩基数和基数比例由政府主管部门和企业两方面人员，以讨价还价式的谈判协商来确定，因此工效挂钩实质上还是一种主观命令性的行政管理方式，它在实际执行过程中也就很难按照严格的经济规则贯彻始终了。

从调查中了解到，多数企业挂盈不挂亏，效益上去了，增加工资理所当然，效益下降了，补足工资以稳定职工似乎也符合情理、符合政策。1989 年下半年以来，工业企业生产和销售出现大滑坡，职工工资水平应随之下浮。可实际上的情况恰恰相反，职工工资非但不能降低，局部地区甚至出现了工资大幅度增长，许多亏损企业工资奖金照发不误，国家还为职工普调了一级工资，这在事实上已经宣告了工效挂钩方案的低效性。

三、难堪的分级管理

工效挂钩中问题暴露最多的是中央、省、市各级主管部门与其所属全民所有制企业之间的工资与效益总挂钩，简称总挂钩。在工效挂钩方案中，国家对企业的工资实行分级管理，国家负责核定省、自治区、直辖市和国务院有关部门所属企业的全部工资总额及其随经济效益浮动的比例。前面所述的种种问题，总挂钩中同样存在，此外，总挂钩本身还存在着一系列特殊性问题，这就是各级政府主管部门如何将与上级总挂钩的统一指标、指标基数和浮动比例，换算、分解并落实到其所属的挂钩和未挂钩的各个企业，并对其进行统一有效的分级管理。

具体地说，其一，在指标选择上，省、市、县所属全体企业对其各级主管部门的挂钩指标是单一的工资总额与上缴税利，而各个企业的具体挂钩指标则多种多样，有工资总额（含奖金）与实现税利、与销售收入、与上缴税利、与销售产品量等各个效益指标的挂钩，还有工资总额、奖励基金与上述效益指标的分挂分提。由于经济内涵与统计口径彼此不同，总挂钩的工资总额与上缴税利单一指标，如何换算分解为各个企业的具体不同指标，这是一个几乎无法解决的技术难题。

其二，总挂钩的浮动比例是一个单一固定的比例系数，而各个企业的浮动比例从 1：0.3 到 1：0.7，各不相同，广东、福建两省许多企业的浮动比例达 1：0.8 ~ 1：0.9，个别企业甚至超过了 1：1。如广州一家针织厂，产品外销收入与工资总额的浮动比例为1∶1.35。总挂钩的统一浮动比例，如何换算分解为各个企业的具体不同比例，这是另一个几乎无法解决的技术难题。

其三，省、市、县对上一级主管部门的总挂钩，包括了省、市、县所属的全体国营企业，而这些企业实际上并没有全部与其主管部门分别实行工效挂钩，企业的经营管理呈多元化状态。例如，据福建、广东两省劳动部门统计，1989年福建省各市都对省实行总挂钩，而福建省全民企业中，只有40.9%的企业、64.2%的职工对其主管部门实行了分别挂钩；福州市对省总挂钩企业810家，而其中与福州市挂钩的只有491家。1989年广东省9874家企业中，只有4878家与其主管部门进行了工效挂钩。广州市1988年总挂钩企业中，只有1218家（占61%）企业与市主管部门实行了个别挂钩。因此，如何将总挂钩的统一指标，合理分解并分别落实到已挂钩的和未挂钩的各个企业身上，这是我们面临的第三个几乎无法解决的技术难题。

其四，企业由于实行全面发展、横向联合的经营策略，许多全民企业与集体企业、乡镇企业、独资企业以至外资企业，进行了不同形式、不同内容的联合经营，从而打乱了原先单一的所有制结构，企业在利润分成、工资分配上出现了各种新现象、新问题。总挂钩时，如何从全民企业中剔除各种外来因素，纯洁挂钩指标，这是我们面临的几乎无法解决的第四个技术难题，这一难题在经济活跃的广东、福建两省，表现得尤为突出。

其五，工效挂钩后，职工工资增长应依靠本企业经济效益的提高，国家不再统一安排企业职工的工资改革和工资调整。实际上，1990年初国家又一次给企业职工普遍增加了一级工资，有些地区和部门则准备给职工普调一级半至二级。这次普调工资，国家出空头指标，企业出实际工资，企业有意见；人人有份的平均主义调资，又打击了职工生产积极性。在我国，全民企业在财产支配与管理上仍是国有国营形式，这种形式决定了全民企业在计划决策、生产经营、收入分配等方面，最终仍无法彻底脱离国家政府的父子式硬控制和母子式软预算的矛盾关系，企业的自主经营、自负盈亏、独立核算性质必须加上一个“相对的”定语。一旦政治经济形势有变，政府极可能以行政方式直接干预企业的工资分配，中止执行工效挂钩方案。这是隐含在工效挂钩背后的根本性经济难题。

总挂钩中上述各个技术性、经济性难题，已令我们束手无策，政府主管部门与各企业间的行政管理关系，更是我们无法处理的一大难题。在挂钩工作中，国家对企业的工资实行分级管理体制，劳动部门应该是主要管理部门。然而，工效挂钩是一项内容复杂、牵涉面广的工作，劳动部门职能单一、权力有限，难以担负起工效挂钩的组织、管理和监督工作，实际生活中挂钩企业受到了多头管理。即以工资管理为例，劳动部门与企业确定了工资基数和工资随效益增长比例，而经委也对企业下达了年度工资计划，企业等级评比、职工安全生产等因素，也在影响着企业工资升降，干扰着工效挂钩工作的正常执行。

总挂钩的初衷在于分级管理，灵活有效地控制工资增长，强化企业的经济持续发展机能，实际上总挂钩已流于形式，效果日见萎缩。

四、不是结论的结论

概而言之，引致工效挂钩改革方案陷入困顿无能之境的根本原因，似乎就在于方案本身仍属于传统的行政性经济管理方式，就在于现有企业制度与商品经济规则之间的不适合性。我国正处于产业结构和经济体制的双重转型时期，原有的统一计划、行政控制的经济体制，将逐步过渡为有计划的商品经济体制，因而行政性的工效挂钩方策难免与经济生活发生一系列的摩擦与冲突。

如何认识工效挂钩在经济改革中的存在意义呢？理论界和实际部门对此尚无一致性意见，本文所表示的只是一种看法而已。我们认为，在尚未探索出科学有效的全民所有制企业改革新方案时，工效挂钩仍不失为一种简便易行的管理方式。至于今后全民所有制企业的改革方向，我们认为除少数直接关系国家安全与社会稳定的产业和企业外，大部分企业似可逐渐改革为资产上和经营上都自主经营、独立核算的经济实体。唯有如此，企业才可能形成内在的自负盈亏制约机制，经济增长与工资分配才能形成相互促进、相互约束的和谐一致关系。

工资适度增长：理论·现状·对策*

在理论上，工资与国民收入、物价之间应保持一种什么样的关系，从而工资的适度增长率应该是多少？对此，理论界和经济界存在着多种多样的认识。在实践中，如何评价新中国成立后特别是近十年我国职工工资增长，是增长过快、过慢还是适中？对此，理论界和经济界同样存在着不同看法。关于同一个经济问题，人们的评价为什么互不相同，甚至互相对立呢？我们认为，这主要因为对国民收入、物价、工资等经济现象的概念内涵，它们在统计上的指标内涵，以及三者之间的经济数量关系，人们缺乏一个明确、统一、连续的科学认识。因此，本文试图从理论概念上对国民收入、物价、工资进行规范性分析，进而对我国经济实践中的工资运动进行实证性分析，最后提出关于工资管理的可能性对策。

一、工资适度增长的理论分析

如果要明确认识工资与国民收入、物价之间的经济数量关系，首先就必须弄清三者的经济概念内涵和统计指标内涵。

工资是对职工劳动经过一定扣除后的经济报酬。在现实生活中，工资有实物工资与货币工资、实际工资与货币（名义）工资、标准工资与全部工资、

* 本文原载于《经济问题》1991 年第 6 期。

人均工资与工资总额等区分。本文所分析的是包括我国全部职工的平均工资，它包括职工平均实际工资（以下简称“人均实际工资”）和职工平均货币工资（以下简称“人均货币工资”）这两个指标。

国民收入是物质生产部门劳动者在一定时间内新创造价值的总和，它主要包括农业、工业、建筑、运输和商业五大部门劳动者新创造的社会净产值。为了便于与职工工资比较，本文中的国民收入扣除了农业部门的国民收入，它大致等于全部职工所创造的国民收入。而且，本文所分析的是国民收入，即职工平均实际国民收入（以下简称“人均实际国民收入”）和职工平均货币国民收入（以下简称“人均货币国民收入”）指标，这两个指标实质上就是全员劳动生产率指标。

物价即商品的价格，是凝结在商品中的累积劳动的货币表现。物价有个别商品价格、某一类商品价格和社会总产品价格等区分。在工资与国民收入的数量关系上，与职工平均工资相关的是职工生活费用价格，与职工平均国民收入相关的是国民收入价格。因此，本文分析的也就是职工生活费用价格和国民收入价格指数这两个指标。

其次必须明确认识工资与国民收入、与物价之间的经济关系。我们知道，工资包含在国民收入之中，是国民收入的一个有机组成部分，国民收入水平决定着工资水平。因此，工资与国民收入应形成正相关的数量关系。而且，由于工资与国民收入都以货币符号来表示，物价是商品价值的货币表现，因此物价变动，用货币表示的工资和国民收入量亦随之变动。分析工资与国民收入的数量比例关系，必须考虑物价变动因素。

那么，工资与国民收入、与物价之间的经济数量关系是什么样的呢？在工资政策上，我国长期坚持的是低工资、高就业原则。显然，这一原则有其历史必然性：我国生产力水平偏低而人口数量巨大；人均国民收入水平相对不高；为保证经济增长所需要的大量资金，且适当平衡城乡之间的收入关系，我们只能实行低工资、高就业政策。低工资、高就业原则的经济含义就是：工资与国民收入之间保持一个较低而合理的比例关系，尽量扩大就业人数。

工资与国民收入之间的比例关系，我们可以从两个角度进行确定。第一个角度，工资在国民收入中所占比率比较稳定，更准确地说，人均实际工资在人均实际国民收入中所占比率比较稳定。如果人均实际工资和人均实际国民收入分别用符号 A_0 和 B_0 来表示，则 $A_0/B_0=R$，R 为两者的比率值。根据统计资料，以1952年为基期，则该年度两者比率是 $A_0/B_0=445/1553=28.7\%$，我们假定这是一个较合理比率。

第二个角度，工资必须随国民收入变动而变动。假设人均实际工资增长率为 $a_0\%$，人均实际国民收入增长率为 $b_0\%$，则增长后的人均实际工资和人均实际国民收入分别为 $A_0(1+a_0\%)$ 和 $B_0(1+b_0\%)$ 这两者之间也应符合 $A_0(1+a_0\%)/B_0(1+b_0\%)=A_0/B_0=R$ 的比率，化简后得 $a_0\%=b_0\%$，即两者应该同速度变动。

从上可见，两个角度反映的实质上是同一个问题。如果工资与国民收入保持稳定比例，则人均实际工资必须随人均实际国民收入增减而增减；如果工资与国民收入同速度增长，这并不会提高工资在国民收入中的比率。确定了比率 A_0/B_0 之值，也就保证了积累率稳定。

进而，我们分析受物价影响下的工资与国民收入之间的关系。在现实生活中，物价并非稳定不变，工资与国民收入也并非以实物价值形态存在。由于物价变动，人均货币工资与人均货币国民收入在货币数值上并不等于它们的实际价值。那么，工资可否与价格指数挂钩呢？应该与哪种价格指数挂钩呢？这似乎是一个令人困惑的理论问题。即使肯定了工资应与物价挂钩原则，在挂钩的价格指数选择上，人们仍无所适从。在实际生活中，职工生活费用价格指数一直高于国民收入价格指数。工资如果与职工生活费用价格指数挂钩，则似乎有工资侵蚀利润的嫌疑；工资如果与国民收入价格挂钩，则职工实际生活水平有降低的危险，显然，这是一个两难抉择。

实际上，如果我们继续从工资与国民收入应保持较稳定比例关系这一原则出发，联合考虑工资、国民收入、物价之间的关系，上述疑惑就迎刃而解了。假设职工生活费用价格增长率为 $c\%$，国民收入价格增长率为 $d\%$，而人均货币工资及其增长率分别为 A 和 $a\%$，人均货币国民收入及其增长率分别为 B 和 $b\%$。物价变动、经济增长后，人均实际工资和人均实际国民收入分别为：

$$A_0(1+a\%)/(1+c\%),B_0(1+b\%)/(1+d\%)$$

两者之间也应遵循则 $A_0/B_0=R$ 的比率，则有：

$$[A_0(1+a\%)/(1+c\%)]/[B_0(1+b\%)/(1+d\%)]=A_0/B_0$$

化简后有：

$$a\%=[b\%+c\%+b\%\cdot c\%-d\%]/(1+d\%)$$

如果 $b\%$、$c\%$、$d\%$ 皆为实际数值，则 $a\%$ 就是理想的职工平均货币工资增长率，简称工资适度增长率。

可见，如果工资与国民收入比例关系保持不变，货币工资必须与物价挂钩；换言之，工资与物价适度挂钩，并不会提高工资在国民收入中的比例，也不会降低全员劳动生产率。再假设资本有机构成不变，则工资与物价挂钩也不会加大产品成本。因此，是国民收入增长引致了工资增长，是国民收入价格上涨引致了劳动力价格（即货币工资）上涨，而不是相反。所谓的工资与物价挂钩会增加产品成本、侵蚀企业利润、推动价格进一步上涨的说法，是经济思考中的杞人之忧，经不起理论上的严格推敲。工资应理直气壮地与物价挂钩，这是经济发展中必须坚持的工资增长原则。

二、工资适度增长的实证分析

现在再来实际考察我国经济活动中工资与国民收入、物价之间的关系。对工资变化必须进行长期观察分析，在此我们选取了 1952～1988 年这段时间，根据《中国物价年鉴（1989）》《中国经济年鉴（1989）》等出版物提供的统计资料，我们整理形成了工资与国民收入、物价一览（见表 1）。

表 1　　　　　　　　　工资与国民收入、物价一览

指标	栏号	符号	1952 年	1978 年	1988 年
国民收入（当年价格，亿元）	(1)		249	2024	7952
国民收入（不变价格，亿元）	(2)		249	2120	5500
职工人数（万人）	(3)		1603	9499	13608
人均货币国民收入（元/人）	(4)	B	1553	2132	5844
人均实际国民收入（元/人）	(5)	B_0	1553	2232	4042
人均货币国民收入指数	(6)	$1+b\%$	1.00	1.37	3.76
人均实际国民收入指数	(7)	$1+b_0\%$	1.00	1.44	2.60
人均货币工资（元/人）	(8)	A	445	615	1747
人均实际工资（元/人）	(9)	A_0	445	503	1144
人均货币工资指数	(10)	$1+a\%$	1.00	1.38	3.93
人均实际工资指数	(11)	$1+a_0\%$	1.00	1.13	2.57
职工生活费用价格指数	(12)	$1+c\%$	1.00	1.25	2.36
国民收入价格指数	(13)	$1+d\%$	1.00	0.95	2.16
人均实际工资与国民收入之比	(14)	R	0.287	0.225	0.283

注：本表中的国民收入皆扣除了农业国民收入；第（2）栏数据系根据《中国物价年鉴（1989）》《中国经济年鉴（1989）》有关资料计算得出。

从表 1 中可以看出，从 1952 年到 1978 年，人均实际工资从 445 元增长到 503 元，其增长率远远低于同期的人均实际国民收入增长率，前者指数为 1.13，后者指数为 1.44，1978 年人均实际工资达到了理想状态（即 1952 年水平）的 78.4%，这是一段工资水平萎缩、职工实际生活状况相对恶化的工资运动历史。1978 年之后，工资情况才开始好转，1988 年人均实际工资指数达到 2.57，与人均实际国民收入指数 2.60 相差无几，近十年工资运动是一段较合理的历史。

众所周知，职工工资在实际生活中是以平均货币工资形式存在。那么，1952～1988 年我国人均货币工资处于一种什么样的水平状态？它应该达到的理想值又是多少呢？从表 1 中可知，1952 年、1978 年和 1988 年人均货币工资分别是 445 元、615 元和 1747 元。由于国民收入价格指数和职工生活费用价格指数的变动，分别对人均货币工资产生不同程度的影响。因此，从理论上，

后两个年度的人均货币工资理想值可用工资适度增长率公式来推出。将相应的统计数据代入公式：

$$a\% = [b\% + c\% + b\% \cdot c\% - d\%]/(1 + d\%)$$

分别得出1978年和1988年的人均货币工资适度增长率为81.6%和329.4%，而其实际增长率分别为38%和293%。由此可知，1978年和1988年的职工人均货币工资只达到了理想值的76%和91.2%。

必须注意，评价工资与国民收入比例关系时，应考虑物价变动因素，否则我们极可能从统计分析中得到错误信息。仍以1978年、1988年数据为例。1978年，人均货币工资指数为1.38，人均货币工资占人均货币国民收入的比率为28.8%，同年人均货币国民收入指数为1.37，职工工资增长似乎正常，且有膨胀苗头。1988年，人均货币工资指数及其占国民收入比率分别为3.93和29.9%，同年人均货币国民收入指数为3.76，工资增长似乎全面超过了国民收入增长。实际上，1978年人均实际工资指数及其占国民收入比率分别为1.13和22.5%，分别低于同年人均实际国民收入指数1.44和1952年比率28.7%。1988年人均实际工资指数及其占国民收入比率分别为2.57和28.3%，也分别低于人均实际国民收入指数2.60和1952年比率28.7%。可见，两种分析方法，所得结论恰恰相反，分析方法的重要性由此可见一斑。

三、实现工资适度增长的几点对策

从前面关于工资运动的规范性分析和实证性分析中，可以得出以下几点结论。

第一，工资与国民收入、物价之间存在一种密切相关关系，人均货币工资必须与国民收入、物价挂起钩来，适度工资增长率公式就集中体现了三者之间的经济数量关系。

第二，1952～1988年，经济生活中的工资实际增长速度偏低。这种状况在近十年中始有好转，但工资增长仍未超过劳动生产率（人均实际国民收入实质上是一种劳动生产率指标）的增长。

第三，工资应保持适度增长。工资是经济增长的基础动力机制。过去我国工资增长速度偏低，某些时间甚至出现负增长，这极大地削弱了职工劳动的积极性和创造性。

那么，在今后的工资调整中，我国应采取的方针政策是什么呢？我们认为，首先，从我国基本国情出发，政府近期内仍要继续实行低工资、高就业政策。当然，工资水平可随经济发展而适当提高，超过 1952 年的 28.7%。但工资水平不能提高过快，因为我国经济仍处于工业化进程中，仍需要大量资金积累，且目前职工工资外收入已有较大幅度增长。

其次，我国工资管理对象应包括工资收入和工资外收入两大部分，且重点应放在工资外收入上。过去，职工工资主要是国家规定的标准等级工资。改革开放以来，职工收入构成发生了根本变化，职工收入不仅包括标准工资、奖金（或效益工资）、补贴等列入国家统计局工资指标的部分，而且包括工资外收入部分，工资收入只占职工收入的 50% 左右。某些地区、某些行业企业的消费基金膨胀，主要是工资外收入膨胀，包括职工工资外收入和社会集团购买力大幅度上升。

从长期趋势上看，职工工资分配主要在企业中自主进行。为保证工资合理增长，国家必须尽快制定工资法。工资法中应包括工资适度增长原则，即职工人均实际工资占职工人均实际国民收入比率应保持在一个合理稳定的水平上；应确定工资与物价之间的挂钩方式，职工平均货币工资适度增长率公式似可作为一种决策指标；还应该包括关于工资和工资外其他收入的个人所得税条款，以此调节社会收入分配上的过大差距。当然，它还应该包括最低工资法，以保证职工在企业亏损时仍能得到维持最基本生活需要的工资收入，最低工资应该与职工生活费用价格指数挂钩，并根据经济发展水平而定期调整。

最后，应尽快改革完善全民所有制企业制度，特别是企业分配制度。根据《中华人民共和国全民所有制工业企业法》，今后企业具有收入分配自主权，这样工资增长从根本上就取决于各个企业的收入分配机制和经济效益水平。因此，企业应真正建立自我发展、自负盈亏的约束机制，以全行业的资金利税率和全员劳动生产率等指标作为衡量企业生产经营水平和收入分配水平的基本标准，职工工资水平随劳动生产率变动而变动。

建立开放性、竞争性市场*

——从寿光县蔬菜批发市场看农副产品流通体制改革的一种方向

一、我国农副产品的流通体制问题

稳定、高效的农业经济是国民经济健康发展的基础保障。新中国成立以来，我国农业取得了巨大成就，已经基本保证了11亿人民的温饱需要。然而，它并没有从根本上摆脱人口庞大、效益偏低的落后境地，在其发展过程中多次出现较大波动。党的十一届三中全会以来，农村经济体制的改革，特别是农产品购销体制的改革，使农业生产走上了商品化、社会化、现代化的发展道路。

农副产品品种繁多、季节性强、生产波动性大，其供给状况直接影响着人民生活特别是城镇居民生活，吃菜难成为困扰许多部长和市长的一大问题。各级政府部门和国营商业尽管竭忠尽智全力为之，问题仍未得到根本解决。为此，1988年农业部和有关部门提出并组织实施了旨在有效提高农副产品供给水平的"菜篮子工程"。

---

* 本文原载于《农村经济与社会》1992年第1期。1991年7月，北京师范大学研究生部与农业部农村经济研究中心合作，对北京市（大钟寺）、山东省（寿光县）、辽宁省（沈阳市）、宁夏回族自治区（银川市）蔬菜批发市场进行调查研究，最终向农业部提交了十余万字的研究报告，本文较早坚持了我国必须建立开放性、竞争性市场体制的经济改革目标。

"菜篮子工程"实施至今已有3年，农副产品供给水平有了显著提高。1988年，国营商业和供销社收购肉禽蛋比上年增长30.9%，大中城市国营商业收购蔬菜比上年增长4.5%。1989年，猪牛羊肉总产量比上年增长6.1%，禽蛋产量也在增长，大中城市蔬菜收购量比上年增长10.6%。然而，农副产品供给增长是以巨额补贴为支撑的。1988年，国营商业和供销社肉禽蛋购销净亏损26.9亿元，比上年增长75.9%；蔬菜购销补贴8.2亿元，比上年增长29%。1989年，肉禽蛋、蔬菜购销仍然价格倒挂，调拨不畅，流通费用增长，国营商业和供销社亏损面、亏损额比上年继续增长。

农副产品生产上去了，产品购销却出现了两难，这是一个亟须解决的问题。在商品经济中，生产与流通是经济发展的两翼，忽视任何一个都不行，这一观念已为人们普遍接受。然而，如何搞活搞好农副产品流通，人们的看法却不尽一致。对此，理论界有两种极端性主张。一种主张认为，应该继续坚持和完善以国营商业和供销社为经营主体、国家计划宏观调拨农副产品的购销体制；另一种主张认为，应该全面开放农副产品市场，通过价格、成本、供求等市场机制，调节农副产品流通。

前一种主张，我们已经实行了多年，在一段时间、一些地方也取得了较好效果。然而，这种体制在商品经济发展的实践中，表现出越来越多的不适应性。对于农副产品，特别是蔬菜这类量大、值低、易损产品，国营商业在集中调拨、统一经营中遇到了一系列困难，稍一疏忽，就可能造成重大损失，影响人民生活，国营商业是经营农副产品的一支重要力量，但不宜成为一支垄断性力量。后一种主张，尚在探索试验之中，其效能和前景如何，目前尚不能下什么结论。

二、寿光县蔬菜批发市场的建立与发展

可以说，我国农副产品流通体制的改革，正处于实践上艰难、理论上困惑之际，而寿光县蔬菜批发市场的建立和发展，为我们认识和选择农副产品

流通体制，提供了值得思考和借鉴的模式。

1. *寿光县蔬菜批发市场的形成过程*

寿光县地处山东半岛中部，总面积2180平方公里，耕地150万亩，1990年总人口103万人。其中绝大多数为农业人口。该县农业生产发达，是农业部确定的农业综合商品基地县，蔬菜生产历史悠久，是著名的“蔬菜之乡”。1978年，全县种植蔬菜8万亩，1983年农村大包干后，蔬菜生产迅速发展，当年种植面积15万亩，1989年22万亩，1990年24万亩（复种面积35万亩），蔬菜总产量1989年为11亿公斤，1990年为12.5亿公斤。

寿光县蔬菜批发市场的建立经历了一个不断发展的过程。该县自身消费蔬菜约1亿公斤，蔬菜商品率高达95%。1984年以前，全县蔬菜销售主要依靠传统的农贸市场和国营蔬菜公司，经营方式单一，流通渠道狭窄。随着蔬菜生产的不断发展，生产与销售之间逐渐暴露出了两大矛盾：一是以家庭为单位的孤立分散的生产和购销方式与复杂统一的社会化大市场之间的矛盾；二是产销规模不断扩大与流通环节不畅之间的矛盾。1984年，这两大矛盾空前激化，当年寿光县白菜产量猛增至2亿公斤，由于购销力量薄弱，商业部门和农民虽全力销售，仍有5000万公斤白菜滞销腐烂，这就是震动寿光的白菜事件。

这次白菜事件使寿光县委和县政府真正认识到：在蓬勃发展的农村商品经济大潮中，市场已成为促进生产、引导生产、实现生产的关键因素，必须有计划地组织蔬菜交易市场，为发展中的蔬菜生产服务。1984年，由县工商局投资，在县城西南角九巷村附近，创建了寿光县第一个农副产品专业市场——九巷蔬菜批发市场（后改名为寿光蔬菜批发市场）。随后，为适应不断扩大的蔬菜生产和流通，寿光县又相继在县境内潍博公路沿线建了南关、稻田、文家、洛城四家蔬菜批发市场，初步形成了以九巷市场为中心、以潍博公路为依托的蔬菜批发市场带。其中，寿光蔬菜批发市场已发展成为江北以至全国范围内规模最大的一家批发市场，1990年蔬菜成交量达3亿公斤，成交额达1.8亿元。

2. 寿光县蔬菜批发市场的经济机制

（1）交易方式。寿光县蔬菜批发市场是一种开放性、竞争性的商品市场，在交易方式、运行规则等方面，坚持市场机制调节为主、政府干预为辅的原则，从而获得了稳定迅速的发展。

第一，市场运营上坚持“五个不限”的开放原则：上市蔬菜不限；经销对象不限；运输方式不限；交易方式不限；交易时间不限。不管本地还是外地客户，不管个体、私营还是集体、国营客户，一律平等、自由进出批发市场。

第二，经营主体多元化。该市场一改往日由国营蔬菜公司垄断市场的格局，为由各种经济主体自主交易蔬菜。据1990年寿光蔬菜批发市场统计资料分析，从卖方看，交易主体主要是本地种菜农民和外地个体、私营客户，其蔬菜成交额分别占72.5%和27.5%。从买方看，交易主体有五类，其类型和成交额比重分别为机关、团体、部队、学校、企事业单位，共占31.3%；个体工商户、私营企业，占25.2%；国营商业、供销社，占23.5%；城镇居民，占12.7%；农民，占7.8%。其中前三类主体构成了蔬菜购买的主要力量，成交额占80%左右。

（2）交易价格。商品经济中，价格是调节商品生产和商品流通的最主要杠杆。寿光县蔬菜批发市场上，通行的蔬菜价格只有一种：市场自由价格。一方面，这种价格主要由产品的生产、运输、经营等成本构成决定，同时又受到市场供求水平、季节和气候变化等因素的影响。每种蔬菜的每次成交价格，都是由买卖双方参照各种因素，经过讨价还价而达成；同一时间、同一市场、同种蔬菜的价格主要受蔬菜质量影响而产生差价；同一时间不同市场，同种蔬菜的价格水平基本一致；不同时间同一市场，同种蔬菜的价格水平主要受到产品成本和供求变化的影响。一般地，蔬菜淡季和春节前夕，价格稍高；蔬菜旺季和春节过后，价格稍低。今年江淮流域遭受水灾，寿光蔬菜需求大于供给，价格水平较上年同期为高。另一方面，价格水平又调节着蔬菜的生产与供求。每当寿光县蔬菜批发市场蔬菜需大于供、价格看涨时，外地蔬菜迅速运往寿光，价格下降后，运往寿光的蔬菜随之减少，供求关系使蔬菜价格保持在一个动态稳定的均衡水平。又如，1989 年冬季香椿大棚密栽，每公斤香椿价格高达 80 元，1990 年香椿种植面积就有大幅度增加。

在批发市场上，工商行政管理部门每天也公布本地蔬菜价格，并定期发布全国主要蔬菜市场的交易信息，但这种价格信息仅仅供交易主体参考之用，绝非指令性限价。

寿光县蔬菜批发市场在交易、付款、结算等方面，也完全遵照自由、多样、便利的市场法则。交易方式以现货当面直接成交和现货代购代销为主，成交额占 85% 以上。付款和结算方式以现金付款、一次结清为主，占 85% 以上。运输方式以汽车为主，约占 85%，火车运输约占 10%。

3. 市场管理与服务

县工商局不仅是寿光县蔬菜批发市场的主要创建者，而且是市场交易秩序的主要管理者。

第一，县工商局参照国家有关农贸市场的管理法规，制定了一系列适合本县市场的规章制度，如《入场须知》《关于蔬菜经营单位管理的规定》《司磅员守则》《划价员守则》等，使市场交易和管理有章可依，秩序井然。第二，工商局在市场管理中，贯彻自由交易、公平竞争的原则。交易过程中，严禁抬价压价、抬秤压秤、掺杂使假、强买强卖、场外交易、垄断市场、就地倒卖等违章行为。县工商局严禁客户到本县产地直接收购蔬菜再倒卖到批发市场，以防止抬高价格、扰乱市场。对违法行为，一经发现，立即处理。处罚手段有警告、罚款、停业整顿等。第三，县工商局把为市场发展、为客户服务作为市场管理的最高宗旨。他们不断改善市场设施，提高管理人员业务素质和思想水平，对管理人员实行“三定七包”职责，对客户提供信息、通信、过秤、装卸、划价、购销、咨询、仲裁等方面的服务。第四，为吸引客户发展市场，工商局在管理上实行多种优惠政策，如建市第一年免收交易服务费，市场管理费的收费标准控制在 1%~1.5%，单项收费不超过 1.8%。对荣残军人，对单价低于 0.03 元/市斤和成交额不足 10 元的蔬菜交易，对因天灾人祸造成亏本的客户，免收服务费。对外地客户免收停车费、卫生费、摊位费，并优先提供货源，优先提供产供销信息，优先安排食宿。另外，县税务局对本县出售蔬菜的农民不征税。

寿光县蔬菜批发市场的运行过程，主要由市场机制进行调节，但政府和国营经济也起到了重要作用。第一，为加强和协调市场管理，县政府牵头成立了由工商、税务、公安、物价、城建、卫生检疫、计量等单位参加的市场管理委员会，共同管好市场。成立蔬菜办公室，统一规划和安排全县的蔬菜生产、科研和流通。此外，银行在资金扶持上，保险公司在经营保险上，商业局在流通组织上，也都尽到了各自的职责。第二，国营蔬菜公司和供销社借助其资金雄厚、设备先进、组织健全等经济优势，积极参与全县蔬菜流通活动，这在一定程度上影响着蔬菜流通状况。当然，国营商业和供销社只是以普通交易主体的身份，公平参与市场竞争。第三，在必要时候，政府部门还通过行政措施直接干预市场交易活动。如 1988 年，寿光县白菜丰收而外地白菜歉收，县政府规定了 0.065 元/市斤的最高限制价，1989 年寿光县和外地白菜普遍丰收，县政府又规定了 0.02 元/市斤的最低保护价，并组织推销，这样就防止了寿光县批发市场蔬菜价格和供求水平的剧烈波动。

4. *寿光县蔬菜批发市场的效应*

寿光蔬菜批发市场由于在经济机制、市场管理等方面适应了蔬菜生产和流通的实际状况和发展需要，因此得到迅速发展。建立之初，批发市场主要是产地型销售市场，本县生产和出售的蔬菜占成交额的 85%，本省外县蔬菜占 10%，外省市蔬菜只占 5% 左右，流通环节主要是生产者→消费者、生产者→批发者。1990 年，批发市场已发展成为具有全国意义的蔬菜集散中心，我国有 29 个省份来此购买蔬菜，有 14 个省市来此出售蔬菜，外地客户出售成交额占 30%，购买成交额占 45%，流通环节发展为生产者→批发者、批发者→批发者、生产者→中间商→批发者等。在此基础上，寿光蔬菜批发市场又成为全国蔬菜批发市场的价格形成中心和信息交流中心。

寿光县蔬菜批发市场的建立和发展，还带动了全县农业经济的起飞和第三产业的发展，培养了人们的商品经济观念和经营管理能力。全县农民仅得益于蔬菜生产和流通的净收入，1989 年人均 350 元，1990 年人均近 400 元。

三、寿光模式的启示

从寿光县蔬菜批发市场的发展经验，并结合农副产品的生产特征和流通特征，我们可以发现我国农副产品流通体制变革的一种方向。这种方向可以从以下几个方面加以描述。

1. 市场投资建设应因地制宜

寿光县五个蔬菜批发市场中，寿光、南关、稻田三个市场由县工商局投资兴建，文家、洛城两个市场由县工商局与当地乡村组织联合兴建，这里的投资主体尚未脱离我国传统格局，即政府主体。对于经济相对落后的地区，特别是分散经营的农村地区，政府投资仍不失为一较好形式，它具有统一规划、重点建设的优点。当然，政府并非市场投资主体的唯一选择，北京市大钟寺农贸市场，其投资主体就是大钟寺村农民。

进而，在市场基础设施建设方面，寿光县各蔬菜批发市场基础设施规模和规格各不相同，其中寿光蔬菜批发市场设施最为齐全，但无非也只是提供交易棚、水泥地面和磅秤服务，用黑板、布告和广播发布市场信息，用电报、电话和书信传递市场信息。虽然与发达国家电子化、现代化的批发市场相比差距很大，然而，正是这种简单却健全的交易场所，既为创办者节省了大量投资，又为广大客户降低了流通费用，保证了交易活动的顺利进行。从这个意义上说，能够适应并促进农业生产和流通的市场，就是最好的市场。

调查中我们还了解到，寿光蔬菜批发市场准备进一步投资改建扩建市场，寿光县并计划在市场周围增建畜牧、水产、蔬菜期货等批发市场，类似情况也出现在其他农贸市场中。我们认为，对于成长中的农副产品批发市场，目前似应重点加强市场的巩固和完善工作，而不应脱离我国低生产力水平这一状况，单纯求大求全、求洋求新。

2. 市场运营应以市场调节为主

与其他商品相比，农副产品特别是蔬菜具有其特殊性质：数量大，品种多，价值低，易损耗，而其生产者和消费者主要是成千上万极分散的居民。因此，蔬菜流通体制必须适应这些特点，采取灵活、多样、方便的经营方式。比较而言，灵活分散经营比统一集中经营、市场需求导向比计划调配供应具有更大的优越性，寿光县蔬菜批发市场的成功经验就在这里。可以说，市场机制与计划调控相结合，是农副产品批发市场健康发展的可行模式。

3. 市场应由政府职能部门统一管理

寿光县蔬菜批发市场经验表明：政府部门统一化、规范化管理方式，是保证市场繁荣发展的重要外部条件。在管理过程中，应以工商行政管理部门为主体，工商、税务、公安、交通、卫生等部门应统一政策、协调行动。寿光县蔬菜交易中遇到的困难还表明：必须在全国范围内，制定规范化、统一化的管理和服务法规，消除地区之间、部门之间在管理上政出多门、相互封锁的不良现象，形成全国统一的农副产品流通市场。除非投资者是工商行政管理部门，投资者一般不宜担任市场行政管理职务，而应由政府职能部门实施管理。在这方面，一些地方农贸市场就出现了管理无力的现象。

4. 批发市场是沟通城乡经济的有效桥梁

寿光县蔬菜批发市场与我国传统批发市场相比，有其特殊的一面。在经营主体上，主要是规模较小、经营分散、方式简单的农民、个体工商户、私营企业及集体企业，其经济成分既不“大”，也不“公”，但正是这种看似落后的经营主体，适应了生产力发展的实际要求。而且，蔬菜经营是劳动密集型行业，经济规模不必过大，购销方式宜灵活分散，这样既可有效供给，又可分担风险。由此，通过批发市场机制和政府计划调控，分散生产与统一市场、生产扩大与流通不畅的矛盾就得到了很好的解决。

总之，寿光县蔬菜批发市场的建立和发展为我国农副产品流通体制改革，提供了一种选择方向。

企业隐蔽性破产：原因、现状与对策*

在我国经济生活中，隐蔽性失业、隐蔽性通货膨胀等问题，已经引起了社会各方面的关注。然而，与之密切相关的另一大经济隐患，至今尚很少为人提起，这就是严重威胁经济稳定和合理运行的企业隐蔽性破产。

一、隐蔽性破产：经济生活中的严重隐患

企业作为经济活动的组织形式在近代历史上出现之后，破产问题就不可避免地随之产生了。然而，社会主义传统经济理论否认公有制企业破产的可能性，只是在20世纪80年代经济改革的大潮中，我国理论界才谨慎地提出了公有制企业破产问题，并很快引起了社会各界的热烈关注。1985年，沈阳、武汉等城市初次尝试制定了地方性的企业破产法规。1986年4月12日，六届全国人大四次会议通过的《中华人民共和国民法通则》第四十八条正式提出"全民所有制企业法人以国家授予它经营管理的财产承担民事责任"，为企业破产立法提供了法律依据。同年12月2日，六届全国人大十八次会议通过了《中华人民共和国企业破产法（试行）》（以下简称《企业破产法》），第一次正式承认企业破产是我国经济生活中的一种正常现象。《企业破产法》又规

* 本文原载于《广东社会科学》1992年第3期，初稿《关于隐蔽性破产的思考》刊于《求是》杂志社《内部文稿》1991年第18期。

定："自全民所有制工业企业法实施满三个月之日试行。"1988 年 4 月 13 日，七届全国人大一次会议通过了《中华人民共和国全民所有制工业企业法》（以下简称《企业法》），并于1988 年 8 月 1 日开始实施，那么《企业破产法》应从 1988 年 11 月 1 日起生效。事实上，早在 1986 年 7 月，新闻界就曾报道了沈阳防爆器材厂等几家集体企业和全民企业宣告破产的惊人消息。

《企业破产法》试行至今已经三年多了，但令人惊奇不已的是，公开宣告破产的全民所有制企业并无几家，新闻舆论界更是缄默不语。三年多来，全民所有制企业经济状况是否全部良好呢？答案显然是否定的。据国家统计局资料，1988 年全民所有制工业企业亏损额为 81. 9 亿元，亏损面为 10. 9%，国合商业亏损额为 48 亿元，亏损面为 9. 9%；1989 年全民所有制工业企业亏损额为 190. 2 亿元，亏损面超过 20%，国合商业亏损额和亏损面也在增加；1990 年全民所有制工业企业亏损额为 348. 8 亿元，亏损面为 27. 6%，国合商业亏损额为 100 亿元，亏损面为 26. 7%；1991 年 1 ~9 月，全民所有制工业企业亏损额比上年同期增长 19. 3%，亏损面已高达 36%，1991 年 1 ~6 月，国合商业亏损额为 45 亿元。据《财贸经济》1991 年第 8 期资料，1990 年国营商业企业盈亏相抵实现利润为 800 亿元。以上是表现在账面上的公开性亏损。另据 1991 年 12 月 5 日《人民日报》消息，财政部对 257 户国营工业企业进行调查发现，有 202 家企业存在着尚未表现在账面上的潜亏现象，企业潜亏面高达 78. 6%，一些潜亏企业竟是所谓经济效益好的企业，1990 年底 202 家企业累计潜亏总额是同期账面亏损总额的 1. 8 倍。如果照此估算，我国企业实际亏损额和亏损面将大大超过国家统计局公布的数字。

由此可见，近几年来全民所有制企业生产经营状况并未根本好转，相反经济效益有持续恶化之势。这样，一个严峻的潜在经济问题就突然明朗化了：隐蔽性企业破产。所谓隐蔽性破产，就是企业内部财务收支上，全部资产和收入已不足以清偿其债务，但企业尚未申请破产，或虽已申请破产但尚未批准和公布。从法律上或统计上，这些企业名义上尚未破产，尽管它们实质上已经破产。

归纳起来，隐蔽性破产在实际经济生活中主要表现为两种类型。

第一种，依法尚未宣告的破产。《企业破产法》第三条规定，企业“有下列情形之一的，不予宣告破产：（一）公用企业和与国计民生有重大关系的企业，政府有关部门给予资助或采取其他措施帮助清偿债务的；（二）取得担保，自破产申请之日起六个月内清偿债务的。企业由债权人申请破产，上级主管部门申请整顿并且经企业与债权人会议达成和解协议的，中止破产程序”。以上企业，虽然其财务收支已呈赤字，陷入破产困境，但它们受到政府主管部门的行政保护和财政补贴，不予宣告破产，处于破产性经营状态。

第二种，企业因经营管理不善或其他原因，导致资不抵债，虽未直接采取破产办法，但通过企业间的兼并、组合、合营等合并形式，原有企业的独立法人资格事实上已经丧失，这也是一种破产。过去，我国经济生活中出现的企业关、停、并、转现象，许多就属于这种隐蔽性破产。1984 年以来，企业兼并逐渐成为我国经济生活中的重要现象。

二、企业破产和破产隐性化的原因分析

依照《企业破产法》第二条，企业破产就是“因经营管理不善造成严重亏损，不能到期清偿债务”而造成的。一部分企业由于经营管理者素质偏低，职工文化技术水平不高，生产技术和质量管理落后，致使企业生产效率低下，产品不适应市场需求，企业收支赤字不断扩大，最终导致企业破产，这是企业破产的微观经济解释。

事实上，企业破产原因并非如此简单，企业内部经营管理不善只是企业破产的表层原因，导致企业破产的还有其他一些重要因素。

第一方面为外部原因。其一，非正常因素。某些不可抗拒的灾祸，如灾难性天气、地震、意外事故等因素，可能给企业造成巨大损失。即使加上保险部门的赔付，企业仍不能清偿债务，此时企业只好宣告破产。其二，宏观性经济因素。由于自然的原因和历史的原因，生产要素在行业之间、地区之

间分布失衡，流动失灵，甚至现行体制本身就限制着生产要素的有效流动，导致宏观经济低效益。在同一行业上，生产以水平分工为主，缺乏垂直分工，企业难以形成规模效益。以汽车工业为例，国际公认的最小经济规模，轿车每年30万辆、卡车每年6万~10万辆，而我国400多家汽车企业，1989年总产量仅为58万辆。在同一地区，企业生产结构、技术结构和产品结构严重雷同，造成了资源闲置、浪费与资源匮乏、紧张并存的矛盾现象，如家电产品热销时期，杭州一地竟冒出100多家电冰箱厂。对此，政府经济管理部门又缺乏有效的财政、金融、人力等产业发展政策，未能从宏观上优化资源配置和产业结构。这是导致企业大批破产的宏观原因。

第二方面为国际性原因。改革开放以来，我国经济与世界经济的交流与联系越来越紧密，近几年出口总额和进口总额分别占国内生产总值的比例都已超过10%，并超过了许多市场经济发达国家的比例。许多企业积极参与国际分工，把原材料和产成品市场拓展到了国外，企业效益直接取决于国际市场状况。因此，国际市场一旦因战乱、政变、灾荒、贸易保护和经济制裁等因素的干扰，而出现疲软或关闭，则必然导致国内大批外向型企业生产下降，一些企业可能破产。

第三方面为体制性原因。我们认为，《企业破产法》难以落实的根本原因，在于破产与社会主义公有经济原则、与现行全民所有制企业制度之间存在着冲突。首先，在企业体制上，全民所有制企业还采取国有经济形式，企业与国家之间的资金无偿使用关系和行政管理关系尚未真正割断，从而企业生产和分配上很难形成自我约束机制，企业很难成为自主经营、自负盈亏的商品经济主体，相反地它具有格外强烈的消费倾向和投资倾向。在收入分配上，企业偏爱于个人消费性分配，工资总额连年膨胀，企业留利的大部分也转化为各种实物性和货币性个人收入，企业即使亏损了，职工工资及奖金也照发不误。在生产投资上，企业热衷于申请补贴，拖欠贷款，竞上热门项目，即使负债经营也毫不顾忌，反正亏损最终由国家财政负担。由此，企业经济效益不高，造成亏损和破产，也就不足为奇了。

进而，导致企业破产难以进行的更直接原因，就与我国全民所有制企业的资产经营管理体制密切相关。破产在私有制经济中，早已成为大经地义之事，就因为企业资产属于个人所有，破产是个别公民的民事行为，无损于国家政治经济制度。在我国，全民所有制企业资产属于全体人民共有，在实践上由政府部门或企业经营管理。孤立分散的个别公民或企业职工只是公有资产的抽象所有者，他们不能借助经济的、法律的手段，独立管理和处置企业资产；而企业领导人享有经营管理权，却很少承担经营管理的风险和责任。即使国家建立了国有资产管理局，企业实行了承包经营责任制，甚至实行了股份经济制，资产所有与经营责任间存在的矛盾也未能最终消除。当企业陷入破产困境时，矛盾就突然明朗尖锐化了：破谁的产？破产责任由谁承担？破产企业的资产与债务如何处置？

从最终意义上，全民所有制企业破产，就是破人民的产，破国家的产，这当然与公有制原则相悖。至于破产责任，由于厂长经理们并无足够的个人资产来赔偿企业的损失，《企业破产法》尽管规定了对企业破产负有责任的法定代表人给予行政或刑事处罚，但实际上现行体制很难让虽无功劳但有“苦劳”的厂长经理们受到行政或法律的处罚，更不能让广大职工吞下破产失业的苦果。破产企业的资产与债务处置就更是一个敏感而复杂的经济法律问题了。基层人民法院实际上无力管辖全民所有制企业特别是大中型企业的破产。如果让国有资产管理局处置破产事务，则必须重新立法，必须建立庞大有效的行政机构来处理烦琐复杂的经济事务，这又将出现机构重叠、职能混乱的管理困境。而且，由于破产企业的债权人，有的是集体企业、乡镇企业，以至于私人企业和外资企业，破产势必造成国有资产产权转移，一部分国有资产将从全民企业逃逸流动到非全民所有制企业中。显然，企业破产后所出现的上述情形，都可能有损于社会主义公有制经济利益，从而使破产缺乏经济制度上的可能性支持。事实上，《企业破产法》颁行之初，大批严重亏损企业曾纷纷申请破产，由于上级主管部门的干预等种种原因，才使破产不了了之。

第四方面为政策性原因。国家为保证整个经济的繁荣发展，为保证多数行业获得较高的利润率，为促使经济摆脱萧条进入复苏，或者为了限制某些行业的发展，有时也采取压低个别行业的产品销售价格或者提高贷款利率和产品税率的办法，甚至实行亏损性经营政策，如煤炭、石油工业的全行业亏损。近几年，为了调控生产和市场，政府经常不恰当地使用利率手段，常使银行贷款利率等于甚至低于存款利率，由此政策性原因就造成了金融行业大批企业处于亏损性破产性经营状态。

第五方面为社会政治性原因。从上面的分析可知，企业破产已是经济生活中的普遍性现象，那么破产为什么至今仍处于隐性化状态呢？这是由于国家尚未建成社会化、统一化、规范化的福利保障制度，由于居民收入水平较低、积蓄较少，生活大多还处于温饱状态，另外，户籍管理制度使居民还不能自由地迁移流动，因此，企业一旦大批宣告破产，劳动者一旦大量公开失业，势必造成居民恐慌和社会动荡。由于企业之间、企业与银行、与财政之间，存在着错综复杂、相互掣肘的经济技术联系，一批企业破产，势必牵动相关企业走向破产，这就进一步加剧了社会经济秩序的不稳定。由于市场体系尚不完备，由于政府宏观管理制度尚不健全，市场调节和计划调节目前还不能有效处置企业破产事务。为社会经济稳定运行这一政治目标所约束，我国现在还不能全面、公开、立即实行企业破产制度，因此，社会政治性原因是导致《企业破产法》和《企业法》贯彻困难、企业破产隐性化的主要原因。

三、几点对策

过去，失业、通货膨胀、经济周期等经济现象，一直被视为资本主义市场经济中才存在的弊端，对发生在我国经济生活中的种种问题，则常常回避、否认。今天，我们已经开始勇敢地承认并改正经济生活中的问题。比较而言，企业破产是一个比失业、通货膨胀、经济周期更严峻、更棘手的问题，它已经给经济理论和经济实践带来了尖锐冲击。从短期看，我们尚可以继续通过财政补贴，支撑着企业亏损性破产性经营。然而从长期看，亏损性破产性经营既给国家带来巨大负担，又不利于企业形成自主经营、自负盈亏的发展机制，不利于企业励精图治、提高经营水平，长期性的财政补贴无异于饮鸩止渴之策，保护着一批效益低下的企业。而且，隐蔽性破产企业不断地向市场传递出错误性经济信息，继续与其他企业结成脆弱的业务关系，这些情况都妨碍着生产要素的合理流动和有效配置，不利于经济技术进步和产业结构调整。破产要求我们在稳定与波动、就业与失业、平均与效率之间，痛苦地做出选择。

针对隐蔽性破产，可能采取的对策将是什么呢？我们认为，第一，首要和根本的措施是继续改革和完善企业经济制度。承包经营责任制只是近期内可行的企业管理方法，90%以上的全民所有制企业已经实行几年承包制，但企业效益并未得到普遍提高。从长期来看，应全面贯彻落实《企业法》和《企业破产法》，企业应有效摆脱行政性控制而成为独立自主的经济法人，应建立起职工利益与生产经营直接相关、财务收支自负盈亏的内在约束机制，从而使企业提高劳动生产率和市场竞争力，企业经济走上良性发展之路。企业如果濒于破产又无力回生，只要该企业破产不致引起国民经济秩序的较大混乱，就应该依法宣告破产，或者被其他企业收买兼并。

第二，与企业微观制度改革相配套，国家还必须在宏观上健全国有资产管理制度，有效处置企业破产。首先，在观念上应该明确破产是提高经济效益的重要手段，破产企业的资产只要不流散到外资企业中，则这些资产仍是在我国各企业中依法重新配置，无损于我国国力。何况，全民所有制和集体所有制经济无论在企业数量、资产总额还是行业分布上，都占据主导主要地位，破产企业的资产流向将是这两种公有制企业特别是全民所有制企业。

进而，在制度上应完善国有资产管理。尽管《企业破产法》规定“破产案件由债务人所在地人民法院负责管辖”，实际上法院本身无力管好全民所有制企业的破产问题。今后，国有资产管理部门和其他政府部门可借助经济法规、产业政策、分类管理等手段，协同配合人民法院，联合管理全民所有制企业破产具体问题，国有资产管理等部门可借助《企业法》《合同法》《国有资产管理条例》等法规条令，协同法院部门对国有企业特别是破产企业，实行规范化的监督管理。国有资产管理等部门可以以产业政策为中心，运用金融、财政、人力、信息等管理手段，有目标、有计划地促进资产经营、产业调整、资源流动、技术进步等方面的合理化与现代化。国有资产管理等部门还可以对国有企业进行分类管理，对具有垄断性特征的基础行业和某些行业，如铁路、公用设施、邮电、军工、烟草等，实行直接计划控制；对金融保险性行业，则与中国人民银行、中国人民保险公司共同监督管理；对其他行业企业，主要进行资产所有权管理，而不干涉其具体经济事务。

第三，真正建立公平统一、功能齐备的商品经济机制和生产要素市场，为企业经营和资产流转提供宏观发展条件。商品经济机制包括成本与价格、工资率与利润率、税种税率与利息率、公平竞争与市场供求等内容。生产要素市场包括劳动力市场、生产资料市场、资金市场、技术市场、信息市场等。只有创造统一开放、平等竞争、规则健全的经济发展环境，使经济规律成为经济活动的主导原则，竞争与破产、创新与效率才能真正提到经济进程上来。

第四，应尽快建立社会化的福利保障制度。我国福利保障制度应以社会化、公平化、规范化为目标，应向各种所有制的城乡全体劳动者提供服务。其资金来源可由国家、企业和个人共同负担、统筹使用，其执行机构可以以保险部门为主体。与此同时，立法机构应尽快制定颁布最终工资法和居民生活费用最低标准，前者保障职工在业时必须得到最低的工资数量，后者保障企业破产、职工失业时必须维持的最低生活标准，以此减轻企业破产带来的社会震荡。

显而易见，以上几方面改革措施并非短时间内可以完成，而隐蔽性企业破产已日益严重，那么，近期内我们可以采取什么对策呢？当然，国家还可以通过财政补贴、限期整顿等措施，督促企业扭亏为盈，摆脱破产困境。比较而言，企业之间的横向联合和收买兼并是两条可行性途径。

其一，濒于破产的企业，可以与经营管理水平较高、产品经济效益较好的企业进行伙伴性、互补性的横向联合，结成松散的企业集团或企业共同体，借此重新划分生产方向，走垂直分工、协作经营、规模经济之路。这种联合应坚持自愿、平等、互利的原则，充分发挥各个企业的经济技术优势，原有各个企业的独立法人地位仍旧保持。

其二，濒于破产的企业，也可以被经营管理水平较高、产品经济效益较好的企业直接收买兼并，此时被兼并企业丧失了独立法人资格，成为兼并后企业的一个分厂或车间。1984 年 7 月，保定市锅炉厂兼并了保定市风机厂，开创了全民所有制企业兼并活动的先河。自此以后，企业兼并逐渐成为处置亏损和破产企业的一种普遍形式。企业兼并与公开破产相比，它可以减轻企业破产所带来的经济混乱和社会震动，稳定国民经济运行秩序。这样，企业之间通过横向联合和收买兼并两条途径，就可以在一定程度上重新优化资源配置和生产结构，消减经济稳定和合理运行的潜在威胁。

通过以上分析，我们可以看到，企业隐蔽性破产不是一个单纯法律性的短期内可以解决的问题，它已成为牵涉面极广、影响力极大的社会经济综合问题，对此我们既不能视而不见漠然置之，也不能惊慌失措，操之过急，企业破产全面实施只能分阶段、分步骤、分部门地循序进行。政府可通过综合性的社会经济计划，稳步实施《企业破产法》，同时运用舆论宣传媒介，提高社会各界对企业破产的认同和心理承受能力，争取在十年内逐渐消除隐蔽性企业破产现象，使国民经济走上健康发展道路。

试论收入变动、国家规模与积累的相互关系*

在经济发展中，积累可以定义为旨在提高生产能力的资源使用。国民收入作为资源可以采取两种用途：一是消费；二是储蓄。储蓄是将现期收入的一部分用于积累，通过提高生产能力而在未来获得更大的收益和消费。储蓄转化为投资，投资主要用于物质资本的形成。经济活动中的积累过程主要包括储蓄、投资、资本流入、政府收入、教育支出等资源使用过程。积累在过去一般指物质资本的形成过程，不过现代经济学开始把人力资本视为积累的重要领域，在教育、科技上投入了越来越多的资金。

现代经济学中的储蓄是指将现时收入的一部分积攒下来以备将来使用，其结果是金融资产和有形资产的积累，过去积累下来的资产额即为储蓄。与储蓄相对应的是投资，投资是指社会实际资本的形成即净投资，它包括厂房设备、住宅建设、企业库存等方面的资本形成。在开放经济中，还存在资本流入即国外净投资。在经济发展过程中，如果说分工和交换是经济发展的基本方法，那么可以说储蓄和投资是经济发展的社会物质条件。将部分收入变为储蓄，储蓄形成投资，投资导致生产能力扩大和经济增长，这种经济关系已成为一种社会常识。对于落后国家，不低于15%的储蓄率是保证经济起飞的必要条件之一。

---

* 本文原载于《北京师范大学学报》1999年第5期。1995~1998年，笔者在中国人民大学经济研究所（后并入经济学院）攻读经济学博士学位，师从胡乃武教授，完成了博士论文《大国的经济发展和政府管理》，较早分析了分工、市场范围、规模经济和大国经济发展问题。

正如分工、专业化、规模经济、市场结构等受经济规模进而受到国家规模的制约，积累也受到收入水平、人口、自然资源等经济规模要素的重要影响。一方面，人均收入变动与储蓄、投资、政府投入、教育科技投资等积累因素存在着互动关系；另一方面，国家规模不同，积累的规模、结构、速度也不同。

一、收入水平与积累行为

在不同的收入水平时期，或者说随着收入水平的提高，储蓄、投资、政府收入、教育科技等积累行为也随之变动，更准确地说，积累水平趋于提高。从现代经济的发展过程看，收入变动与积累行为大致呈现以下关系（见表1）。

表1　　不同收入水平国家的投资率和储蓄率　　单位：%

项目	国内总投资占国内生产总值的比重			国内总投资的年均增长率		国内总储蓄占国内生产总值的比重		
时间	1965	1984	1995	1965～1980	1980～1990	1965	1984	1995
低收入国家	15	16	20	8.8	1.3	12	7	10
中国和印度	22	28	36	7.0	10.1	21	26	46
下中等收入国家	17	19	26*	8.1	-0.4	16	16	25*
上中等收入国家	23	22	21	9.0	0.2	23	26	23
市场经济工业国家	23	21	21	3.3	4.2	23	21	21

注：市场经济工业国又称为高收入国家；低收入国家中不包括中国和印度。

资料来源：世界银行1986年、1992年和1997年《世界发展报告》。其中缺少下中等国家1995年数据，用1994年数据代替，用*作标识。

第一，当收入水平过低时，储蓄率既低又不稳定，这极不利于穷国经济的持续增长。从世界银行的年度发展报告及统计数据来看（见表1），低收入国家的储蓄在20世纪60～90年代期间波动很大，储蓄和投资之间经常出现很大的资金差额，由此影响国内投资也经常波动，且投资波动幅度明显大于储蓄波动幅度。自60年代起，许多低收入国家在政治独立后开始了大规模投资活动，但这种投资活动在80年代几乎停滞下来，大批国家投资水平出现了下降现象，这种状况在90年代才有所扭转。刘易斯认为，投资率低于5%的国家将陷入经济停滞，经济发展需要12%以上的投资率，这一观点也得到许多经济学家的认同。[①] 国内储蓄既不充分也不稳定，这就严重妨碍了投资和经济增长，导致了所谓的贫穷的恶性循环。

导致贫穷的恶性循环关系的最重要的因素可能是这些国家的资本积累关系。资本积累状况由供给方面的储蓄能力和需求方面的购买能力所决定。在供给方面，实际收入水平低下导致储蓄能力低下，低收入水平又是低生产率的反映；反之，低生产率在很大程度上又是由资本缺乏所致，资本匮乏成了储蓄不足的结果，由此这个循环就完整了。在需求方面，投资引诱可能因为人们的购买力低下而不足，而购买力低下归因于人们的实际收入低下，实际收入低下归因于生产率低下，生产率低下又可归因于资本积累不足，由此也是一个完整的恶性循环。这样，低下的生产率进而低下的实际收入就成为两个循环的共同点。

第二，低收入国家一旦跳出贫穷的恶性循环的怪圈，人均收入趋于上升时，储蓄和投资水平将持续上升。据钱纳里等对1950～1969年统计资料的分析结果，在人均收入100～1000美元的范围内，储蓄率和投资率持续增长，这种增长速度在人均收入100～200美元阶段特别快，储蓄、投资和学校注册人数在人均收入200美元时已完成了总增长的一半，政府收入在人均收入400美元时也完成了总增长的一半。不过，当收入达到一定水平时，这一水平大致是上中等收入国家的收入，储蓄和投资水平将趋于稳定，甚至稍有降低。[②] 不过，20%左右的储蓄率和投资率是维持经济低速增长的基本条件之一，因为随着设备设施的耗损和技术的加快进步，折旧已占国内生产总值的10%左右，

---

① 如刘易斯在20世纪50年代就提出了这一观点，罗斯托在1949年出版的《19世纪的英国经济》中也提出，生产性投资在国民收入中的比重从5%上升到10%以上，经济才能起飞。低收入国家一般指人均国内生产总值低于400美元的国家，这一标准也在不断提高，1995年世界银行的低收入国家标准为765美元以下，高收入国家标准在9386美元以上。参见阿瑟·刘易斯：《经济增长理论》，胡汝银译，上海三联书店、上海人民出版社1994年版，第253页、第283～285页。

② 钱纳里详细分析了不同收入水平下的储蓄、投资、资本流入、政府收入、税收收入、教育支出等项目的积累率，参见钱纳里、赛尔昆：《发展的型式（1950—1970）》，李新华等译，经济科学出版社1988年版，第31页。

经济增长必须依赖持续不断的资本投入。能够肯定的是，当收入达到一定水平之后，储蓄率开始上升，但很难超过30%，这在欧美国家表现得格外明显。表1反映了不同收入水平国家的投资和储蓄状态，以及不同收入水平阶段的积累状态。不过，中国、日本、韩国、新加坡、印度尼西亚等国家例外，这些国家的储蓄率通常在30%~40%，这可能主要因为东亚文化传统的影响。而美国可能是另一种例外。自第二次世界大战结束后，美国储蓄率和投资率大多低于20%，这种现象在20世纪70年代以后更为突出，储蓄率和投资率一般在15%~20%徘徊。①

大多数国家的国内总储蓄一般小于国内总投资，资金即资本缺口是经济发展经常面临的问题。资金或资本流入被定义为国内总投资减去国内总储蓄，也等于商品和劳务的总进口减去商品和劳务的总出口。根据钱纳里的分析和各国统计资料（见表2），资金流入不仅是一种常态，而且随收入水平的提高而下降：在人均收入小于100美元时，资金流入等于投资的25%；人均收入达200美元时，资金流入等于投资的10%；人均收入达400美元时，资金流入等于投资的5%。不过，资金流入下降与人均收入上升之间的相关性相当脆弱，国家之间的差别很大。

表2　　不同收入水平国家的资金流入　　单位：%

年份	低收入国家	下中等收入国家	上中等收入国家	高收入国家
1970	2	1	1	-1
1980	8	1	-7	0
1987	5	0	-2	0
1992	5	1	1	-1
1995	6	1	1	-2

资料来源：历年世界银行《世界发展报告》中的“需求结构表”，原表中的“资金余额”是储蓄率与投资率之差，将数字前的正、负号分别变为负、正号就是资金流入额，即投资率与储蓄率之差。个别年度数据有所不同或不全，引用时作了适当调整。

① 库兹涅茨：《现代经济增长》，戴睿、易诚译，北京经济学院出版社1989年版；世界银行：《世界发展报告》，中国财政经济出版社1986年版、1989年版、1997年版、2002年版。

从中国看，1989 年以前多为净进口年份，自 1990 年后大致变成了净出口国，似乎已经开始了资金流入下降的时期。

对于收入水平偏低的国家，如何使得资金流入转化为国内资本是一个关键问题。人口大国还可能通过政府集中国内资金而进行重点建设，人口小国就只好因人均收入水平低下而使得国内资本形成的供求两方面都存在着恶性循环，进而导致贫穷的恶性循环。国外资本主要包括外商直接投资和国际借款。其中，外商直接投资往往受两方面因素的极大限制：一是投资的制度环境；二是投资利润率，而利润率与生产要素的供给状况、购买力水平、基础设施等因素密切相关。国际借款的使用效率也往往受到这两方面因素的制约。如果借款不能有效地形成资本，并推动经济和收入增长，增加国内储蓄，提高边际储蓄率，就不能及时偿还外债，导致外债危机。

第三，政府收入及政府支出呈现出不断增长趋势。一般而言，人均收入水平越高，政府收入越多，政府收入占国内生产总值的比重不断提高。从发达国家来看，在 19 世纪及 20 世纪初，政府总收入占国内生产总值的比重往往低于 10%；进入 20 世纪 20 年代，这个比重不断上升，目前已接近 50%。发展中国家也呈现出大致相同的趋势，目前政府总收入的比重已接近 30%。

中国在这方面似乎是个例外。政府统计的财政收入占国内生产总值的比重逐年下降，1979 年跌破 30%，1987 年跌破 20%，1996 年为 10.9%。然而，同期政府实际获得的收入远不止统计上的预算内财政收入，1991 年和 1992 年预算外资金收入都超过了预算收入；1993 年后预算外资金有所下降，但总量仍很可观，且呈递增趋势。此外，各种集资、摊派、收费等“三乱”收入的大部分也成为政府特别是地方政府资金的来源。如果加上预算外资金和“三乱”收入等项，政府实际总收入占国内生产总值的比重将会保持很高水平，估计将维持在 30% 的水平。

第四，教育与科技投资呈现持续上升趋势。对于 20 世纪特别是第二次世界大战后的经济迅速增长问题，经济学家曾经习惯于用投入特别是劳动和资本的巨大投入进行解释。然而，由于产出增长长期大于投入增长，传统理论只能解释增长总量的一部分，无法回答收益递增的挑战。丹尼斯等（1962）认为，增长总量中的很大部分是源于生产率的提高。乔根森和格里奇斯（1967）认为，几乎所有的增长都源于要素投入的增加。舒尔茨（1987）认为，专业化的人力资本可能是解决理论上的冲突，以及列昂惕夫关于国际贸易之谜的关键。贝克尔、卢卡斯等也从不同角度分析了学习、知识积累、教育投资等活动与经济增长的相互关系。形成人力资本的途径之一就是政府投资于教育、科技等事业。

衡量政府在人力资本投资状况的指标有教育和科技投资占国内生产总值的比重即教育投资率和科技投资率，以及入学率和升学率指标。一般来说，随着人均收入的提高，教育投资、小学入学率等指标值呈现稳定增长的势头。据钱纳里等的统计预测，以1964年美元计算，人均收入200美元时，政府教育投资率已突破3%的比重，小学入学率也突破50%的大关；人均收入800美元时，教育投资率达4%以上，小学入学率达80%以上。①

中国在这方面又有一些例外。其一，从教育投资即政府财政性教育经费看，教育投资率呈下降趋势。在“六五”“七五”“八五”计划时期，即1981~1985年、1986~1990年、1991~1995年，教育经费占国内生产总值的比重分别为2.63%、2.48%、2.19%。其二，从入学率和毕业率上看，小学入学率虽然高达97%左右，但学生流失较严重，毕业率并不高；小学毕业生升初中率在80年代只有70%左右，1993年才突破80%；初中毕业率一直保持在80%左右，1995年为83.4%；初中毕业生升高中率一直在40%左右，1995年为48.3%。由此可见，适龄人口完成初中教育的只有50%左右，完成高中教育的只有20%左右。1985年，低收入国家男女成人文盲率分别为44%和58%，中等收入国家分别为25%和31%，中国为31%和45%。1995年，低收入国家文盲率为34%，中等收入国家为18%，中国为19%。② 在现代社会，完成初中教

① 钱纳里、赛尔昆：《发展的型式（1950—1970）》，李新华等译，经济科学出版社1988年版，第226、227页。

② 发展中国家入学率和毕业率数据来自《中国统计年鉴（1996）》。中国成人文盲率数据来自世界银行和1996年、1997年《世界发展报告》中的统计资料。

育只意味着具有了基本的识字计算能力，并没有掌握职业技能。中国已有的2亿成年文盲以及每年占新增劳动人口一半的低文化技能的劳动力，已成为制约经济增长的巨大障碍。其三，从科技投资上看，政府科技拨款1990年为124亿元，1996年为273亿元，分别占当年政府财政支出的4%和3.4%。事实上，进入20世纪90年代，中国在科技资金投入、研究和开发费用、科技人力投入等方面都出现了一定的下降势头，这已经开始损害中国科技的国际竞争力。①

二、国家规模与资金流入

积累受人均收入变动的影响，从更广的背景看，积累受国家规模水平的制约，收入只是国家规模的一个构成要素。国家规模与积累的相关性主要表现在以下几个方面：资金流入、积累变化速度、投资及资本的规模和专业化水平。

资本或资金流入是开放经济中经常存在的现象。在封闭经济中，投资只会等于或小于储蓄。在开放经济中，进口与出口、资金流入与流出成了正常现象。按照收入均衡公式，当经济开放时，总需求等于消费、投资、政府支出与出口之和，总供给等于消费、储蓄、政府收入与进口之和。假定政府收支相等，再消去消费项，就有了收入均衡公式：投资 + 出口 = 储蓄 + 进口，即：投资 - 储蓄 = 进口 - 出口。

由此在统计上，资金流入就等于投资与储蓄的差额，或者进口与出口的差额。从实践上看，资金流入即净进口是国家经济生活中经常出现的现象，甚至连美国自1976年也成为净进口国，连续的贸易逆差使美国自1988年又成为净债务国。对于发展中国家，因国家竞争力较弱，净进口与资金流入已成

---

① 国家体改委：《中国国际竞争力发展报告（1996）》，中国人民大学出版社1997年版，第66～74页。

为一种常态的经济行为。从表 3 可以看出资金流入特别是外商直接投资对生产结构的重大影响。进口或资金流入如果能够有效地转化为企业资产，提高企业的生产率和国际竞争力，那么这对经济增长显然是推动力量，落后地区将可能从进口商变成出口商，从债务方变成债权方，日本以及东亚新兴工业化国家和地区就经历了这种发展过程。

表 3　外商直接投资与区域内资本形成　单位：%

国家（地区）	外资部分的比例					
	区域内总资本形成	私人固定资产		制造业		服务业资产
		投资	资产	投资	资产	
中国香港	19	—	18	—	—	—
韩国	2	—	—	19～31	—	—
马来西亚	10	5～10	19	—	—	—
墨西哥	9	—	—	—	76	34
菲律宾	9	—	19	—	32	21
中国台湾	4	4	—	6	—	—
泰国	6	4～16	16	—	63	43

注：表中“—”表示数据不详。

资料来源：联合国跨国公司中心，《1992 年世界投资报告：跨国公司：经济增长的引擎》。

资金流入水平与国家规模之间经常出现一种反向关系：资金流入的绝对值可能随国家规模的扩大而扩大，但资金流入量占国内生产总值的比重一般随国家规模的扩大而缩小。对于资金流入与国家规模之间的这种经验性规则，经济学家似乎没有给出明确的解释。原因之一大约是大国的贸易依存度较小，而小国的贸易依存度较大。小国因难以形成规模经济和技术创新，致使国内产品数量少、价格高、种类缺，从而使出口乏术而进口强势；通过进口促进国内专业化分工和生产，提高生产效率，进而促使专业化产品出口，如此才能产生良性循环。由此，国际贸易与国际金融对许多中小型国家就可能产生两种结果：如果一国生产要素质量较高，包括居民较高的文化和技术素质及企业家才能，生产技术较先进，以及由此产生的较强的专业化水平，那么小国利用国内分工和专业化、国际分工和专业化的差别，就可以以比较优势的专业化产品参与国际贸易，而不必强行发展规模经济的产业，从而使得资金流入和外贸能够促使实现国内经济与国际经济之间的良性循环关系；反之，如果一国缺乏高质量的生产要素和竞争性的市场结构，国内分工和专业化生产不发达，那么进口就可能主要是消费行为，资金流入就可能主要是债务负担而不是投资行为。前一种结果以瑞士、新加坡为代表，后一种正是许多发展中国家的结果。

与小国相比，大国国内储蓄的绝对量较大，这些储蓄即使不足以推行全面发展的均衡战略，也可以推行重点发展战略，而不必完全仰人鼻息。而且，大国有利于竞争、规模经济和技术创新，这无论是实行进口替代还是实行出口导向战略都是一种经济优势。大国由此常常采取一种相对封闭、内向型的全面发展和赶超战略，进口替代倾向强于出口替代倾向，而小国只能采取更加开放、外向型、专业化的出口导向战略。似乎可以说，大国有时反而被大国的相对优势所累，大国因忽视了国际经济的冲击和竞争，无形中弱化了自身的经济竞争能力。进入 20 世纪 90 年代后，中国长期的外贸逆差变成经常性的外贸顺差，国家储备在 1996 年底突破 1000 亿美元，这对于尚处于经济起飞时期、需要进口大量设备和原材料的国家，并不是一件完全有益的事情。

三、国家规模与储蓄水平

从较长时期看，储蓄和投资水平不仅与国家规模有关，而且与国家的制度、经济结构、文化传统等因素密切相关。20 世纪下半叶，中国、日本的积累率一直居高不下，新加坡、韩国、泰国、印度尼西亚、马来西亚等东亚、东南亚国家的积累率在最近二三十年也超过了许多国家的水平。从世界范围看，大国可能因为潜在的规模经济优势，可以有效地聚集和使用大量资金用于资本形成；小国虽然缺乏潜在的规模经济优势，但小国也可以充分搭乘国际分工和专业化的潜在优势，充分使用有限资金用于专业化生产和交易，同样可能取得高储蓄和高投资的经济业绩。至于最终是大国还是小国进入了高积累、高增长的经济发展过程，这就不仅受国家规模的制约，而且受政府政策、人口资源特别是人力资本、国际贸易条件等多方面因素的影响。

尽管储蓄率和投资率与国家规模之间缺乏明显的相关性，但储蓄和投资的绝对规模、储蓄和投资的效率似乎应该与国家规模有关。现代经济活动具有显著的迂回生产特征，在投资和最终消费之间存在着广泛而大量的中间产品和需求，这在工业部门表现得尤为突出，持续不断的投资就成为保持经济增长的必要条件。由于现代经济活动具有显著的报酬递增的规模经济特征，规模经济一般与大量连续的投资和生产有关，大规模的投资就成为报酬递增的经济增长的必要条件。因此，大国容易积累大量资金用于支柱产业、主导产业、基础设施等方面的投资，规模经济再加上有效的投资管理就可以实现投资的高效率。比较而言，小国难以形成投资和生产上的规模经济现象，狭小的市场也不利于投资者之间的市场有效竞争，如果小国再实行封闭经济政策，那么小国的投资就难以形成规模经济效应，更难以提高投资效率。

小国由于受经济规模特别是市场规模的限制，难以进行大规模、高效率的储蓄和投资活动，这最终极容易导致小国依从于国际经济特别是大国经济的既有分工格局，小国成为大国分工的附庸而不进行大规模的积累。然而，基础设施服务因其消费上的非竞争性和非排斥性，它往往要由政府统一提供，政府必须在基础设施服务上进行大量的储蓄和投资，这就带来了小国政府储蓄和投资上的尴尬行为：一方面，小国人口数量不多，在同等收入水平时，小国政府的收入和投资必然偏小；另一方面，经济发展必然要求政府投资建设公共基础设施，公共基础设施具有投资规模大、收益回收慢、外部效应强等特点，这种特点大国小国概不例外。由此，大国小国政府都必须筹集一定规模的资金，这就可能导致小国政府的积累率大于大国政府的积累率，而小国政府的投资效率低于大国政府的结果。钱纳里等已经观察到了这一现象，许多统计资料如世界银行的年度发展报告也显示了这种积累趋向。①

参考文献

［1］阿瑟·刘易斯：《经济增长理论》，胡汝银译，上海三联书店、上海人民出版社 1994 年版。

［2］国家经济体制改革委员会：《中国国际竞争力发展报告（1996）》，中国人民大学出版社 1997 年版。

［3］库兹涅茨：《现代经济增长》，戴睿、易诚译，北京经济学院出版社 1989 年版。

［4］李由：《大国的经济发展和政府管理》，中国人民大学博士学位论文，1998 年。

［5］世界银行：《世界发展报告》，中国财政经济出版社，1986 年版、1989 年版、1997 年版。

［6］西奥多·舒尔茨：《为实现收益递增进行的专业化人力资本投资》，收录于《发展经济学的新格局》，经济科学出版社 1987 年版。

［7］Edward F. Denison, *The Sources of Economic Growth in the United States and the Alternatives Before Us. New York: Committee for Economic Development*, 1962, DC North – Cambridge University Press.

［8］D. W. Jorgenson & Z. Griliches, *The Explanation of Productivity Change*, *Review of Economic Studies*, Oxford University Press, 1967, 34 (3): 249 – 283.

① 钱纳里等观察到了大国与小国的积累率特别是政府收入的差异，尽管对这种差异还没有充分揭示，表述上也不统一。参见钱纳里、赛尔昆：《发展的型式（1950—1976）》，李新华等译，第 43、92 页。从世界银行《1997 世界发展报告》表 14“中央政府预算”中，也可以看到政府收入与支出在大国与小国之间的差异。

《大国经济论》导言*

国家规模是约束一国经济发展和政府管理的一个重要因素，大国的经济发展和政府管理由此具有许多不同于中小国家的特征，但现代经济学对之几乎是置之不理，不求甚解。本书的研究目的在于考察和揭示国家规模约束下的经济发展和政府管理的特征方式，为中国的经济发展和政府管理体制改革提供理论和方法上的参考。

一

对许多事物，人们耳濡目染，但并不了解其真实底蕴；对许多事物，人们似乎了解，但往往知其一而不知其二，甚至知道得似是而非。在经济学的发展历史中，可以找出许多例证。分工和交易是亚当·斯密在《国民财富的性质和原因的研究》中首先论述的问题，现代经济学的历史应该从对分工和交易的分析开始。然而，经济学对分工问题至今尚未做出应有的分析；对交易问题的理论分析也是在康芒斯、科斯那里才真正开始。在某种意义上说，国家规模约束下的经济发展和政府管理的具体型式也是现代经济学没有充分重视的范畴，虽然早在威廉·配第的《政治算术》、亚当·斯密的《国民财富

* 笔者的博士学位论文经修改为《大国经济论》，获得北京市社会科学理论著作出版基金资助，由北京师范大学出版社2000年出版。

的性质和原因的研究》《关于法律、警察、岁入及军备的演讲》中已经十分重视这一问题。政治学、历史学、管理学等学科虽然研究了国家规模和政府管理问题，但那毕竟不能代替经济学的严格规范分析。

经济学对国家规模约束下的经济发展和政府管理的漠视可以从政府问题的研究上明显看出，政治制度和政府管理对经济发展的巨大影响与现代经济学对政府的熟视无睹和无能为力形成了强烈的反差。如果把经济自由理解为企业可以自主决定其生产、销售和收入分配，居民可以自主决定其购买和消费活动，也就是说在资源的占有、配置和使用方面，居民和企业享有最广泛的选择自由，并且对自己的选择负有责任；把政府管理或政府干预理解为政府为控制企业的生产、销售和价格，以及居民的购买和消费而采取的各种活动，那么可以说，对经济自由和政府管理这二者的孰优孰劣、孰主孰辅，一直是学术界悬而未决的理论问题。①

从经济思想史上看，弗朗索瓦·魁奈、亚当·斯密、大卫·李嘉图等主张自由放任、完全竞争的经济自由，让·沙尔·列奥尔·西斯蒙第、比埃尔·约瑟夫·普鲁东等则呼吁政府对经济活动进行干预，弗里德里希·李斯特更是明确反对古典学派的自由贸易政策，主张关税保护。空想社会主义者和科学社会主义者都揭露了资本主义社会的经济矛盾，尽管前者希望通过和平道路来改造资本主义，后者坚持用革命手段来推翻资本主义，但他们都主张建立社会主义新制度，而传统的社会主义经济正是政府计划主导的经济。从边际革命到马歇尔体系，其基本观点依然是传统的经济自由主义。继阿弗

---

① 如今，经济自由一般指市场机制中的交易和竞争自由，市场成为资源配置的基础性方式；政府管理、政府干预、政府管制、政府调控等概念的内涵大致相同，即政府对生产、销售、价格和消费的管理控制活动。中国经济学界又广泛用宏观调控表示政府管理，尽管政府管理的对象不仅包括宏观经济总量，而且包括微观经济主体。这样，经济自由与政府管理的相互关系可以简单地理解为市场与政府的相互关系。企业一般理解为市场的主体，但国有企业具有政府管理的某些性质，国有企业是政府职能的特殊延伸形式。本书主要使用“政府管理”一词表示政府对企业、市场的管理调控活动，有时也使用政府干预、政府调控等概念。此外，本书中的国家是指包括政府、居民、领土、主权等内涵的概念，而不是中国学术界经常等同于政府的狭义概念；本书中的政府是指包括立法、行政、司法等政府机构的广义政府概念，而不是中国经常等同于行政机构的狭义政府。

里德·马歇尔之后，瑞典学派、米恰尔·卡莱斯基、梅纳德·凯恩斯又重新打出政府干预的大旗。凯恩斯主义直到近半个世纪之后，才受到新货币主义、理性预期学派的全面冲击。在凯恩斯主义和各种新自由主义鏖战正酣、胜负难分之际，所谓的新制度经济学、新凯恩斯经济学从混战中脱颖而出，成为当代林林总总的经济学流派中影响甚大而又强调政府管理的新军。① 经济理论和经济主张之光折射到政府经济政策上，就表现为政府时而倾向经济自由，时而倾向干预调节，政策在自由和管理之间不断摇摆。

综观经济思想和经济政策的演变过程，几乎所有的经济学家和政治家都承认政府管理经济的必要性。亚当·斯密坚信最好的政策就是自由放任，但他的体系里保存了充当“守夜人”的政府，政府至少要在国防、保障私人产权和公共设施上承担职能。理性预期模型试图证明旨在降低失业率的总需求管理将永远是无效的，但现实中的芸芸众生并不像天才的经济计量学家那样对未来作出准确无误的预测。实际上，崇尚自由竞争的欧美诸国正是依靠强大完备的法律制度才保障了市场经济的持续运行，政府财政支出在国民收入中的份额也不断扩大，而没有哪一届政府真正实行无为无不为的自由经济政策。自20世纪30年代全球性经济大危机之后，各国政府或者加强了对经济的管理控制，或者实行了社会主义制度。对于政府、市场、企业之间的经济关系，以及政府的性质、运行和功能，人们可以有大相径庭的定义和理解，但政府已不再是超然于经济活动之外的因素，而是全面影响经济活动的内生变量。

尽管政府在现代经济体系中承担着不可或缺、日益重要的职责，传统的社会主义计划经济更把政府的作用发挥到极端，然而现代经济学，以及管理

① 凯恩斯主义虽然在20世纪70年代没有有效解释滞胀问题而备受诘难，货币主义、理性预期学派在80年代甚嚣尘上，但凯恩斯主义的许多政策主张并没有从政府管理内容中消失。现代西方国家的政府经济政策是一种兼有凯恩斯主义、货币主义等多种理论色彩的混合体，正如西方经济体制被萨缪尔森称为混合经济，西方经济政策也可以称为混合政策。对策论等数学方法在当代经济学界的广泛使用，也正是为了有效解释企业、居民、政府等经济主体之间的相互对策行为。

学、政治学、历史学等学科并没有真正明了政府角色的内在机能和行为特征，神秘而善变的政府时而成为经济稳定有效运行的保护人，时而成为经济混乱低效的肇事者。马克思主义通过论证资本主义经济矛盾的不可调和及经济危机的周期爆发，宣判了资本主义的死刑。西方经济学在最终承认市场失灵的基础上，也开出了改良资本主义的药方。不过，资本主义市场经济的种种缺陷和失灵，只是政府管理经济的充分性条件（因为政府并不是市场的唯一替代者），而不是政府管理经济的必要性条件。① 即使政府是市场的唯一替代者，经济理论仍需说明清楚：政府应该在哪些领域、通过什么样的方式对市场进行替代，政府替代市场的成本和收益如何。而在这些方面，现代经济学或语焉不详，或力有不逮，政府很难得到经济学家明晰的理论指导，更不用奢望经济学家提出具体可行的政策建议。

中国从过去到现在一直是一个政府管理对经济发展影响巨大的国家，中国经济是一种政府主导型的经济。新中国成立以来，特别是自 1978 年以来，中国几次在政府管理体制方面进行调整和改革。然而，经济条块分割、政府职能混乱、管理方式不当等体制顽症积重未愈，1993 年的“三定”改革和 1994 年的分税制改革依然没有从根本上改善政府管理方式，1997 年党的十五大再次把健全宏观调控体系、推进政治体制改革作为今后的发展目标，并在 1998 年推出了政府行政机构改革方案。在今后相当长的时间，政府与政治体制、国有经济、工业化将是中国面临的三大发展难题。

二

通过理论与实践上的比较和分析，发现国家规模约束下的经济发展和政

---

① 政府当然是市场的一个重要的、有时是主要的替代者，而道德、意识形态、行业协会等也是调节经济活动的重要因素，从市场失灵并不能必然得到政府干预的结论，何况政府也有失灵效应。参见查尔斯：《市场或政府——权衡两种不完善的选择》，谢旭译，中国发展出版社 1994 年版；斯蒂格利茨等：《政府为什么干预经济》，郑秉文译，中国物资出版社 1998 年版。

府管理的一般型式，提出大国政府在经济发展和管理方式上的调控原则、方法、途径、内容和目标，将是本书试图达到的研究目的。

有多种因素决定或制约着中国的经济发展和政府管理方式：国家规模、技术变革、所有制性质和结构、市场化程度和市场缺陷、经济开放、意识形态和文化传统，等等。更具体地说，第一，中国是一个人口众多、国土辽阔、经济总量巨大的国家，国家规模对经济发展和政府管理显然具有一定的影响，大中小各级的经济发展和政府管理显然具有不同的型式。第二，中国是发展中国家，虽然工业体系初步建立，但工业化、城市化、现代化进程相对滞后，已经实现的经济发展主要局限于城市及城市周围区域。随着产业结构的转换和对外开放的扩大，落后地区渴望经济迅速发展，发达地区也面临着经济高级化问题。失业、通货膨胀、人口增长过快、农业剩余劳动力转移、社会保障、地区差距、自然环境资源保护等都是工业化进程中亟待解决的重大问题。第三，中国是社会主义国家，社会主义制度无论怎样定义，公有制经济必须占主要份额，按劳分配必须成为收入分配的基本原则，政府必须采取必要的政策手段，有效调控生产、交易和收入分配活动，以最终实现共同富裕。因此，公有制特别是国有制以及公有制与非公有制的力量对比，将是制约政府管理方式的重要因素。第四，中国是经济体制转型中的国家，市场将成为配置使用资源的基础性方式。市场的发育程度、市场的覆盖范围、市场的缺损失灵程度等直接制约着政府的管理强度和管理广度。第五，经济政治开放程度对政府管理方式的影响也是不言而喻的。第六，意识形态和文化传统。意识形态特别是执政党的指导理论对中国经济发展和政府管理方式的影响力是巨大的。1978 年真理标准的讨论和对“两个凡是”的批判，1992 年邓小平的南方谈话，既是思想解放的活动，又是改革开放的宣言。今后，中国如果能够坚定不移地一切以是否有利于发展社会主义社会的生产力、有利于增强社会主义国家的综合国力、有利于提高人民的生活水平这“三个有利于”为根本判断标准，那么就能不断开拓社会主义现代化事业的新局面，政府管理效率就能不断提高。在文化上，中国既有宝贵的传统，又有顽固的糟粕，重人伦而轻法制，重私利而轻公益，重惯例而轻创新，重群体而轻个体等文化传统亟待克服和更新。

由此，人们就可以从不同角度，各有侧重地分析经济发展和政府管理的可能型式。不过，中国学术界过去主要是从经济增长、所有制结构、市场失灵、意识形态角度对中国的经济发展和政府管理问题进行了大量研究，很少注意国家规模与经济发展和政府管理之间的相互关系。陈岱孙教授大概是第一位对国家规模与政府管理之间关系进行研究的现代经济学家。① 近几年，也有一些人从国家规模、一般均衡等意义上对经济发展和政府管理方式作了某些分析，如关于国际经济大循环、中央与地方之间关系的分析。然而，从总体上看，传统的计划经济理论，以及改革实践中提炼出来的经验型中国经济理论，对经济发展和政府管理方式及其变迁的探讨都有待深入和拓宽。对政府管理问题的分析特别是量化分析，也一直不是西方主流经济学的研究内容。凡勃伦、康芒斯等早期的制度经济学，加尔布雷斯的后制度经济学，甚至发展经济学都没有很好地纳入西方经济学的主流进程。当然，这种对经济发展和政府制度的漠视状况近来有所改变，以交易费用、产权、公共选择、对策论等为分析工具的新制度经济学，自 20 世纪 80 年代以来影响日益扩大。不过，目前人们尚不能得心应手地将西方经济学的这些分析方法用于中国政府管理问题的研究，已有的研究成果多停留在现象的描述和政策的解释上。② 实

① 陈岱孙在他的博士学位论文《马萨诸塞州地方政府开支与人口密度的关系（1926年）》中讨论了人口总量和人口密度与教育、公路、经常性等公共支出之间的关系。参见陈岱孙：《陈岱孙文集（上）》，北京大学出版社 1988 年版。

② 目前已经完成的研究成果有：关山等，《块块经济学》，海洋出版社 1990 年版；王绍光、胡鞍钢，《中国国家能力报告》，辽宁人民出版社 1993 年版；魏礼群等，《市场经济中的中央与地方经济关系》，中国经济出版社 1994 年版；陈宪，《市场经济中的政府行为》，立信会计出版社 1995 年版；杨再平，《中国经济运行中的政府行为分析》，经济科学出版社 1995 年版；宋光华等，《政府经济职能和体制改革》，天津人民出版社 1995 年版；毛寿龙，《中国政府功能的经济分析》，中国广播电视出版社 1996 年版；辛向阳，《大国诸侯》，中国社会出版社 1996 年版。此外，近期一些出版物虽然在名称上冠以“大国”，但这些论著或者主要是对若干个大国的事实比较，或者主要是对经济现象的描述，还不能称为规范严肃的经济学分析。例如，程极明：《大国经济发展比较研究》，人民出版社 1997 年版；程超泽：《世纪之争——中国：一个经济大国的崛起》，新华出版社 1998 年版。

践的需要和理论的薄弱都要求加强深化对经济发展和政府问题的研究工作。

全面、系统、深入、准确地分析政府管理问题是一项十分浩大的基础研究工作，绝非少数人短时间内所能完成。其实，只要能从某一角度，对特定国家或少数国家的经济发展和政府管理方式的某一方面或环节进行严谨有效的分析，就已经是极有价值的研究工作了。事实上，古典经济学以及马克思、恩格斯等的经济理论之所以称为政治经济学，就是因为他们既研究具体历史时期、具体国家的经济发展问题，又研究政府、政治法律制度以及社会文化与经济发展的相互关系，这种传统在新古典经济学时期中断了，只是到20世纪下半叶才有所恢复。先是一批关注经济发展问题的经济学家重拾古典经济学派的研究传统，后是一批受新古典经济学熏陶的经济学家也燃起了对经济发展、政府、制度等问题的研究热情。西蒙·库兹涅茨在研究现代经济增长时就发现，经济增长源于科技进步、社会经济政治制度创新、新世界观等多方面因素。他把经济学的研究对象规定为巨大的人类社会集团的国家：国家是一个主体实体；政府能够作出众多、长期的决策；政府决策创造了经济增长的条件，影响了经济增长过程。①

研究具体的或典型的国家中经济发展和政府已经是一项内容庞杂的选题，必须选择特定的研究角度和方法。其中，根据国家的整体特征而对国家进行分类，进而分别研究不同类型国家的政府，诚不失为一种可行的研究思路。实际上，人们已经对国家进行了多种多样的分类工作，其中代表性的分类有：根据经济发展水平和结构特点，把国家分为工业化、劳动剩余、初级产品出口等国家类型；根据国家和政府的发展战略，把国家分类为进口替代、出口导向、封闭发展等国家类型；根据经济制度和政治制度性质，把国家分为资本主义、社会主义、封建主义等国家类型；根据收入水平和国家综合实力状

① 库兹涅茨在五年后出版的《各国的经济增长》中对国家规模与外贸、经济规模、国内生产总值等因素之间的相互关系进行了创造性的分析。参见西蒙·库兹涅茨，《现代经济增长》，戴睿译，北京经济学院出版社1989年版，第13～14页；Kuznets, S. *Modern Economic Growth*. New Haven: Yale University Press, 1966。

况，把国家分为穷国和富国、大国和小国、强国和弱国等国家类型。霍利斯·钱纳里等根据人口、收入水平、出口等因素，对国家进行了二元化分类：先是根据人口总量 N，把国家分为大国和小国；随后根据实际出口水平 E 与根据该国的人口和收入水平得出的预测值 E' 之间的比率，提出了贸易趋向指数 TO：

$$TO=(Ep-Em)/E-(E'p-E'm)/Ep=T-T'$$

按照贸易趋向指数 TO 的偏高、正常、负值，把大国小国又具体分为初级产品出口导向、正常、工业制成品出口导向等类型。①

不难发现，无论是宏观层次上的国家经济、国际经济，中观层次上的区域经济、行业经济，还是微观层次上的企业经济和个人经济，往往在人口或人力、国土或自然资源、收入水平等经济因素上呈现出总量、范围、层次、力量等规模或量的特征，如经济的企业规模、行业规模、国家规模、市场规模、生产规模、资源规模、生产要素规模。而经济达到一定的总量、范围、层次、力量等规模或量时，往往可能发生分工和专业化、交易或管制、竞争或合作、规模经济、范围经济、聚集经济等经济活动的方式和制度上的质变，不同规模的经济可能分形出不同的经济效应、经济结构、经济形式、经济制度和经济变迁路径；或者如哲学家所说的，事物的量有总量、范围、结构等方面上的规模差异，量变到一定程度会引起质变。由于国家是社会经济活动和政府管理的最大的基本单位，人口、国土、收入等经济因素在国家范围内的聚集状态就呈现为国家的经济规模，简称为国家规模；而大、中、小等不同经济规模的国家可能演化出其企业、市场、生产、地区等各不相同的经济效应、经济结构、经济形式、经济制度和经济行为。

比较而言，根据人口、国土、收入等经济因素的规模或量的特征，进

① 霍利斯·钱纳里等：《发展的型式（1950—1970）》，李新华译，经济科学出版社 1988 年版。钱纳里等对国家规模、国家规模与经济发展型式的相互关系也进行了开创性的研究。库兹涅茨、钱纳里、杨小凯等的研究工作直接启示了笔者的选题和构思。1999 年夏，在中国社会科学出版社读者服务部首次看到钱德勒的《企业规模经济与范围经济》一书时，钱德勒的研究思路更坚定了我的想法。

行经济的规模包括国家规模的比较和分类，进而从经济规模特别是国家经济规模的角度分析经济发展和政府管理，既是目前理论工作中相对薄弱的环节，又是具有相当意义的研究角度。实际上，人类进行经济活动和经济理论研究的一个基本约束条件就是资源规模的相对稀缺性。如果自然资源相当丰富多样，猿类也不会在几百万年前走出森林，人类也不会开始胼手胝足的劳动谋生过程；进而，如果劳动能够轻而易举地创造出丰富多样的物品，人类也不会费心卖力地进行制度创新和技术发明，正如 R. H. 科斯所说的，交易无成本则产权不重要。然而，资源的稀缺性使得从个人和企业的微观经济活动，到国家和人类的宏观经济活动都缩手缩脚，必须每时每处地计算成本收益问题。为了更好地占有和使用资源，人类又创造出政府这个“怪物”①。

中国是改革发展中的社会主义国家，更是一个地域、人口、资源、历史大国和潜在的经济大国。因此，从经济规模特别是从国家经济规模角度分析中国的经济发展和政府管理，将是本书的研究角度和对象。古今中外的经济发展和政府管理实践已经隐约地昭示了这么一种规则：国家规模不同，其经济发展方式和政府管理方式随之不同。《老子》对此就有天才的发现：“治大国若烹小鲜”，治理大国要像煎小鱼那样，不要经常翻动它；而“小国寡民”可以限制分工和交换，“民至老死不相往来”。②

相对而言，人们从其他角度对经济发展和政府管理方式已经进行了较多的研究工作，从大国角度分析经济发展和政府管理方式尚是目前理论工作中的薄弱环节。实际上，生产要素和经济活动的规模状况直接引致了规

---

① 英国哲学家霍布斯在 1615 年写成的一部政治哲学著作就名为《利维坦》。利维坦（Leviathan）是《圣经》中记载的一种巨大的水生怪物，中文曾译为鳄鱼，霍布斯用它来比拟政府。参见霍布斯：《利维坦》，黎思复等译，商务印书馆 1985 年版。

② 通行的《老子》（即《道德经》）第 61 章、第 80 章等部分对此作了很有价值的论述。老子的辩证法思想对于政府提高管理水平具有许多借鉴意义。《孙子兵法》《韩非子》等中国原典也包含了许多睿智的治国思想。“大国”“小国”，长沙马王堆汉墓帛书《老子》作“大邦”“小邦”。不过，更早的竹简《老子》中没有“小国寡民”的思想。参见侯才：《老子及其学说的再发现》，载于《光明日报》1999 年 11 月 5 日。

模经济、范围经济、外部经济、聚集经济等经济效应，进而制约着一国的分工、专业化、市场结构、资源配置、区域经济、经济开放等经济发展型式，并影响着一国的政府管理方式。作者拟从国家规模这一整体和综合的角度，展开对大国特别是中国的经济发展和政府管理的具体分析工作。

三

研究对象确定之后，研究方法对理论发展就具有十分重要的作用。方法论的差别，使研究者在观察和分析的角度、广度和深度，思维的形式和过程，论述和表述的形式等方面各有不同。新方法的提出和运用，往往会促使理论获得重大进步，甚至产生革命性的结果，这种状况在经济学和其他学科的发展历史上屡见不鲜。亚当·斯密关于利己主义的经济人假设、关于三个阶级和三种收入、关于市场范围等方面的研究工作，实际上已经开创了微观分析与宏观分析并重的研究风格。不过，后来的经济学家偏重经济活动的简单孤立的微观分析，马克思关于社会再生产和经济危机的理论、瓦尔拉的一般均衡理论虽然指出了综合的、整体的分析方向，但直到凯恩斯发表《就业、利息和货币通论》，这种研究方法上的偏向才开始得到全面纠正。威廉·配第、魁奈、亚当·斯密、马克思、瓦尔拉、马歇尔、凯恩斯、阿罗、摩根斯坦等在经济分析方法上做出了重大贡献。

方法论是一个内涵极其不稳定的概念。中国以往的文章在提及方法论时，往往习惯地以辩证唯物主义、科学抽象法等相标榜，而实际上许多文章或者不用这些方法论，或者滥用这些方法论。近来许多文章又喜欢把历史描述和逻辑抽象、证实和证伪、静态分析和动态分析、数理计量分析和统计分析等名词搬进来，而实际研究中既不正确区别也不具体运用，研究成果或是概念的罗列，或者是现象的描述，或者是政策的注释，理论研究、传播和评价的正常规范远未形成。在学术研究的各种方法中，数学格外受到推重，数学方法的运用甚至被看作一门学科真正成熟的标志。然而，数学作为人类思维最精致的花朵，在其诞生和发展过程中已经几次濒临萎败。非欧氏几何是对数学绝对真理观的第一次沉重打击，而更大的冲击来自1931年哥德尔的发现：不仅仅是数学的全部，甚至任何一个系统，都不可能用类似哥德尔使用的能算术化的数学和逻辑公理系统加以概括。由此，当前的数学有许多种而不是只有一种，而且每一种都无法使对立学派感到满意。[①] 数学家已经放弃了数学统一性、科学性的神话，经济学家更不能依靠数学工具建立统一科学的经济学体系。实际上，许多经济学原理只是经济学假设罢了。

作者在确定研究方向时就已经发觉，国家规模以及它与经济发展和政府管理的相互关系这个选题，既要进行经济理论的分析，又要进行经济实践的比较，由此所采用的分析方法就略显驳杂了。大致来说，在分析论证中主要运用两种方法：一是理论的逻辑推演；二是实践的比较归纳。一方面，以经济学和会计学上的生产成本和交易成本、信息、时间等为核心的经济概念，以经济人假设、成本—收益比较等为基本的分析原则，微观分析和宏观分析相结合而以宏观分析为重点的分析方法，对国家规模条件约束下的经济发展和政府管理方式进行了比较系统的分析。在分析过程中，尽可能运用马克思主义的经济思想，同时吸收了西方经济学中旧新古典经济学、旧新制度经济学等学派的合理内容，以及政治学、历史学等学科的相关成果，也可以说，进行跨学科的交叉研究。另一方面，对国家规模条件约束下的国内国际的经济发展和政府管理实践进行了比较研究。在分析过程中注重分类和类比，既分析不同国家规模的经济发展和政府管理，又对不同经济发展阶段的经济发

① 数学发展史上已经发生了几次危机，克莱因对此做了生动的描述，而目前普遍使用的欧氏几何工具只是众多几何体系中的一种，它对人类现实的生存环境可以有一个较方便的描述，就如牛顿力学对日常生存环境的描述。参见库恩：《必要的张力·科学的传统和变革论文选》，纪树立等译，福建人民出版社1981年版；克莱因：《数学：确定性的丧失》，李宏魁译，湖南科学技术出版社1997年版。

展和政府管理进行比较分析。最终，通过比较理论假设和经济实践的相符相异状况，给出大国特别是中国经济发展和政府管理的可能性结论，以提高理论的解释和预测能力。

贯穿整个研究过程的一个基本思想是：人类的一切活动始终取决于自己所处的物质生活条件；只有从物质生活条件，从经济活动的性质和方式去考察人及其活动，包括政府及其管理活动，才能描绘出人类活动的真实过程和发展趋势——这实际上就是历史唯物主义的发展观念。政府作为人类管理社会经济活动的工具，其性质和形式受到生产关系——产权制度和生产力——生产技术的制约，特别是生产力的发展水平从根本上决定着政府的性质和形式。由此，对政府管理的分析，就不能仅仅停留在产权制度决定的层面上，而应该进行更深层面的发掘和研究。经济规模是社会生产力的一个重要表现形式，很有必要对经济发展和政府管理进行经济规模特别是国家的经济规模约束下的综合分析。而分析政府管理，又常常不能直接从经济规模的国家层面入手，因为经济规模影响经济发展，经济发展的不同水平和方式决定着政府管理的不同方式和政策内容，政府的管理活动是经济规模和经济发展状况的函数。因此，本书的叙述顺序首先是国家的经济规模即国家规模的分析，其次是国家规模约束下的经济发展分析，最后是政府管理的分析。

当然，国家规模与经济发展、政府管理之间存在着错综复杂的关系，绝不是一种简单机械的规模或数量决定论能够解释清楚的。制度规则、分工和技术、生产与交易效率等因素在国家规模要素与经济发展、政府管理之间，往往起着中介和耦合作用，不同的制度规则和生产交易效率可能导致经济发展和政府管理的不同分叉和演进。正如在非平衡系统中，通过涨落可以达到有序。当代物理学中统称为混沌理论的一些分支，已经对可逆性和不可逆性、决定性和随机性、对称性和非对称性、简单性和复杂性、稳定和不稳定、进化和退化、有序和无序等一系列范畴进行了重新讨论，这种讨论结果也开始影响经济学的发展。[①] 但无论如何，经济规模约束下的成本收益比较应该是决定经济发展和政府管理的一个基本因素。

在研究和写作过程中，作者常常面临着困惑或困难，诸如选题外延太大，涉及领域太多，相关问题接踵而来因而目不暇给，贪多求全而浅尝辄止；统计资料或者数量太少，或者数据矛盾，或者口径不一，这种情况在中国国家统计局的《中国统计年鉴》、世界银行的《世界发展报告》等权威性的出版物中也经常出现；作者对国内外的经济理论动态把握不够，理论分析能力面对复杂多样的经济现实而相形见绌。

从更高的标准看，一种理论最好能够形成概念规范、命题严密、结构完整、内容自洽的逻辑体系，具有较高的解释能力和预测能力。经济学是一门精密和严密的经验科学，要对复杂多样的经济活动的内在联系和发展规律作出准确的解释和说明，仅有归纳和比较是不够的，还必须进行逻辑演绎和经验实证，进行必要的数量分析和理论形式化。不过，由于学识所限，本书离这种标准仍有较大的差距。可以说，本书只是对选题作了初步的分析和叙述工作，主要采取的是归纳分析和规范分析方法，某些分析方法和分析结论需要认真论证，某些内容甚至可能是错误的。在国家规模与经济发展、政府管理之间的关系上，肯定还存在着许多分析不完全甚至盲态的领域。因此，如果我的选题是一种有价值的研究方向，那么就诚恳希望有更多的同仁继续深化这方面的研究工作。

---

① 比利时物理学家普利高津创造性地发展了当时称为耗散结构理论的混沌理论，他本人于 1974 年获得了诺贝尔奖。国内最早系统介绍耗散结构理论的当首推湛垦华等。1986 年，三家出版社又推出了同一选题的读物：科学出版社的《非平衡系统的自组织》、上海科学技术出版社的《从存在到演化》和四川教育出版社的《探索复杂性》。不过，国内经济学界一直只有极少数人注意到了混沌理论对经济学的冲击，沈华嵩曾经出版了《经济系统的自组织理论》，上海译文出版社 1996 年出版了《混沌经济学》，反响寥寥。1987 年，笔者因为对耗散结构理论略有所知，打算以“经济危机的自组织理论解释”为毕业论文选题时，因无人指导而作罢。杨小凯最近几年所作的研究工作，实际上把经济发展与制度、结构变迁很好地融合在了一起。参见湛垦华等：《普利高津与耗散结构理论》，陕西科学技术出版社 1982 年版；尼科里斯、普利高津：《探索复杂性》，罗久里等译，四川教育出版社 1986 年版；理查德 · H. 戴等：《混沌经济学》，傅琳等译，上海译文出版社 1996 年版。

四

本书主要内容可以分为三部分：国家规模、国家规模与经济发展、国家规模与政府管理。

国家规模的回顾和分析主要集中在第一章。对国家规模的划分和使用由来已久，但学术化、数量化的分析工作是近代社会的事情。本书首先回顾和分析了国际统计和比较、综合国力、国际竞争力等研究领域中的国家规模研究工作，提出了两种基本的研究方法，即要素法和功能法。国家规模的核心内容是国家经济规模，在现代经济体系中，经济规模首先是指市场规模或市场范围。在此基础上，重新定义了构成国家规模的三项基本要素：人口、国土和收入；分析了影响三要素规模的制度性、组织性因素，如人口的素质、流动和组织性，国土的资源密度，收入的购买力平价等，以及这三项要素的权数值。这样，就可以建立衡量国家规模的模型，并利用统计资料计算主要国家的规模状况。

国家规模与经济发展的相互关系的分析是第二章至第七章的主要内容，重点分析了国家规模与分工和专业化、国家规模与市场结构、国家规模与积累、国家规模与资源配置、国家规模与区域经济、国家规模与经济开放的相互关系。

由于分工和交易是现代经济活动的基本方式，分析分工和交易就可能解开经济活动中的许多奥秘。斯密曾经提出分工受市场范围的限制，这一经济思想虽被经济学家长期冷落，但成为分析国家规模与经济发展的相互关系的始点。国家规模对分工的影响首先表现在分工产生的原因上：资源短缺是促使分工的压力因素，一定量的资源聚集是保障分工的支持因素。本书从供给和需求两方面分析了经济规模与分工的相互关系，这种经济机制进而可以解释规模经济、市场结构、区际贸易和国际贸易、资源配置等一系列经济现象。大国的经济规模特征使得区域内部分工和国家内部分工都相当发达。

规模经济是由于分工而产生的一个极其重要的结果，尽管分工并不是形成规模经济的必要条件。国家规模与规模经济的相互关系主要从以下几个方面表现出来：一是国家的行业或产品种类；二是行业中的企业数；三是规模经济的要素特征。经济规模制约着规模经济的形成水平，规模经济又制约着市场结构状况，大国因经济规模巨大而可能既支持规模经济的产生，又支持市场的竞争结构。

从长期看，国家规模对储蓄和投资等积累过程也产生着多方面的影响。在此首先考察的是居民的收入水平与积累的关系，包括收入水平的不同阶段的储蓄率和投资率特征，收入水平与政府积累水平的关系；然后考察了不同国家规模的积累特征，以及资金流入对国内积累的影响。

资源配置与国家规模之间的关系也可以从两个方面进行考察：一是不同水平的人口、收入、自然资源对资源配置的影响，包括产权制度、经济增长、产业的产值结构和就业结构、消费结构及恩格尔效应、贸易结构等方面的变动状况；二是不同国家规模的资源配置特征，其中大国具有生产结构转换较早、产业结构相对完备、资金流入的相对规模不大等特征。

区域经济是受国家规模影响强烈的一个领域。大国可能借助其经济规模上的优势，推行平衡发展战略，但这也可能导致区域产业结构趋同；发展中大国因为其经济发展的不平衡和区域经济的发达，地方政府可能短期内实行保护主义政策；区域发展差距还可能是大国难以避免的发展现象，此外城市化也受到国家规模的影响。

最后分析国家规模与经济开放之间的关系。这一部分首先分析了国家规模对贸易和资本依存度的影响。由于受分工、专业化、规模经济、交易等要素的影响，大国的贸易和资本依存度显然小于小国。国际金融对不同规模的国家的生产、价格水平、积累等同样具有不同的影响。其次分析了国家规模对经济一体化的影响。经济一体化的一个重要功能就是相对扩大了国家的经济规模，这进而又影响到国内的分工、规模经济、积累、资源配置、市场结构等一系列经济结构。

在前面七章的分析基础上，第八章至第十一章有关政府管理的制度型式和具体政策就呼之欲出了。当然，分析政府的管理方式基本原则依然是资源约束下的管理效率最大化。

国家规模首先制约着国家结构及中央和地方关系的制度选择。如果抛开历史的因素，仅从经济因素上进行分析，那么在国家结构上，大国与联邦制、小国与单一制国家制度之间的关系更紧密；在中央和地方的关系上，大国受经济规模、经济复杂程度以及由此带来的经济信息问题等方面因素的约束，势必选择分级、分类、分权的管理方式，小国则很少有中央和地方之间的冲突和协调问题之累。至于政府组织体制是选择集权制还是分权制，是选择科层制还是职能制，国家规模同样发挥着其制约机制的作用。

进而，行政区划和区域经济政策作为政府管理的基本手段，同样受到国家规模的重要影响。由于国家规模过大而行政改革与行政区划改革滞后，中国在行政区划管理上积累了许多问题，改革行政区划，扩大省区数量，建立中央、省、县、乡之间规范明确的分级管理制度，已成为提高政府管理效率的重要方法。

产业政策也受到了国家规模和经济发展型式的很大影响，大国在产业结构政策、产业组织政策、国际经济政策等方面可以采取一系列不同于中小型国家的管理措施。

最后分析的是我国的国有企业管理制度。产权制度同样受到经济规模的制约，可以说产权制度就是人们对一定规模资源的占有和使用方式，选择一种产权制度的根本标准是效率。当然，国有企业的效率包括自身效率和社会效率，社会效率是国有企业的更本质的属性。如果国有企业在中国未来的经济发展中依然保持主导和优势到位，规模庞大的国有企业将成为政府管理的又一个难题，必须对国有企业进行包括产权制度在内的管理体制改革，而国家控股公司可能不是一种良好的制度选择。一种可能的制度创新是建立国有资产分级所有、分级管理制度。

经过上述分析，就可以重新认识中国经济发展和政府管理中的一些现象和问题了。例如，对于地区产业结构趋同的评价，以往我们基本上持批评态度。然而，对于中国这样一个人口、国土、经济大国，适度的重复建设和地区产业结构趋同既有市场规模的支持，也是实现市场充分竞争的必要条件。政府这方面的职责在于：一要限制国有企业的盲目投资；二要为各种企业提供必要的经济信息和服务，协助投资者降低投资的不确定性；三要采取必要的产业组织和产业结构政策，保证市场充分有效的交易和竞争，主要通过市场机制来有效配置资源和优化产业结构。

开放条件下的中国区域发展问题*

国民经济的持续有效增长是我国经济发展的基本目标，而区域经济的协调平衡发展是我国经济持续有效增长的应有之义。显然，可以运用多种方法、从多种角度分析国家和区域经济增长问题。例如，可以从发展战略、技术进步、制度变迁、资本收益等不同角度分析这一问题，事实上，国内外学者已经在这方面做出了相当多的研究。威廉姆森（Williamson）早在 1965 年就发现了经济发展与区域经济发展之间的倒“U”型曲线关系①，新增长理论和新贸易理论事实上也是解释不同国家、不同地区经济增长的理论，近年来富吉塔和胡大鹏（Fujita and Hu，2001）、格罗斯曼和赫尔普曼（Grossman and Helpman，2002）等国外学者，张二震（2004）、贺灿飞和梁进社（2004）、余剑和谷克鉴（2005）等国内学者分析了全球化、开放经济与国内产业结构、区域经济等问题。

比较而言，我国是一个发展中的人口、资源、市场大国，大国的经济发展具有显著的区域经济特征。而在全球化和我国开放经济的条件下，区域经济又具有不同于封闭经济条件的发展方式，全球化、开放经济和区域经济政策已经成为国内外经济学界和公共政策部门关注的热点经济问题。本文的目

---

* 本文原载于《北京师范大学学报》2006 年第 3 期，是作者主持的 2001 年国家社会科学基金项目“开放条件下的大国经济发展研究”成果之一。

① Williamson J.，“Regional Inequality and the Process of National Development: A Description of the Patterns”，*Economic Development and Cultural Change*，1965，13，3 –56.

的不在于分别讨论全球化、开放经济问题和区域经济增长两大问题，也不是运用统计资料检验有关开放条件下的区域发展的具体模型，而是将全球化、开放经济作为外部约束条件，试图提出一个解释大国区域经济发展和长期经济增长问题的理论框架。

一、我国区域经济发展的环境和问题

对于我国的区域发展和经济增长，我们已长期习惯于视其为封闭经济条件下的国内问题或者政策问题。不过，自 1976 年特别是 2001 年 12 月中国正式加入世界贸易组织以来，不管最初实行的“洋跃进”，后来的改革开放，还是党的十六大提出的全面提高对外开放水平，总支出中的消费、投资、政府支出（购买）和净出口等组成部分都直接受国际因素的影响，如外国直接投资和贸易顺差导致外汇储备的增加，导致中国人民银行外汇占款的增加和货币供应量的增加，进而影响宏观经济平衡和宏观政策的调整。显然，由于国内逐渐进入和融为世界经济这个复杂而多变的大系统的组成部分，我国的区域发展和经济增长就不再是单纯的封闭经济问题，全球化和开放经济从影响我国经济发展的外部因素转换为制约我国经济发展的重要变量。这就必须在开放条件的约束下，注重使用微观、结构和制度的分析方法，系统地、动态地分析我国经济发展包括区域经济发展，并由此提出相应的政策建议。

1. 区域经济发展的环境条件

过去 20 多年来，我国经济发展的环境条件出现了几个方面的显著变化趋势，环境条件的变化直接影响着我国的经济增长和区域发展。为此，需要首先分析中国经济环境中已经显示出来的几个变化趋势。

一是国内经济发展受国际因素影响的程度不断加大。从世界范围看，自从资本主义生产方式、工业革命和民族国家出现后，以国家为单位、以军事侵略为先导、以经济和文化扩张为后盾的人类活动，逐渐打破了原先相互分割的国内经济，一切国家的生产和消费都成为世界性的了，马克思、恩格斯早在一个半世纪前那本汪洋恣肆的《共产党宣言》中进行了生动描述。尽管世界贸易组织近期的几次会议都遭受了许多力量的反对，但世界经济全球化、一体化出现了全面加速的趋势，无论我们是否称之为“全球化”，一切民族和国家都已经自动或被动地成为相互联系的国际经济政治活动的一部分，而无法完全、长期地孤立地存在和发展。从中国看，国内经济正在融入世界经济发展的统一体系，这包括贸易和投资的自由化、生产和经营的国际化以及金融一体化等方面。从贸易依存度上看，我国在 1990 年就已经达到了 29.9%，1995 年达到 40.9%，2004 年超过 70%。[①] 从国际经济合作上看，我国逐渐放弃了不结盟的政策，通过亚太经济合作组织、上海合作组织、东盟与中日韩（10+3）领导人会议和加入世界贸易组织等方式，开始全面参与国际经济分工和竞争。

二是国内经济运行和政府管理规则的国际化。无论是缔结双边或者多边自由贸易协定，还是加入世界贸易组织，都意味着国内经济与世界经济之间的法律制度壁垒正在全面打破，国内经济和市场正在成为国际经济和市场的组成部分，我国必须按照国际通行的技术、市场和法律规则，组织和管理国内经济活动。从今后看，服务贸易和投资的自由化、技术和政府经济管理规则的国际化以及国内市场体系的开放化，将成为新一轮国际谈判的核心，国家经济和政治主权将更多地让渡为国际规则。

三是我国经济呈现出大国的发展型式。显然，大国经济具有一系列不同于中、小型国家的结构特征，如大国经济具有相对完整的产业结构，大国经济具有区域分工和竞争的特征。只要分工、专业化、交易和竞争等富有效率的经济活动方式继续运行下去，经济活动势必将从区内扩展到区际，从区际扩展到国内，从国内扩展到国际，人们将在全球范围内进行分工、专业化、交易和竞争活动。斯密在 1776 年出版的《国民财富的性质和原因的研究》第 3 章“论分工受市场范围的限制”中，已经充分认识到了市场范围或规模

① 根据国家统计局相关资料计算。

对分工和经济发展的制约作用。霍利斯·钱纳里等在《发展的型式》（1975）、《工业化和经济增长的比较研究》（1986）等著作中，对大、中、小不同规模国家的经济发展问题，也作了实证性的系统分析。

四是经济发展方式的转型。我国经济还处于工业化、市场化、城市化以及法治化的发展进程中，但这些发展和改革的方式、方向出现了重大调整。这至少表现在以下三个方面：其一，发展和改革由政府主导推动转变为私人、市场为主力量的推动；其二，并不矛盾的，尽管政府的作用趋于减弱，但地方政府的公共服务和管理水平仍然是制约地方竞争和发展的重要力量；其三，国际因素的全面深入影响。

2. 区域经济发展中的两个问题

在我国的区域经济发展中，产业结构趋同和区域发展差距显著并逐步扩大是两个突出的现象。

一是区域之间的产业结构趋同化。在资源稀缺和资源非平衡分布的条件下，由分工、专业化原则所决定，无论是在计划经济中还是在市场经济中，似乎都不应当出现区域产业结构高度趋同的现象。然而，我国经济发展过程一直存在区域产业结构趋同的现象，首先，这种现象表现在各省域的企业生产所提供的产品和服务基本可以满足区内的消费需求即自给自足。其次，表现出产业结构的相似性，这种相似性不仅表现在省际产业结构雷同和贸易水平低下，而且表现在东部、中部、西部之间的产业结构雷同上。据郝春和等的分析，中部地区与东部地区工业结构的相似系数为0.935，中部地区与西部地区工业结构的相似系数为0.979。如果把东部、中部、西部地区划开，那么三大地区的工业结构相似系数都在0.90以上。① 进入21世纪，在重工业化过程中，区域产业结构趋同化并没有停止。再者，区域产业结构趋同表现为各地区的过度重复建设、重复生产，以及由此产生的生产能力和产品过剩，用

① 郝春和：《对我国产业结构趋同化的实证分析与评价》，载于《经济工作者学习资料》1997年第53期。

经济学术语来说就是资源大量闲置，资源的配置使用没有达到瓦尔拉斯一般均衡状态和帕累托效率。

二是区域发展差距扩大化。区域发展差距是指各个经济区域的经济技术发展水平的差距，这种差距最终体现在生产要素的报酬水平和人均收入水平的差异上。新中国成立后，中央政府试图通过平衡发展战略形成全国经济合理布局，引导地区经济平衡发展。然而，这种希望自20世纪60年代就几近渺茫，自力更生、自给自足不仅是一种国家政策，而且成为地方的发展目标。70年代末以来，市场取向的经济改革开放虽然极大地促进了经济增长，但地区政策不同、地区经济封闭、产业结构趋同、区域发展差距等问题并没有立刻得到扭转，甚至在一段时间内有所强化。从国内纵向比较上看，各种基尼系数都出现了扩大的趋势。从国际上看，中国区域发展差距比许多发达国家和发展中国家要大。即使剔除三个直辖市，1991年的地区差距仍比大多数发达国家五六十年代的情况严重。联合国公布的《1994年社会发展报告》，列举了四个地区差距较大的国家，中国就是其中一个。1978年中国城镇基尼系数为0.165，农村基尼系数为0.222，全国基尼系数为0.317，2004年全国基尼系数已经达到0.45。[①] 根据国家发展和改革委员会周喜安2005年11月在"中国生产力发展国际论坛"上提供的数据显示，1979～2004年，我国东部、中部、西部地区的GDP分别增长了48.3倍、34.8倍和37倍，东部地区明显快于中西部地区。

从经济规模和市场结构上看，中国作为发展中的经济大国，特别是作为世界体系中的经济大国，其人口、资源、市场等方面的总量规模足以保证许多产业的发展和竞争，容许存在一定程度的产业同构。不过，对于具有规模经济、外部效应、品牌效应等特征的产业，市场竞争和生产技术的共同作用将促进产业的聚集或者极化，如美国汽车、钢铁、计算机等产业都相对集中

① 世界银行的数据来自其1982年的报告《中国：社会主义经济的发展》和各年度《世界发展报告》；中国社会科学院经济研究所、国家统计局等单位的研究结果大致相同。

在全国的个别区域。比较而言，我国几乎所有重要产业在很长时间都具有全国相对均匀分布的特征，至少许多地方政府的发展规划体现了这一产业政策目标，如汽车、钢铁等规模经济显著的产业长期呈现遍地开花的现象，许多品牌效应显著的日用消费品和家用电器产业长期呈现过度竞争的现象。大量投资、产业趋同虽然带来了经济增长，但这种粗放型经济增长并未带来经济效率和人均收入的同步增长，地区差异反而趋于扩大。

二、区域发展中的大国经济和开放经济效应

经济活动中的生产、交换、分配和消费等过程和内容总是在一定的空间和时间内进行的。中国作为地域辽阔、人口众多、自然和社会环境差异巨大的发展中大国，宏观经济或国民经济必然由各不相同的区域经济组成，这和小国的经济结构很不相同。那么，导致我国区域发展中的产业结构趋同、发展差距扩大的原因是什么呢？如果不考虑国际因素的冲击或影响，那么对于产业结构趋同、区域差距扩大等问题的成因，就可以从国内的角度，具体分析区域经济发展中的市场效率和政府效率、大国经济效应和开放经济效应。

1. 市场效率和政府效率

从政府的角度看，在保持基本法律和市场规则全国统一的前提下，地方政府应当因地制宜，实施灵活有效的经济政策。改革开放以来，地方政府的制度创新和政策差异可能是导致我国经济发展的重要因素。但是，如果在法律、法规等经济政策或制度上长期实行差异性政策即歧视性政策，也会引致经济发展上的一系列问题。长期以来，不仅中央政府给予不同地区以不同的经济政策，而且地方政府也创造出了大量的适应本地区经济发展的“土政策”，一些地方政府部门甚至通过行政、司法上的不正当手段，在地区之间分割或封锁经济，实行经济上的地区保护主义。

从市场的角度看，生产要素所有者追逐最大化收益，生产要素在交易或流动中有效配置，区域之间、行业之间、企业之间、所有者之间的资本资产

收益率从长期和宏观上看有平均化的趋势，因此区域之间的经济差异主要是产业、产品种类上的差异，而不是资源配置效率上的差异。然而，因制度和政策上的原因，全国本应统一的市场和产业体系，被人为地分割为不同的区域经济特别是省域经济，各个省区经济又被分割为地、县行政区划上的县域经济。这样，制度、政策性的分割使得分工和交易往往并不能按照市场原则展开，或者贸易往往受各种因素特别是政策性因素限制而并不能带来应有的效益，相反，企业经济、区域经济大而全、小而全，区域产业结构趋于雷同，区际发展差距趋于扩大，这在中部地区更为明显。

2. 大国经济效应

一国的区域经济或地区经济显然受到国家规模因素的强烈影响，而中国在人口数量和国土面积上都是一个名副其实的大国，人均收入水平虽然偏低，但收入总量名列前茅。

一定的生产要素和市场规模是导致分工和专业化的必要条件。一般说来，经济规模的递增将使交易成本和生产成本递减。交易成本可分为最初成本和边际成本，最初成本是一定的，边际成本可能随着经济规模的扩大而递减。这是因为：一是信息成本递减，企业规模和经济规模都影响信息成本，较大的企业规模和经济规模使得企业获得和分担单位产品的信息成本较小；二是签订和履行合同成本的递减；三是运输成本递减，等等。生产成本递减表现在广泛而积极的内部经济和外部经济等方面。这样，较大经济规模引致了分工和专业化，分工和专业化又降低了生产和交易成本，扩大了产品数量、种类和交易范围，这使分工和生产结构进一步分化，经济活动从家庭逐渐扩大到乡村、城市、区际、国际等经济空间。

较大经济规模促进了分工和专业化，提高了生产和交易效率，但这种效率递增有其一定的空间和时间范围。经济主体和生产要素数量的扩大，进而企业内部生产规模和管理内容的扩大，企业外部交易次数和交易范围的扩大，也带来了交易成本的增长，企业和政府在某种意义上就是为了降低交易成本而产生的。对于诸如严重依赖原材料、运输保管销售不便或成本较大、技术成熟而附加值低、需求对象狭窄、供过于求、外部经济并不明显从而利润水平较低的产品，此时生产成本特别是交易成本往往较高，区际生产和贸易的外部经济和比较利益并不突出，不适宜大范围、跨区域的分工和交易。当边际成本大于边际收益时，市场交易将停止步伐，经济活动将转向企业内部生产一体化，生产可以在或大或小的区域内独立进行，区域内部的企业之间将展开广泛的竞争，许多消费品和某些投资品的生产就处于这种状况。

从区域经济的角度看，企业之间、区域之间如果通过分工、交易和竞争的方式组织经济活动，就能得到区际贸易的效益，实现区域和全国经济的有效增长。其中，区际贸易的直接效益是所谓的消费者剩余，即交易的每一方从交易中获得的收益大于其付出。区际贸易的间接效益也可以分为三种形式：一是自由贸易引致生产要素和经济主体向特定区域集中，进而引致生产成本和交易成本的下降，以及经济城市化，而外部经济可视为贸易的显著间接效益；二是自由贸易维持生产要素的合理流动和经济主体的全面竞争，促进技术、产品、市场、交易方式、组织方式等各种创新的发生和扩散，提高生产活动的价格优势和非价格优势，进而提高资源配置使用的效率，最终达到所谓的瓦尔拉斯一般均衡和帕累托最优效率；三是行业内部的自由贸易可以扩大市场规模，实现规模经济。在完全竞争条件下，贸易的利益和优势由企业逐渐向区域、国家、世界范围扩散，从而使经济活动从区内向全国、从国内向国际发展。发达国家之所以多以国际贸易起家，行业之间和行业内部的贸易之所以不断扩大，其根本原因也在于不断扩大的分工和交易进一步提高了市场机制在资源配置使用上的有效性。

上述关于贸易效益的分析通常建立在产权明晰、要素流动、自由竞争、国家政策统一的前提条件下。不过，我国长期不具有或不完全具有这些条件，没有充分利用大国经济在分工、产业、竞争等方面的专业化、规模经济、外部经济等效应，在不同产业、不同产品之间因外部性、互补性而导致的集聚经济效应，在政府生产和提供公共物品方面的成本优势，以及其他方面的大国经济优势。

3. 开放经济效应

以上简要分析了市场、政府、大国等要素与区域经济发展之间的关系。我国区域经济发展中的市场效率、政府效率、大国效应显然还受到全球化和经济开放水平的制约，在资源国际流动的条件下，国际分工和竞争直接影响着一国资源的配置效率，甚至可能重新构造一个国家经济的产业结构和空间结构。

一国经济的开放状态之所以优于封闭状态，是因为开放经济使本国能够在全球范围内利用技术、资金、资源、市场等生产要素，发挥其比较优势，避免其比较劣势，这是自李嘉图以来的贸易理论所提供的答案。国际贸易、国际金融、国际移民等经济行为对国内经济的影响现在一般被称为外部经济冲击。1973 年石油危机冲击和“荷兰病”后，各国经济发展由于受到外部冲击的严重影响，发展经济学、宏观经济学把外部冲击作为研究的重点。随着各国经济一体化、全球化的发展，所谓的外部冲击实际上逐渐转化为一国经济发展的内部冲击因素，成为影响经济发展的内生变量。

区域经济发展中的开放经济效应至少可以从国际贸易和国际金融两方面进行分析。

从国际贸易对国内区域经济的影响上看，由于贸易能够提高整个社会福利水平，在有贸易的经济中寻求增长或在增长的经济中进行贸易能够更大幅度地提高社会福利水平。国际贸易与国家规模、区域经济发展的相互关系首先体现在国际贸易、国内贸易的增长率在总体上要大于国家经济规模增长率；换言之，随着国家经济的不断发展，国际和国内贸易得到了更快的增长。自 1870 年以来，除了在世界大战连年进行、经济大危机席卷全球的 1913 ~ 1950 年，国际贸易增长率一直明显大于经济增长率。而且，这种趋势在不同规模的国家表现得不尽相同。一般而言，小国对外贸易占国内生产总值的比重即贸易依存度要大于大国，国家规模与贸易依存度大致呈负相关关系，并且贸易依存度随着经济发展程度的提高而有所提高。

国际贸易与国内区域经济发展的相互关系还体现在国际贸易能够扩大国

家规模特别是市场规模，促进区域分工和竞争上。在具有规模经济的行业，一国能够生产的产品种类和其生产规模都受到该国市场规模的限制。不过，通过国际贸易，就能够将本国市场与世界市场一体化，从而无形中扩大该国的市场规模，企业可以在一个规模更大的市场中从事某些产品的大规模、专业化的生产和销售。同时，通过从其他国家购买本国不生产的产品，可以扩大消费品的种类。由此，现代国际经济理论认为，即使国家之间没有技术上的差别，贸易仍可以为互利性的生产活动提供机会。垄断竞争模型可以用来说明贸易是如何解决各国所面临的规模与种类之间的利益平衡问题。由此，国内经济与国际经济之间形成并联式的互动和循环关系。

世界经济全球化也就意味着金融市场全球化。如果说国际贸易是通过货物、服务的自由流动和价格均等化影响着各国的生产、分配和消费状况，那么国际金融就通过生产要素的转移和配置，亦即通过资本或产权的交易和重组，直接改变了国内的生产、分配和消费状况。一些经济学家把外部冲击定义为世界经济条件的意外变化，克鲁格曼认为因国外事件引起的经济干扰都属于外部冲击，外部冲击分为两类：来自商品市场的冲击，包括出口冲击、进口冲击、汇率和贸易条件的变动；来自资本市场的冲击，包括利率、通货膨胀和债务、借款限制等的变动。进入 20 世纪下半叶，随着国际分工和国际贸易的深化，国际上货币和资本的流动速度加快，金融衍生工具市场加大，证券市场出现了集中和垄断的趋势，互联网又从功能和效率上进一步深化了国际金融市场。反过来，金融市场的全球化又推进着世界经济的全球化，其直接后果是国际资本更大规模和更加频繁的国际流动，进而影响着各种资源在全球范围的配置效率。国际金融与国内发展之间的关系，已经成为近年的理论热点问题。

新中国成立以来，由于种种原因，我国实行的是区域平衡发展、自力更生为主的工业化发展战略，这种虽迫于无奈但长期奉行的内向的进口替代的发展战略，导致国内经济与世界经济长期分割，在封闭经济体系中发展国内经济。当代世界在迅速发展变革的经济、社会、科技等方面产生了巨大的规模经济和外部经济，这种经济效应几乎不为中国所分享，这种状况只是在最近20多年才开始被全面改变。进入20世纪80年代，经济开放政策使得中国经济迅速分享了世界经济发展和竞争的外部效益，对外贸易和国际金融获得了巨大进展，有力拉动了国内经济的增长。我国货物进出口总额1978年为206亿美元，2004年达到11548亿美元，已经成为贸易大国。进出口总额占国内生产总值的比重1980年为12.6%，1990年为29.9%，1995年为40.9%，2004年已突破70%。换言之，目前中国的贸易依存度已经比经济发达大国的平均水平高10个百分点。2003年全球外商直接投资5800亿美元，其中中国吸收外商直接投资535亿美元，一度超过了美国；2004年全球外商直接投资6120亿美元，其中美国吸收1210亿美元，中国吸收620亿美元，而日本净流出233亿美元。据商务部统计，到2004年底，我国累计批准设立外商投资企业50.9万家，实际使用外商直接投资5621亿美元，外商直接投资直接推动了我国经济和外贸增长。①

不过，我国仍没有充分利用和享受大国经济在开放经济上的外部效应，相反，中国在许多方面进行了规模巨大的重复投资，非对称性的对外经济政策和外商直接投资在一定程度上加剧了我国区域发展的不平衡性。

三、开放条件下的大国区域发展理论

对于开放条件下的一国经济增长问题，传统的国际贸易理论、国际金融理论、宏观经济理论、发展经济学以及企业理论都曾经研究过。对于区域经济发展问题，传统的经济地理学、区域经济学、发展经济学也都曾有研究，近一二十年兴起的新经济增长理论、新国际贸易理论也都把开放条件下的经济增长问题作为研究重点。如一些学者从外商直接投资、跨国公司的产业垂直一体化与垂直分离的角度，分析了外商直接投资的专业化和本土化、产业

① 根据国家统计局、商务部公布的统计数据计算。

集聚和产业集群等经济现象。格罗斯曼和赫尔普曼通过对垂直一体化与外包之间的关系所进行的产业均衡分析，认为外包是不完全合同中对合作伙伴的搜寻和关系专用性的投资活动。

改革开放以来，外部因素或外部冲击直接影响了国内经济增长和区域经济发展，国际经济与国内经济之间呈现着复杂的互动影响。如我国最初的外商直接投资以“三来一补”即加工贸易为特征，外商直接投资等国际要素在国内区域的非平衡发展基础上，在政府的非对称性政策影响下，以“OEM”（贴牌，代工）、“外包”的投资形式先后带动了珠江三角洲、长江三角洲等局部区域的经济增长，但从宏观上进一步强化了我国区域经济发展的不平衡性。贺灿飞和梁进社采用可以多层次分解的 Theil 系数，测量了 1952 ~ 2002 年中国区域经济地带间、地带内和省际差异。不过，国内学者在援引这些流行理论描述和解释我国历时 20 多年、复杂多样的开放条件下的经济增长和区域发展问题时，往往显得捉襟见肘，顾此失彼。

1. 一个简单的理论框架

显然，东部沿海地区的区位优势、科学技术和教育上的优势、相对完善的公共基础设施等是吸引外商直接投资的重要因素。不过，中西部地区相对丰富的自然资源和无限供给的劳动力资源也是吸引以低技术、低附加值为特色的加工贸易型外资的重要因素。然而，我国吸引外资和出口的 80% 左右集中在东部沿海地区，东部地区的经济增长速度和经济效率显著高于中西部地区。这样，对区域经济问题就不能停留在简单的因素比较和归纳研究上，而需要探讨不同地区经济增长的基本机制，提出区域经济发展的理论解释框架，并应用统计资料检验这些理论解释。

如果把区域经济增长用总生产函数的形式，直观地定义为劳动力、资金、技术、公共管理等要素的大规模投入和有效率配置，那么为什么包括外商直接投资在内的生产要素集中于东部地区？显然，早期的如哈罗德—多马增长模型，汉森、萨缪尔森关于引致投资和加速原理的研究，索洛—斯旺增长模型，难以有效解释现代经济增长问题。索洛 1956 年、1957 年发表的两篇文章，已经强调人力资本、技术进步的重要性。不过，若有效解释现代社会包括企业和地区的经济增长，至少要解决两个理论上的问题。一是从观念或基本假设上确定技术进步是内生的，技术进步是知识积累（如研究开发与科学技术创新、新的物质资本或人力资本的形成）的结果，而知识积累、技术创新和扩散应该通过企业、家庭和政府的理性行动来实现，并由经济增长本身来说明。二是要改造索洛的增长模型，强调技术的重要性。20 世纪 80 年代以来，罗默、卢卡斯等在阿罗、谢辛斯基等研究的基础上，开始建立新的增长理论和贸易理论。

从区域的角度看，区域经济增长意味着生产要素和企业的集中，生产要素和企业的集中意味着符合市场需求的较高的要素配置效率，高要素配置效率意味着单位产品的较低的平均生产成本，较低生产成本意味着企业的高生产效率和低投资失败率，企业的高生产效率和高投资效率不仅取决于企业的私人成本和收益，而且取决于企业的社会成本和收益，换言之，还取决于企业之间经济行为的性质，主要是指非排他性、非竞争性经济行为。这样，考察区域的经济问题，就要从企业内部和企业外部两个方面着眼，企业整体的高效率才能带来区域经济的高增长。显然，由于许多产品和服务具有非排他性、非竞争性等性质，而同时具有非排他性和非竞争性以及只具有非排他性或非竞争性的产品和服务是私人、市场方式不能有效生产提供的，这类产品和服务就是所谓的公共物品和准公共物品。

非排他性也就是所谓的外部性或外部效应，它包括技术的外部效应和金融的外部效应，前者指一个生产者或消费者的经济活动对另一个生产者的生产函数或消费者的效用函数的不负代价的间接影响，但这种影响并不是通过价格系统而是直接发生的；后者指一个生产者或消费者的经济活动导致市场上该物品价格的涨落，从而可能影响另一个生产者或消费者的福利状况。现在经济学主要研究的是技术的外部效应，包括外部正效应和外部负效应，即外部经济和外部不经济。外部不经济的物品是所谓的公害物品，典型的如环境污染问题，只能主要由政府统一、强制性采取各种措施进行治理，如政府限制企业排污或政府收费、收税集中治理，政府创设可交易的排污权进行治理。外部经济的物品是所谓的公益物品，它可以有三种提供方式：一是为其他企业免费享用；二是通过企业之间的合并收购而转化为企业的内部经济；三是由政府提供具有外部经济的产品和服务，如政府提供或资助提供基础研究活动，政府提供公共基础和基础医疗、基础教育服务，以免于外部经济物品的匮乏。对于区域经济增长必需的但又难以通过企业并购或政府措施而生产提供的外部经济，典型的如研究开发特别是应用研究和技术开发的外部经济，政府至少可以提供三方面的扶持：一是政府给予这类企业财政补贴，以降低研究开发投资的风险；二是政府通过知识产权制度，保护创新企业的经济权益；三是通过创立投资者有限责任和法人独立责任的现代公司制度，转移和分担投资的风险。

非竞争性意味着规模收益递增，只要保证固定成本的投入，以后的生产具有常数边际成本的特征，物品的边际成本总是小于平均成本，因此垄断出现了。从宏观和动态上看，垄断性市场结构虽然最大化了垄断者的利益，但损害了其他企业和消费者的利益，政府只能无奈地实行以公平竞争和反垄断为主要内容的市场管制政策。

显然，如果市场成为资源配置的基础性方式，企业成为私人物品生产提供的市场主体，而政府包括地方政府又能够对非排他性、非竞争性等市场失败的领域进行有效的制度和政策安排，那么当劳动力、资金、技术、基础设施等生产要素在某一地区集聚到一定规模，经济上的外部性、互补性降低了生产成本和投资风险，企业创新产生了动态的技术创新和技术扩散时，持续、加速的经济增长就可能自动发生。东部沿海地区具有区位优势、科学技术和教育上的优势、相对完善的公共基础设施和相对有效的公共管理，这些优势难以向中西部转移，而通过便利的交通体系和灵敏的价格机制，中西部地区相对丰富低廉的自然资源和无限供给的劳动力资源可以源源不断地流入东部地区，再加上我国实行了从对外开放到开放经济的发展战略，与东部地区具有历史联系的外资天然地首先进入东部地区，外资带来的技术、管理、市场、政策等资源催化和放大了东部地区的大中型城市、经济特区的各种经济增长极，而具有众多增长极的珠江三角洲、长江三角洲、环渤海地区就成为我国经济增长的三大高地。

当然，开放经济下的国家和区域经济并非只产生经济增长一种路径，而是具有多种可能性：在一定条件下，经济开放可能扩大了市场范围，促进了企业竞争和某些区域经济增长，如我国东部沿海地区就首先和全面得益于外商直接投资。但是，外国投资者特别是跨国公司也可能在全球范围内形成新的垄断或进行利益转移，发展中国家也可能因其经济规模不足、国内市场扭曲、政府政策失败及创新能力不足而效率低下，从而使某些国家和地区成为全球化的牺牲品。

进而，外商直接投资最初集中进入某一区域，在一定时期内出现了区域内生产分工，在我国的区域内和区域间再现了雁行发展模式。当国内不同地区的生产要素状态出现了变化，逐利的外商直接投资就会转移投资，这在不同时期、不同地区之间又形成了候鸟发展模式。这样，区域发展的差异就产生并扩大了，如约85%的外商直接投资集中在我国东部沿海地区，90%的出口源自东部沿海地区，外资在地区和产业结构上的这一特征，进一步扩大了地区之间的发展差距。而且，当国内企业生产应对、服务于跨国企业的内部分工，国内生产应对、服务于国际需求时，我国东部、中部、西部不同区域，同一区域、同一省份的不同地区的产业结构就易于趋同。

2. 区域发展政策上的几点推论

如果清楚了全球化、开放经济与大国区域经济发展之间的作用机制，那么有关的区域发展经济政策就十分简单明了：应当从开放经济、市场经济、大国经济的角度，分析和制定我国的区域经济政策，以及与之相关的经济发展战略、市场竞争政策、创新战略、国际经济政策等政策问题。

关于经济发展战略。由于经济开放竞争优于经济封闭垄断，一些经济学家提出了比较优势战略：通过市场机制和经济的开放，由相对价格向国内生产者显示出该国生产要素的相对稀缺性，并通过这些相对价格引导出能够充分发挥比较优势的经济活动，取得较快的经济增长速度。在生产要素禀赋上，由于我国具有人口众多、人均资源少、技术稀缺等特征，我国的比较优势将首先表现在劳动密集型产品上，通过发展劳动密集型产业加速自己的发展，实现资本的积累和丰裕，然后再发展资本密集型产业。不过，在开放经济条件下，由于产品和生产要素在全球范围内自由流动和有效配置，这就有必要重新检讨我国的竞争优势和发展战略。我们一直信奉劳动力成本低廉的竞争优势，但这至少受到了两方面的挑战。一是从劳动生产率角度看，我国很多行业的劳动效率并不高，许多行业单位工资与其所创造总价值之比要高于世界水平。按照联合国《2002 年贸易和发展报告》，1998 年美国平均工资是中国的 47.8 倍，但美国制造业劳动力成本只比我国高 30%，而日本、韩国的劳动力成本比中国低 20%。二是从长期看，低廉的工资实际上是对职工劳动价值的剥夺，应当通过最低工资法、社会保障制度等提高职工的收入水平。而且，在国际竞争激烈、贸易保护抬头、美国霸权主义等外部条件下，中国能否利用有限的比较优势和竞争优势的产品，有效拉动国内经济的增长和发展，政府能否通过相关的经济政策和国际经济活动，有效回应经济全球化的挑战，这也是值得认真思考的问题。

关于开放经济中的外部冲击。如金融全球化存在着许多不利影响，包括各国国际储备的急剧变化和金融资产价格的剧烈波动，货币的脆弱性和经济的虚拟化，国内资本的流出、投机资本流入和对国民经济的冲击，以及外资对本国企业和产业的控制。20 世纪 80 年代以来，金融危机频繁发生，如何在金融全球化中防范国际资本的投机性冲击和降低金融风险，就成为每个国家焦虑的国家经济安全问题。近几年，对短期国际资本流动管制有效性的讨论再度升温，部分经济学家主张在国际金融市场的“车轮下撒点沙子”，许多发展中国家也实行了种种限制外国短期资本流动的措施。对短期资本流动实行限制主要存在三个问题：一是实施限制措施存在困难；二是限制措施容易被逃避；三是实施限制措施需要付出较高的成本。因此，在遭受国际资本投机性冲击时，不到万不得已，不宜实行限制性措施。即使实行，也应事先公布而不应突然提出，从而使投资者保持对该国政策的信心。香港在 1997 年和 1998 年两度反投机中取得的有益经验，形成了“香港模式”。

关于创新战略。狭义的创新是指技术创新，而广义的创新是指包含了技术、产品、市场、运输、管理等多方面内容的熊彼特式的创新。显然，引进外资的政策目标是为了充分利用国内外的市场、技术、管理等资源，形成国内企业的竞争比较优势，推进国内经济增长和社会福利最大化。然而，资本有旗帜，有立场，外资引进和内资企业发展之间存在着一定的冲突，如果外商投资的重点是“三来一补”的加工贸易，那么国内资本和劳动力因加工获得的收益远远低于提供技术、管理、品牌、市场等核心竞争能力的外资企业，“以市场换技术”往往是一厢情愿，这在日本、韩国等国家的经济增长过程中已经有了成功的经验和失败的教训。

关于国家利益和国家政策。与全球化大趋势相伴而生的另一个大趋势，就是各国政府作为本国利益的总代表，必然要在国际上通过政治、军事、经济、文化等各种手段，甚至以正义、民主、自由的名义，不遗余力地为本国企业保驾护航，追求和保护本国的各种利益。十多年前，发达国家在对外经济政策上高举“自由贸易”的旗帜，近几年，发达国家又改为宣扬“公正贸易”的理想，但其最终目的只有一个：本国利益的优先化和最大化。可以说，个人或企业如果不了解本国和他国的政府，不了解法律和政策的制定和执行过程，虽然可能得逞于一时，但很难长期、全面、有效地参与国内国际的经济竞争，很难顺利实现自己的战略目标。中国面临各种挑战，必须对国家的优势和劣势、机遇和威胁，对国家发展战略的内容和实施，作出相当清晰全面的分析，而这正是某些局于一隅、目光短浅的研究者所忽视、所暧昧的东西。在国家战略上，中国为了维护国家经济和政治文化等方面的利益，就必须明确认识自己的地位和作用，重新思考和理性发展与美国、日本、俄罗斯、印度、欧盟及其主要成员国、东盟、韩国等国家和组织的关系，以国家为依托，以各类企业为单位，通过全面转变经济增长方式和升级产业结构，经济、社会、人口的可持续发展，区域经济协调发展和城市化，建设“三个面向”的社会主义市场经济和民主法治政治体制，开放型的经济发展和国家安全等战略手段，实现中国在21世纪和平崛起的发展战略目标。

参考文献

［1］保罗·克鲁格曼：《克鲁格曼国际贸易新理论》，黄胜强译，中国人民大学出版社2001年版。

［2］多恩布什、赫尔姆斯：《开放经济——发展中国家政策制订者的工具》，章晟曼等译，中国财政经济出版社1990年版。

［3］郝春和：《对我国产业结构趋同化的实证分析与评价》，载于《经济工作者学习资料》1997年第53期。

［4］贺灿飞、梁进社：《中国区域经济差异的时空变化：市场化、全球化与城市化》，载于《管理世界》2004年第8期。

［5］黄朝翰：《中国和亚太地区的一体化》，收录于帕金斯等：《走向21世纪》，陈志标等译，江苏人民出版社1995年版。

［6］李由：《大国经济论》，北京师范大学出版社2000年版。

［7］联合国贸易与发展会议：《2000年世界投资报告跨国并购与发展》，中国财政经济出版社2001年版。

［8］林毅夫等：《中国的奇迹：发展战略与经济改革》，上海三联书店、上海人民出版社1994年版。

［9］沈坤荣、李剑：《中国贸易发展与经济增长影响机制的经验研究》，载于《经济研究》2003年第5期。

［10］陶大镛：《世界经济新格局研究》，北京师范大学出版社2001年版。

［11］吴福象：《跨国公司制造业垂直分离理论研究的进展、问题与启示》，载于《经济评论》2005年第5期。

［12］熊贤良：《国内扭曲、国际竞争与对外开放》，云南大学出版社1997年版。

［13］殷醒民：《制造业结构的转型与经济发展》，复旦大学出版社1999年版。

［14］余剑、谷克鉴：《开放条件下的要素供给优势转化与产业贸易结构变革》，载于《国际贸易问题》2005年第11期。

［15］张二震等：《贸易投资一体化与中国的战略》，人民出版社2004年版。

［16］Masahisa Fujita and Hu Dapeng, “Regional Disparity in China, 1985 – 1994: The Effects of Globalization and Economic Liberalization”, *Annals of Regional Science*, 2001, 35, 3 – 37.

[17] Grossman and Helpman, "gyration Vs. Outsourcing in Industry Equilibrium", *The Review Quarterly Journal of Economics*, 2002, 117 (1): 85 – 120.

[18] Williamson J. , "Regional Inequality and the Process of National Development: A Description of the Patterns", *Economic Development and Cultural Change*, 1965, 13, 3 – 56.

《公司制度概论》导言*

一

按照保罗·萨缪尔森的经典解释，任何社会都必须解决三个基本的和相互关联的经济问题：生产什么和生产多少？如何生产？为谁生产？他认为，消费者和生产者（企业）主要通过市场机制来有效地解决这三个经济问题。长期以来，在新古典经济学的模型中，只有原子性的经济人和有效性的市场。企业尽管是市场的微观主体，是竞争性的市场主体，但企业只被看作一个外生给定的、追求利润最大化的生产函数，企业能够自动地根据边际原则来决定要素投入和产品产出。

然而，市场中的企业并不只是一种原子式的工具性的生产函数，而是人与资本的结合，是发现价格、组织生产和交易的能动主体，是通过权威和科层结构来指挥协调资源配置的组织。按照约瑟夫·F. 斯蒂格里茨等的解释，任何社会还应当解决第四个经济问题：以上决策是如何做出，由谁做出的?

---

* 本文为笔者所著《公司制度概论》一书的导言，经济科学出版社 2010 年出版，2014 年修订。进入 20 世纪 90 年代，国有企业改革和公司治理结构成为笔者教学和研究的新领域，先后出版了《国有资产管理体制改革实务》（经济管理出版社 1996 年版）、《职能定位与制度创新》（贵州人民出版社 1998 年版）、《公司制度论》（北京师范大学出版社 2003 年版）等著作，其中《公司制度论》2004 年获北京市哲学社会科学科研成果二等奖。

换言之，企业是如何组织经济活动的，经济活动的信息、激励等制度结构是什么？20 世纪二三十年代，奈特、科斯、伯利和米恩斯等经济学家开始重新思考企业的性质和治理问题。特别是科斯 1937 年发表的论文《企业的性质》，从交易成本角度天才地分析了市场中为什么存在企业这种组织。

肇始于 20 世纪 70 年代末的中国经济体制改革，必然地把建立现代企业制度即公司制度作为企业特别是国有企业改革的基本方向。经过 80 年代的反复改革和深入思考，1993 年 11 月 14 日，《中共中央关于建立社会主义市场经济体制若干问题的决定》终于系统提出了国有企业改革的主要方向：建立产权清晰、权责明确、政企分开、管理科学的现代企业制度即公司制度。一个多月后，1993 年 12 月 29 日，第八届全国人民代表大会常务委员会第五次会议通过了《中华人民共和国公司法》（以下简称《公司法》），为建立健全市场经济活动的公司主体提供了法律制度支持。

毋庸置疑，1993 年颁布的《公司法》、1998 年颁布的《中华人民共和国证券法》（以下简称《证券法》）等法律法规，在推进和规范我国国有企业改革、公司制度建设和资本市场发展等方面发挥了重大作用，截至 2004 年底，我国上市公司数达到 1377 家，当年股票市场融资超过 1510 亿元。不过，面对迅猛发展的社会经济生活，社会主义市场经济体制建设之初匆匆推出的《公司法》隐含的种种缺失也不断显露，层出不穷的新老问题触目惊心，2001 年更被称为中国上市公司和证券市场的监管年。因此，社会各界要求修改《公司法》的呼声一直很高，仅 2004 年 3 月两会期间，就有 601 位全国人大代表、13 位全国政协委员提出建议、议案或者提案，要求修订《公司法》。但是，我国仅仅在 1999 年、2004 年对《公司法》进行了三处小小的修改，且这两度三处修订也不无争议。

2005 年 10 月 27 日，在经过了多年呼唤、反复研讨、四次审议后，立足我国公司实践，借鉴国际立法经验，第十届全国人大常委会第 18 次会议终于以 154 票赞成、1 票反对、2 票弃权通过了比较全面修订的《公司法》。新法共 13 章 219 条，其中新增加 41 条，删除 46 条，修改 137 条，没有任何改动的条款不到原《公司法》条文总数的10%，涉及了公司设立、一人公司和国有独资公司、公司治理、股东权益和公共利益、职工权益、公司融资、财务会计、公司合并收购和清算等公司制度。同日，也通过了全面修订的《证券法》，共12章240条，其中新增53条，删除27条，还有一些条款作了文字修改，增加的部分还包括从公司法中并入的8条。

比较而言，2005年《公司法》在公司的法人性、社团性、营利性、自治性、资合性、社会性等方面实现了理论和制度上的重大突破。不过，公司仍然是一种不断创新发展的企业制度，公司制度供给与社会经济发展需要之间仍将长期处于一种相互调整适应的状态，我国公司制度的改革完善仍然任重道远。由此，跨国比较、准确叙述和深入分析当代公司制度，特别是我国公司制度的结构、特征、运行机制和变迁方向，就成为本书的研究目标。

二

一切人文学科、社会科学的最终目的都应当是人的全面自由发展，以浮华世界的人的经济行为作为研究对象的经济学和管理学更应如此。

企业作为人类有史以来发明的几项伟大的经济制度之一，是现代市场经济的微观基础和行为主体，而作为现代企业典型形式的公司已经成为一种居于主导地位的企业形式，企业特别是公司的制度特征和经济效率从根本上决定了一国经济运行的方式和效率。研究当代经济活动，就必须从分析企业及公司开始。

如果把企业定义为营利性的经济主体或组织，而公司只是企业的一种现代形式，那么一系列的问题就出现了：诸如企业及公司是如何产生、发展和演变的，什么是公司的权利、责任、资本、治理、分配等制度内涵，公司在当代市场经济中是如何设立或准入的，什么是公司的经济目标和社会责任，如何构建公司的产权制度、组织机构和治理结构，立法、行政、司法部门和社会如何监管公司，等等。

由萨缪尔森、阿罗、德布鲁等在20世纪中叶建立起来的主流新古典主义经济学，对企业及公司的解释过于简化：企业作为经济活动的微观单位，只是谋求产出或利润最大化的经济主体或组织。企业的功能在于把劳动、土地、资本等生产要素的投入转化为一定的产出，由此把企业看作一个生产函数，用生产函数就可以描述投入与产出之间的经济技术关系，而不必剖开企业的内部结构和分析企业的行为机制和过程。

显然，主流经济学由于长期忽视或回避了企业生产的信息、激励等制度结构，引出了企业理论上的一系列难题：企业作为生产的制度结构，其内在的性质、结构、行为机制和过程如何？换言之，企业这个长期未被打开的黑箱内部是什么样子，企业为什么从古典的独资企业和合伙企业逐渐向公司企业发展，无限公司、股份有限公司、两合公司、有限责任公司等是如何产生和发展的，公司的经济目标和社会责任是什么，公司与市场、政府之间的边界是什么，公司的规模、数量和市场结构是如何决定的，公司是如何构造其组织机构和治理结构的，等等——新古典主义微观经济学的生产理论对此往往无法给出全面、有效的解释。

正是奈特、科斯、伯利和米恩斯等开启了重新解释企业的生产结构或制度问题的理论源头。随后，包括交易成本理论、产权理论、信息经济学、委托代理理论、合同理论、新经济史理论、博弈论、激励机制设计理论、法律经济学等各种新的经济学分支，不断将企业理论（实际上主要是公司制度的经济分析）发扬光大，而科斯、诺斯、威廉姆森也分别在1991年、1993年、2009年获得了诺贝尔经济学奖。

由于公司不仅是经济活动的主体，也是社会活动的重要组织；公司制度不只是经济学研究的难点和重点，也成为管理学、法学、社会学、政治学等其他学科研究的重点问题。20多年前，当我国经济学家还在为股份制是什么、股份制姓“资”还是姓“社”而争论不休时，一些法学家对国有企业改革和公司制度创新已经提出了很多有益的思路。

比较而言，许多经济学家长于抽象分析公司的制度效应和制度变迁，但对公司的产权性质、法律特征、运作机制等实践问题往往不甚了了；管理学家乐于讨论公司的管理方法和管理过程，法学家侧重比较公司的法律规范和制度特征，而论及公司制度背后的经济因素时常常失于肤浅。因此，必须对公司进行多学科、跨学科的比较和分析，这样才可能全面、真实地揭示公司的经济性质和制度结构。

在思考、教学和研究过程中，我尽可能翻阅了能够查到、看到的法学关于公司问题的著作、论文和教科书。在我并不十分熟悉的法学领域，江平、梁慧星、徐燕、梅慎实、虞政平、赵旭东等的著作，以及波斯纳的系列著述，给了我许多帮助和启发。此外，中国证监会、上海证券交易所、深圳证券交易所、金融界（街）等网站上的法律法规和资料，《经济研究》《金融研究》《比较》《财经》《中国企业家》《中国证券报》《21 世纪经济报道》《上海证券报》等报刊上的文章，也给了我很大的帮助。

三

作为一种组织机构，公司从其设立、登记等市场进入，到存续期间的各种生产、劳动、市场交易与竞争、管理、收入分配活动，再到公司解散、破产、清算、注销等市场退出的经济活动全过程，公司组织机构的建立、运行和变革，公司组织的权力、决策、执行、监督等内部机构的权力、职责、行为方式和它们之间的关系，都为一定的内在制度所规范和约束。规定和约束公司组织机构的行为方式和过程的这些制度在广义上包括公司外部的各种法律规定、公司内部的规章制度等有形、正式的制度，道德、习俗、文化等无形、非正式的制度；在狭义上主要指公司依法制定的规章制度，包括公司章程和公司运行管理上的具体条例、方法、规程等。

但是，如何分析、如何表述公司制度，是颇难解决的两个相互关联的问题。

一方面，从分析方法上看，公司制度理论不能只是对既定的公司制度特别是法律条款的简单介绍，而应当包括两部分内容：一是基于过去的、既存的公司经验对公司制度的分析；二是面向未来的，对各种可能的公司制度的分析。前者属于经验实证的分析方法，后者属于规范的分析方法。

分析公司制度，显然应当是经验和规范、实然和应然、历史和逻辑的统一。由此，运用经济学的原理和方法，从制度和制度变迁的角度，系统分析公司的兴起和演进过程，公司制度的性质、结构和功能，并在此基础上全面深入地探讨我国公司的制度性质、制度缺陷和制度创新，就成为本书的研究目标和核心内容。

确定了分析方法和研究标的后，如何表达、撰写研究内容就成为需要解决的问题。

在叙述逻辑、内容结构和章节体系上，欧美国家的教科书往往各具特色，并不相同，而国内的著作和教科书严重雷同，大多是对公司法结构的模仿和法条的解释。显然，需要改变国内的这种研究和写作倾向。

首先，公司制度的内容展开和文字表述应当有多种角度和结构：公司制度的历史演进的角度；一个公司的成立、发展和消亡过程的角度，包括公司的性质和种类、公司的设立、公司的资本、公司的股东、公司的组织和治理、公司的分立收购和合并、公司的解散清算和破产等；公司分析的理论和工具的角度，诸如法学、管理学、经济学、社会学等不同学科的角度，进而诸如经济学中的交易成本经济学、信息经济学、合同（契约）经济学和博弈论的角度。

由于不同学科的理论基础、研究方法和研究重点各有区分，偏执于某一学科或角度，可能不利于准确、全面地分析公司制度。因此，本书有别于法学中的公司法学，不能仅仅介绍有关公司的法条，以及其他国家的法律规定，不是对2005年《公司法》的简单解释，否则读者大可以直接查找《公司法》《证券法》；有别于管理学中的企业管理学，不能简单地介绍公司管理的具体制度、具体方法是什么，而不分析为什么；有别于经济学的管理经济学和企业经济学，不能一味抽象地分析公司制度的一般问题，而不了解公司制度的结构和功能。

其次，关注和思考公司制度的主要是从事经济、管理等方面的政府、教育、研究、企业等领域的人员，因此本书的内容安排不能主要由供给者的生产能力决定，而主要由社会需求决定。在需求的层次上，有人侧重公司制度的基本知识，有人侧重公司制度的理论分析；有人关注国内的公司问题，有人关注国外的公司问题；有人关心现实中的公司制度，还有人追寻公司制度的来龙去脉、前因后果。

由此，本书的分析和叙述具有以下几个特点。

在内容安排上，大致遵照以下原则：第一，从历史、动态的纵向角度，尽可能准确、全面地叙述过去和现在的、国内和国外的公司制度的具体内容，分析几百年来主要国家公司制度的发生、发展过程和发展前景；第二，从国际比较的横向角度，考察不同国家公司制度的存在背景和法律特征，重点分析当代中国的公司制度；第三，在明辨公司制度的法律规定的基础上，又对具体的公司制度进行必要的理论分析，指出我国公司的制度特性和制度缺陷，并尝试给出改革我国公司制度的可能方向和可行途径。

在研究方法上，侧重于公司制度的经济学角度的分析以及案例和定性的分析，同时尝试进行跨学科的、综合性的研究，以期准确揭示公司制度的面目、性质和公司运行的基本规律。

四

书的写作始于2008年初秋，距离我最早关注企业改革和公司治理已经过去二十多年，距离我出版的关于国有资产管理和国有企业发展的《国有资产管理体制改革实务》《职能定位与制度创新》等著作也有十多年了。

对公司理论和制度的关注，始于20世纪80年代中后期。当时，我国理论界穿越历史和意识形态的厚厚帷幕，基于马克思、列宁的经典理论，刚刚提出股份制是否可以成为国有企业改革的方向，深圳、上海、北京、沈阳等城市在国有企业改革中刚刚进行股份制尝试。

国人对股份制的认识大多还停留在马克思、列宁等的经典解释和政治经济学教科书的简单批判上，并不真正了解公司的发展状况和制度功能。邓小平1992年南方谈话和1993年《公司法》颁行后，公司制终于成为企业改革的基本方向。在参加朱元珍、邢文英等老师主持的教育部研究项目和后来我主持的北京市“九五”规划项目“北京市国有企业的职能定位和改革深化”过程中，我得以初步廓清和真正理解现代公司的制度问题，2003年出版了探讨我国公司制度的《公司制度论》。《公司制度论》比较全面地分析了各国公司制度的一般特征和我国公司制度变革中的具体问题，某些结论与2005年颁布的《公司法》不谋而合，某些结论仍悬而待决。该书2004年还获得了第八届北京市哲学社会科学优秀科研成果二等奖。

这些年，在国内发展、国际竞争中，中国公司或扬帆出海，或折戟沉沙，或止步不前。公司为何而生，因何运行，如何辉煌，一直是我思考的问题。此前关于国有资产管理体制、国有企业职能定位、企业公司制改革等方面的研究工作，使我认识到，制度虽然不是决定公司产生与发展的本源性因素，但在公司的生产和竞争过程中，良好的制度和良好运行的制度是保障公司有序有效发展的必要条件。

企业理论主要是公司理论，公司理论研究的主要是公司的性质和边界，公司的资本结构、组织与治理等两大问题。不过，对这些问题给出系统的规范分析与经验实证，其难度远超乎人们的想象，这从2009年诺贝尔经济学奖获得者威廉姆森的工作上可见一斑。在研究过程中，思考愈多，发现要解决的问题愈多，而自己的工作离理想中的目标存在很大差距。这促使我在研究和课堂上战战兢兢，如琢如磨。不过，书稿尽管约60万字，许多问题还是述多思少，语焉不详。

写作过程断断续续，长达一年多。如果不是诸位师长和同事的鼓励，特别是胡乃武导师和白暴力、沈越、陆跃祥等教授的鼓励和帮助，这本书可能还要延迟下去。

本书吸收了经济学、管理学、法学等领域的诸多专家学者的研究成果和有关部门、媒体的大量数据资料。借用一句陈言，文稿是集体智慧的结晶，而我只不过将有关成果重新整理叙述了一遍。当然，研究和写作永远是一种遗憾性的行为，文字和内容的不足或错误已白纸黑字，历历在目，敬请方家的批评指正。而其中的不当与错误，一概由我负责。

附：修订重印说明

在现代化进程中，如果说牛顿为工业革命创造了一把科学的钥匙，瓦特拿着这把钥匙开启了工业革命的大门，斯密为推进工业革命刻画了经济法则，那么公司制度则为人类工业化、社会化的经济活动提供了最优的组织形式。公司制度作为人类社会的一项伟大发明，一般以1600年英国伊丽莎白一世特许设立的伦敦商人对印度贸易公司即东印度公司作为正式诞生的标志。1635年，东印度公司首次进入中国厦门，开展贸易活动。1776年3月8日，斯密《国民财富的性质和原因研究》出版4天前，瓦特之子和博尔顿在英国伯明翰创立了博尔顿瓦特公司，向客户展示了瓦特新研发的蒸汽机，并向市场批量生产蒸汽机，揭开了英国和人类工业革命的序幕。

迟至1840年鸦片战争前后，中国才出现现代意义上的公司组织。1904年1月，清政府率先颁布《大清商律》中的《公司律》，中国开始了公司制度的成文立法。1976年之后，随着外资企业的引进、私营企业的复兴和国有企业的改革，适应居民创业、市场竞争、技术创新需要的公司制度逐渐成为中国企业的基本组织形式。

自1987年在高校从事经济学、管理学的教学和研究工作，公司理论和公司治理一直是我关注的专题，1996年、1998年出版了关于国有企业改革的《国有资产管理体制改革实务》《职能定位和与制度创新》，2003年出版了《公司制度论》并获得第八届北京市哲学社会科学科研成果二等奖。2010年出版的《公司制度概论》既在内容上反映了公司理论和公司治理的研究成果，又在体例上具有大学教科书的风格，颇受各界读者的欢迎。

本书上市四年，销售殆尽，读者希望重印，出版社也盛情襄赞。四年来，中国公司改革举措不断，公司发展日新月异，《公司法》也在2013年作了重大修订。现在审读旧作，不足之处越发显著。不过，一时有一时的思想和笔墨，除了校改文句上的错误，更新必要的法条和数据，重点修订了40多处，此外不再做大的改动，祈望读者忍耐和理解。

论经济转型的动力主体、实现途径和制度保障*

转型或发展是指从古代农业社会向现代市场、工业、民主社会的变革和发展过程。如何认识当代中国转型发展中的主体和动力，中国转型动力的实现途径和制度保障是什么？对于动力的概念内涵，对于中国转型动力这一重大的理论和实践问题，我们存在着各种不同甚至对立的界定和分析，似乎并没有清晰、准确地认识。本文主要从经济转型的角度，尝试探讨中国转型的动力主体、实现途径和制度保障等相关问题。

一、中国经济转型的动力及其主体

动力即行动的力量、原因、动机、目标，是指刺激、推动、保持物质运动、人类活动的因素和力量。人类活动的动力大致可以划分为物质力量和精神力量。物质力量又称为经济力量，是指通过各种物质资源，主要是经过人类劳动的社会性的物质资料，使人们得到物质消费上的满足，从而调动人们社会经济活动的积极性和创造性，推动经济发展和社会进步。精神力量是指激励约束人类活动的信仰、习俗、道德、哲学、文艺、科学等主观性、知识性因素。

那么，如何具体、准确地认识当代中国转型的动力及其主体问题？至少

* 本文原载于《人民论坛》2014 年第 32 期。

可以从以下四个方面进行理解。

第一，经济转型的动力主体是什么？最广大的公民个体是社会经济活动的基础主体和动力主体。社会经济活动的主体包括个体、企业、政府等组织形式，人类的社会经济活动是个体为主、个体行动的结果，还是集体行动、整体演进的必然？在现代化进程中，对于人类的个体和整体在社会经济活动中的地位和作用，大致有个体主义和整体主义这两种理论认识。

作为公民或居民的个体又称个人，一般指人类社会中的一个人或是一个群体中的特定主体。从现代社会之初，诸如意大利的马基雅维利、英国的斯密等欧美学者就采取了以人为本、个体主义的研究方法，认为独立的个人或个体是社会真实的主体和基础，个体是其利益进而也是他人、人类利益的基本判断者，个体利益是人类活动的基础和主要的动力，个体的利益之和就是社会、国家和人类利益，社会活动以个体为主体、以个体活动基础。相对地，研究人类活动也可以从社会组织、结构、制度等整体角度出发，对社会经济现象进行总量分析和结构分析。然而，正如马克思、恩格斯《共产党宣言》所言，每个人的自由发展是一切人的自由发展的条件和目的。企业、政府、国家只是个体为了增进、保障个体的权利或利益而组成的，习俗、法律等只不过是个体之间强制性或自愿性达成的正式和非正式制度，个体利益、市场竞争应当先于政府利益和政府干预，公共利益只是一种特殊的、集合的个体利益，集体的、共同的人类活动只不过是众多个体从众性或有组织的共同活动，只是对个体、市场失灵的补救。

以人为本，人民主体，公民权利和利益至上，这是我国宪法和政策的基本原则，是关于我国社会经济转型的世界观和方法论，也是新中国60多年曲折发展的基本经验。中国特色社会主义是亿万人民自己的事业，必须坚持人民的主体地位，发挥人民的主人翁精神，紧紧依靠人民推动改革，促进人的全面发展。正是在改革开放过程中，个人逐渐从历史、国家长期形成的经济、政治、思想的束缚中挣脱出来，成为独立自主、刚健有为的个体，成为既具有充分、平等的权利，又自我约束、尊重他人的公民，成为社会经济活动的主体，个人能够在一个相对自由平等的环境中寻求个人的发展路径，这是中国几千年未有的大变局，这一大变局也造就了世界未曾有过的中国社会经济的发展奇迹。

正因为如此，党的十八大报告再次明确提出了社会经济发展的主体和动力问题：必须更加自觉地把以人为本作为深入贯彻落实科学发展观的核心立场，始终把实现好、维护好最广大人民根本利益作为党和国家一切工作的出发点和落脚点，尊重人民首创精神，保障人民各项权益，不断在实现发展成果由人民共享、促进人的全面发展上取得新成效。

第二，经济转型的基本动力是什么？经济利益是社会经济发展的基础的、主要的动力。不可否认，信仰、道德、传统文化、爱国主义等精神性力量也很重要。不过，精神性的文化和力量的背后是什么，向善、求真、利他、爱国的基础是什么？在中国转型的动力问题上，贯彻始终的还是物质决定意识，物质第一性、第一位，意识对物质具有反作用的唯物的、实践的基本原则。作为人类能动地改造物质世界的对象性的社会实践，物质的、经济的决定性表现在从实践的主体和目的、实践的中介和过程到实践的对象和结果的性质和形式上。经济活动所生产提供的各种物质性产品和服务都是为了真实有效地满足人的各种物质性的消费需要，推动人类发展的内在的、基础的动力还是人类的生存、发展和繁衍对物质资料、经济利益的全面持久追求。

从社会实践上看，中国转型之所以取得了出乎意料的伟大成果，归根结底是全面恢复了充分尊重、维护人民利益的动力原则，是基于我国的一系列既适应国情、又顺乎民意的经济改革，许多改革措施不约而同地与现代经济的发展原则若合符节。比如，推行农村家庭承包责任制，发展外资企业、乡镇企业和私营企业，广大人民穷则思变，勤劳致富，从而推动了农业经济和非公有制经济的迅速发展。相反，由于政府干预色彩依然浓厚，金融、交通、能源、教育、研究、出版、媒体等领域体制改革缓慢，资本和生产要素配置远未市场化，知识创新能力相当缺乏，中国发展的硬动力、软实力都严重不足。

第三，经济发展的动力机制是什么，人们如何分配、占有、消费经济活动的物质成果？这主要是通过物质利益的分配制度而形成和保障的。人类的经济活动可以分为生产、交换、分配、消费等过程和环节，分配制度就是关于社会经济活动的物质成果或收入在社会成员中分割、配给的原则、标准、程序、方法等各种规定。在现代市场经济中，分配制度可分为公有制中的按劳分配和非公有制中的按要素分配，可分为收入的初次分配和再分配。

分配虽然只是生产资料所有制或生产关系的一个方面，不是独立的经济活动，但收入分配犹如人类社会经济这个有机体的神经末梢，对它的任何细微的触动或改变都会使居民激动、企业伤神、政府头痛，分配制度和分配状况直接影响着居民的消费、储蓄水平和经济增长质量。我国农村家庭承包责任制尽管并未改变集体所有制的土地制度，仅仅实行了“交够国家的，留够集体的，剩下都是自己的”的分配制度改革，各尽所能，各得其所，就极大调动了亿万农民个体的生产积极性和创造性，揭开了中国转型发展的序幕。相反，由于在城乡、地区、行业、单位或企业等方面还存在着分配制度不合理、收入差距悬殊等问题，这至今严重限制着我国社会经济的健康发展。

第四，经济动力主要表现为全体居民个体从社会活动中获得的收入和积累的财产。经济活动的根本目的就是最大限度地满足全体居民不断增长变化的物质性消费需要，经济活动就是人类解决物质性消费需要和物质资料供给之间的基本矛盾的社会实践。居民在经济活动中创造的物质成果，通过分配制度而形成的经济利益，主要表现为居民获得的收入和积累的财产，表现为数量不断增长、质量不断提高、内容丰富多彩的物质财富和消费生活，表现为发展成果更多、更公平地惠及全体人民。

二、转型动力的实现途径

人类为了满足其生存、发展和繁衍的消费需要，除了依靠一定的自然资源，主要依靠不断进行各种社会活动，包括物质资料生产的经济活动，以及人类的政治、知识等方面的活动。广大居民对物质资料、经济利益的全面持久追求正是中国经济转型的基本动力，这种动力的实现途径最终只能是产品生产和服务提供，是居民、企业等经济主体的经济活动。过去 30 多年中，我国竞争性经济领域的市场化改革初步完成，多种所有制经济全面发展，基于对劳动力与自然资源的过度开发和比较优势，逐步奠定了劳动和资源密集型加工业大国的地位，国民经济取得了年均 9.8% 的高速增长，这是广大居民"分蛋糕""分不断做大的蛋糕"的物质条件和实现途径。

与发达国家相比，我国经济转型面临着自然资源、生产技术、产业结构、国际环境的巨大变化和挑战，面临着产业结构、市场结构、就业结构、人口结构、收入结构、城乡结构、地区经济结构等社会经济结构调整、升级上的种种问题，发展的不平衡、不协调、不可持续问题依然突出。例如，科技创新能力不强，80% 以上工业产品的生产能力利用不足但还要大量进口国内短缺产品，农业基础依然薄弱，第三产业发展缓慢，资源环境约束加剧，生产经营的社会化、专业化程度较低，制约科学发展的体制机制障碍较多，老龄人口日趋增多，2012 年我国 15～59 岁劳动年龄人口第一次出现了绝对下降，社会经济发展上还保持着城乡分割、二元结构的特征，拉动我国经济增长的人口红利和出口红利逐渐减少，固定资产投资和出口引擎开始减速，经济进入"七上八下"的增长困境。如果没有创新驱动和结构升级，我国将极有可能陷入"中等收入陷阱"。诚如李克强总理在 2014 年《政府工作报告》中所指出的，我国经济正处于结构调整阵痛期、增长速度换挡期，到了爬坡过坎的紧要关口。

从居民收入分配上看，尽管以汇率计算的我国 2010 年 GDP 世界第二，2013 年人均 GDP 超过 6000 美元，进入中高收入水平国家之列，但居民收入增长率常常低于经济增长率和财政收入增长率，农村居民、城乡居民的收入不平等程度逐渐增加，总体基尼系数超过 0.4 的国际警戒线而达到了 0.5 左右的危险高度，教育、医疗、社会保障领域问题严重，公共产品和公共服务分配不均等，居民动力、企业能力、发展活力相对不足，这些都严重限制着转型发展的顺利实现。

从"十三五"规划和未来我国发展前景看，只有在居民消费、固定资产投资、技术创新和产业发展、进出口等方面全面改革开放，经济转型的动力结构有效调整，经济转型才能够顺利实现。

第一，社会经济转型的动力体现在收入分配上，落实在居民消费上，不断扩大的消费需求应当是经济可持续增长的内在动力。从国际上看，发达国家消费需求对经济增长的贡献率普遍在70%以上，发展中国家大多在60%左右，而我国一直徘徊在50%左右。从拉动经济增长的消费、投资、出口三要素看，2008年全球金融危机爆发后，2009～2013年我国消费需求对经济增长的贡献率分别为52.5%、37.3%、51.6%、51.8%、50%。显然，由于居民收入绝对水平不高，政府通过税收和非税手段对居民财富汲取过多，财产制度和社会保障制度不健全，居民对就业、收入、财产、社会保障等方面难以形成稳定预期，居民消费需求还难以成为推动经济增长的基本的、有效的动力因素，我国必须不断扩大居民消费和投资水平，从消费弱国向消费大国转变。

第二，在固定资产投资、技术创新和产业调整上，无论是基础研究、应用研究和试验开发，还是固定资产投资、传统产业的技术更新和结构调整，以及新技术、新产业的发展，从传统制造业向高端制造业的转变，根本出路不在于政府管制、公共投资和超国民待遇的国有企业，而是通过放权让利的全面改革，广大居民和企业成为固定资产投资、研究开发、创新发展的主体，全社会的智慧和财力凝聚到创新发展上来。同样在2009～2013年，我国投资需求对经济增长的贡献率分别为92.3%、54.8%、54.2%、50.4%、54.4%，但投资增长中相当一部分来源于中央和地方政府的各种形式的投资，政府的许多投资项目效益不高。

在经济转型的动力结构中，工业化后的城市化将成为未来中国经济转型动力的重要途径。2011年，我国城市人口达到6.8亿人，城市化率从1978年19%左右突破了50%大关。然而，我国城市化是在城乡之间还存在着户籍，教育、社会保障等一系列制度分割条件下进行的，50%以上的城市化率是按照常住人口统计的，按照户籍人口统计只有34.7%。而且，与发达国家80%以上的城市化率相比，我国的城市化无论在数量还是内容上都还存在全方位的改进之处，新型城市化进程还将持续几十年甚至更长。随着城市人口增加、人口老龄化和城市生活的改变，规模巨大的中等收入群体的消费需求将成为经济转型的重要动力来源，将对中国经济乃至全球市场产生重大影响。

第三，在进出口上，我国得益于对外开放的发展红利也开始大幅度衰减。由于我国主要靠劳动、资源密集型加工业参与国际分工和国际竞争，技术含量少，品牌影响小，附加价值低，贸易依存度高，而全球竞争激烈，供给过剩，价格趋于下降，加上人民币升值、劳动力成本上升、国际收支趋于平衡等因素，特别是2009年以来，净出口对经济增长的贡献率分别下降到-44.8%、7.9%、-5.8%、-2.2%、-4.4%。尽管出口贡献度下降有一定的阶段性，但我国产品、企业的竞争能力普遍不强，出口导向型的加工业体系已经难以支撑我国经济的可持续发展，我国必须要从加工业大国向制造业强国转变。

三、转型动力的制度保障

在过去和近期，得益于市场化改革和国际化竞争，建立在大规模、低成本的劳动和资源投入基础上的比较优势发展战略是经济高速增长的重要原因，经济发展的动力非常强大，经济转型比较成功，但这种转型方式是一种可持续、一般化的模式吗？

显然，劳动、资源和制度的红利毕竟有限，积存的体制弊端和增长问题逐渐暴露和加剧，中国在享受经济高速增长成果之时，也日益遭遇了经济、政治、知识等方面的一系列严重问题，经济增长的动力正在衰减，而成本和劣势不断推高，经济增长的方向不明，路径不稳，这些新旧问题构成了中国转型的限制性因素。相反，拉美的经济停滞、苏联的解体等则提供了国家转型的深刻教训。

那么，如何适应经济发展的新常态，赋予经济转型以强大而恒久的动力？显然，我们难以改变既定的资源、人口等要素禀赋和国际环境，但我们能够通过改革开放而解决经济、政治、知识等方面的转型障碍，建立健全经济转型动力的制度保障体系。

第一，保障和落实广大居民充分、平等的人身权、财产权和其他权利，使他们真正成为经济转型的社会主体。为此，要推进全面依法治国，坚决维护宪法法律权威，保障公民人身权、财产权、基本政治权利等各项权利，适时恢复公民的居住和迁徙权、罢工权等权利，保障公民经济、文化、社会等各方面权利得到落实。

第二，经济转型的动力问题集中体现在财产制度上，要保证各种所有制经济依法平等使用生产要素，公平参与市场竞争，同等受到法律保护，赋予农民更多的财产权利，让一切劳动、知识、技术、管理、资本的活力竞相迸发，让一切创造社会财富的源泉充分涌流。

第三，形成并畅通知识创新、企业竞争、产业发展的动力实现途径。通过建立权利平等、机会公平、规则统一的发展体制，全面激励广大人民特别是科学家、企业家、政治家的创新精神，保障观念、知识、产品、市场的创新和法律、组织的变革。

第四，公共管理和公共财政是强化、完善社会经济发展动力的制度安排。为此，通过全面改革政府的权力结构和决策、实施、监督体制，改革政绩考核和官员升迁的激励体制，建立健全公共财政体制，规范政府对居民收入、财产的征收和使用，完善以税收、社会保障、转移支付等财政手段的再分配功能，完善公共产品和公共服务体系，通过公共管理和财政体制让发展成果更多更公平地惠及全体人民。

作为一个国土广大、人口众多、历史悠久、文化丰富、勇于实践、包容进取的转型大国，我们只要敢于冲破僵化思想观念和既得利益集团的反对，全面凝聚并充分发挥改革的人智慧，全面坚持以人为本、公民主体、平等权利、市场竞争、创新发展、全面开放的发展原则，把每个人的健康、安全、幸福置于首位和目标，坚定而稳妥地全面推进经济、政治和社会领域的系统性、整体性改革开放。如此，中国转型发展的可持续性以至中国发展模式的涌现都将可以预期，成功实现由中等收入国家向高收入国家的转变。

《新编政治经济学》自序*

一

中国社会经济全面转型，苏联和东欧社会主义国家剧变，资本主义国家调整改革，在人类经济活动的货币化、知识化、信息化、全球化的大时代，潜心研究19世纪中后期马克思初创的经济理论，费力编写内容沉郁的政治经济学教科书，似乎是一件非常不合时宜的事情。然而，如果缺乏温情、理性和敬意，不全面准确地阅读马克思，不设身处地了解马克思，就不能够轻言肯定、批评或否定马克思的经济理论，就难以清醒认识和理性建设我们的世界。正如傅雷1942年译介《贝多芬传》所感：不经过战斗的舍弃是虚伪的，不经劫难磨炼的超脱是轻佻的，逃避现实的明哲是卑怯的；中庸，苟且，小智小慧，是我们的致命伤。而唯有真实的苦难，才能驱除浪漫底克的幻想的苦难；唯有看到克服苦难的壮烈的悲剧，才能帮助我们担受残酷的命运；唯有抱着"我不入地狱谁入地狱"的精神，才能挽救一个萎靡而自私的民族。现在阴霾遮蔽了整个天空，我们比任何时候都更需要坚忍、奋斗、敢于向神明挑战的大勇主义。

一种文明的伟大，不只在于对历史的尊重和传承，更在于对现实的批判

* 李由、王淑芳：《新编政治经济学》，北京师范大学出版社2018年版。

和创新，而这有赖于一颗颗伟大的头脑和心灵。一个多世纪以来，马克思、马克思主义、马克思主义政治经济学对人类社会发展产生了全面、深刻、持久、复杂的作用。举凡各国的工人运动，欧洲的经济民主和社会福利制度，东欧和中国的社会主义革命、计划经济建立以及后来的改革，都受到马克思主义的影响或指导。在社会主义国家转型过程中暴露了多种多样的社会经济问题，在 1997 年亚洲金融危机、2000 年互联网发展受阻和 2008 年世界经济危机爆发，在亚非拉众多国家长期陷入发展陷阱，欧美一众主流经济学家或隔靴搔痒、或头痛医脚地解释或批评之后，对资本主义经济进行了系统分析和深刻批判的马克思经济理论显示了其持久而强大的生命力。在现代思想史上，马克思拥有的批评者和辩护者可能比任何其他理论家都要多——尽管他们大多并不胜任批评或辩护工作。1999 年，英国剑桥大学文理学院发起评选“千年第一思想家”，马克思、爱因斯坦分居第一、二位；同年，英国广播公司（BBC）在互联网上评选“千年第一思想家”，结果同上；六年后，英国广播公司关于古今最伟大哲学家的 3 万名听众调查，马克思依然高居榜首。在亚马逊网上书店（Amazon. cn）输入“马克思（Marx）”，至少有 8000 本中外文的书籍，是爱因斯坦（Einstein）的两倍，更远超休谟（Hume）。

即便在欧美权威的或主流的经济学教科书、辞典、思想史中，马克思也拥有崇高的地位。比如，在熊彼特《经济分析史》、萨缪尔森十八版《经济学》、马克·布劳格《经济理论的回顾》、亨利·威廉·斯皮尔格《经济思想的成长》、默瑞·N. 罗斯巴德《古典经济学》中，马克思都是浓墨重彩的一章。在经济学科最权威的、约翰·伊特韦尔等主编的《新帕尔格雷夫经济学大辞典》四卷中，仅“马克思”“马克思主义价值分析”“马克思主义”“马克思主义经济学”词条就有 30 页。更不要说马克思在《不列颠百科全书》《布莱克维尔政治学百科全书》等工具书中的位置。2011 年，美国田纳西大学、乔治梅森大学四名经济学教授在《经济学期刊观察》（*Econ Journal Watch*）发起、299 名经济学教授投票评选“最喜爱的经济思想家”，马克思与斯密、李嘉图、马歇尔、穆勒名列 21 世纪之前经济学家的前五位。当今，避而不谈马克思几乎是不可能的事情，马克思依然是资产阶级必须勉力应对的首要的思想家。

二

人是具有不断增长、多种多样的消费需要的生物物种和社会个体。人类为了降低其物质和精神供给的稀缺、粗劣性，为了改善其生存发展的条件，勇敢探索，不断试错，理性实践，这就是人类劳动的、历史的和自然的发生发展过程。从政治经济学或经济学的角度看，人类为了满足其物质性的消费需要，必须投入劳动以及资产，采取一定的生产方式，占有、生产、交换、分配物质资料，这就是人类的经济活动。在人类历史上，资本主义的经济、政治、知识体系发挥了革命性的作用，创造了一个物质文明、精神文明高度发达的新世界。资产阶级在它的阶级统治中所创造的生产力，比人类过去一切世代创造的全部生产力还要多，还要大。配第、魁奈、斯密、李嘉图等开创的政治经济学或经济学就是研究人类经济活动特别是资本主义经济活动的一门社会科学。

马克思以工人阶级的解放为己任，但他出生在资产阶级家庭；马克思不是资本主义的朋友，但他是资本主义的卓越学生。马克思后半生定居在资本主义最发达的英国，栖身伦敦极脏乱的某处公寓。在观察和分析资本主义经济活动，继承和批判以往的经济理论的基础上，马克思等创立的政治经济学主要以资本主义生产方式为研究对象，系统研究资本主义经济的产生、运行和发展问题，着重揭示资本主义生产关系的性质及其运动规律。马克思、恩格斯 1848 年的《共产党宣言》还概括了未来社会的核心命题：“每个人的自由发展是一切人的自由发展的条件。”[①] 马克思 1859 年的《〈政治经济学批判〉序言》中又指出：“人类始终只提出自己能够解决的任务。”[②] 尽管马克

① 《马克思恩格斯选集》（第一卷），人民出版社 1995 年版，第 294 页。
② 《马克思恩格斯选集》（第二卷），人民出版社 1995 年版，第 32 页。

思政治经济学破产了的说法一度甚嚣尘上，尽管许多人将马克思、恩格斯等经典作家对于资本主义的分析和批判丢在了一边，但马克思的《资本论》等一系列著作并不只是维多利亚时代和第一次工业革命的巨著，而是留给后人的宝贵精神财富。在经济学、社会学、政治学等人文学科、社会科学领域，马克思可以被批评、修正或贬斥，但从来没有被忽视、埋没或超越。

中国一百多年来的改良和革命、开放与发展的过程，就是不断寻找和吸收世界文化先进成果，探索和推进中国现代化的过程，而人为主体、唯物主义、科学发展的逻辑和历史相统一的马克思主义最终成为我国实践的指导性思想。在20世纪80年代以来的改革浪潮中，苏联和东欧国家经济政治体制发生剧变，中国也逐渐脱离苏联模板的政治经济体制，并在1989年前后终于确立了社会主义市场经济和民主政治的改革目标和发展道路。随后，中国取得了因对外开放和自由竞争而带来的巨大成就，也遭遇了因市场发育不完全、市场竞争不规范而产生的严峻后果，1997年亚洲金融危机、2008年世界经济危机更全面影响了国内经济发展。如何认识市场化、多元化、全球化的经济改革？中国发展中的问题主要是市场化的产物，还是反市场的结果？中国未来的发展目标和发展方式是什么？如果要科学分析和准确回答世界和中国发展中的问题，坚持逻辑和历史的认识统一、理论和行动的实践统一的马克思主义政治经济学依然保持强大的解释能力，依然是当代重要的理论工具。

如何认识马克思和马克思主义的政治经济学，如何编写马克思范式的政治经济学教科书？显然，对于任何一种有影响的理论，盲目的顺从、刻意的剪裁和武断的否定都不足取。马克思主义不是空想、教条和定论，马克思主义是一种理论、方法和工具。热情洋溢地赞扬资本主义的是马克思，鞭辟入里地批判资本主义的也是马克思，而“怀疑一切”是马克思的座右铭。马克思主义政治经济学既是一个全面深刻的理论体系，也是一种创新演进的知识生态。马克思《资本论》问世一个多世纪以来，人类迎来了第二次科学革命和第二次、第三次工业革命，资本主义生产方式发生了一系列重大变化，资本主义从自由竞争走向垄断，从产业（工业）资本、商业资本主导的工业时代走向金融资本、知识资本主导的后工业时代。特别是20世纪七八十年代以来，多种政治经济学思潮相继兴起，社会主义国家展开了全面转型，马克思分析的经济现象和提出的经济理论从条件、内容到形式都出现了重大变化，如何与时俱进、创新发展马克思主义政治经济学更是一个巨大的理论难题。包括所谓的德国修正主义、苏联的列宁主义与斯大林主义以及总称为西方马克思主义的诸多学派，如考茨基、希法亭、卢森堡、列宁、托洛茨基、布哈林、斯大林、卢卡奇，以及米哈尔·卡莱斯基、莫里斯·多布、奥斯卡·兰格、保罗·斯威齐、保罗·巴兰、森岛通夫、欧内斯特·曼德尔、置盐信雄、伊曼纽尔·沃勒斯坦、约翰·罗默等，继承并运用马克思、恩格斯的理论与方法，吸收各种经济理论和其他学科的新成果，考察分析资本主义经济发展中的新现象和新问题，回答人类经济活动提出的新课题，形成了各种各样的马克思主义经济理论。如此，才可能坚持马克思主义政治经济学的科学性和批判性，保持马克思主义政治经济学的生命力和竞争力。

三

政治经济学这门课程或学科在中国既泛指马克思主义关于前资本主义、资本主义和社会主义的经济理论，又特指马克思主义关于资本主义的经济理论，本教材主要介绍马克思、马克思主义的资本主义经济理论。但马克思关于资本主义的研究卷帙浩繁，内容博大精深，读一遍他的主要著作就是毅力、智力和精力上的严峻挑战。对于初学者，可能还需要借助教科书、辞典、传记等入门性、辅助性的读物。国内外已经出版了大量的教科书，但在分析方法、内容安排、编写体例等方面还有待完善。经过反复阅读和思考，我们还是决定根据马克思主义的基本原理和教学要求，力求既准确理解和系统表述马克思、恩格斯等经典作家的经济理论，突出和深化对基本概念和原理的认识，又吸收、综合马克思主义经济学和非马克思主义经济学的研究成果，修正古典政治经济学的某些知识和结论，反映经济发展的时代特征和政治经济学的重要发展，重新撰写一部尽可能达到体系完整、方法科学、内容精当、结构合理、逻辑严密、体例规范、风格突出的教科书，这就是这本教材的写作初衷。

在研究和叙述的方法上，既继承马克思的从具体到抽象的研究方法和从抽象到具体的叙述方法相结合的科学抽象法，又尝试吸收现代经济学以及其他学科的研究成果，以期准确分析资本主义经济的运行过程和发展规律，全面揭示资本主义生产方式的本质特征和内在矛盾。在科学研究上，马克思提倡的逻辑和历史相统一的理论原则至今依然是科学研究的基本法则。科学的研究必须充分地占有材料，分析它的各种发展形式，探寻这些形式的内在联系。只有这项工作完成以后，现实的运动才能适当地叙述出来。而有效的叙述则可能反其道而行之，采取从抽象到具体、从一般到特殊的叙述方法。理论的研究一旦完成，材料的生命一旦在观念上反映出来，呈现在我们面前的就好像是一个先验的结构了。马克思就是从劳动产品的商品形式、从商品的价值形式这一抽象一般的概念出发，逻辑演绎地分析资本主义的经济活动。诚如马克思在《资本论》第一卷第二版跋中引用他人的评论而自我解嘲：如果从外表的叙述形式来判断，马克思是最大的唯心主义哲学家；而实际上，他是空前的现实主义者。

当然，马克思和恩格斯经过全面调查、占有了各种材料，成为当时最出色的具有观察和分析能力的哲人和学者。但他们毕竟生活在19世纪，科学研究方法相对单一，逻辑分析、定性分析多而经验分析、定量分析少，语言分析多而数理分析少，宏观分析多而微观分析少，静态分析多而动态分析少。何况，马克思、恩格斯的《共产党宣言》是理性和激情相结合的产物，马克思生前只完成和修订了《资本论》第一卷，第二卷、第三卷尚未定稿，其间颇有空缺、粗疏之处。本教材在坚持了马克思基本理论的同时，尽可能运用现代经济研究的方法和成果，系统分析和有效叙述政治经济学理论，争取在经过多元性吸纳、批判性综合的基础上，对马克思主义政治经济学进行创造性转化和现代化叙述。这种努力突出表现在第一章关于政治经济学的一般思考，第二章关于劳动、商品和价值的理论分析，第四章关于资本运动和剩余价值生产的两阶级、产业资本的模型分析，第五章探讨的资本积累、知识生产、分工扩展和扩大再生产理论，第六章探讨的商业资本、市场成本和剩余价值实现问题，第七章对于剩余价值分配和生息资本利息、土地地租，第八章对于竞争与垄断、垄断资本、金融资本、知识资本、国际资本和资本主义政府，第九章对于社会再生产和经济危机等领域新现象、新问题的观察思考。当然，教材不是调查报告或学术论文，主要还是运用历史分析、演绎分析、语言分析的方法，全面系统以至不厌其烦地分析和叙述资本主义生产方式的运行特征和发展规律。

相对于已有的马克思政治经济学教材，本教材在内容安排和分析方法上坚持了继承和创新相结合的原则，特别是第五章尝试构建了资本积累、知识生产和扩大再生产即资本主义经济发展理论，第八章整合分析了垄断资本、金融资本、知识资本、国际资本及其政府问题。例如，基于资本积累和知识生产的内涵扩大再生产是19世纪后期以来资本主义经济发展的新现象，也是马克思政治经济学中相对薄弱的环节。我们在全面坚持古典学派以来的劳动价值理论，逻辑和历史相结合的分析方法，商品和剩余价值的生产、实现和分配的叙述逻辑的基础上，根据现代经济发展和经济理论研究的实际情况，重点构建和完善了关于知识生产、技术进步和内涵扩大再生产的内容。从长期和整体上看，资本主义经济的本质是商品和剩余价值的社会分工生产和扩大再生产，社会扩大再生产存在着既波动性运行又持续性增长的趋势，这就要求给出资本主义的扩大再生产或经济增长的理论模型，而这是从厚重朴素的古典学派到山头林立的当代学派都相对薄弱的理论环节。为此，我们在劳动价值理论和剩余价值理论的基础上，系统分析资本积累、知识生产、技术进步、规模经济、分工扩展等问题，尝试性地构建了基于知识生产、技术进步、分工扩展的内涵扩大再生产理论。资本主义虽然一直都是竞争开放的经济体系，但马克思、恩格斯去世之后，垄断资本、金融资本、知识资本、国际资本才开始全面迅速发展，列宁等对19世纪末20世纪初的垄断资本主义发展做了分析。对于资本主义发展中的这些新现象、新问题，以往的教科书往往单列垄断资本主义、世界资本主义两章分析，且这两章分析在逻辑和内容上似有不连续、不统一之嫌。为此，我们在系统分析了剩余价值的生产、交换、分配问题的基础上，进一步整合性地探讨了垄断资本、金融资本、知识资本和国际资本条件下的生产、实现和分配，以及政府与资本主义经济活动的相互关系等问题，从而为最后一章分析社会总资本再生产和经济危机奠定全面而准确的理论和知识基础。

在内容安排上，本教材按照资本永无止境地追逐剩余价值的经济原则，从商品生产和商品交换出发，依循从劳动、商品、货币到资本，从价值创造、价值交换到价值分配，从产业资本、商业资本到生息资本，从国内资本到国际资本，从个别资本到总资本的理论逻辑，构建马克思政治经济学的理论结构。教材内容共九章，可分为两部分。第一部分总论包括第一、二、三章，主要叙述政治经济学的性质和研究的对象、方法，商品、劳动和市场经济，货币及其职能等基础知识和理论，全面深入地论述了劳动是形成和决定商品价值的基本因素，劳动分工、自由竞争的市场经济是资本主义和社会主义普遍采取的经济活动的基础性、决定性方式。第二部分分论包括第四、五、六、七、八、九章，依次展开，全面分析了市场方式中的剩余价值的生产、实现和分配，以及经济危机问题：资本、资本主义及其剩余价值生产，资本积累、知识生产、扩大再生产和资本积累的一般规律，资本的循环和周转、商业资本的运动和剩余价值的实现，剩余价值分配中的职能资本和平均利润、生息资本及其利润、土地资本和地租等问题，垄断资本、金融资本、知识资本、国际资本的运动发展和资本主义政府，社会再生产和经济危机等有关资本主义经济的基本理论，以揭示资本主义生产方式的本质在于剩余价值的生产和占有，探讨社会化大生产和再生产的一般规律，以及资本主义发展的历史性和社会主义的可能性。教材中马克思、恩格斯、列宁等经典作家的引文，出自人民出版社的最新版本。对于马克思当年研究相对薄弱的部分，如政治经济学研究方法、劳动与分工、价值与价格、纸币和电子货币、市场及其结构、公司资本与公司治理、知识生产与扩大再生产、剩余价值分配、信用与生息资本、垄断资本与垄断价格、金融资本与货币经济、国有资本和政府职能、国际资本和经济全球化、社会再生产与经济危机等问题，本教材在相应章节作了一定的补充和完善。

在本教材中，马克思等在经济理论上的一系列重大贡献得以阐释。（1）通过商品二重性和劳动二重性的分析，完善了商品生产和交换的劳动价值理论。（2）将劳动价值理论从商品价值的局部分析扩展到对资本主义经济的全过程、全方位的系统分析，创造性地提出了劳动力价值和工资理论、可变资本和不变资本理论、剩余价值生产、实现和分配理论，以及垄断资本、金融资本、知识资本、国际资本和政府理论。（3）创造性地提出社会总资本再生产的宏观分析模型，阐述资本主义的经济危机理论。（4）马克思提出的价值和生产价格、内涵扩大再生产、资本利润率趋于下降、工人阶级贫困化等问题，成为影响至今的经济学重大问题。（5）马克思将经济活动中的生产关系作为政治经济学的核心问题，揭示了人与人之间关系的经济本质和资本主义经济的基本矛盾，阐明了资本主义生产方式的产生、发展、衰落的自然历史进程。

在知识的分量和难度上，本教材介于初级和中级之间，在教学中可以根据教学计划、课时数量和学生程度而有所取舍。对于经济学类的本科生、研究生和3课时以上的课程，可在一、二学期全部讲授；对于公共课和选修课，第一、八章等章节内容可简要讲授。政治经济学是研究人类经济活动主要是资本主义经济活动的一门社会科学，不是思辨性的哲学或黑板上的理论。在教学过程中，应鼓励学生逐渐树立怀疑和思考、创新与实践的学习态度，通过文献检索、社会调查、思想实验、课堂讨论、专题研究等途径，基本掌握收集、整理和分析各种知识、信息的方法，获得政府部门、高等学校、学术机构、工商企业、居民家庭等方面的各种相关数据资料，全面、准确、及时地了解和认识经济发展的新现象、新问题。应引导学生养成分工、竞争、交流、协作和分享精神，培育主动观察、发现问题和有效分析、解决问题的能力，特别是逻辑分析、经验分析、数量分析的能力，初步形成文献阅读和科学研究的习惯。

为了配合教师教学和学生学习，教材每一章还附有一定数量的关键概念、阅读书目和思考题。需要说明的，马克思政治经济学从起源、产生到当今，是一种世界性的文化现象。由于马克思政治经济学的经典性文献大多是德语、英语、法语、俄语、意大利语、日语等文献，包括了著作、论文和其他多种形式，因此教材各章的阅读书目并不是关于该章内容的系统性的参考文献，只是示例性、导引性地给出了一部分中文书目，挂一漏万，点到为止，外文书目尤其需要认真阅读原作。由于马克思政治经济学至今仍然存在着许多有待观察、分析和解决的问题，因此教材各章的思考题既不是关于该章内容的系统性归纳，也没有给出参考性答案，而只是示例性、导引性地给出了观察思考的方向和领域。

四

作为人文社会学科的从业者，最大的荣幸在于现时代为我们提供了丰富的研究资料和宽松的研究环境。我们在多年的政治经济学学习、研究和教学中，认真阅读、学习了斯密、李嘉图、马克思、恩格斯、列宁等经典作家的著作，广泛查阅、参考了国内外相关文献和教科书。北京师范大学陶大镛、朱元珍、程树礼、杨国昌、王同勋、王善迈、邢文英、詹君仲、彭延光、白暴力、沈越、李翀、李晓西、李萍、唐任伍、杨晓维、贺力平、陆跃祥教授等，北京大学、中国人民大学、清华大学、中央财经大学、首都经贸大学等高校的吴树青、胡乃武、陈德华、卫兴华、马镔、田纪寅、刘桂斌、王柯敬、王君彩、李子奈、王至元、吴栋、林岗、黄泰岩、刘伟、张连城、杨瑞龙、董正平、蔡继明、张宇、黄桂田、邱海平、邹正方、沈映春、徐学慎、崔恒展、吴建清、刘毅军、李军林、周明生、杨其静、李筱光教授等，都给予了很多鼓励和帮助。此外，本教材在 2012 年还入选了北京师范大学“十二五”规划教材。

当今世界正在深刻调整，和平与发展仍是时代主题，中国改革开放、繁荣进步任重道险。作为能动性、有组织的社会生物，人类对其自身和外部世界的认知水平制约着其文明的发展程度，愚蠢和野蛮正是其无知的结果。马克思政治经济学作为现代社会科学的组成部分，应当是认识世界、改造世界的重要工具，是推动社会经济前进的思想力量。人文社会学科的研究和写作应耐得寂寞，追求真理，多出精品，对学术创新、社会进步有所贡献。对于马克思政治经济学，我们既要全面学习和继承，又要勇于思考和创新，让它有效适应社会发展的客观需要，并在社会实践中焕发持久而强大的生命活力。2011 年时隔 20 多年重新讲授政治经济学，自 2012 年组织撰写课程教材，书稿已经在北京师范大学 2011 级以来的经济学、金融学、国际贸易、工商管理、会计学、哲学、教育学等专业的本科生、研究生课堂上连续使用。感谢同事和学生对于我既尊重权威和原理，又特立独行的教学风格的支持和宽容，他们提出了许多很好的建议，帮助我不断修正、完善对于马克思主义政治经济学的理解和阐释。

党的十八大以来，我国经济转型、供给改革要求哲学社会科学更好地发挥作用，国内兴起了如何重新认识、发展、坚持马克思政治经济学的讨论，习近平同志 2016 年 5 月在哲学社会科学工作座谈会上的讲话明确提出：人类社会每一次重大跃进，人类文明每一次重大发展，都离不开哲学社会科学的知识变革和思想先导。新的形势和挑战，促使我们加快优化马克思政治经济学的分析方法和内容结构。在《现代政治经济学教程》第一版的基础上，我们主要从以下三个方面，全面系统地设计并完成了这本教材：一是全面及时地修订、更新了马克思政治经济学的相关理论和知识；二是系统优化了内容体系，特别是对第五、六、八章等的重新写作，尝试构建形成了资本主义内涵扩大再生产理论、垄断和世界资本主义理论；三是改正了文字上的错误，补充了重要的数据，完善了各章的阅读书目和思考题。可以说，这是一部从体系、内容到风格都焕然一新的马克思政治经济学教科书。

我们常常自诩世界的主人，宇宙的智者，其实是坐井观天，痴人说梦。在研究和写作过程中，观察、阅读和思考愈多，发现、疑难和挑战也愈多。

对于博大精深的马克思，即便读一遍他的主要著作就是一个毅力和智力上的严峻挑战，何况准确理解和系统表述他的经济理论？这促使我们在研究和教学上战战兢兢，如琢如磨，不敢懈怠。研究和写作又是一种面向未来和他人、探险和遗憾性的行为，教材尽管经过了多次的试用和修订，但距离全面准确地理解和重述马克思政治经济学这一标准，在文字和内容上显然还存在着很大差距，存在着许多不足或舛误。在分工上，北京师范大学经济与工商管理学院李由拟订大纲和体例，并负责第一、二、四、八、九章和全书的统稿，中央财经大学会计学院王淑芳负责第三、五、六、七章。对于教材中的粗浅、疏漏甚至错误，恳请读者不吝指正，以激励约束我们不断改进。

知识创新、分工扩展与社会扩大再生产*

资本积累和再生产理论是马克思政治经济学的重要内容，马克思在《资本论》（第二卷）等著作中基于资本积累是扩大再生产的主要源泉，资本家和工人的两大社会结构，产业资本在运动过程中独立完成价值和剩余价值的生产和实现过程，资本有机构成、剩余价值率、社会分工、产业结构等不变，不考虑技术进步、政府收支、国际贸易等因素，提出了社会简单再生产和扩大再生产理论及其数字模型。然而，自 19 世纪后半叶以来，第二次、第三次科技革命和产业革命相继爆发，资本主义出现了长时期、显著性的经济增长。显而易见，知识创新、技术进步不仅提高了劳动生产率，加快了固定资本折旧和更新的速度，而且扩展了社会分工和产业结构，出现了新的生产资料、消费资料的生产行业。因此，本文尝试从资本主义经济发展中出现的新现象、新问题出发，根据马克思的科技进步和内涵扩大再生产理论，尝试从知识创新、分工扩展的角度，初步探讨现代资本主义的内涵扩大再生产问题。

一、知识创新与扩大再生产

资本主义尽管创造了远远超出过去一切世代的生产力，但经济增长在资本主义发展初期只是局部、短期的现象。19 世纪后半叶以来，欧美、东亚国

* 本文原载于《人民论坛·学术前沿》2017 年第 2 期。

家才相对普遍、长期地出现了经济增长，经济增长主要表现为人均产量特别是劳动生产率的持续提高。根据麦迪森的研究，资本主义经济发达的西欧地区 1900 年人口预期寿命不足 40 岁；1500～1820 年人均 GDP 年均增长率只有 0.15%，1820～1870 年提高到 0.95%，1870～1913 年、1950～1973 年、1973～1998 年人均 GDP 年均增长率达到 1.32%、4.08%、1.78%，而遭遇两次世界大战的 1913～1950 年人均 GDP 年均增长率也达到了 0.76%，其人口预期寿命 1950 年、1999 年达到了 67 岁、78 岁。比较而言，美国、加拿大、澳大利亚、新西兰四国即西方衍生国，日本、苏联和东欧在 1820～1973 年也实现了较高的经济增长率，世界其他地区的经济增长则长期停滞不前。① 导致现代经济持续、普遍增长的基本原因，则是社会需求、资本推动下的知识创新而引发的技术进步和分工扩展，20 世纪特别是其后半叶资本主义的变化发展更是远远超过了以往任何一个世纪。

1. 研究开发与知识创新

进入资本主义时代，研究开发（R&D）成为人类有目的、有组织地生产、增进和应用知识的创新性劳动。19 世纪后期以来，知识生产逐渐呈现出几个显著不同于古代社会的特征：理论思维与实验（经验）分析、科学与技术的密切结合；研究开发的专门化、职业化，人类逐步开始有目的、有组织的知识生产活动，知识是研究开发投资的产物；研究开发与社会经济活动之间的关系不断密切；研究开发的全球化进程不断加快（王淑芳，2010）。作为人类对自然界和人类社会的探索发现，研究开发由基础研究、应用研究和试验开发三部分组成，研究开发的成果包含了人文学科、自然科学和社会科学的基础知识，以及应用这些知识形成的各种工具、规则体系等技术知识。研究开发的成果、产出或直接产物一般称为知识，此外还有科学技术、信息、思想、

---

① 安格斯·麦迪森：《世界经济千年史》，伍晓鹰等译，北京大学出版社 2003 年版，第 18、116 页。此处西欧指广义西欧，包括欧洲的北欧、中欧、南欧和狭义西欧，但不包括冷战时期的波兰、阿尔巴尼亚、保加利亚、捷克斯洛伐克、匈牙利、罗马尼亚、南斯拉夫等东欧七国和苏联。

理论、创意、创新等不同的概念，这些知识成果在财产分类上主要是知识资产，包括发现、专利技术、非专利技术、商标、著作等可辨认的知识资产，商业秘密等不可辨认的知识资产。

马克思、恩格斯一直把知识创新、科技进步作为历史发展的强有力杠杆和革命性力量。《共产党宣言》明确指出："资产阶级在历史上曾经起过非常革命的作用。""自然力的征服，机器的采用，化学在工业和农业中的应用，轮船的行驶，铁路的通行，电报的使用，整个整个大陆的开垦，河川的通航，仿佛用法术从地下呼唤出来的大量人口，——过去哪一个世纪料想到在社会劳动里蕴藏有这样的生产力呢?"① 马克思的《资本论》更屡屡强调知识创新、科学技术在资本主义经济中的巨大作用：大工业把科学作为一种独立的生产力与劳动分离出来，并迫使科学为资本服务，科学转化为资本支配劳动的权力。大工业把巨大的自然力和自然科学并入生产过程，使生产过程转化为科学在工艺上的应用，必然大大提高劳动生产率。② 而科学技术的进步、劳动生产率的提高和剩余价值的增长提高事实上是相辅相成、互为一体的，这也是马克思对资本主义生产方式进步性的解释。

投资于研究开发不只是创新和增进知识，而且是将其知识成果全面持续地应用于社会经济活动，通过生产劳动提供产品和服务，满足社会需求，增进社会福利，而投资者也获得相应利润。更准确地说，知识创新、技术进步是为了既节约劳动、降低工资率，又提高剩余价值率和利润率。熊彼特的《经济发展理论》(1912) 把知识或技术在经济体系中的应用、扩散，从而导致的均衡打破和经济发展称为创新，创新包括五种情形，这五种情况可以概括为产品创新、技术创新、市场（购销）创新、组织（制度）创新。可见，熊彼特的创新不是指知识创新，而是因知识创新在经济中的应用而导致某种商品生产和交换以至社会再生产的突发性、革命性的变化和发展。他在 1939

---

① 《马克思恩格斯选集》(第一卷)，人民出版社 1995 年版，第 274、277 页。

② 《资本论》(第一卷)，人民出版社 2004 年第 2 版，第 418、444、487、720 页。

年的《经济周期》和1942年的《资本主义、社会主义和民主》中进一步运用和发挥了创新理论。

2. 基于知识创新和应用的经济增长

资本永远无止境地追逐着剩余价值。显然，在自由竞争、资本流动的条件下，个别资本、企业为了降低个别劳动时间，获取最大化的剩余价值，就必须不断投资研究开发，引用新技术、新机器，以提高劳动熟练程度和劳动强度，降低生产、管理和流通成本。个别资本、企业的个别劳动时间、个别成本越少于社会必要劳动时间、平均成本，其利润就越多，相反就会亏损甚至破产。进而，一国总资本如果在国际竞争中拥有强有力的地位，获得高额或超额利润，就必须持续提高全要素的劳动生产率，使得企业经济具有规模经济、范围经济的比较优势，国家经济具有聚集经济的比较优势，行业资本的成本水平低于一国总资本，一国总资本的成本水平低于全球总资本。资本主义经济不是劳动力、生产资料投入的数量、质量都不变的简单再生产，不是劳动力、生产资料投入数量简单增加的外延扩大再生产，而应当是全社会的内涵扩大再生产。由此，就必须从劳动力和生产资料、劳动和资本的数量、质量、结构和结合方式上，具体分析劳动如何创造价值和剩余价值，而持续、普遍改进劳动力素质和生产资料效能、提高剩余价值率的基本和主要方法就是人类劳动中的知识创新和知识因素的创新性应用（阎维洁，2010）。

知识创新、技术进步从根源和整体上产生于社会经济活动，换言之，社会经济活动催生并应用了知识创新和技术进步。人是一种有意识、能动性、组织化的社会生物，是一种直立行走、大脑发达、使用语言、能动劳动、具有复杂的交往互动性的社会组织和科技发展的文明生物。人面对生存发展压力，具有思维和劳动能力，就能够通过知识的生产、交换、分配和应用，不断创造新的商品和行业，提高某种商品、某些行业以至全社会的劳动生产率。正如马歇尔（1981）所指出，知识和智力的进步促进了财富增长，而组织则有助于知识的形成。按照熊彼特的解释，创新就是把一种前所未有的关于生产要素和生产条件的“新组合”引入生产体系，作为资本主义灵魂的企业家的职能就是实现创新，以改变企业的生产方式和生产效率。熊彼特之后，索洛、肯尼斯·阿罗、保罗·罗默、罗伯特·卢卡斯等开始建立解释现代经济增长的内生增长理论。

创新之所以发生，分工之所以扩展，产业之所以分化，经济之所以增长，这一切归根结底在于人类知识创新既具有新颖性和独占性，又具有非排他性、非竞争性的特质，在于资本推动的知识创新、学习、扩散和应用同时成为资本增殖的基本途径。

创新性知识是人们对自然界和人类社会的前所未有的新的发现和发明，发现了新的现象或事实，提出了新的理论，创造了新的技术。知识创新可分为基础创新、应用创新和开发创新，原始创新、改良创新和集成创新。由于知识创新具有新颖性、创造性，发明专利还应当具有实用性，因此现代社会普遍建立著作权（版权）、专利权、商标权等知识（智力）产权制度，对知识创新从专有性（独占性）、时间性、地域性等方面进行保护。优先权又称在先权，是对知识的首先创造者或申请者独立拥有知识产权的制度安排，知识产权的所有者在一定时间和地域内对其智力成果拥有人身权和财产权。创新者一旦获得可以广泛、持续应用于经济活动的著作权、专利权、商标权等，就可以凭借专有权而在一定时间和地域独占商品生产和销售的超额收益，这将极大地尊重、保护和激励人们的创新性智力劳动的积极性和创造性，各方面、全方位、持续性、竞争性的知识创新成为经济增长、社会进步的基本途径。

非排他性、非竞争性以及无形性、外部性等也是知识的本质特征。正如阿罗在《边干边学的经济含义》（1962）中明确指出，作为研究开发的成果，作为一种特殊性的生产要素或资产，知识的本质特征是产权上的非排他性和使用上的非竞争性，这一特征在科学发现和通用发明上尤其显著，知识是一种公共性物品、准公共性物品。知识具有一定的非排他性，知识所有者难以排他性地独自占有和使用知识，基础知识的非排他性尤其显著，这就导致其他人无偿分割、占有了知识的价值和收益，知识的投资、创造者因他人的不劳而获而得不到应有的收益。知识还具有非竞争性，不仅可以被所有者使用，而且可以被其他人等效使用，知识的创新和应用具有外部性即外部经济，即其他人大规模、重复性、同时性使用知识，非但不降低知识的使用价值，相反普遍提高了他人的收益。由于知识具有的非排他性、非竞争性特征，知识在学习、推广、扩散、普及过程中才能够发挥更大的效益，而知识的保护又费心费力，由此知识的权利保护应当具有相对性，力求在私人权利与公共利益之间达到平衡。

知识不只是人类认识世界的手段，也是人类改造世界的力量，知识的大规模、持续性创新、扩散、应用是推动现代经济持续有效增长的基本因素。在资本主义产生和发展过程中，资本催生并应用了知识创新，知识的创新和应用越来越成为资本积累、经济增长的基本途径，现代经济增长理论就是试图内生知识创新、人力资本、技术进步、分工扩展的增长理论。私人资本以至财政资金一旦广泛投资于研究开发活动，在诸如动植物品种和化肥、饲料、农药，发电、石油、核能、钢铁、塑料等能源、材料产品，印刷、电话、电报、电视、电子计算机、互联网等通信或信息技术，轮船、火车、汽车、飞机、管道等交通运输设备，铸造、冲压、焊接、热处理、机械加工、装配等加工技术等方面一旦产生重大的知识创新和技术进步，知识创新一旦迅速传播、扩散而广泛运用于社会经济活动，就将产生一系列、长期性的后果。一是既创造了新的、有效的技术、商品和行业，更新、积累了人力资本和物质资本，创新者还可能凭借技术和资本优势而一时垄断新商品的生产和交换，又淘汰了旧的、无效的技术、商品和行业，创新打破了原有的分工、竞争和市场均衡状态，创新是一种创造性的破坏过程，创新是知识观念、生产技术、产业结构、交换方式和生活方式的全面创新。二是新的知识和技术往往还改进了原有的、其他的商品、行业的生产和交换活动，提高了其他行业的劳动生产率，这进而创新形成了新的社会生产条件和供求平衡。显而易见，随着知识的不断创新、应用和积累，由于新积累的资本包含了更多的知识，即新一批资本的技术水平不断提高，从而使得单位资本、社会总资本中的知识水平和劳动生产率也都不断增长，这又激励着私人资本持续投资于研究开发。因此，创新性智力劳动而已经不只是原有经济结构中的商品生产中的简单劳动的自乘或多倍，而是新型的复杂劳动，创新劳动因创造新技术、开发新商品、更新生产条件而在一段时间内创造、形成巨大的、垄断性的价值，人力资本、研究开发投资与工资、剩余价值增长率之间呈现正相关关系。

由于研究开发、知识创新是不断提高劳动生产率和剩余价值率的基本途径，而知识又具有非排他性、非竞争性等特征，资本主义对无形的知识资产和应用了知识资产的有形资产都实行了特殊而充分的保护，建立了专利权、商标权、企业名称权、地理标志权等工业产权和著作权（版权）等知识产权制度，知识的产权安排上具有时间性、专有性、地域性、法定性等制度特性。由于研究开发、知识创新所产生的收益特别是知识应用的超额收益往往足以补偿研究开发的投资，私人资本具有投资研究开发的强大动力。同时，知识尽管具有产权，但知识首先是私人知识，而知识应用具有显著的外部效应，难以防止其他人员、企业、国家在研究开发、经济活动中学习、模仿私人知识；知识又是公共知识，因此政府在基础研究、基础教育等领域建立了科学基金、税收减免、义务教育等制度，以扶持和激励知识的创新和应用。

二、分工扩展与扩大再生产

知识的创新和应用实际上可分为两类：一是产品创新，诸如蒸汽机、铁路、电力、电话、汽车、计算机等重大产品创新；二是非产品性的工艺技术创新。创新如果是工艺技术创新，只是局部改进了原有产品和行业的生产和交换效率，其劳动生产率和资本利润率增长终将趋于停滞以至下降，资本主义经济难以长期全面增长。知识的创新、学习、扩散和应用如果形成了新的产品、职业和行业，扩展了市场经济的社会分工和企业内部个别分工，改变产品、产业结构以至社会经济结构，提高了新的产品、行业生产效率以至社会再生产的整体效率，是结构性、系统性的经济变革，资本主义经济才能够长期全面增长，这就需要从分工及其扩展的角度分析扩大再生产问题。

1. 分工的效益

知识创新、技术进步导致了新的产品、职业和行业不断出现，社会分工和企业内部的个别分工不断扩展。分工不仅将脆弱孤立的人类个体结成了相互交换、竞争和协作的现代社会，分工还是社会生产力不断增进的主要途径，这在大规模生产、开放性竞争的资本主义工业化、市场化时代表现得尤其显著。分工以及交换、竞争、协作对于经济运行和增长的作用，可以从企业内部的个别分工和企业、行业之间的社会分工两个方面具体分析。

分工首先表现在企业等组织内部的生产劳动的个别分工，个别分工主要提高了单个企业的劳动生产率。（1）个别分工使得每个劳动者将其生产活动集中在单一或较少的操作上，能够大大提高其工作的熟练程度和判断力，所谓的熟能生巧，业精于勤，精益求精。（2）个别分工使得每个劳动者节约了因经常变换工作或生产操作而损失的劳动时间和生产资料，企业还推出了标准化、精益化、分散化等生产方法，这都加快了劳动节奏，提高了劳动连续性，降低了生产成本。（3）个别分工和专业化使得劳动者的生产操作相对简单固定，从而使得知识、技能的学习专业化，节省了劳动者的学习成本，减少了工作失误，也使得不同的劳动者能够深层次、专门化学习，劳动者分别从事不同领域的学习和工作，有利于积累人力资本，大大提高了劳动生产率。（4）分工劳动不仅要求劳动者学习和掌握旧知识，而且易于发现生产上的问题，进而改进生产技术，创新劳动手段和劳动对象，生产工具从简单机械走向大机器、机械化、自动化，推进了知识创新、技术进步和资本积累。在斯密时代，许多技术和机器就是一线工人创新的，如英国纺织工人哈格里夫斯发明的珍妮纺织机，铁匠纽可门研制的蒸汽机。（5）企业内部众多劳动者之间既分工又协作，这种集体性或团队性劳动既可能激发竞争和学习，也可能引起偷懒和串谋，资本家势必要求改进企业的组织结构和管理水平，劳动者在资本家的雇佣和管理下必须相互竞争和学习，企业内部的非市场化竞争成为进一步提高劳动效率的压力。（6）企业内部的分工、专业化和科学管理使得多个劳动者可以持续、反复、共同使用厂房、设备、土地等生产资料，劳动者之间的协作劳动可以降低单位产品的劳动和生产资料投入，提高劳动生产率。总之，个别分工是形成个别资本、企业的专业化经济、规模经济、范围经济等收益，提高其劳动生产率的必要条件，众多企业、行业具有显著的规模经济特征。

分工的好处更表现在社会分工上，社会分工导致企业、行业之间的全面持久的商品交换和市场竞争，极大提高了全社会劳动力和生产资料的配置效率。(1）社会分工首先使得每个劳动者、企业的劳动专业化，个人、企业因从事专业化工作而获得了如上所述的一系列收益。(2）社会分工是企业之间竞争和交换的必要条件，即从事同样工作的企业在市场上竞争，从事不同工作的企业在市场上交换，社会分工是经济活动从自然经济走向商品交换、市场经济的必要条件和一般基础，这或许是分工的最重要的经济效应。市场竞争促使每个企业不断提高劳动生产率，市场交换实现了因分工和竞争而提高的劳动生产率，建立在分工、交换和竞争、协作机制上的资本主义市场经济极大地发展了社会生产力。(3）分工和竞争促使生产者不断创新知识，发明技术，特别是知识生产的社会分工和市场竞争全面推进了知识的创新和应用，知识的生产、扩散和应用就是主要通过产品创新即新的分工和产品而实现的，新产品、新行业以及相关产品、行业获得了重大、持续的增长，基础性、重大的知识和产品创新就发展为一次次的工业革命，这最终推动了经济全面、持续、有效的增长和发展。(4）分工延长了间接生产链条的长度，引致了迂回生产方式，推动了劳动手段、劳动对象的不断改进，特别是机械化、自动化生产的发展，生产资料、生产方法的变革和生产效率的提高又支持、保障了分工和迂回生产方式的持续发展。(5）迂回生产的分工经济取决于市场范围，在大规模、开放性经济中，迂回生产方式导致投资方式、组织结构、管理方式等生产方式的不断创新，银行、股份公司、证券交易所、治理结构等由此不断发展变革，社会经济运行效率也随之不断改进。(6）分工的专业化、规模经济、范围经济等经济效应推动了企业的经济一体化或企业规模的扩张，同一行业的个别资本，企业之间同时、同地的竞争生产形成了外部的规模经济，不同行业的个别资本、企业同时、同地的分工交换形成了外部的范围经济，个人、企业之间的外部经济也就是行业、城市的聚集经济，都促进了城市繁荣、社会进步和全球化发展。

规模经济即是得自知识创新和社会分工的一种显著的、普遍的经济效应。对于某种商品的特定生产技术，当所有投入以一定比例同时增加，产出增加的比例大于投入增加的比例时，换言之，生产某种商品的长期平均成本随着生产规模的扩大而下降时，这就是规模收益递增或规模经济。实际上，分工劳动的条件之一就是一定规模的市场需求和批量生产，技术进步还可以导致新的规模经济。知识创新和技术进步形成了新的分工和专业化，分工的实施又要求人力资本、物质资本的投资和积累，采取大企业的组织形式和大规模、迂回式的生产和交换，导致了分工、交换扩展和资本积累、市场范围扩大，形成了个别企业的规模经济、范围经济和企业之间的聚集经济，扩展的市场范围又诱致和深化了分工，如此互动、循环和累积、发展。这时，诸如观念、法律和政府管理、产权保护和资本积累如果都支持市场发展，产品具有较大的需求弹性，创新、分工和增长就能顺利推进了。

2. 分工的扩展

创新的应用、分工的扩展受到自然条件和社会条件的制约，受到个人劳动能力、生产技术、企业效率、市场范围等因素的制约。一个国家的地域越大，人口越多，人口素质越高，居民越自由，法制越健全，竞争越充分，特别是人均收入、国民收入和社会需求规模越大，知识创新、技术进步就越快，就越能发挥每种商品、每个行业的专业化、规模经济、范围经济、聚集经济等经济效应，这不仅既易于实现创新、分工、交换和竞争的效益，而且又催化引致了新的创新、分工和专业化，不断扩展着社会分工的规模和结构，剩余价值率和利润率保持在较高水平。美国建国之后，以其地域、人口、经济上的优势，以及逐渐摆脱孤立主义而全球开放，保障了美国充分实现分工、交换和竞争的经济效应。分工如果超越国界，在世界范围开展竞争和交换，就能进一步扩展分工和交换的效益。由此，国际的分工、交换和竞争实现了世界范围的劳动力和生产资料的有效配置：从个别生产者的角度看，分工和交换突破了国界的限制后，生产者可以在世界范围生产，这就扩大了市场范围，促进了市场竞争和协作，削弱、减少了垄断，提高了劳动生产率，降低了商品成本，提高了资本利润率。从社会生产的角度看，通过国际分工、交换和竞争，各国的劳动力和生产资料得到了世界范围的有效配置，最终提高了各国的国民收入和消费水平。

工业革命、产业结构调整是分工扩展的集中表现。在知识创新和技术进步的支持下，新产品、新行业不断出现和增长，社会分工不断扩展，如果企业的交易成本低于管理成本，企业内部的个别分工就会扩展为专业化程度不断提高的企业之间、行业之间的社会分工，企业内部的规模经济扩展为更多企业的规模经济和外部经济，经济的产业结构和社会的经济结构不断细密复杂，经济的市场化或社会化程度不断提高。资本主义经济中的产业结构调整具体表现为以下几方面（陶大镛，1996；李由，2000）。（1）在资本主义的三次产业结构中，农业的产值和就业人口的比例不断下降，工业、服务业的产值、就业人口比例则不断上升，欧美发达资本主义国家的农业比例在 20 世纪后半期普遍下降到 10% 左右，服务业比例普遍上升到了 50%～70%。（2）农业、工业、服务业的内部结构不断变化，特别是工业、服务业形成了分工越来越专业化、行业越来越细密的产业体系。（3）基于知识的创新和应用的知识性、信息性产业迅速发展，经济合作与发展组织 1996 年的报告《以知识为基础的经济》估算，资本主义发达国家的知识经济产值已经占国内生产总值的一半。（4）国内经济中的城乡结构、地区结构和国际经济结构也都不断调整。社会分工扩展形成了新产品和新行业，这就意味着不断出现剩余价值的新的生产部门。当代服务业或第三产业的迅速发展，意味着剩余价值生产的主体正从体力劳动者转向脑力劳动者，劳动的复杂、创新程度不断提高，剩余价值的生产和占有手段越来越隐蔽、复杂和高超。

城市化是分工扩展的另一个重要表现。城市是指具有相当面积、经济活动和住户集中，以致私人企业和公共部门产生规模经济的连片地理区域。古代社会的基础是农业经济和乡村社会，城市主要承担政治统治和军事防卫的职能。资本主义城市是以资本为基础和纽带，以工商企业为组织形式，一定规模的劳动力和生产资料聚集和结合的产物，是实现社会分工、组织商品生产和剩余价值创造的空间形式。城市化是指分散孤立的人口和经济由乡村向城市转移聚集，人们的生产生活方式由乡村农业向城市工业服务业转化的社会经济发展过程。城市化的基本动力依然是资本、工人追逐更高水平的利润、工资。显然，社会分工既得到知识创新和应用的支持，又受到市场范围的限制。劳动力、生产资料以及货币资本只有积聚到一定规模和密度，生产和交换规模足够大，个别资本、企业、行业才能够实现分工生产和市场交换的专业化、规模经济、范围经济等经济效应，众多资本、企业、行业才能够实现企业之间的聚集经济、网络经济的经济效应，特别是城市的房地产和生活服务行业不仅创造了新的剩余价值，而且消耗了工人趋于提高的工资收入，城市的产业发展和经济效应又循环累积地扩展了社会分工和城市规模。

三、经验和借鉴

知识创新、技术进步、分工扩展是提高劳动生产率、促进经济持续有效增长的主要因素和途径，这在资本主义经济发展过程中已经得到了充分体现。不过，知识创新、分工扩展也带来了一定的社会经济问题。

分工和专业化内含着一系列明显的缺陷或局限。（1）正如斯密、马克思等早就发现的，分工和专业化导致劳动的单调重复，降低个人的劳动兴趣和劳动能力，旧式分工是一种文明的、精巧的剥削手段，是一种异己的、使人的活动丧失主动性的力量，资本主义社会中的分工容易造成劳动异化等社会经济问题。（2）个别分工需要内部协作，社会分工引起商品交换，分工作为经济活动的一种方法，必然产生相应的成本，包括企业内部的管理成本和企业之间的流通成本或交易成本。市场组织生产的流通成本如果过大，企业就会走向扩张、并购，政府主导的计划经济或管制经济就有可能取代市场经济。(3) 建立在社会分工基础上的商品生产和交换蕴含着供求失衡、经济危机的风险，而经济的周期性危机成为以私有制为基础的分工和交换经济的必然产物和必要代价。

我国正处于经济体制深化改革、经济发展方式全面转型、供给侧结构性改革方兴未艾的关键时期，马克思的科技进步和内涵社会再生产理论具有显著的指导意义，而资本主义国家的知识创新、技术进步和经济增长也是可供参考的经验与教训。比如，知识创新、技术进步必须建立在基础教育、职业教育和高等教育的全面均衡发展的基础之上，广大居民具有一定的文化知识和人文科学素养；建立和形成全社会尊重知识、创新知识、运用知识的宽松、自由、平等、竞争的文化环境，健全知识产权保护制度和科学技术创新奖励制度；公共财政主要投资于基础科学研究，支持和鼓励企业研究开发，让高校、企业成为研究开发的主体。

参考文献

[1] 李由：《大国经济论》，北京师范大学出版社 2000 年版。

[2] 马歇尔：《经济学原理》，朱志泰译，商务印书馆 1981 年版。

[3] 孟捷：《产品创新与马克思的分工理论——兼答高峰教授》，载于《当代经济研究》2004 年第 9 期。

[4] 陶大镛：《现代资本主义论》，江苏人民出版社 1996 年版。

[5] 王淑芳：《企业的研究开发问题研究》，北京师范大学出版社 2010 年版。

[6] 阎维洁：《马克思主义技术进步理论初探》，转引自何自立等：《高级政治经济学》，经济管理出版社 2010 年版。

[7] Kenneth J. Arrow, "The Economic Implications of Learning by Doing", *The Review of Economic Studies* Vol. 29, No. 3 (Jun., 1962), pp. 155 – 173.

第二篇 政经之见

- 为个体、私营经济撑起一片蓝天
- 口渴：条例能否当一场及时雨
- 信息的非对称与市场的低效性
- 中小企业板：同中小企业的春天擦肩而过
- 《中国转型期公共政策过程研究》后记
- 世界经济新格局与中国的发展
- 社会经济转型与工会的职能定位和职工的权益保护
- 公平、平等与我国收入分配政策取向
- 中国发展道路：条件、原则、方式与未来
- 知识的创新、市场与经济发展
- 华为的治理方法论
- 我国未来发展的环境因素和战略选择
- 走向人民主体、公平本位、创新驱动的共同富裕之路

为个体、私营经济撑起一片蓝天*

——透视《个人独资企业法》

1999年8月30日，星期一。白露将至，温度却高达32摄氏度。如果不刻意提起，这一天在许多人早已淡漠的记忆里只是一个极其普通的日子。瞩目已久的《中华人民共和国个人独资企业法》（以下简称《个人独资企业法》），在第九届全国人民代表大会常务委员会第十一次会议上审议通过。上百万私营企业主和3000多万个体工商户一定对此事感叹不已。

这一年，湖南下岗职工刘仕明准备自筹资金办一家企业，并办理了各种许可证，但因为经营范围与一家国有企业冲突，国有企业告到了县里。县里就有领导干预，要收回他的合法手续和审批文件，最终他被勒令停工。1999年4月16日《中国经济时报》曾报道了刘仕明的苦恼，此时刘仕明如果获悉《个人独资企业法》通过的消息，一定是笑逐颜开了。

一、飙升的经济与短缺的法律

《个人独资企业法》可以说是对非公有制经济发展成果的肯定和规范。此前，我国已经通过了三个外资企业法和《中华人民共和国公司法》（以下简称

* 本文原载于《中国改革》2000年第2期。承朋友厚爱，2000～2004年曾应邀为《中国改革》《改革内参》杂志撰写了十多篇评论性文章。

《公司法》）《中华人民共和国合伙企业法》（以下简称《合伙企业法》），唯独对最古老、最基本的企业形式——独资企业立法还付之阙如。如果把2000年作为21世纪的开端，那么我们终于在1999年为21世纪的发展备妥了多份法律厚礼：年初通过的《宪法》修正案，确立了“法治国家”和“公有制为主体、多种所有制经济共同发展”的基本经济制度；随后通过了《中华人民共和国合同法》；而《个人独资企业法》为个体经济、私营经济的规范发展，提供了又一个法律支柱。

《个人独资企业法》是根据八届全国人大常委会立法规划的要求，全国人大财经委员会组织国家经济贸易委员会、国家经济体制改革委员会、农业部、国家工商总局等部门，从1994年5月开始调查研究和广泛听取意见，国家工商总局承担了最初六次的起草工作，全国人民代表大会财政经济委员会从1995年8月直接负责草案的拟订。经过多次起草、讨论、修订和审议，法案终于在20世纪末修成正果。

在很长一段时期内，兴无灭资、大公无私可以说是我国社会经济发展和变革的基本特色。1949年《中国人民政治协商会议共同纲领》曾经明确提出了“保护工人、农民、小资产阶级和民族资产阶级的经济利益及其私有财产”，1954年《中华人民共和国宪法》（以下简称《宪法》）也规定个体劳动者所有制和资本家所有制都是我国生产资料所有制的基本形式。但是，经过1956年的社会主义改造运动，个体经济消失殆尽，私营经济全部改造为公有经济。1976年，全国个体工商业从业人员只有18万人。

个体户、私营企业主的合法财产和利益不能得到有效保护，这一问题不仅一直困扰、阻碍着个体经济、私营经济的发展，也一直限制着整个国家经济的发展。如何认识、确定和保护个体户、私营企业的权益问题，在1978年前后的个体户、私营企业重新崛起初期就相当微妙和棘手了。

视为“资本主义尾巴”的个体、私营经济被“割”了一次又一次，但具有强大再生能力的尾巴还是一再忍痛长了出来。当“文化大革命”还如火如荼时，福建省石狮镇在1971年就查封了12家“地下工厂”，逮捕了5名“新生资产阶级分子”。其中一位“像章大王”吴夏云月收入竟高达300元，远远超过了当时的工资水平。专案组算出其非法收入有7000元，就判了7年徒刑。1977年，石狮小商品市场“卷土重来”。当年，石狮镇作为资本主义复辟的典型，被拍进了纪录片《铁证如山》，最后抓了投机倒把分子100多人。1981年，出狱的吴夏云又办起了工厂，但这次就只敢以街道的名义注册经营了。

从1981年后，国务院颁发的几个文件都谨慎规定，个体工商户最多可以请一两个帮手和四五个学徒，但不能达到8人。1982年，中央对雇工问题确定了不提倡、不宣传、不取缔的政策。河北省邯郸市农民冯连印以街道名义办了一家集体企业，后来冯连印为还借款而从利润中开支74.7万元，于是被以诈骗、贪污罪逮捕，法院在1984年判决其死刑。冯连印不服，官司打到最高人民法院，国家工商总局认定企业为私营企业后，冯连印才在1987年被无罪释放。

1988年初，按营业执照算，全国以私营企业名义登记的企业只有寥寥可数的几家：温州4家，沈阳2家。如果以雇工8人以上的标准算，各地工商局的统计数字是11.5万家。但这与实际数字相去甚远，一大批个体、私营企业还戴着“国有”“集体”“联营”企业的红帽子。当时，绝大多数非公有制经济组织是以个体工商户的名义从事生产经营活动的。1988年《宪法》第一次修正案为私营经济正名，个体和私营经济都可以成为公有制经济的补充而发展了，当年全国登记的私营企业就达到4万户左右，次年达到9万户。不过，个体、私营经济自1989年下半年又进入了发展的低谷时期，直到1992年才再次跃起。

尽管如此，个体、私营经济还是获得了突飞猛进的发展。到1998年，个体、私营经济在国内生产总值中的份额已经超过了国有经济，达到40%以上，并涌现出了一批如四川希望、江西果喜、长沙远大等大型集团企业。以首都北京为例，个体、私营经济提供了全市80%的农副产品，吸纳了60%的下岗职工。在社会主义市场经济的运行过程中，独资企业将会成为政府和个人收入的源泉、企业家产生的土壤和经济增长的发动机。

个体、私营经济经过长期的发展壮大，已经由公有制经济的补充，成为社会主义初级阶段基本经济制度的组成部分，成为社会主义市场经济或国民经济的重要组成部分。至此，对个体、私营经济早已不是是否承认、是否管理、是否保护的问题，而是如何认识、如何管理、如何保护的问题。

从企业采取什么形式登记管理和准入市场上看，1993 年通过了《公司法》，1997 年通过《合伙企业法》。独资企业是企业最古老、最基本的产权制度和组织形式，其法律在 1999 年终于确立。

二、政策歧视与国民待遇

对外资企业实行国民待遇是我国加入世界贸易组织的条件之一。但正如经济学家萧灼基近日所呼吁的，内资企业中的公有制和非公有制企业的不平等状况依然十分突出，对内同样要落实国民待遇问题。当然，在原有计划经济时代，非公有制经济不能也不必与公有制经济拥有平等权利。现在，《个人独资企业法》和其他法律规定已经在一定程度上解决了个人和组织在社会经济活动中的权利平等问题，但某些领域的权利和政策不平等问题仍然比较严重。

个体、私营经济以公有制经济的附属、补充身份，已经为国民经济的持续高速增长做出了重大贡献。但社会与管理部门对个体户、私营企业并没有特殊政策：过去对个体、私营企业在税收上长期沿袭 50 年代限制、改造的思路，适用 10 级超额累进税，最高实际税率达 84%；一些城市规定，对个体户、私营企业主在医疗、教育、购买商品房等方面加倍收费，从个体户、私营企业购物的发票不能报销。上海市 1996 年还规定，私营企业购车必须参与社会牌照拍卖，这意味着无论是买一辆面包车还是一辆凯迪拉克，都得额外付出 15 万元的牌照费。于是，个体户、私营企业生产上的短期行为、投资动机弱化、铺张浪费甚至竞相豪奢，以及财产上化私为公，人员和资本外流等现象就不足为奇了。

对于个体经济、私营经济的问题，邓小平从20世纪80年代初就多次以“傻子瓜子”为例，提出不要急于解决。1981年，年广九最初只请了政策规定的4个帮手。但随着生产经营的发展，1989年初雇工人数就超过了100人，这让很多人不舒服。1984年10月，邓小平在中央顾问委员会第三次全体会议上说，“让‘傻子瓜子’经营一段，怕什么？伤害了社会主义吗？”① 这就默许了个体、私营经济的发展。

1989年下半年，个体、私营经济一时陷入了萧条。为了扭转经济颓势，邓小平从1992年1月开始在南方就姓“社”姓“资”、计划与市场、先富与后富等问题发表了解放思想、大胆改革的讲话。个体、私营经济进入了第二个春天。

权利平等、机会均等是保障市场经济健康发展的基本条件，打破所有制的差别政策，才可能实现不同所有制的共同发展。1999年《宪法》修正前，对不同所有制经济的政策分别是：国家保护、巩固和发展国有经济；鼓励、指导和帮助集体经济；指导、帮助和监督个体经济；引导、监督和管理私营经济。修正后的政策对国有经济和集体经济的政策不变，而对非公有经济的政策有了很大改善：引导、监督和管理个体经济、私营经济。然而，由于主要是从社会主义经济制度而不是社会主义市场经济的角度立宪，这种政策差别的存在也就是合理的了。尽管如此，《宪法》第十三条中的“国家保护公民的合法的收入、储蓄、房屋和其他合法财产的所有权”，如果今后能够修正为“国家保护公民的私有财产，禁止任何组织或者个人用任何手段侵占或者破坏公民的合法财产”，这就更好了。

三、政府的主导作用让立法谨小慎微

独资企业法是调整独资企业的法律关系，规范独资企业及其投资人生产

① 中共中央文献研究室：《邓小平思想年谱（1975—1997）》，中央文献出版社1998年版，第299页。

经营管理行为，保护企业投资者和债权人的合法权益的法律。以个人财产独立投资、创办中小型企业是公民相当普遍、简易的经济行为，在我国还有打破所有制的束缚，促进公平开放的市场竞争，政府有效管理经济主体的市场准入、交易和竞争的意义，所以按投资方和责任形式划分企业就是经济发展的必然要求了。我国已经制定了《全民所有制工业企业法》《乡镇企业法》《商业银行法》和三部外资企业法等各式法律，独资的国有企业、部分独资的乡镇企业和外资企业并不是单一自然人投资者的企业。因此，仍有必要立法规范本国自然人投资、财产为投资人个人所有、投资者以其个人财产对企业债务承担无限责任的经济实体。

从政策的创新性和连续性上看，《个人独资企业法》只是进一步明晰和规范了 1980 年、1999 年《宪法》修正案有关个体、私营经济的内容，并与《公司法》《合伙企业法》构成了完整的企业法律体系。不过，《个人独资企业法》还是给广大的个体投资者送去了福音，这具体体现在关于企业发展环境的规定上，设立简便、鼓励发展是《个人独资企业法》的首要原则。

在设立程序上、发起人只要向企业所在地登记机关提交设立申请书、投资人身份证明、生产经营场所使用证明等文件，登记机关在 15 天内就必须给予登记或者给予书面答复。

在权利上，法律明确规定保护投资人和债权人的合法权益，并规定了依法贷款、取得土地使用权、拒绝摊派权等项具体权利。

此前，1998 年北京市通过的《关于鼓励本市个体、私营经济发展的若干意见》，更从权利和政策支持上提出了改善非公有经济的经营环境、鼓励引导个体私营企业健康发展、调整和完善管理制度三方面内容。其中，有关公平竞争的若干规定尤其引人注目，如实质公平的市场准入原则；对企业生产经营所需用地、用房的审批管理上的同等对待；拓宽企业融资渠道，平等对待各种企业；鼓励企业投资发展高新技术产业、第三产业、现代农业等首都经济的重点产业；鼓励企业采取多种形式参与国有、集体企业改革，等等。

为促进而不是管制独资企业的立法原则，在法律条文的数量上也得到了体现。起草小组最初拟出100多条对独资企业的种种规定，第二稿大刀阔斧删减为60条，后来又增加到70条。1999年4月送审稿再减为45条，最后通过的法律有48条。

然而，我国在渐进式推进法律创新时，也可能因为情况复杂、争论众多而在立法上格外谨小慎微，甚至出现了立法的滞后和不配套性。例如，在企业制度的立法顺序上，就存在着先外资企业、后内资企业，先公有制企业、后私有制企业，先形式复杂和规模较大的公司、再形式较简易和规模较小的合伙企业、后形式简易和规模小的独资企业这一奇妙现象。再如，双重税收问题似乎也不容易解决。与独资企业法同时通过的《个人所得税法》仍旧把“个体工商户”与“企业”并列为纳税主体，为什么不考虑与独资企业法的配套问题？而现行的《企业所得税暂行条例》，又把各类企业都列为纳税主体。

在法律名称上，自1994年开始起草、讨论和送审，国家工商总局受托起草的草案第一稿、第二稿和报送稿，全国人大财经委员会1996年和1999年提交的送审稿，企业形式的名称一直是“独资企业”，这也为大多数人所接受。不过，在最后审议时，反对意见终于占了上风，给独资企业戴了个名为“个人”的帽子。或许，这些问题在以后的独资企业法和税法的修订，以及《中小企业促进法》等振兴企业法上可望得到解决。

在思想、方法和实践上，一切应该始终坚持以是否有利于发展社会生产力、增强综合国力、提高人民生活水平，作为决定各项改革措施取舍和检验其得失的根本标准。对于如何发展和保护公有制经济，如何发展和管理非公有制经济，同样应该如此。公有制也好，非公有制也好，归根结底都是发展社会生产力的手段和方式，它们在国民经济中的作用和地位最终应该由它们的微观和宏观经济效率来决定。然而，在真理标准问题的讨论过去20多年后，无论在立法、执法、司法上，还是在学术理论和改革观念上，我们对这一思想方法和实践标准有时仍然不能真正理解和彻底坚持，思想解放仍然是一项艰巨的任务。

四、个私经济发展任重而道远

21 世纪伊始，投资者就开始向各地工商局提出了个人独资企业的设立申请，这令立法和执法部门十分尴尬：虽然《个人独资企业法》明确规定从 2000 年 1 月 1 日实施，但实施细则和规程等执法准备工作显然没有就绪，有关人士在解释“一元钱不能设立企业”时似乎还振振有词。不过，暴露出来的既不是新问题，也不是小问题：当个人和组织的实体权利确立后，如何实现权利的程序正义和分配平等？

1998 年初，中国社会科学院社会学所、全国工商联研究室共同牵头组成“中国私营企业研究课题组”，调查研究表明，政府的行为还被许多人视为影响经济发展的重要因素。一方面，被调查的企业主和投资人认为，现实中前三位社会问题依次是“三乱”“权钱交易”“治安恶化”，对私营企业影响最大的外部环境依次是“经济宏观调控”“税收政策”“信贷政策”。这都与政府立法、执法、司法有关。另一方面，干部下海最占优势：开业资本是平均数的 1.8 倍，销售额是平均数的 1.8 倍，纯利润为平均数的 1.9 倍，这也折射出了权力对经济的巨大影响。

目前，个体、私营经济在国内生产总值中的比重已经超过 40%，越过国有经济而成为国民经济的重要支柱，但固定资产投资不足 20%。即使加上股份制企业中的私人成分，私人固定资产投资比重恐怕也很难超过 30%。个人投资欲望为什么仍然很弱？

1999 年 1 月，20 家私营企业获自营进出口权。但 1999 年年中又规定了个体户、私营企业不准生产经营的 18 类商品，不准批发的 5 大门类商品，不准经营的 8 大门类商品。为什么其中有些门类的商品不准非公有制企业经营？

在迈入 21 世纪之际，我们不能沾沾自喜于已有的成绩，要看到有许多问题还需要重新认识和解决。即如上面所提到的企业登记规程问题，非公有制经济的发展方向和范围问题，双重税负和税收征管问题，如何界定和清理个体工商户、私营企业，及其与独资企业之间关系的问题，等等。

口渴：条例能否当一场及时雨*

——评《中关村科技园区条例》

当钟声在21世纪的熹微中敲响的时候，北京和上海推出的两部地方性法规引起了人们的热烈欢呼和强烈关注：1月1日，北京市《中关村科技园区条例》（以下简称《条例》）正式实施；1月3日，上海市对刚刚再次修改的《上海市促进高新技术成果转化的若干规定》大力宣讲。在中国从传统计划经济转向开放、创新、竞争的市场经济之际，法律和政府如何适应经济变革和发展的需要，如何为社会经济发展服务，法律创新与社会经济发展之间应该建立一种什么样的关系，这依然是摆在我们面前的一个尚未完全解决的重大问题。剖析北京市这部以推进高新技术产业发展为目的的地方性法规，可以发现一些很有意义的内容。

一、法律应当作为市场经济发展的主导力量

改革开放以来，中国经济发展的经验中有“三靠”之说：靠政策、靠科技、靠投入。对于正在积极跟踪当代经济技术发展、全面参与国际竞争的中国，最短缺的可能不是科技和投入，而是政策。更准确地说，由宪法和法律、地方性和行政性法规、行政部门的计划和决定所构成的良好、稳定而有效的

---

* 本文原载于《中国改革》2001年第5期。

政策是当前中国最稀缺、最重要的资源。按照新制度经济学的理解，以法律为主干的制度或规则具有以下几种职能：降低交易成本；提供激励机制；有利于外部效益内部化和规模经济形成，等等。换言之，法律等制度因素可以在一定程度上克服由外部性、市场风险和道德风险、不确定性、规模经济和垄断、交易成本、不道德等引致的市场失灵，也可以在一定程度上降低政府失灵，从而实现国民经济的有效、有序运行和发展。

从中国20多年来改革开放和发展的实践看，法律正在国民经济生活中发挥着巨大的作用。第一，法律成为引导社会经济变革的工具，这在那些超前制定的法律上表现得格外突出。中国的法律创新对贯彻对外开放政策起到了格外重大的作用：当其他类型的非公有制经济形式还在暗中摸索时，我们于1979年率先制定了《中华人民共和国中外合资经营企业法》，以后又相继制定了《中华人民共和国中外合作经营企业法》和《中华人民共和国外资企业法》，即所谓的“三资企业法”。又如，上海市的《上海市促进高新技术成果转化的若干规定》为适应经济技术发展的需要，3年之内修订3次。这恰如法国法学家勒内·达维德所说，从世界范围看，“法律已不再被看作单纯的解决纷争的手段，而逐渐被公民甚至法学家视为可用于创造新型社会的工具”①。第二，法律成为发展经济、促进经济和技术创新的制度保障。第三，克服市场失灵，弥补市场空缺，降低交易成本。第四，为经济竞争、经济合作和经济稳定创造外部环境。第五，有效保护公共和私人财产的安全和收益。

《中关村科技园区条例》的适时出台，充分表现了北京人以法律创新推进高新技术产业发展的决心和迫切愿望。

严格地说，作为一部地方性法规，《条例》不可能突破已有的法律藩篱而标新立异。当市场经济发展了几百年和中国改革开放了20多年后，要求《条例》做出很多的创新当然太苛刻了。在《条例》出台后，有关部门曾经总结出了13条法律创新，但这些创新主要是对已有创新的综合。不过，综合也是

① 勒内·达维德：《当代主要法律体系》，漆竹生译，上海译文出版社1984年版，第378页。

一种进步。我们还是可以在如何推动首都经济的创新、开放、竞争和增长上，找出《条例》中的许多好的条文。这些条文通过规范政府在内的相关主体的权利、义务、行为和法律责任，在园区内开始营造一个与国际接轨的市场经济平台，而不是像以往那样，通过立法为企业争取更多的、实质上是不平等的优惠政策。

《条例》的一大突破是明确规定了“法无明文禁止不为违法”，这就为个人、企业等市场主体的各种尝试、创新活动开辟了广阔空间，并提供了制度上的支持。历史上，1910 年的《大清新刑律》曾规定，“法律无正条者，不问何种行为，不为罪”。但长期以来，无罪推定、罪刑法定被作为资产阶级的法律原则而屡遭批判。1997 年，修改后的刑法第三条规定：“法律没有明文规定为犯罪的，不得定罪处罚。”《条例》第七条的规定，是对刑法的引用与延伸。

建立开放、竞争、自由、平等的市场体系，这是《条例》许多条文的宗旨所在。如第九条的规定为各种创新活动提供了同样的制度保障：任何组织和个人可以依法在中关村科技园区投资、兴办企业或设立机构，对企业实行直接核准登记，除法律、法规限制经营的项目外，对经营范围不作具体核定。对生产和提供广泛的私人物品，政府在市场准入上实行不作管制的登记制度。又如，第十一条继新《公司法》的规定，以高新技术成果作价出资占企业注册资本的比例，可以由出资各方协商约定。上海等地也有类似的法规。这不仅尊重了市场主体的契约自由和知识、技术价值，而且降低了设立企业的有形资本门槛。再如，第五章提出的政府要依法行政，要公开政务和服务信息，要改革行政审批制度、公开行政审批程序等，同样为市场主体自由、平等、便利进出市场提供了制度条件。

充分明确和保障市场主体的合法权利和利益，并鼓励实行各种有利于“新经济”发展的利益分配机制。我国《宪法》通过 1988 年、1993 年、1999 年的三次修正案，已经逐步强化了对私人财产和收入等权益的保护。《条例》第七条进一步明确了这一原则。第十二条提出可以实行股份期权利润分配、年薪制以及技术、管理和其他智力要素参与收益分配的制度，这实际上是对市场经济中业已形成的分配制度的追认。

不过，对于一批政府或国有单位曾经出资、借款、挂靠、贷款的企业，如何确认企业的产权结构和分配企业的收益，特别是如何确立国家、集体、个人的产权关系和比例，以及职务成果转化收益的分配等，《条例》并没有给出一个可操作的规定。按照“谁投资、谁所有、谁受益”的简单原则，显然不能恰当地界定产权，更不能恰当地细分创业人员、经营者、技术人员的收入结构。想当年，产权或股权问题曾长期纠缠四通、联想、方正等一大批开拓中关村局面的企业，这些企业直到最近才确立了各自的产权结构。或许，按照邓小平提出的“三个有利于”的原则，这些问题在今后出台的实施细则中能够给出解决方案。

在企业的产权和组织形式上明确规定了一种新的企业形式——有限合伙。此前，在注册会计师、律师事务所的组织形式上，已经提出了有限合伙的建议，而“条例”在风险投资领域再次明确了有限合伙的规定。有限责任、法人产权的公司制是对独资企业和合伙企业等无限责任的自然人企业的一次革命，有限合伙企业则集合了无限责任的自然人企业和有限责任的法人企业的特点。在风险投资事业上采用有限合伙形式，成功地引发了美国新经济的蓬勃发展。有限合伙或许正是适应了知识经济发展需要，推动中关村经济起飞的新企业形式。

人是社会生产力中能动性、基础性的因素。《条例》打破了对具有经营、科技等特殊才能的外来人员户籍上的限制，在一定程度上促进了‘人’这一最重要的生产力要素的自由流动和合理配置。1954 年《宪法》曾经确认了居民自由迁徙的权利，但随着 1958 年开始的户口严格管制，这种权利在后来的三次修订中都隐而不见了。在人力或人口的分类、流动和配置上实行划分等级、全面限制的户籍管制，显然有悖于社会主义和市场经济的基本原则。《条例》在这方面为企业的人才市场选择拓宽了路径。在市场经济中，只要不违法犯罪，政府就不应该因户籍、地域、性别、所有制、单位等方面的不同而差别性对待每个人，我们显然还要对现行的相关法律法规进行进一步的改革。

此外，《条例》在科技成果的自行或强制实施转化、同业协会和商业、风险投资的资本制度、知识产权保护、反垄断、保护商业秘密、竞业限制、信用担保、土地一级开发等方面，也作了颇有新意的规定。

北京、上海等地在促进经济发展方面的一系列法律创新，已经收到了立竿见影的效果，一大批内地高新技术企业和跨国公司纷纷落户京沪。2001 年 3 月，浪潮集团的市场运营和策划中心从 500 公里外的济南移师北京上地信息产业基地，正是为北京的区位和政策优势所吸引。

二、市场经济需要高效、有限的政府

20 多年来，中关村的硬件环境得到了不断改善，燕山脚下矗立起一座座高楼大厦，公用基础设施也在不断建成。然而，中关村的软环境特别是法律和行政管理水平与世界一流科技园区相比，仍存有很大差距。政府职能定位不清晰，管理层次多，行政效率低，政策的不确定性和风险较大，这些问题已严重制约中关村的进一步发展。与国内其他省区的地方性法规相比，《条例》的最大特点或创新可能就是对政府行为有一个比较清醒的理性认识，首次设专章（第五章和第六章）规范政府的行为。

政府对经济的全面、深入管制应该是中国的一大传统。且不说古代在铜铁盐茶等多种产品和服务上的官营制度，以及民国时期的官僚资本。从 1956 年开始建立的中央集中的计划经济制度，其许多风气经 20 多年的改革至今仍顽固保存。立法中的“破产法”“反垄断法”“国有资产法”迟迟不得出台，其重要原因就是碍于政府退出的不彻底和政府行为的低效率。政府特别是地方政府在审批、许可、检查、垄断、管制、收费、投资，以及行政管理和司法上的不公开、不平等、不统一、腐败等方面的行为，在一定程度上束缚和阻碍了市场经济的健康发展。

如何确立政府与市场、与居民的相互关系，划分政府与市场、居民的行为界线，界定政府的权力与市场、居民个人的权利，这是现代社会必须解决的基本问题。在民主法治和市场竞争的框架下，应该确立一种人民是社会经济活动的最大和基础主体、个人权利先于和优于政府权力、政府权力由人民授予并受人民监督、政府为人民服务的原则。新出台的《条例》之所以能吸引国内外的创业者，最主要的原因可能就在于它对政府的权力和行为作出了比较明确和合理的规范，为市场主体创造了一个相对公开、平等、开放、稳定的政策环境。

《条例》在第五章开宗明义，重申了政府要依法行政的现代政府行政的基本原则。行政行为应当符合法定职权和法定程序，行政机关实行执法责任制和过错追究制，维护市场主体的合法权益。市场主体认为其合法权益受到行政行为侵害时，可以向管理机构投诉，管理机构应当依法处理。在“法律责任”一章中，又专门规定了政府机构及其工作人员应当承担的各种责任。这样，以后当企业、个人权益受到侵害时，或许将不再欲哭无泪、欲告无门。

行政程序化、法定化是现代政府的另一个基本特征。我们过去津津乐道的市长现场办公、微服私访、大胆拍板等领导作风，实际上往往有悖于现代行政管理的基本原则，《条例》对于政府管理中长期存在的程序不公开、不公平、不法定、随意性等问题，也作了相当明确的规定。如市、区政府及有关部门应当公开有关中关村科技园区的政务和业务信息，政府文件应当及时公布；有关改革、建设、发展和涉及市场主体利益的重大决策和规定应当实行听证制度；行政执法检查应依法进行；行政性和事业性收费的项目、范围、标准和手续，应当符合法律规定并予以公开。

政府的过多过度干预和消极不作为是妨碍社会经济发展的又一大行政弊端。例如，政府实行各种各样的行政审批和许可制度，其初衷是为了提高经济效率，但实践中的行政许可已经退化为行政垄断和以权谋私的代名词，实践中竟出现了获得行政许可企业的经济效率低于其他企业的怪现象。《条例》第六十三条提出了改革行政审批制度。再如，对于政府因公共利益需要而进行拆迁的，应当提前告知，并给予相应补偿。其中，政府的“公告和补偿”

义务是根据委员的建议而增加的。对于不作为这一长期被忽视的政府行为，第七十二、七十三条等作出了明确规范，情节严重的要依法追究责任，这或许能在一定程度上减少推诿扯皮、无所事事、索贿受贿等行政痼疾。如何建立和健全符合先进生产力发展和市场经济需要的管理体制，转换政府管理和服务职能，提高政府管理的效率，《条例》在第六章中也作了原则性规定。不过，这些原则性的规定如何转换为具体的实施细则，这些原则和细则又如何转换为具体的行政行为，又是实践中的一大难题。

新经济的发展需要新法律的超前、连续、配套性支持。新加坡、日本均在设立科技园区之前就订立了相关法规，我国台湾新竹科技园区更是对涉及园区的组建和入驻企业的运营等各个事项都制定了详细的法规。美国硅谷的成功，除了有支撑其市场经济体制运行的基本法律体系之外，还通过大量判例法来规范当地市场主体所特有的经济行为。而发生在中关村的许多新经济行为，已在现有法律、法规体系面前遭遇了困顿和尴尬。有些属于法律空白，有些无法可依。如风险投资机制采取的有限合伙形式和注册资本的承诺制，激励科技创业者的股份选择权（股份期权）制度，竞业限制等。有些则是现行规定制约着新经济行为的正常发展，例如，不允许中国公民以自然人身份与外商合资、合作，不允许非国务院规定的投资公司以全额资本进行股权投资等。而中国即将加入世界贸易组织，这也要求中关村提高对外开放程度，对各类市场主体给予一视同仁的国民待遇，积极参与国际竞争。

从中关村的发展过程上看，法律创新特别是地方性法规如何为经济发展服务仍然是一个需要不断探讨解决的问题。例如，如何在法律的创新超前与法律的稳定完备之间达到一种协调和平衡？一般而言，创新超前性的事物往往也是需要不断完善改进的事物，过早地对之进行规范可能会抑制甚至压制新生事物的健康成长，而新生事物往往又需要法律政策及时的肯定与支持，这显然是一个矛盾。这时，由国家立法机构创立法律可能就是一件相当困难的事情，但地方性、行政性的法规创新又不能突破、违背国家的基本法律原则。在原有的凡是法律允许的行为才是合法行为的原则下，经济上的尝试和创新就往往只有闯红灯了。而现在，就有了两条可选择的道路：或者在整个社会经济生活中确立凡是法律所不反对、不禁止的行为就不是违法行为而是合法行为的原则，从而为个人、企业和地方政府的创新发展提供制度上的保障；或者在国家权力分配上进一步向地方放权，地方拥有相对独立和完整的立法权力，地方的法律创新是国家法律形成的源泉，国家的法律创新要建立在地方的一致或多数同意的基础之上。不过，如果不进一步改革完善国家的政治法律体制，无论哪一条道路都难以畅通，也不能寄希望于地方在法律创新上有太大的动作。

信息的非对称与市场的低效性*

在经历了“519”的井喷行情，昂首进入21世纪后，社会各界希望我国证券市场能得到健康有序的发展。然而，随后发生在上市公司、券商和注册会计师身上的一系列丑闻，不仅彻底击碎了广大股东的幻想，经济学上的证券市场有效性理论在我国似乎也一再失灵。证券市场如何有效，公司股票价格如何反映其价值，这再一次成为社会关心的问题。

如果从1986年9月第一个股票交易柜台——上海市工商银行信托投资公司静安证券业务部算起，我国证券市场已经十多岁了，上市公司1100多家，开户股东也超过6500万人次。股权的流动性、股东的公平性、信息的公开性以及政府监管的公正性是发达国家证券市场的基本特征，这种特征使得投资者能够异常容易地进出不同行业和公司，证券市场的竞争程度远远高于一般的商品。因此，证券市场能够成为公司融资、投资者投资的广阔舞台，经济资源也能够在这里实现有效配置。

投资者之所以决定进入证券市场，在证券市场之所以决定买卖某种证券，主要取决于其对这种证券的了解程度，对证券信息的占有程度，这些信息包括发行者（上市公司）过去和现在的生产、财务、管理状况、盈利机会、政府政策、经济环境等各方面的信息。广大投资者希望通过报刊、网络、政府文件、小道消息、股票机，以及交易大厅，及时抓住市场上的蛛丝马迹，能

* 本文原载于《证券市场周刊》2002年第87期。

够在市场上成功一搏。

记得半个世纪前的1953年，英国皇家统计学会聚会伦敦，讨论当时有名的统计学家莫里斯·肯德尔的一篇颇有争议的论文《经济时间序列分析，第一部分：价格》。作者的初衷是想借助问世不久的电子计算机，追寻股票价格波动的模式。结果，他大感意外，股票价格就像一个醉汉走步一样，就像机会之魔每周随机掷出的骰子，似乎遵循一种随机行走的规律，没有什么模式可循。

经济学家后来的共识是：价格的随机波动正是市场功能良好、运行有效的反映，变动不居、难以操纵的价格实际上反映了过去、现在的各种信息，甚至反映了内幕信息和专家的私人信息，而并不是市场出了问题。换言之，某些投资者在市场上靠运气、聪明或内幕消息可能一时获益，但几乎没有哪个投资者能够垄断或掌握所有信息而常胜不败，市场有效性成为了当代金融理论的重要基石。

发达国家证券市场的长期实践反复证明了市场的有效性。巴菲特成功了，但那是“股神”，是一个异数和奇迹。默顿和斯科尔斯专门研究证券期货问题，荣获1997年诺贝尔经济学奖，但他们创办的投资公司也未能幸免于难。不过，在我国十多年的证券市场历史上，却不断有大批投资者获利甚丰。经济学家对我国证券市场的研究，也初步证明了市场波动的异常性和低效性。

导致我国的信息非对称、市场低效性的原因，至少有三个。

从表层看，是信息披露上的非完全、非真实、非及时状态，一些内部人、大户和机构投资者获得了内幕信息，广大投资者常常被蒙蔽甚至被愚弄。

但为什么上市公司前赴后继、勇敢不屈地弄虚作假，为什么会计师助纣为虐、为虎作伥，这又涉及深层次的原因：上市公司不合理的股权结构和不规范的治理结构。迄今为止，我国企业改制、公司上市、股票发行的重要目的是为国有企业服务，在财政拨款无望、银行贷款呆坏的情况下，一大批经营管理水平并不出色的企业将融资圈钱的目光转向了公司改制和证券发行，而且包括国家股和国有法人股在内的国有股在公司总股本中占据了绝大多数。

这样，公司改制了上市了，但国有股凭借数量和多数通过原则，实际上继续控制了公司的经营管理，许多上市公司通行的实际上还是国有企业的机制，仍然沿袭了诸如政企不分、所有者缺位和错位、经营者激励和约束不力、企业负盈不负亏等国有企业的老毛病。

再从政府层面看，政府部门受制于国有企业改革和脱困的压力，又要保护社会投资者的利益，然而在资源配置上存在严重的行政特色，掌握或获取行政性资源的企业和个人获取更高的利益；于是政府部门不得不经常给证券市场“泼冷水”，或出台各种救市政策，而行政和司法部门对相关责任人往往处理不力，在一定程度上纵容了各种违规违法现象，证券市场成为了典型的政策市。研究表明，证券市场的每次异常波动几乎都与重大政策性经济事件有关。

截至2002年8月底，沪深两市1176家公司已披露半年报，继续反映了这些问题：亏损公司家数同比增加，亏损比例高达13.26%，而2001年中报亏损公司比例为8.85%；分红公司减半，推出分配方案的上市公司仅有35家，其中拟实施送转股的上市公司有21家，实施分红派息的公司只有15家，大多数公司在扣完税后每股派现金额均只有几分钱；新股业绩滑坡，2002年1~8月上市的43只新股中，半年报业绩下降50%以上的至少有4家；增发新股新规定出台之前，2001~2002年沪深两市共有35家公司实施新股增发，其中有一半左右的公司在增发后业绩出现滑坡。而国有股减持的政策和对党的十六大的预期，又导致了2002年证券市场的两次飘红。

十多年的时间，足以使一个呱呱坠地的婴儿成长为率性而为的英俊少年，但我国证券市场至今仍处于“大人控制、蹒跚学步”的阶段。消除证券市场和上市公司的种种弊端，提高证券市场的有效性，根本性措施还是改革：改革国有资产管理体制，完善公司和证券制度，建立开放竞争、公平规范的证券市场，按照公开、公平、公正的原则减持国有股，切实保护所有投资者而不是部分投资者的神圣合法权益。

中小企业板：同中小企业的春天擦肩而过*

2004年2月1日，国务院发布了《关于推进资本市场改革开放和稳定发展的若干意见》；5月17日，经国务院批准，中国证监会正式发出批复，同意深圳证券交易所在主板市场内设立中小企业板块，并核准了《深圳证券交易所设立中小企业板块实施方案》。对于中小企业板，一些媒体和专家视之为中小企业的美好福音，誉之为资本市场改革的重大成果。5月18日，股市的表现似乎也印证了这个判断：沪指上涨1.01%，深指上涨0.78%。然而，揭开罩在中小企业板上的面纱，认真审视姗姗而至的中小企业板，我们对中小企业板会有一个更清晰、更真实的认识。

一、中小企业板不关中小企业的事

中小企业默默无闻，人微言轻，但它们数量众多，是社会经济活动的基础性力量。随着改革开放的全面深入，我国中小企业迎来了发展的春天，在国民经济中的地位显著提升。数据显示，我国目前登记注册的各类企业有约3000万个，中小企业占95%以上。中小企业创造的最终产品和服务的价值超过国内生产总值（GDP）的50%，实现出口和提供利税也都占全国的60%左右。中小企业还提供了大约75%的城镇就业岗位。在国有企业全方位改制和

---

* 本文原载于《西部时报》2004年5月26日。

大规模退出的过程中，中小企业在缓解就业压力、确保社会稳定、促进国民经济繁荣、扩大需求和拉动投资、增加进出口、改善经济结构等方面正在发挥着越来越大的作用。

不过，中小企业板的设立与广大中小企业几乎没有什么关系。

什么是中小企业？一般而言，对中小企业主要从雇员人数、资产额、营业额三个方面进行界定，其中按企业从业人数的多少划分中小企业已经成为各个国家和地区的普遍做法。如多数国家把雇员 500 人以下的企业视为中小企业，中国香港的中小企业标准是制造业从业人员在 100 人以下，非制造业从业人员在 50 人以下。随着国民经济的不断发展，我国对中小企业的划分标准也不断提高。2003 年，国家经济贸易委员会、国家发展计划委员会、财政部、国家统计局联合下发《关于印发中小企业标准暂行规定的通知》，对不同行业的大、中、小型企业规定了不同的划分标准。以工业为例，中小企业须符合以下条件：职工人数 2000 人以下，或销售额 3 亿元以下，或资产总额为 4 亿元以下。其中，中型企业须同时满足职工人数 300 人及以上，销售额 3000 万元及以上，资产总额 4000 万元及以上；其余为小型企业。比较而言，我国划分中小企业的标准已经高于许多国家和地区。

按照规定，我国中小企业板块遵循与主板相同的法律、法规和部门规章，只安排流通股不超过 5000 万股的企业上市。按照我国的公司、证券相关法律，在公司总股本中，流通股不得少于 25%，即使按流通股 4000 万股、流通股占总股本的 50%、每股发行价 10 元、资产负债率 50% 计，这也意味着在中小企业板发行上市的企业是一家总股本 8000 万股、融资额 4 亿元、总资产超过 10 亿元的企业，规模如此庞大的企业还能称为中小企业吗？显然，中小企业板即使主要安排具有较好成长性和较高科技含量的企业发行股票和上市，它也只是深圳证券交易所主板市场的一个组成部分。而大海之滨的深圳证券交易所，千千万万的中小企业只能望而兴叹。

严格来说，中小企业板名不副实，它并不是真正意义上的中小企业板，它实际上只是为少数大企业中的中小企业上市服务的市场，真正的中小企业与之无缘。从全球看，中小企业基本上也不能通过股票市场融资发展。对于我国的中小企业，真正为它们提供资金支持、创业扶持、技术创新、市场开拓、社会服务的制度设计是2002年6月29日通过、自2003年1月1日起正式施行的《中华人民共和国中小企业促进法》（以下简称《中小企业促进法》）。

二、中小企业板不关资本市场的改革

在主板市场之外，建立市场化、多层次的完善的资本市场，让更多新兴的、有发展潜力的企业通过多种方式融资，这是我国资本市场的发展目标。完整的市场包括股票市场和债券市场，股票市场又包括上海、深圳证券交易所的主板市场、创业板市场，以及柜台交易（OTC）市场等，这些市场联合构成完整的多层次的资本市场。为此，开设新的资本市场的呼吁和讨论从1999年就开始了，当时还把期望中的这一股票市场称为“高新技术板块”“高科技板”“创业板”或“二板”。2000年，周小川任中国证监会主席，表示要尽快建立二板市场。然而，2001年以互联网为代表的新经济泡沫的破灭和我国证券市场的非理性行为，让政府管理部门对设立新的股票市场止步不前，创业板搁浅。

设立中小企业板，可以说是多方博弈和妥协的结果。2002年9月，深圳证券交易所停止发行新股。资本市场改革缓慢和深圳停发新股，不仅制约了广大企业的融资和发展，更严重影响了深圳资本市场的融资功能，许多投资机构搬离了深圳。在一定意义上，设立中小企业板的作用主要体现在恢复了深交所新股发行的功能，是对深圳资本市场的挽救和激活。而隐藏在交易所背后的，还有区域间对金融资源的争夺，以及珠江三角洲与长江三角洲之间的力量博弈。无论对于上市公司还是投资者，中小企业板等待多年终于来了，这个利好出尽的消息已经很难对市场产生多大的影响。

然而，我国资本市场发展所亟待解决的几大问题，如公司设立和股票发行的审批（核准）制度改革即所谓的上市门槛问题，股票全流通问题，国有股减持或退出问题，在中小企业板上都没有涉及。中小企业板块的交易虽然由独立于主板市场交易系统的第二交易系统承担，但它在市场运行和政府监管上与主板市场没有任何本质上的差别，新瓶装旧酒，只是一个规模缩小、面目另类的主板而已。

即使从未来看，由于公司设立和股票发行的基本制度未变，中小企业板能否为推出创业板打下基础，充满着不确定性，目前我国政府部门也并没有推出创业板的时间表。相反，由于《中小企业板块上市公司特别规定》实行了比主板市场更为严格的监管制度，例如，要求上市公司建立内部审计制度，加强内部控制，减少违规行为；定期公布公司开展投资者关系管理的具体情况，完善定期报告披露内容；建立年度报告说明会制度，加强中小企业板块上市公司投资者关系管理；建立募集资金定期审核制度，加强对募集资金使用的专项监管，等等。一些公司可能因此担心自己的企业形象和经营问题，未必愿意登录中小企业板，上市的公司股票数量不会太多。据了解，目前市场中流行一种说法：几年前深圳如果推出创业板，去那里上市是一种荣誉；现在情况发生了变化，高科技股、成长性好的企业更想到美国纳斯达克、香港创业板等市场发展。

三、中小企业发展重在自强不息

中小企业在发展过程中，对融资产生了强烈的需求。国务院发展研究中心的一项调查也表明，有近67%的中小企业把资金不足作为制约企业生存与发展的头等大事。然而，中小企业天生地存在一系列的不足，如资本、营业、市场、利润等方面的规模较小，市场竞争激烈，企业制度不健全，市场风险大，企业会计财务信息问题多，大多数企业的寿命不超过5年。因此，不仅难以从股票、债券等资本市场获得资金支持，商业银行也不愿意为其提供贷款。

根据统计资料，中小企业从银行获得的贷款，一般占贷款总额的5%左右，很难超过10%。中小企业的发展，主要还是依靠自身的投入，主要依靠内源性融资而非外源性融资。只有当企业发展壮大了，条件具备了，企业才可能从股票、债券市场获得融资。在这一意义上，锦上添花、嫌贫爱富是资本市场的本性，自强不息是中小企业发展的基本精神，不能指望资本市场为中小企业的发展雪中送炭。

近年来，我国政府部门已经出台了许多扶持中小企业发展的政策，如新出台的《中小企业促进法》为中小企业提供了一系列的扶持：在中央财政预算中设立中小企业科目，设立中小企业发展基金，要求金融机构加大对中小企业的信贷支持，改善中小企业融资环境，拓宽中小企业融资途径，建立中小企业信用担保体系。随着我国加入WTO和宪法修正案对私人产权的全面保护，中小企业正在迎来发展的春天。

《中国转型期公共政策过程研究》后记*

屈指数来，这已是我在母校出版的第三本书了。已出版的两本书分别是《大国经济论》和《公司制度论》，加上这本《中国转型期公共政策过程研究》，三本著作可以说是我对前些年学术思考的一次小结。

《大国经济论》从宏观角度探究了我国经济的发展型式。这些年，“大国”一词街谈巷议、耳熟能详，但认真、深入的学术探讨似乎仍然不多。《大国经济论》在大国经济的约束条件下，阐释了亚当·斯密曾经关注过的“不同国家中财富的不同发展”“分工受市场范围的限制”等经济学命题，尝试得出大国在分工、规模经济和市场结构、积累模式、资源配置、区域经济、城市化、经济开放等方面的发展型式，是我国较早分析大国经济发展问题的著作。

《公司制度论》则从微观角度剖析了我国公司的制度特征和改革取向。时属我国《中华人民共和国公司法》（以下简称《公司法》）颁布10周年，也是我国公司多事之秋，《公司制度论》对我国公司制度和公司法律上存在的问题做了一次比较全面的梳理。两年后，《公司法》终于全面修订，书中的许多分析结论与法律修订不谋而合，当然还有一些分析结论仍然悬于设想。个人认为，这本书不如《大国经济论》有新意，但它已经脱销，还获得了北京市

* 本文为笔者所著《中国转型期公共政策过程研究》一书的后记，北京师范大学出版社2008年出版，2011年修订，2010年获北京市哲学社会科学科研成果二等奖。

哲学社会科学研究成果二等奖。

翻看前两本书的后记，那时住在京北育新花园——政府和市场共同提供的准私人物品的一个实例。育新花园又处于典型的城乡接合地带，除夕之夜，城八区禁止燃放鞭炮，但高楼的对面就是昌平县的地盘，金吾不禁，响声震天，早晨起来，连城里的地面也堆上了厚厚的鞭炮碎屑——外部性的又一个例子。

如果个人、市场在资源配置上存在着显著的失灵现象，诸如斯蒂格利茨所列举的外部性、公共物品、垄断特别是自然性垄断，如果政府是一个并非完美但是必要的替代者，那么政府如何设立、组织和治理？这是多年来萦绕在我心头的一个问题。在前两本书的宏观分析和微观考察的基础上，即将出版的这本书在一定意义上是对前期结论的一次拓展。

本书可以简称为《公共政策论》或《政策过程论》，它以我国转型期的社会经济发展问题为研究对象，探讨了政府根据什么原则、针对什么问题、依靠什么力量、通过什么程序、采取什么方法来制定和实施公共政策。积习难改，这又是一个宏大的叙事结构。事实上，原书稿超过60万字，但许多问题还是语焉不详，最终付印的是关于我国公共政策过程的部分，这也是书稿定名为《中国转型期公共政策过程研究》的原因。

出书也是一种遗憾性行为，文字和内容的不足或错误已白纸黑字，只好留待读者的哂笑和批评，这也促使我在写作上战战兢兢，如琢如磨。在政治、政府与政策领域，如平等与公平、公共利益、地方公共物品、财政联邦主义、研究与开发政策、开放经济中的公共政策等问题，都是本书探讨不多而值得深入研究的问题。

近年来，学术性著作的出版环境已经有了一定改善，但不掏银子，许多出版社出于财务上的考虑，还是不愿意接手。在此，十分感谢北京市社会科学理论著作出版基金的资助，十分感谢母校出版社的襄助。

今年是改革开放30周年。上初中时，“四人帮”已经打倒，全国拨乱反正。次年春天召开了全国科学大会，“我们民族历史上最灿烂的科学的春天到来了！”郭沫若院长在大会闭幕式上的讲话曾经深深激励了我们这些学子展开幻想，勇于探索；而初冬召开的党的十一届三中全会，彻底转变了中国发展的方向。后来，高中、大学，以及毕业后的教学、研究、生活，前半辈子的人生与改革开放息息相关，休戚与共。可以说，没有改革开放，我在经济学和经济学之外的学术和社会问题上就不可能认真大胆地观察和思考，这本即将出版的书更直接得益于改革开放。

作为一个小小的致敬，这本书谨献给为改革开放事业尽心尽力甚至献身的人们。祝愿我国稳步奔向社会主义市场经济、民主政治、和谐社会的发展目标。

附：重印说明

改革开放 30 多年来，我国经济社会发展在取得了巨大成就的同时，也面临诸多的问题和挑战，特别是社会和政治改革远未到岸。显然，继续坚持以人为本、科学发展、效率取向的实践标准，全面坚定地推进经济、社会和政治各方面的改革开放，将是我国可持续发展的制度和政策保障。本书因比较全面、深入地探讨了政府体制改革和公共政策制定问题，得到了一定的关注和赞许，并于 2010 年获得第十一届北京市哲学社会科学优秀科研成果二等奖。

本书问世已经 3 年，销售殆尽，出版社准备重印。现在审读旧作，不足之处愈益显著。不过，一时有一时的思想和笔墨，除了校改文字上的错误，更新必要的法条和数据，书中不再作改动，祈望读者的宽容和谅解。

世界经济新格局与中国的发展*

——陶大镛教授访谈

新旧世纪之交，全球经济进入了一个风云变幻、格局调整的新时期。如何应对世界经济发展中的新情况、新挑战，实行全方位对外开放战略，全面建设小康社会，这是我国新时期的发展任务。2003 年 10 月，中共十六届三中全会在北京胜利召开，会议提出了要深化涉外经济体制改革，完善对外开放的制度保障，更好地发挥外资的作用，增强参与国际合作和竞争的能力。金秋时节，我们采访了北京师范大学著名经济学家陶大镛教授，就世界经济新格局和中国发展新走向，进行了广泛深入的交流。

【记者】陶先生，您主编的《世界经济新格局研究》出版以后，得到了学术界的广泛好评，去年又获得了北京市哲学社会科学科研成果一等奖。首先请您谈谈这方面的情况。

【陶大镛】1996 年，我牵头承担了国家社会科学基金“九五”重点项目“世界经济新格局研究”。经过课题组的努力，历时四年，反复研讨，顺利完成了研究计划，最终成果形成了《世界经济新格局研究》，并由北京师范大学出版社出版。

本课题的立项和研究正逢千年更替，世纪之交。东欧剧变、苏联解体后，

* 本文原载于《国外理论动态》2004 年第 4 期。原文根据陶大镛教授主持的国家哲学社会科学基金“九五”规划项目“世界经济新格局研究”等相关研究而写成，经白暴力教授审阅，以“本刊记者”之名，发表时有删节。

世界局势变化纷繁，我国也正处于建立和发展社会主义市场经济的起步时期。因此，全面准确地认识世界经济的变化趋势和未来格局，中国在世界经济新格局中所处的位置，对于确定我国未来的发展战略，实现三步走的发展目标，具有十分重要的理论意义和实践意义。

【记者】您主持完成的这一课题，深入系统地探讨了世界经济发展中的许多新问题，而这许多问题是我们研究上的薄弱环节。

【陶大镛】你的评价太高了。我们的研究工作取得了一些成绩，主要是我们坚持了以下几项原则。

第一，我们的研究工作一直坚持以马克思主义的基本理论为指导，坚持解放思想，实事求是、一切从实际出发、理论与实践相结合的研究方法，自觉地把思想认识从那些不合时宜的观念、做法和体制的束缚中解放出来，从对马克思主义的形式主义、主观主义的错误理解中解放出来。在具体的研究工作中，我们不拘泥于已有的理论和结论，而是用发展的眼光，唯物辩证地观察和分析问题，坚持把运用理论和发展理论相结合，客观独立地提出我们的看法。理论研究也要与时俱进嘛。

第二，研究态度要认真、严谨，研究方法要系统、科学，在学风上不能空疏、片面，只顾速度、数量而不顾质量。在研究过程中，我们尽可能运用国内外第一手资料，特别是最近十年发表的论文、著作、研究报告等各种有价值的资料，并对这些资料去粗存精，去伪存真，力争全面把握和深入分析世界政治经济发展变化的真实情况。这样，我们的许多研究结论是建立在大量、真实的资料、数据和论证的基础上，言之有物，证之有据。

第三，在学术研究上要独立思考，不断创新。独立和创新是学术的生命，对世界经济发展和变革中的一些新现象、新问题，我们不但吸收了国内外已有的研究成果，也独立进行了自己的研究和判断，不断有所发现、有所创造，提出了新的有价值的理论和建议。

【记者】冷战结束后，世界政治和经济的发展是变为单极化格局，还是向多极化发展？

【陶大镛】其实，多极化或单极化的提法都不完全恰当。苏联解体，冷战结束后，国际力量发生重大的变化。尤其在军事和科学技术领域，目前世界上没有任何国家可以与美国全面抗衡。例如，在国防预算上，美国的实际军费超过了3000亿美元，远远超过了英国、日本、法国、德国、俄罗斯等其他军事大国的经费总和。美国不仅是世界第一军事大国，军队派驻几十个国家，美国还是最大的军火出口国。美国利用这一难逢的历史良机，通过政治、经济、军事、文化等多种手段，向全世界扩张，"领导整个世界"。老布什总统的第一次海湾战争还只是美国的一次成功的尝试，1998年南斯拉夫科索沃危机再次显示了美国的霸权意图。"9·11"事件后，美国军事力量乘机进入阿富汗、中亚、伊拉克等国家和地区，这些都表现了它要建立一个由美国主宰的单极世界的意图。

不过，美国的这种单边主义行为和单极世界战略，不仅与世界人民普遍愿望相背，在发达资本主义国家内部也引起了矛盾。2002年，在美国发动伊拉克战争以及伊拉克战后管理等问题上，美国的一些盟友，如法国、德国等发达国家就采取了与美国不同的行动。事实上，从20世纪90年代，世界经济已经开始呈现北美、欧盟和东亚三大经济力量相互竞争和发展的多极局面，而中国是当前推动东亚经济发展的最主要的力量。从各国人民的利益出发，尊重各国人民自主地选择改革和发展道路，和平竞争、多极发展应当是历史发展的必然趋势。尽管在发展过程中可能出现这样那样的波折，但这股发展潮流是任何势力也阻挡不住的。

【记者】美国经济的优势地位可否改变、可否挑战？

【陶大镛】答案当然是肯定的。事实上，美国经济实力在当今世界经济格局中的地位也在发生变化。1986年，美国商务部宣布美国已经从国际净债权国沦落为净债务国，结束了美国自1914年以来的国际净债权国的地位。1987年，美国就超过加拿大而成为世界最大的净债务国。2003年前7个月，我国共购买美国国债1500亿美元，加上日本政府和投资者拥有的4416亿美元美国国债，中、日两国共拥有美国海外流通国债13472亿美元的41.9%。

应当承认，美国的一些有识之士也早就察觉了美国经济强势的不可持久和霸权主义的暗淡前景。如 1997 年布热津斯基在新著《大棋局》中指出，从全球战略上预计，大概到 2015 年前后，美国将失去世界霸权的地位。亨廷顿教授在《孤独的超级大国》一文中也提出了类似的问题。

放眼世界，今天绝大多数国家还是欢迎建立多极化世界格局、希望结束美国主导的单极世界格局的。从 1998 年的科索沃危机和 2002 年伊拉克战争中，人们进一步认识到，单极世界格局往往比两极世界格局更危险。可以说，为了维护世界和平，促进共同发展，建立公正合理的国际政治经济新秩序，必须改变那种恃强凌弱、以富压贫、以大欺小的旧秩序。在 2003 年 9 月墨西哥坎昆会谈上，中国、印度、巴西等 22 个发展中国家第一次组织起来，批评发达国家的农业政策，反对发达国家主导世界贸易政策。

【记者】在世界经济格局的历史变迁中，如何看待世界经济活动重心逐渐向环太平洋地区的转移问题?

【陶大镛】早在 20 世纪 80 年代初期，我提出了世界经济重心逐渐向环太平洋地区转移的观点。1982 年 2 月，在中国经济学家代表团访问加拿大期间，我就明确提出经济活动的中心现在正在从欧洲和环大西洋地区向环太平洋地区转移的问题。

在本书中，我们对这个问题做了进一步的阐述。最近一二十年来，虽然日本经济欲振乏力，但以中国为代表的东亚、东南亚经济一直保持了高速发展状态，1997 年的金融危机也没有从根本上扭转这一发展趋势，印度最近几年的发展势头也相当迅猛，充满活力的亚洲经济受到了各国的高度关注。随着东南亚联盟与中国、日本、韩国之间不断改善政治经济关系，特别是中国积极发展与东南亚联盟之间的合作关系，已经引起了欧美的嫉妒和关注。

当然，我们对于世界经济重心向亚太地区的转移和中国在世界经济中地位的评价，也可能过于乐观了。尽管亚太地区的崛起并不意味着大西洋地区的衰落，但我们必须充分肯定亚洲特别是中国经济发展的赶超战略、后发优势和发展进程，经过三五十年的光景，亚洲新兴工业化国家和地区将会赶上发达国家的水平，亚太世纪终将到来。

【记者】如何认识经济全球化和世界经济一体化问题？

【陶大镛】自从资本主义生产方式、工业革命和民族国家出现后，人类以国家为单位、以军事侵略为先导、以经济和文化扩张为后盾的国际活动，就逐渐打破了原先相对分割静态的国内活动，一切国家的生产和消费都成为世界性的了，马克思、恩格斯早就在《共产党宣言》中进行了生动描述。现在，一切民族和国家的政治经济活动都已经自动或被动地成为相互联系的国际政治经济活动的一部分，无法完全、长期地孤立地存在和发展。对于世界经济发展的这些新现象，无论我们是否称为“全球化”还是其他，它都是客观现实。

不过，我们在理论上经常使用的“全球化”与“一体化”这两个概念并不相同。全球化是资本主义经济也是世界经济发展中的一种趋势，但这一进程远远没有完成，离世界经济一体化还有很大距离。因为当今世界经济活动的主体还是以民族国家为基本单位，企业、地区、国家、国家组织之间还存在着制度的多样性和发展的不平衡，世界经济远没有成为一个开放、统一、竞争的体系，何况连进展最快的欧盟的一体化还步履维艰。也许，只有到了世界经济发展的第三阶段，也就是过渡到社会主义世界经济体系的那一天，才会真正出现全新的世界经济一体化。

【记者】在世界经济问题上，是否可以说，金融领域的发展变化最为迅速多样？

【陶大镛】确实如此，这也是我们一系列研究工作的重点所在。随着资本主义生产方式的不断发展和世界市场的不断扩大，各国之间的经济联系日益密切，从双边或多边经济交往向全球经济转化，经济全球化已经成为人类社会发展的基本趋势。在经济全球化的浪潮中，货币和金融因素扮演了举足轻重的角色。

过去，我们的研究侧重于国际分工和国际贸易。不过，货币、金融在世界经济中的地位和作用在最近几十年有了显著提升，金融创新与技术进步、制度变革共同构成了世界新经济发展的基本因素。因此，在研究世界经济的运行规则和结构特征时，应当格外重视分析货币的性质和作用，深入探讨世界经济格局交替中的国际金融和国际投资问题。国际金融和国际投资是我们研究的一大特点，如有关欧元、证券市场、非直接投资、国际资本投机性冲击等国际金融问题，国际资本市场、跨国公司等国际投资问题的内容就占了最终研究成果大约 2/5 的篇幅。

【记者】随着中国越来越全面深入地参与国际经济分工和国际竞争，我们是否应当格外重视国际金融领域的风险问题?

【陶大镛】经济、金融安全本来就是国家安全的重要内涵。20 世纪 80 年代以来，金融危机频繁发生，如何在金融全球化中防范国际资本的投机性冲击和降低金融风险，就成为每一个国家焦虑的国家经济安全问题。香港在 1997 年和 1998 年两度反投机中取得的有益经验，以及最近对货币、资本市场的干预，形成了香港模式，这值得我们认真研究。最近，对人民币升值和短期国际资本流动管制问题的讨论再度激烈，甚至上升为国际政治问题。一些经济学家主张在国际金融市场的“车轮下撒点沙子”，许多发展中国家也实行了种种限制外国短期资本流动的措施。在资本市场开放和人民币升值的问题上，一定要从我国经济发展和对外开放的高度出发，制定稳妥可行的政策措施，而不能接受国际力量的任意摆布。

【记者】如何认识国际贸易领域的新现象新问题?

【陶大镛】1995 年，世界贸易组织正式成立。不过，国际贸易中出现的许多新问题并没有随之解决。相反，一些问题还出现了恶化的趋向。

国际贸易出现的新现象新问题，主要表现在以下几个方面：第一，服务贸易得到了迅速发展，其地位越来越突出；第二，贸易形式和贸易渠道出现了多方面的创新，如所谓的 EDI 即电子数据交换贸易形式的迅速发展，互联网和国际电子商务的出现和发展；第三，国际贸易与国际投资之间的关系日益密切，国际投资全面、直接地影响着国际贸易活动；第四，随着国际分工和国际贸易格局的变化，发达国家采取了一系列新的贸易保护措施，如地区经济主义、劳工标准、技术标准、环境保护或所谓的绿色壁垒、知识产权、人权、市场准入、产业保护和反倾销等都可能成为发达国家保护国内市场的借口；第五，发展中国家的地位相对下降，贸易条件趋于恶化，而美国在国际贸易的优势地位相对增强，并在国际贸易关系中采取了一系列单边主义的、咄咄逼人的政策。

根据统计资料，1979～2002 年，至少有 33 个国家和地区、544 起涉及我国出口商品的反倾销和保障措施调查，涉及商品 4000 多种。我国已经连续 7 年成为反倾销的第一目标国家。对于国际贸易中的新问题、新纠纷，回避和对抗都不是好的办法。我国要对外开放，要实行走出去的发展战略，就必须积极参与国际分工和国际竞争，积极参与建立国际经济的合理秩序，通过磋商协调等和平方式解决国际争端，维护我们的国家利益。2003 年 7 月，温州打火机企业针对欧盟的反倾销诉讼，积极应诉，已经取得实质性胜诉，这种做法值得其他行业和企业认真学习。

【记者】在世界经济新旧格局交替的过程中，如何认识我国在世界上的位置？

【陶大镛】新旧世纪交替时期，不仅是世界经济迅速发展变化时期，而且也是我国经济改革和发展的关键时期。经过 20 多年的改革开放发展，社会主义市场经济体制初步确立，对外开放全面展开，中华民族开始了伟大的复兴时期。

在观察世界经济、分析我国的国际位置时，我们必须认识到两点。

第一，我国还是一个发展中国家，我国的社会经济发展水平还相对落后。1993 年，中国在世界贸易中的份额只是 1939 年前的水平。我国出口的主要还是低附加值、国际竞争力较弱的产品，我国的出口产品主要还是由外商投资企业完成的。2002 年，中国出口茶叶 25.23 万吨，平均单价每千克 1.31 美元，真正的物美价廉啊。

第二，维护和增进我们的国家利益、人民利益是决定我们一切工作的出发点。在分析国际经济关系时，要认识到国家利益是决定一国经济政治政策的基本因素，经济利益或资源的争夺是主导国际经济和政治关系的基本因素，国家间的分工、合作和竞争，归根结底是国家对经济资源和利益的争夺方式。这样，我们就可以清醒地认识自己的国际位置和战略任务。

为了清楚地认识我国的国际地位，我们首先分析美国、欧盟、日本、俄罗斯等主要国家（集团）在新旧格局交替中的地位和作用，在此基础上分析我国的国际地位和发展战略。

目前，我国刚刚加入世界贸易组织，还面临着国有企业改革、工业化和城市化、国际环境恶化等问题的困扰。面临各种挑战，必须对我国的优势和劣势因素，对我们的竞争环境和发展机遇，对国家发展战略的内容和实施方式，做出相清晰、全面的分析。在国家战略上，为了维护和增进国家经济、政治、文化等方面的利益，必须明确认识自己的地位和作用，重新思考和理性发展与美国、日本、俄罗斯、印度、韩国，以及欧盟、东盟等国家和组织的关系，以国家为依托，以各类企业包括企业集团为单位，通过全面转变经济增长方式和升级产业结构，经济、社会、人口的可持续发展，区域经济协调发展和城市化，建设三个面向的社会主义市场经济和民主法治政治体制，开放型的经济发展和国家安全等战略手段，实现中国在 21 世纪的发展战略目标。

【记者】在世界经济新格局中，我国应当扮演什么样的角色，发挥什么样的作用？

【陶大镛】进入 21 世纪的头 20 年，将是我国经济和社会发展极为重要的时期。从国际上看，新科技革命迅猛发展，经济全球化趋势增强，许多国家特别是周边国家正在积极调整竞争政策和产业结构，这对我国是一个严峻的挑战。为此，我国必须按照逐步完善社会主义市场经济体制，促进结构调整和经济发展的要求，把改革开放和科技进步作为发展的动力，适应经济全球化和我国加入世界贸易组织的新形势，坚持“引进来”和“走出去”相结合，全面提高对外开放水平，以更加积极的姿态，抓住机遇，迎接挑战，在更大范围、更广领域、更深程度和层次上参与国际经济技术合作与竞争，充分利用国内和国外两个市场，优化资源配置，拓宽发展空间，形成全方位、多层次、宽领域的对外开放格局，以开放促进改革和发展，发展我国的开放型经济。

具体来说，我们需要做好以下几个方面的工作。

第一，根据我国经济和社会发展以及加入世界贸易组织的承诺，全面提高对外开放水平，做好参与国际竞争和国际合作的各项工作。2002 年 11 月 4 日，我国已经与东盟 10 国签署了具有里程碑意义的经济合作协议，争取在 2010 年前建成世界最大的自由贸易区。2003 年 6 月，全国人大常委会批准我国加入《东南亚友好合作条约》及其两个修改议定书；8 月，第九次中国—东盟高官磋商在福建省举行，中国正式递交了加入书，双方商定在 2003 年中国—东盟领导人会议期间签字，中国成为加入 TAC 的第一个非东盟国家。

第二，积极发展对外商品和服务贸易，实施增强国际竞争力、市场多元化的对外经济贸易战略。同时，进一步吸引外商直接投资，提高利用外资的质量和水平。

第三，从外向型经济走向开放型经济，在更广领域和更深层次积极参与国际竞争，不仅要坚持“引进来”的政策，还要采取“走出去”的战略，充分利用国外的资源、技术、管理经验和市场。

第四，我国是一个发展中的经济大国，在建立国际经济新秩序中，要发挥我国应有的作用。我们还要充分利用国际组织、国际条约、国际规则的力量，维护我们的合法权益。比如，要完善反倾销、反补贴及保障措施等手段，依法保护我国企业的经济利益。在 2003 年 9 月的世界贸易组织坎昆会议上，首次正式参会的我国代表团就发展中国家和新成员利益等问题表达了自己的立场。

【记者】最近，国际资本流动中的热钱问题和人民币升值问题受到国内外的关注，您能否谈谈这方面的看法？

【陶大镛】这确实是非常有意思的问题。不过，这个问题在理论上并不是新问题。

先谈谈人民币升值问题。这个问题是与我国经济的持续高速发展和对外经济政策联系在一起的，也与美国的大选和经济问题密切相关。

2002 年，中国对美贸易顺差 1030 亿美元，占美国贸易逆差的 22%。实际上，这个比例并不高，1997 年我国对美国的贸易顺差就达到美国贸易总逆差的 27%。2003 年，美国进入了大选年，布什总统要保护军事工业、能源工业等部门的利益，要争得制造业的选票，就必须找到一个经济问题上的“替罪羊”，而中国正好就成了目标。最近，美国朝野都有一批人要求人民币升值，放松汇率管制，开放国内市场。

美国的问题主要是国内问题，中国对美国的贸易顺差的相当一部分也是美国在华投资企业出口造成的。即使从我国的农业、就业、出口、金融等方面考虑，从保持国家政策稳定和独立的方面看，人民币至少短期内不应升值。国务院总理温家宝已经明确表示：保持人民币汇率基本稳定，不仅有利于中国经济和金融持续稳定发展，而且有利于周边国家和地区的经济和金融稳定发展，从根本上说，也有利于世界经济和金融的稳定发展。

对于近期的热钱问题，也就是短期资本流动问题，具体数据我不是特别清楚。据说，2003 年上半年，我国新增 601 亿美元外汇储备，扣除贸易顺差、实际利用外资、中央银行外汇资产的收益等部分，差额 200 多亿美元可能是热钱。如果情况属实，我们当然应当关注这个问题，因为热钱回流将会带动信贷、货币发行和经济过热，热钱套现会对汇率、货币等造成冲击，会增加我国的基础货币供应。

社会经济转型与工会的职能定位和职工的权益保护*

工会的性质、职能和职工权益保护似乎是一个不言自明、极其简单的问题。在改革开放以前，工会的机构设置、职能定位和运作方式大致适应了以公有制经济为基础的计划经济的发展需要，较好地维护了职工的权益。按照2001年《中华人民共和国工会法》、2003年《中国工会章程》等规定，工会的基本职责是维护职工合法权益，即工会在维护全国人民总体利益的同时，代表和维护职工的合法权益。然而，随着我国的经济、社会和政治全面转型，工会如何代表和维护职工的权益成为我国社会关注的热点问题：一方面，工会及其会员数不断增长；另一方面，劳动就业领域出现了就业歧视增多、矿难等各类事故频繁、加班加点现象普遍、工资增长缓慢、社会保障不全等一系列问题，工会的位置和作用何在？社会对工会服务的需求与工会工作之间存在的反差表明，当前的工会已经难以适应我国经济发展和社会变动的客观需要。本文拟从我国社会经济转型与工会面临的挑战着眼，探讨新时期我国工会的性质、职能和职工权益保护问题。

一、社会经济转型与工会的挑战

改革开放20多年来，我国在经济发展方式、所有制结构、社会结构等方

* 本文系2006年北京市劳动和社会保障学会论文，北京市经济学总会学术论坛论文。

面发生了显著转变，经济、社会、政治条件的全面迅猛变化，直接影响着我国工会的性质界定和职能调整。

第一，经济发展方式发生了重大变化，国民经济出现了持续高速增长。我国经济还处于工业化、市场化、城市化以及法治化的发展进程中，但这些发展和改革的方式、方向出现了重大调整。这至少表现在以下三个方面：一是发展和改革由政府主导推动转变为私人、市场为主力量的推动；二是尽管政府的作用趋于减弱，但地方政府的公共服务和管理水平仍然是制约地方竞争和发展的重要力量；三是国际因素的全面深入影响。

尽管经济发展方式发生了重大变化，但经济增长方式并没有发生相应的重大变化，经济仍以粗放型或外延型增长为主。具体来说，由于经济创新的基础薄弱，动力不足，在劳动力相对自由流动和无限供给的条件下，低成本的劳动力大规模投入生产过程，劳动密集型产业成为我国企业参与国内外分工和竞争的相对优势产业。

第二，所有制结构发生了重大变化。改革开放以来，我国在所有制结构的理论和实践上取得了重大转变，逐渐形成了以公有制为主体、多种所有制经济共同发展的所有制结构，这种所有制结构也是社会主义市场经济赖以建立和运行的基础。

不过，随着非公有制经济的迅速发展，非公有制经济中的问题特别是劳动就业中的问题也不断暴露出来。据《经济日报》2004 年 9 月 23 日《关注非公有制企业中的劳资关系》等报道，由于工资水平低、劳动条件差等导致的招工困难，广东、福建等地从 2003 年起出现了“民工荒”；企业内部劳资矛盾趋于尖锐，劳动争议案件不断增多，1993 ~ 2002 年全国劳动争议案件年均增长率 36. 3%，涉及人员年均增长率为 41. 3%，全国劳动仲裁部门受理的劳动争议案件中非国有企业部门占 72. 9%。在劳资关系上，劳动合同签订率不足 50%，职工工会入会率不足 30%，远低于全国平均 66% 的水平；企业普遍存在拖欠、克扣、压低工人工资，劳动时间长，劳动强度大，安全条件差，生产事故多，社会保障水平低等问题。

第三，社会结构发生了重大变化。改革开放之初，公有制基础上的工人阶级、农民阶级是我国社会的基本结构。随着产业结构、所有制结构的变化和收入分配的差距的扩大，农村居民不断流入异地和涌入城市，城市居民就业结构不断调整，城乡社会结构也发生了重大变化，2004 年《中共中央国务院关于促进农民增加收入若干政策的意见》提出进城就业的农民工已成为我国产业工人的重要组成部分。同时，不同阶层、不同集团之间的利益冲突逐渐显著，特别是企业内部的投资者与劳动者之间矛盾出现了激化的势头。

根据 2005 年国家统计局有关机构公布的一份报告，城市中等收入群体被定义为年收入在 6 万～50 万元、至少有 3 口人的家庭。如果将它视为中产阶层的标准，那么我国 13 亿人口中占总人口 5.04%、大约 6500 万人可以被视为中产阶层。2006 年，国家税务总局公布了 10 类高收入行业和 9 类高收入人群，并对其收入实行双向申报和定点监控。另据统计，1993 年我国发生群体性事件共 8709 起，此后一直处于上升趋势，1999 年超过 32000 起，近几年来均超过 40000 起，多为工人、农民以理、依法维护权利、抗议不公的事件。①

从政治制度上看，企业等单位中的职工作为我国的劳动者，仍然属于国家的主人。按照 1992 年《工会法》第八条：工会动员和教育职工以主人翁态度对待劳动，爱护国家和企业的财产，遵守劳动纪律，发动和组织职工努力完成生产任务和工作任务；工会组织职工开展社会主义劳动竞赛，开展群众性的合理化建议、技术革新和技术协作的活动，提高劳动生产率和经济效益，发展社会生产力。然而，随着我国社会经济的转型，尽管工人在国家生活中的主人翁的政治地位没有根本变化，但其经济地位已经发生了重大变化。

当然，不同单位的职工的经济地位并不完全相同。（1）无须讳言，在非公有制企业包括外资企业中，因为企业的收入是一定的，参与收入分配的投资者与一般职工之间显然存在着利益的直接冲突。由于我国人口众多，劳动

① 李培林等：《2005：中国社会形势分析与预测》，社会科学文献出版社 2004 年版；陈利华：《“群体性事件”考验中国》，载于《领导科学》2005 年第 17 期。

力在一定时期内处于供过于求的状态，由于我国生产技术水平整体上相对落后，职工文化技术水平相对不高，这决定着在资本与劳动的关系上占主导、支配地位的还是资本的力量。（2）在公有制企业中，特别是在国有企业和国有控（持）股企业中，尽管职工在理论上是国有资产的主人，但企业已经改制，董事会、经理授权直接经营国有资产，国有资产所有者、企业管理者与职工三者之间也存在一定的利益冲突。

例 1　国际贸易中的企业社会责任

早在 1973 年，英国政府发表的关于公司法改革白皮书就涉及企业社会责任内容。1993 年在新德里召开的第 13 届世界职业安全卫生大会上，欧盟代表、德国外交部部长金克尔明确提出把人权、环境保护和劳动条件纳入国际贸易范畴，以贸易制裁来威胁改善工人的社会经济权利，这就是轰动一时的“社会条款事件”。在 1999 年瑞士达沃斯世界经济论坛上，联合国秘书长安南宣布自 2000 年启动“全球契约计划”，各大公司承诺要在人权、劳工标准和环境保护方面改善公司的行为。目前，国际上对于社会责任还没有统一的定义和标准，国际劳工组织、联合国人权宣言等政府间组织，道德贸易行动（Ethical Trading Initiative，ETI）、社会责任国际（Social Accountability International，SAI）等社会组织，以及迪斯尼、沃尔玛、耐克等跨国公司都在制定自己的社会责任准则，但一般认为企业行为应当以对社会负责任的方式体现。如美国的社会责任国际（SAI）1997 年推出的关于企业的社会责任国际标准体系（SA 8000），就是基于《国际劳工组织公约》《联合国儿童福利公约》《世界人权宣言》等的要求，以改善工人劳动条件、环境保护等为目的的标准，SA8000 工作场所标准包括童工、强制劳动、惩罚、非歧视、工资福利、自由结社和集体谈判、工作时间、健康和安全等方面的内容。企业的社会责任除了包括工人的自由平等、劳动工资等方面的权益外，还涉及企业的环境保护、广告、腐败等方面的内容，如反对诱导、欺诈消费者的广告，防止商业贿赂。欧美一些国家已经开始将发展中国家的纺织服装、玩具、鞋类、日用五金等劳动密集型企业通过社会责任认证作为选择贸易伙伴的条件。联合国经济社会理事会在 2003 年批准企业社会责任标准，国际标准化组织在 2004 年 6 月也决定启动社会责任（Social Responsibility，SR）国际标准的制定工作。近几年，我国某些企业因劳动条件、职工权益保护等方面不符合社会责任，被外商取消了出口合同，一些企业开始 SA 8000 等社会责任认证，深圳市高新技术产业园区物业管理有限公司 2002 年 3 月通过了 SA 8000 国际认证。2004 年 6 月，中国企业联合会在“全球契约领导人峰会”上表示，会在中国倡导人权、劳工标准和环境保护责任。2004 年 11 月，社会责任国际组织、深圳当代社会观察研究所在广东东莞举行了“中国企业如何面对新的贸易壁垒——企业管理与社会责任论坛”。2005 年 12 月，由国务院国有资产监督管理委员会中国企业改革与发展研究会发起成立“中国企业社会责任联盟”，并推出了《中国企业社会责任标准》和《中国企业社会责任北京宣言》。2006 年 2 月，首届中国企业社会责任国际论坛在北京举行，主题为“全球责任 共创和谐”。

在各种企业中，由于投资者、企业与职工之间的劳动关系都发生了重大变化，这就要求以公众利益、公共利益为目标的政府根据社会经济发展变化，相应地调整和制定有关劳动、就业、工资、社会保障等方面的社会发展政策，全面、有效保护职工的合法权益，保障社会经济的和谐发展。在这方面，重新界定工会的性质和职能就是一项关键性的政策调整，而中共十六届六中全会关于构建社会主义和谐社会的决定，对工会工作和职工权益保护提出了更高的要求。

二、职工的权益与工会的职能

在我国现阶段，包括职工在内的劳动者的权益是什么？包括工会在内的劳动者组织的性质和职能是什么？劳动者和劳动者组织如何维护和实现他们的合法权益？

关于职工等劳动者的合法权益。根据1994年《中华人民共和国劳动法》（以下简称《劳动法》）第三条，劳动者享有平等就业和选择职业的权利、取得劳动报酬的权利、休息休假的权利、获得劳动安全卫生保护的权利、接受职业技能培训的权利、享受社会保险和福利的权利、提请劳动争议处理的权利以及法律规定的其他劳动权利。显然，《劳动法》的这一规定比较全面地规定了劳动者的主要权利，这一规定与我国现行《宪法》对公民基本权利的规定也保持一致。

不过，比较而言，在社会主义公民社会、市场经济、民主政治中，包括职工在内的劳动者，进而公民的基本权利还应当不仅如此，职工的权益至少还应当通过劳动者的居住和迁徙、罢工、工会体制建设三个方面的体制改革加以完善和维护。

由于坚持社会主义市场经济体制，包括劳动者在内的各种生产要素都应当自由流动和有效配置，这就要求劳动者至少还应当具有居住和迁徙的自由。事实上，我国1954年《宪法》曾经规定：中华人民共和国公民有居住和迁徙的自由。不过，随着后来户籍制度的全面推行，劳动者的居住和迁徙自由受到了限制，这进而影响到劳动者在劳动、就业、工资、教育、医疗、住房、养老等方面的社会经济权利的实现。由于户籍制度目前还没有彻底废除，公共财政制度刚刚开始建立，职工的身份、权利和义务上还存在着城市职工和农民工之间的制度分割，不同身份的职工之间在权利和义务上不对称、不匹配。

由于我国形成了公有制为主体、多种所有制经济共同发展的所有制结构，至少在非公有制经济中，职工与投资者之间（劳资之间）在企业的管理、收入分配等存在着一定的冲突，这种冲突在部分地区和行业还比较显著。因此，职工为争取和维护他们的合法权益，不仅需要与投资方之间进行沟通合作，还要采取合法合理的斗争、谈判以及其他方法。从历史发展和国际比较上看，职工作为公民应当享有集会、结社、游行、示威、罢工等方面的自由，罢工是一定条件下职工维护自身权利被迫而必需的手段。事实上，我国 1978 年《宪法》还规定，公民有罢工的自由，而现实中的企业职工因其合法权益受到严重损害也时有罢工行为。

无论在什么企业中，职工虽然在人数上居于多数，但在资本、信息、知识和技术、组织等方面相对劣势，而缺乏组织的、孤立分散、势单力薄的职工更难以表达和争取他们的利益。从工会覆盖率看，尽管我国公有制单位较高，但据《2005 年国民经济和社会发展统计公报》数据显示，全国工会会员 15029 万人，当年全国城镇就业人员 27331 万人，第二产业、第三产业就业人员分别为 18084 万人、3771 万人，工会会员覆盖率并不高。从 2005 年全国人大常委会劳动法执法检查情况看，农民工劳动合同签订率只有约 30%，中小型非公有制企业劳动合同签订率不到 20%，个体经济组织更低，许多劳动合同期限在 1 年以内，签订 3 年以下劳动合同的约占 60%，签订无固定期限的仅占 20%，且合同内容多不规范。[①]

例 2　工会在沃尔玛的艰难建立

沃尔玛公司一直宣称对职工服务与沟通比工会更好、在各国不建工会。在强调对雇主忠诚、竭尽全力降低成本的沃尔玛看来，工会这个专门和自己讨价还价的无疑是一个“怪物”。多年来，沃尔玛一直竭尽全力阻止这个“怪物”在其体内生长。例如，沃尔玛在中国的很多店为员工准备了免费的纯净水，但不可能准备纸杯；有的店在员工餐厅配有电话，但只是投币电话。当沃尔玛全球总裁李斯阁来到北京时，他宁可向清华

① 翟炜：《我国的劳动合同制度及劳动合同立法》，中国人大网，2006 年 1 月 6 日。

大学捐赠100万美元成立中国零售研究中心，也不愿拿1/10的钱出来建立工会。2001年9月以来，沃尔玛遭到了美国“国家劳动力关系委员会”的28次投诉。该委员会认为，沃尔玛从事了反工会活动，如解雇有接近工会嫌疑的员工。但是，沃尔玛通常采用对提起诉讼的工人施加压力或者软化他们的立场手段，至今没有被告倒。沃尔玛在中国也不例外，从1996年进入中国以来，一直拒绝组建工会。沃尔玛中国总部设在深圳，深圳市总工会主席亲自上门做工作，第一次会见沃尔玛高层管理人员谈到建会问题就被婉拒，第二次干脆被对方拒绝会见，理由是“沃尔玛在全球都没有组建工会的惯例”。再如，南京总工会被沃尔玛一连拒绝了26次；为抗拒组建工会，沃尔玛甚至放弃了进驻上海……2004年10月，中华全国总工会在《工会法执法调研情况汇总》中指出，“部分跨国公司在我国的企业无视我国法律，公开抵制组建工会”，公开点名批评了沃尔玛等一批外资企业。2005年11月，沃尔玛在福建泉州成立晋江店后，从泉州、晋江到罗山街道管委会的三级工会人员曾无数次到这里，建议建立工会。2006年5月，泉州市总工会成立了沃尔玛晋江店工会筹建小组。7月，全国部分城市工会主席座谈会在泉州召开。2006年7月21日，泉州总工会办公室副主任陈雄南收到了柯云龙等30位沃尔玛职工递交的建会申请报告。7月28日，当地工会相关领导跟25名申请入会职工一起，按照《中国工会章程》，召开了第一次会议，并投票选举出了其第一届工会委员会的7名委员，柯云龙和姜忠祥分别担任工会的正、副主席。7月29日，沃尔玛晋江店工会成立仪式在罗山街道管委会举行，30名入会员工全部参加，附近家乐福等超市工会也派代表参加了仪式。

关于工会的职能和性质。我国《工会法》规定，工会是职工自愿结合的工人阶级的群众组织；中华全国总工会及其各工会组织代表职工的利益，依法维护职工的合法权益。从第三章共15项条款的具体规定看，工会主要从两个方面行使其职权：一是依法维护职工的权益；二是协助企事业单位的工作。不过，权利和职能必须通过一定的手段、方法和程序才能够实现，而这需要再进一步明确工会的性质、职能和目标，工会的设立标准和程序、组织结构、治理结构、解散和清算等制度，基层工会与行业工会、总工会之间的关系，工会与政府、商会之间的关系等基本制度。而且，《工会法》《中国工会章程》一再强调，工会在维护全国人民总体利益的同时，代表和维护职工的合法权益。显然，任何个人和组织都要维护全国人民总体利益或公共利益，工会立法应当集中强调的是代表和维护职工的合法权益，更准确地说，工会应当代表和维护职工的正当权益，正当权益包括合法的权益和法律尚未赋予的应有权益。

从实践上看，我国在工会代表和维护职工的权益上，还缺乏足够的程序性规定和保障性手段；工会在代表和维护职工权益上，还缺乏一致性、强有力的行动。如《工会法》规定了职工有组织和参加工会的权利，但缺乏具体可行的操作规程，包括如何发起设立、设立的条件和程序等。再如，《工会法》规定了基层工会专职主席、副主席或者委员的劳动合同保障，但缺乏对工会会员的保护，职工可能要冒着失业的风险来成立或者参加工会组织。如2006年沃尔玛分店对于建立工会之事，最初的反应就是在卖场大门处贴出告示，凡参加工会的员工合同期满后将不再续约。直到8月10日，沃尔玛高层在北京与中华全国总工会谈判结束，沃尔玛（中国）总部才首次发表声明，称将配合中华全国总工会推进在中国的所有沃尔玛分店建立基层工会组织。相反，外资企业、私营企业等领域的商会组织在维护其权益问题上则积极主动得多。2006年3月20日，全国人大常委会就劳动合同法草案向社会征求建议后，我国的两大外商组织欧盟商会提出11条建议，上海美国商会提出多达42页的建议书。

三、政府与职工权益保护

改革开放之初，由于以经济建设为中心，全面吸引内外资本发展经济，由于劳资矛盾尚不突出，工会的转型和职工权益的保护问题还没有成为社会经济中的重大问题。一些地方为了招商引资，在建立工会问题上并不积极。从我国社会经济发展的实际情况看，外资和私营企业的工会建设，职工在就业、工资、福利上的平等权利，事业单位职工的经济民主权利，农民工的劳动就业和工会建设等是需要重点考虑和解决的问题。在私营经济比重较大的浙江和外资经济比重较大的广东、福建，用工问题逐渐突出，珠三角等地区甚至出现了用工荒现象。

例 3　农民工工会杨春文副主席的 2005 年

2005 年 4 月，沈阳鲁园农民工工会成立，7 名农民工被选为工会委员，其中杨春文被选为工会副主席。之前，杨春文还只是个在沈阳鲁园零工市场打工几年的普通农民工。工会成立 8 个月以来，发展会员 5100 多名，处理维权案件 43 起，涉及金额 16.7 万元，180 多位农民工的合法权益得到了维护，而杨春文大概是沈阳城里最忙碌的农民工。作为全国第一位农民工身份的农民工工会副主席，杨春文第一次以参与者以及领导者的身份面对年尾许许多多与农民工有关的大小事。2005 年 12 月 27 日一大早，杨春文赶到他在鲁园零工市场的办公室，抓紧 2005 年剩下的几天时间整理维权档案。这段时间，除了要开展工会的日常工作，帮助农民工维权的事情也相对增多了。“我们正常是早上 8 点左右上班，晚上 4 点左右下班，上班期间一般是为农民工提供咨询，组织登记入会，以及接待维权诉求。平均来看的话，每天至少要接待十多位农民工，多的时候一天有 30 多人。到了年底，数量比平时更多一些。”杨春文在接受采访的过程中，经常强调 8 个字：组织起来，切实维权。杨春文还希望通过媒体向社会呼吁，在农民工群体越来越受到重视的情况下，能有更多的行政部门、更完善的法律法规，以及更强大的社会力量来帮助农民工，为他们的权益提供保障。

（资料来源：2005 年 12 月 31 日《辽宁日报》记者王研报道）

近年来，在我国工业化、城市化和非公有制经济的迅猛发展过程中，劳动关系趋于复杂，劳资矛盾趋于显著，如何平衡公民的劳动权和企业的用工权之间的关系，如何平衡公平和效率、社会安定和市场竞争之间的关系成为我们面临的重大问题，工会和政府在保护协调劳资矛盾、保护职工权益上的作用日益突出。从国际上看，欧美许多国家的工会既是经济组织，又是社会组织。作为经济组织，全国性、行业性的工会可以为劳动者提供更高的工资。国外某些工会利用罢工的威胁，试图限制工会会员的工作机会，相对增加会员的利益。

例 4　工会主席李树凯的申诉请求

2006 年 8 月 10 日，北京市门头沟区劳动仲裁委员会就北京羚锐卫生材料有限公司（以下简称“羚锐公司”）工会主席李树凯诉该公司劳动争议一案作出裁决：羚锐公司一次性支付李树凯工资、职务补助及经济补偿金 9375 元；恢复李树凯相当于原储运部经理级别的工作岗位，恢复原职务工资标准及相应待遇。

2002 年，李树凯应聘到羚锐公司工作，先后任综合办公室主任、储运部经理。2005 年初，经民主选举和上级工会批准，成为公司兼职工会主席。2005 年 12 月 29 日，李树凯听说职工张晓光被公司解除劳动合同，而公司事先并未将理由通知工会，于是找到公司总经理了解情况并提出，张晓光是工会组织委员，又是集体合同协商代表，解除他的劳动合同不妥。2006 年 1 月 4 日，羚锐公司召开中层干部会，宣布新年度机构设置及中层管理人员聘任名单。李树凯所在的储运部被撤销，也没有安排他到与储运部相当的部门任经理。同月，李树凯拿到 580 元工资，而此前，李树凯作为部门经理的月收入及补贴是 2200 元。在与总经理沟通没能得到满意答复后，李树凯向上级工会作了书面反映。2 月 7 日，由区总工会主席卢庆平组成的 3 人调查组到羚锐公司进行调查了解。调查组在与公司正副总经理、工会干部及部分职工核实情况后，提出扣减李树凯工资不妥，应予纠正。之后，羚锐公司按每月 1500 元的标准，一次性为李树凯补发 2006 年 1～3 月工资 2760 元。不过，这与有关协商的标准还不一致。6 月 21 日，李树凯向门头沟区劳动争议仲裁委员会提起申诉，申请仲裁。

（资料来源：中华全国总工会 2006 年 8 月 21 日文章《工会主席李树凯申诉请求获仲裁委支持》）

针对劳动就业中出现的新情况、新问题，我国工会部门已经有意识地调整其职能地位，发挥其应有作用。在沃尔玛晋江店工会建立之前，泉州外商投资企业的建会率和职工入会率已经在 90% 左右。在农民工的权益保护和工会建设过程中，各级工会深入研究农民工特点，在工会组织体系、领导体制、工作机制、组建方式和会员管理上进行了一系列创新，探索出组织农民工输出地入会、劳务市场入会、集体登记入会等灵活便捷的入会方式。同时，工会通过参加全国农民工工资清欠情况大检查，指导农民工劳动合同签订，参加“关爱农民工生命安全与健康特别行动”等行动，启发教育农民工，实行会员优惠服务等，充分调动农民工主动入会的积极性，使农民工入会率不断提高。2006年3月16日，中华全国总工会下发通知，提出2006年底全国外资建会率应达到60%以上，2007年底要达到80%以上。至11月8日，沃尔玛在我国36个城市的62家分店及总部终于全部建立了工会组织，发展会员6000余名。

同时，随着社会结构的分化、利益格局的调整和利益集团的出现，政府有关部门已经开始转变职能，重视工会建设，自觉调解职工和企业之间的关系。特别地，各级政府的劳动和社会保障部门作为劳动就业的主管部门，在促进就业、调节劳资关系等方面应当更多地维护广大职工的正当权益，包括农民工、私营企业职工、弹性就业者等劳动者的正当权益。

参考文献

[1] 保罗·克鲁格曼:《工资之战》，载于《中国企业家》2006年第20期。

[2] 劳动和社会保障部、中华全国总工会、中国企业联合会/中国企业家协会:《关于开展区域性行业性集体协商工作的意见》，2006年8月。

[3] 内蒙古自治区人大常委会:《内蒙古自治区公司职工董事职工监事条例》，2006年9月。

[4] 孙春兰:《进一步做好农民工维权工作》，中华全国总工会网站，2006年10月30日。

[5] 许晓军、李珂:《论我国工会新型维权机制的建构》，载于《工会理论研究》2006年第4期。

[6] 杨鹏飞:《破解工会维权困难的若干思路》，载于《社会观察》2006年第10期。

[7] 中华全国总工会:《企业工会工作条例（试行）》，2006年7月。

公平、平等与我国收入分配政策取向*

一、引　言

尽管公平、平等无论在过去还是在现在都是一个内涵多变、未有定论的学术上和实践上的范畴，但社会公众、大多数思想家和几乎所有的政党和政府都把公平视为一个良好的社会经济秩序或制度所具有的基本属性，把正确处理公平、平等与经济发展效率之间的关系问题作为制定和实施公共政策的基本原则，也是观察和评价收入分配状况、制定和实施收入分配政策的基本原则。

从国际社会思潮和公共政策的演进上看，公平都被视为现代社会的首要价值。在历史上，无论是资产阶级革命提出的“自由、平等、博爱”的口号，还是社会主义革命所提出的废除资本对劳动的雇佣和剥削的生产关系，消灭阶级对立和阶级压迫的资本主义制度，他们都暗含着公平是一个良好的现代社会经济秩序或制度所具有的基本属性。这是因为：一方面，经济的不公平表征着剥削，社会和政治的不公平意味着压迫，公平是人类的基本价值和基本政治权利，是民主政治的根本目标；另一方面，公平是每个人充分发挥才能、实现自由的前提条件。由此，强调公平作为社会核心价值，与现代社会

* 本文收录于李实：《中国收入分配研究报告》，社会科学文献出版社 2013 年版。

的其他基本价值，包括效率、自由、民主、自治、人权、博爱、福利等并不矛盾，从根本上并非处于非此即彼的传统或替代状态，这些基本价值都是现代社会所要实现的主要目标。

后来，无论是社会主义和资本主义冷战时期，还是苏联解体和东欧剧变以及中国全面改革时期，欧美学者都把公平、效率作为分析和判断社会制度和社会发展的两个基础概念或两大基本价值。其中，经济学界主要进行经济效率的国别比较，社会学、政治学、法学、管理学、伦理学、心理学等其他社会科学则侧重分析不同国家的公平、平等问题。21 世纪以来，2000 年美国共和党布什的竞选口号是“富有同情心的保守主义”；2003 年英国工党年会口号是“一个对所有人都公平的未来”，同年英国保守党年会口号也是“一个对每个人都公平的约定”。2001 年 11 月，国际劳工组织成立“全球化社会影响问题世界委员会”，后来发表了《一个公平的全球化：为所有人创造机会》的报告；2004 年 9 月，联合国举行的高层会议主题也是“公平的全球化：实现联合国的千年宣言”。2010 年英国工党的竞选口号仍是“对所有人都公平的未来”，保守党模仿美国民主党奥巴马提出“为变革而投票”和“变革于你得利”。2008 年奥巴马依托美国公众“希望和改变”而赢得大选，2011 年“占领华尔街”后，2012 年大选的焦点依然是经济发展和社会公平问题。

从国内看，如何认识公平、平等，如何处理公平、平等和效率的相互关系问题，这不仅是收入分配领域的基本理论问题，也是贯穿新中国 60 多年社会、政治、经济等领域的发展历程的基础性、核心性问题。在 30 多年的改革开放过程中，既有对公平及公平与效率关系的长期争论和各种解释，又有党和国家社会经济政策上的从公平优先到公平与效率兼顾再到效率优先的多次调整。根据黄泰岩等（2004～2011）的连续观察，收入分配、资本市场、“三农”和经济发展、体制改革等一直是近年来中国经济研究的热点问题。

公平当然是贯穿、交汇人类全部社会活动的问题，但本文主要探讨的是经济活动领域的公平问题，重点探讨的是收入分配领域的公平问题。

收入分配虽然由社会经济体制和经济发展结果所决定，但收入分配状况直接影响着居民的消费、储蓄水平和经济增长方式，而公平、平等也正是描述和判断收入分配原则、过程和结果，公平、平等和效率是分析收入分配与经济发展关系的核心概念。如何从概念上理解和界定公平、平等和效率，从命题上给出公平、平等和效率之间的关系性质，并且如何基于社会实践制定和实施包含公平、平等和效率问题的公共政策，这就不仅是一个单纯的、重要的学术问题，而且是21世纪第二个十年的中国如何迎接国内外的社会经济发展挑战，推动中国社会经济稳定、持续、有效发展的基本的、焦点的议题。

从收入分配领域而言，如何认识我国改革开放30多年来的收入分配问题，如何认识我国的收入分配制度及其变迁，如何评价我国收入分配的结果，诸如城乡之间、地区之间、行业之间、单位或企业之间的收入增长和收入差距，如何认识城市、农村、单位的收入增长和收入差距，以及全国居民的收入增长和收入差距？导致我国收入分配上的这些现象的因素或原因是什么，是市场化改革的结果还是市场化不足的结果，国家制度和公共政策如何对我国收入分配产生了复杂多样的影响？未来我国收入分配的趋向是什么，收入分配上的公共政策取向是什么？

本文试图通过整理存在于公平、平等上的理论和政策的问题积淀，包括回顾新中国60多年，重点是改革开放30多年在公平和效率关系问题上的理论争论和政策变迁，认识我国经济发展和收入分配的过程和状况的基础上，指出人们追求公平的最终目的在于资源的占有配置，公平存在的本体和基础是社会对占有配置资源的方式、规则的规范，是通过法律所形成的权利特别是个人权利的规定、分配和保护状况，由此重新厘定了本质公平、分配公平、经济公平的内涵，公平的内涵探讨了公平与自由、产权、法律、市场经济、经济效率等范畴之间的可能和应有的关系，最终给出一种权利本体、个人和市场优先、效率取向的公平新观念，以及政府在公平和效率关系上的政策取向。

本文内容分为三个部分：第一，关于公平以及平等、效率的概念和理论的介绍和讨论；第二，关于公平的实现或分配的介绍和探讨，重点是我国30

多年来收入分配状况和收入分配政策中的公平和效率关系问题的探讨；第三，关于公平与效率之间的理论探讨，给出公平与效率相互关系的命题，以及我国公平与效率关系的政策取向建议。

二、公平的概念和理论

1. 作为词语的公平和平等

改革开放以来，尽管国内有关公平、平等等问题的文章连篇累牍，尽管社会公众和专家学者频繁使用公平、正义、平等、公正等概念，但人们在公平问题上的认识远未清晰，远未形成共识。准确地说，不仅是社会、公共部门没有形成大致统一的认识，同一学科或研究领域也没有形成统一的认识，而且许多人自己也没有对公平、平等等概念进行准确、稳定的界定。而学术研究一般从反思、清理已有的学术工作积淀，明晰、界定文本中的基本概念、假设、命题等基础工作开始。研究公平、平等和收入分配问题也是如此。

古代汉语中虽然有公平、平等等词语，但公平、平等、权利、自由等是作为现代社会的概念，作为近现代经济学（至少是规范经济学）、政治学等社会科学的基本范畴，只是在19世纪才开始在中国引进、使用（金观涛和刘青峰，2010）。在英语中，"justice"一般译为汉语中的公平、正义、公道、合法等，含义与之相近的还有译为公平的"fairness"和"equity"，罗尔斯还提出了"公平的正义"（justice as fairness）思想，而"equality"一般译为均等、平等、同一、相等。在英美经济学、政治学等社会科学文献中，"justice""fairness""equity""equality"，公平与平等的含义并不相同。公平的外延大致来说比平等要宽，平等在一定条件下可视为公平的一种存在形式，如法律、权利和机会面前的人人平等；但平等也可能是非正义的，如劳动者收入初次分配上的平均主义。相反，国内的辞书如中国大百科全书出版社的经济学、政治学等大百科全书，对公平、平等等概念或者付诸阙如，或者语焉不详。

例如，帕尔格雷夫、布莱克维尔等系列的经济学、政治学大辞典虽然都没有收录公共利益等词条，但至少都收录了“equality”词条，且《帕尔格雷夫经济学大辞典》还有“justice”“fairness”“equity”词条。按照《帕尔格雷夫经济学大辞典》的解释，“justice”在经济学中常常与经济评价有关，与社会福利最大化有关，涉及自由以及平等原则和差别原则；“fairness”与公平分配、分配机制、效率相关；“equity”是具有多种含义的概念，包括公平和平等，例如瓦里安的定义，如果没有任何一个人羡慕另一个人，这种分配就称之为公平分配，即公平是非嫉妒性的概念。

“equality”在《帕尔格雷夫经济学大辞典》中是一个具有多种内涵的概念，包括法律面前人人平等、机会平等即经济制度中的机遇平等、结果平等等。在《布莱克维尔政治学百科全书》中，“equality”包括两种用法：一是本质上的平等，即人是平等的动物，人生而平等；二是指分配上的平等，即人与人之间在财产分配、社会机会和（或）政治权力的分配上较为均等。① 美国经济学家阿瑟·奥肯1975年出版的那本曾经流传一时，国内也有多个译本的小册子，即《平等与效率——重大的抉择》（*Equality and Efficiency, the Big Tradeoff*），探讨的也是平等与效率之间的替代或抉择问题，即社会在平等（而不是公平）与效率之间面临着重大而艰难的抉择。

显然，如果对公平、平等等概念的内涵没有统一的约定，换言之，人们在研究和讨论时如果不遵守基本的学术规则，而任意使用内涵不同而名称相同的概念，或者把内涵不同的公平与平等概念混乱使用，如哈耶克在《自由宪章》（*The Constitution of Liberty*）（或邓正来译的《自由秩序原理》）第六章对平等所做的批评，那么必然导致学术上的混乱、人力上的浪费和政策上的冲突。事实上，这种情况已经在国内的学术研究和政策制定上长期、反复出现了。

---

① 约翰·伊特韦尔等：《帕尔格雷夫经济学大辞典（第2卷）》，陈岱孙等译，经济科学出版社1992年版，“justice”“fairness”“equity”“equality”分别在第1116~1120页、295~296页、197~199页、182~186页；“equality”在戴维·米勒等：《布莱克维尔政治学百科全书》，邓正来等译，中国政法大学出版社1992年版，第230~232页。

本文所用的公平概念主要是指“justice”“fairness”“equity”，即人人在确定资源配置的方式和结果的法律、规则、权利等方面的平等一致无歧视，特别是指经济的权利制度公平，不是指资源配置最终结果的平等或均等（equality），而公平、平等的具体内涵将在下文的讨论中逐渐得以明确。

2. 公平的观念或本质公平

综观已有的各种公平概念，大致可以把名为“公平”的存在分为两类：一是作为一种学术思想和社会观念的公平或本质公平，是人们关于在实施公平上应有的规则、程序、标准、方式、分配结果等内容的主观理解、定义和理论体系；二是作为一种社会实践和政府政策的公平、分配的公平、公平的实现、公平的分配，包括公平的初次分配和再次分配。可以说，本质公平是分配公平的行动依据，分配公平是本质公平的实践结果。

公平的观念和公平的分配，换言之，本质公平和分配公平都内含了两个方面的基本内容：一是作为行为规则、程序、标准、方式的形式公平或程序公平；二是作为行为内容和结果的状态公平或实质公平。至于弥漫在社会情绪或个人概念中的公平，只不过是对本质公平和分配公平的个人化、情绪化、非系统性的表述和反映。

从对后世的影响力上看，值得重视的有以下几种公平观念。一是古希腊学者的公平观念。在柏拉图的理想国中，教育制度是专门为那些有同样才能和美德的孩子设置的，是为他们提供一个平等的机会以获得不平等的社会地位。亚里士多德把公平作为政治学上的善，主张政治权利分配应该与个人的价值相一致，综合考虑门第声望、自由身份、财富、才德、功绩等因素差别，在某些方面以数量平等为原则，在某些方面以比值平等为原则。二是天赋人权论者的公平观念。古希腊的斯多葛学派认为，自然法赋予每个人相同平等的理性。不过，人人生而平等只是在资本主义社会才成为主流性的观念。启蒙时期的伏尔泰、孟德斯鸠、卢梭等认为，人生而平等，人具有理解自己权利和义务的能力，卢梭甚至提出了人人在财产、法律、政治地位等方面广泛平等的思想。三是功利主义（福利主义）者的公平观念。边沁等认为，人人都享有相同的体验快乐与痛苦的能力，因此每个人按照规定只能享受一份权利而不能有更多的权利。边沁提出了以增进最大多数人的最大幸福作为判断国家制度和法律优劣的唯一标准。后来，密尔等提出了福利国家思想，这种思想演变为第二次世界大战后西方社会流行的政治经济思潮。四是康德主义的公平观念。康德认为，人具有尊严，人作为在道德上有实践理性的主体，应该被视为自身的目的，而不仅仅是目的的手段，政府的使命是在法律上实践和保障人民的自由、平等和平等权利。五是社会主义者的公平观念。

针对资本主义社会的大量而严重的不公平现象，社会主义思想家提出公平不能仅仅局限在政治权利方面，而必须扩大到社会、经济、文化领域。马克思和恩格斯在1848年的《共产党宣言》中明确指出，无产阶级公平的实际内容是消灭私有制和阶级。

仔细思考关于公平的各种概念和命题，可以发现，公平概念主要包含或涉及以下几个基本的因素或成分。一是公平是以人为主体的概念，人是社会活动的主体和目的，所有制、生产技术、知识、政治体制等都是手段和方法。二是人类的公平观念和分配公平所关注的对象和追求的目标首先是物质资料，物质资料是人类生存、发展、繁衍的物质基础，物质资料生产或经济活动是人类的基本活动，经济活动就是为满足消费需要而连续进行的物质资料的生产活动，就是占有、生产、交换、分配并最终满足人类需要的各种物质资料的劳动过程，经济学就是研究人类如何采用生产方式以解决物质资料供给与人类需求之间的矛盾关系的社会科学，在经济活动的基础上才能够开展政治、文艺、科技、教育等活动，人类在政治、文艺、科技、教育等活动中同样存在着公平问题。三是公平、平等是比较的、相对的概念，公平与否，是人际、代际的比较，是投入与产出的比较；不仅是同代人之间的比较，而且是上下代之间的比较；不仅要比较自己的支出与收入，而且要比较他人的支出与收入，而这就暗含着公平的效率取向问题。

3. 公平的权利本体

接上所述，贯穿在不同的公平观念及分配公平中的公平内容大致可以分为两个层次或方面。第一，公平观念和分配公平所关注的对象是人类生存和发展所需要的各种条件即经济、政治、文化、自然等各种资源，以及这些资源在占有、配置上的方式、数量、结构、形式等初始状况及这些资源经过使用、配置后的结果，包括初次的、市场配置的结果和经过政府、社会转移支付的再配置、再分配的结果。人们主观上研究公平问题或客观上实施公平制度的最终目的都是最大化地占有和使用各种资源。第二，公平是关于各种资源的占有和配置的具体制度、方式或政策，不同时期、不同社会存在和运行着各不相同的资源占有、配置方式，其核心制度包括资源或财产的所有制和资源的生产、交换等配置方式，所有制包括个人所有制即私有制和共同所有制即公有制，资源配置方式包括权威、习惯、命令的配置方式和市场的配置方式，以及这些制度、政策的实施方式和实施过程。

分析比较关于公平的各类思考和实践可以发现：由于外在的资源本身并不能向我们昭示人类行为的秘密或特征，而资源以何种方式被占有和配置，分配公平按什么标准、规则、程序等制度或形式实施，这才是公平范畴的核心结构、存在本体和实质特征；而且，这些制度在现代社会的存在方式就是社会经济活动的方式和规则，这又往往通过法律制度表现为规定并保护人（国民、公民、居民、人民）的各种权利以及政府的权力。更明确地说，占有和配置资源的标准、规则、程序等制度或形式，以及法律所规定和保护的居民的权利状况是公平的核心结构。由此，本文得出初步结论：公平的本质即公平存在的本体（本位）和基础就是社会对各种资源的占有配置和保护状况的制度规定，而资源特别是经济资源的占有配置状况是决定制度、法律或权利及权力性质的主要和核心因素，应该建立一种权利本位、效率取向的公平观念和公平制度。在一定意义上，权利是本、是体，公平特别是过程和结果公平是末、是用。

权利是人们为占有和配置使用各种资源、进而生产和创造各种价值、最终分配和消费各种有价值的物品而采取行为的方式、方法和社会规定的资格、可能。在现代社会，权利主要是基于一定的生产和生活方式而形成的既有或应有权利，这些权利并由宪法和法律制度所规范，由法律赋予的公民个人及其组织机构在经济、政治、文化等方面所享有的权利和利益即法定权利，权利是标志人们从事社会活动的行为自由的目标、方式、方向、范围、程度的法学范畴。权利在种类上可以分为民事权利如人身权、财产权和政治权利等。

总而言之，公平主要是指人们在参与社会经济活动中的权利、标准、规则等制度上的公平或公平的制度，是指每个社会主体都拥有独立、全面、平等的权利，是指一种自由、平等、统一、开放的社会环境。或许，可以用两句话来概括公平的正义：第一句是出自美国《独立宣言》——人人生而平等，他们从他们的造物主那里被赋予了某些不可转让的权利，其中包括生命、自由和追求幸福的权利；另一句出自法国大革命时期——前程为所有人开放。在近现代社会，权利本位的公平概念的基本内涵就是人人在社会经济活动中的平等、充分的权利和统一、自由的交易与竞争规则。在公共领域中，公平原则主要体现在两方面：首先，公民公开、平等地参与公共政策的制定和实施过程，如政务公开、分配标准统一等制度安排；其次，公民在公共政策的实施上受到平等对待，特别是程序和标准上的公平，应尽可能公平无歧视地施行公共政策，以最大限度地增进全体公民的福利。

4. 公平的分配标准

随之而来的问题就是既然公平是人们关于资源的占有配置方式的思考和实践，那么资源的哪种或哪些占有配置方式是好的、公正的、正义的方式，如何界定、判断好的资源占有、配置的方式，法律应该如何规定和实施权利？这实际上又包括了两类问题。一类是资源的占有、配置方式，即公平实现、资源分配的原则、标准、程序（包括优劣、先后顺序）、过程，在市场经济活动中就是经济资源占有、生产、交换、分配、消费的制度或方式。另一类是公平实现、公平分配状况和结果，是公平分配的绩效或效率，在经济活动中就是经济增长和收入分配的结果，是国民收入水平以及国民收入的分配结果，国民收入水平以及国民收入的分配结果是检验、判断资源占有、配置方式优劣的方法和标准，是判断一个国家、一种社会制度的公平性质和公平水平的方法和标准。

对于第一类问题，首先，在经济活动中需要解决的核心问题是资源的占有、分配标准问题，可供占有、分配的资源来源问题。对此，一些人强调以人为单位分配资源是天然和公平的制度，另一些人认为以占有和投入的资源特别是财产数量为分配的主要依据和标准是制度公平。其次，由于在同一时间、地点和体系内，可能存在着多种即不同的制度、权利，不同的制度存在着冲突和选择问题，这又引起了在资源占有配置和权利拥有实施的先后顺序。

从公平的分配、实现标准或资源的占有配置标准上看，历史上的分配公平和政府政策大致可以分为两类：一类是以人以及人的需要为标准来分配资源，这包括才德、平均主义、弱势群体等分配标准；另一类是根据个人的贡献或功过，这包括根据个人的劳动投入、占有和投入的资源来分配资源。

那么，什么是人的需要及其满足方式？人的需要或偏好显然是一种含义模糊、任人解释的分配标准。首先，什么人的需要才能成为社会承认和满足的需要。是鳏寡孤独残疾者还是有产者、有劳动能力者？是哪一性别、年龄、地区、职业、宗教、种族、民族的人？其次，是什么种类、层次和程度的需要。不仅衣食住等基本生存需要可以成为分配的标准，才能、美德、地位、声誉、信仰、权力等社会性和文化性的需要都可成为配置资源的标准。古希腊、功利主义、社会主义的公平观念中都包含了按需分配思想。连中世纪的阿奎那也认为，在满足有限需要和获得适当收益之后，根据自然权利，剩余的物品应该归穷人所有，并且应该用于公共福利，一个饥饿的穷汉可以取走法律上属于他人的东西来维持生存而不被认为是抢劫。

公平的需要标准大致可以分为以下四种。

第一，所谓的才德或等级等社会性标准，有才有德者就享有多数甚至全部资源。在任何时代，才德的内涵和标准显然反映了强者和智者的利益目标，如品行、文学等曾经是古代中国的才德内容，而学历和职称是现代社会广泛采用的才德评判制度。不过，个人的才德与贡献之间并没有很大的相关性，而才德又受到各种先天条件的限制，先天条件差异如出生地和户籍制度、财产私有和继承制度本身就是一种不公平。

第二，人人均等的分配标准。个人需要标准在实际操作上最简单、最易接受的分配标准是人人无差别的平均主义分配，即所谓有饭同吃、有衣同穿、有福同享的平均主义，这种均等统一的分配往往还可以避免嫉妒不满情绪。然而，均等原则表现为政治上、法律上的权利人人平等尚有其合理性，但它在经济活动中就面临着一系列难以解决的问题：均等原则在产权制度上要么表现为建立在平分财产基础上的汪洋大海、原子式竞争的个体经济，要么表现为社会共同占有和使用资源的国有经济；在收入分配上因回避了如何显示个人的经济贡献和消费偏好而表现为平均主义。显然，产权制度和分配结果上的均等原则都是我国经济体制改革的对象，个人在财产和收入上的一定差别和不断追求是激励和维持经济进步的基础动力机制。

第三，与各尽所能相配合的按需分配。各尽所能、按需分配原则大概只有在物质产品极大丰富、统计和会计制度极其发达的未来才可能实现。即使在未来社会，按需分配方式在具体操作上也受到了多方面的挑战：一是需要本身显然难以被精确地界定和计量，以收入水平来替代需要水平并不是一个很好的方法，它最多只能给出一个社会保障的最低收入标准；二是按需分配显然要由一个统一权威的社会机构或政府部门来实施，但官僚主义、特权主义、阿罗不可能定理、布坎南外部成本等政府失灵现象已经对政府分配的公平有效性提出了很大质疑；三是按需分配必须解决各尽所能问题，即必须建立健全个人和社会的激励、创新和监督机制。在社会生产力水平不高、资源和产品相对短缺的当代社会中，按需分配显然缺乏资源和技术上的支持，只能成为一种补偿性的社会保障措施。

第四，社会弱势群体的基本生活需要。比较而言，缺乏基本的行为能力和必要的财产收入的社会弱势群体的基本需要可能是最合理的分配标准，社会保障制度正是满足社会弱势群体这种基本需要的主要方法。不过，公平有效的社会保障制度至少需要满足以下三个条件。一是受资源稀缺的限制，社会或政府所能够满足的主要是分类型、有期限的基本生活需要，社会保障以不损害社会发展的动力激励机制为前提。二是对先天性的弱势者，社会可以无条件满足其基本需要；对后天性的弱势者，社会可以根据其原先的贡献和积累状况来满足其需要。社会保障的内容和水平应该与个人所缴税费挂钩，同时社会保障应该与商业保障和个人账户相配合。三是除非政府对社会成员的需求或偏好有全面、准确、及时的了解，否则政府就主要采取货币性、平均主义的分配方式，一元钱就是一元钱（黄有光的结论），而避免实物性的分配方式。

由以上分析可以得出一个引论：除非个人无行为能力和必要的财产，此时可以按需人人平等分配，这也是现代社会建立社会保障制度的一项理论依据；否则，人的内在需要、动机必须与人的外在的行为方式和行为结果联结起来，换言之，天上不会掉馅饼，人必须通过各种社会实践来获得相应的收入并满足自身的需要。

什么是贡献、功过的标准？贡献或功过标准实际上也应该是当代社会在占有和分配资源上的主流性、主导性的公平标准。不过，个人的贡献或功过也是一个需要加以澄清的概念。大致可以把贡献或功过定义为对社会经济活动的贡献或损害。在经济活动中，一些人认为资本、土地、劳动力都对经济增长作出了贡献，因此主张按生产要素分配收入；另一些人认为只有劳动才能创造新价值，因此主张按劳分配收入。简言之，功过大致由两种相互冲突的标准组成：一种是建立在资源或生产资料私有制基础上的生产要素标准；另一种是建立在公有制基础上的劳动标准。不过，按功过分配就意味着结束世袭的身份和特权，建立一个人人拥有平等权利、有机会表现自己的喜好和功绩的开放竞争社会。

第一，关于按生产要素分配。亚当·斯密还把分工、资本和增长作为经济学研究的重点，但自亚当·斯密、大卫·李嘉图开始，虽然他们还承认价值主要由劳动创造，但斯密的价值论已经是劳动价值论和要素价值论的混合体，而萨伊之后的西方主流经济学把投入经济活动中的土地、资本、劳动、企业家才能等视为共同带来新价值的生产要素，占主流地位的是按个人占有和投入的生产要素来分配价值的理论。更准确地说，是生产要素的边际生产率决定着各种生产要素的价格水平和分配份额，建立在私有制基础上的自由交易和完全竞争制度是回报功过的最佳机制。

第二，关于按劳分配。马克思主义认为，价值的创造和价值的分配既有联系又可分离，生产劳动创造着价值，而所有制即产权制度决定着价值的分配方式。应该建立公有制特别是全民所有制，排除资本、风险、市场等因素对分配的影响，按劳动贡献的性质和大小直接分配收入。显然，一个国家如果能够真正建立计划经济体制，政府如果能够全面、准确、及时地了解有关个人贡献和偏好、自然资源、技术、价格等方面的信息，计划经济体如果能够全面、长期、有效地运行，那么按劳分配未尝不是一种理想的分配方式。然而，完全计划经济在目前还只是一个难以实现的理想，实践中的按劳分配制度也严重偏离了设想中的按劳分配原则。

主要有以下几个方面的原因。一是人的一切活动最终都是创造各种物品来满足其需要，满足需要的物品效用或使用价值可能是劳动的凝聚，也可能是大自然或资产的给予，即配第所谓的“劳动是财富之父，土地是财富之母”，人们在评价和交易物品时就不仅考虑凝聚在其中的抽象劳动，而且考虑包含在其中的天然成分和资产投入因素。二是劳动首先是即时动态的活劳动，主要按活劳动分配的收入除了用于消费外，也可以用于储蓄和投资而转换为物化的资产（这与资产并不全部由劳动转化而来是两个问题）。三是社会经济活动具有时间持续和代际继承的特点，具有劳动要素和非劳动要素密不可分、共同完成物品的生产和交易过程的特点，只要不连续地剥夺个人的多余收入，承认劳动收入的一定积累和继承权，允许个人一定的储蓄和投资活动，只要可供交易和消费的物品不都是劳动形成的物品，那么，在中国特色社会主义的初级阶段，就要承认并保护个人以各种生产要素参加收入分配。政府当然可以通过宣布自然资源国有、征收所得税和财产税、转移支付、社会福利等方法，尽可能地降低先天性、非劳动要素对公平权利和社会福利的不当影响，增大劳动收入在国民收入分配中的份额，消除过分悬殊的收入差距。经过长期多次的改革探索，中国最终在 1992 年之后选择和确立了多种所有制经济结构、通过市场配置资源、通过多种方式分配个人收入的社会主义市场经济制度。

这样，从相对论的角度看，历史上的实质公平和分配公平的演化过程，实际上都在一定程度上反映了当时资源在社会成员之间的占有和分配状态，并进而反映了人们对权利的认识、规定和保护的发展过程，即制度和法律的变迁和优化过程。在不同时期、不同经济和社会制度中，就产生了不同的公平观念、权利体系和政策主张。如在生产力相对停滞的古代社会，才能、美德、地位等反映着人们相对固定地占有和分配资源的状况，公平观念的背后是对有产者、特权者的社会经济利益，对等级、身份制度的坚持、世袭和维护。在社会化、工业化、市场化的经济体制中，否定和打破经济、政治、文化资源占有和分配的既定格局，崇尚和激励在个体权利平等前提下的创新、开放和竞争，这就成了公平的主流取向。而在同一时期、同一经济和社会制度中，处于不同社会经济地位、拥有不同权利的人或阶层也就提出了不同的公平观念和政策主张，如市场经济中的无产者更强调就业和收入分配上的公平性，甚至提出财产占有上的公平权利，而有产者更强调市场进入和退出、交易和竞争的公平性，强调保护私人财产和收入权。

5. 再论公平的权利本体

对于公平实现、公平分配的第一个问题，在解决了公平分配的标准之后，就要分析公平的分配、实现的过程和程序，在经济领域就是如何组织生产活动，经济资源如何占有、交换和分配，经济活动和收入分配的实施过程和程序是什么。在中国，这个问题还涉及一个理论和方法上的个体主义和集体主义的基础争论：经济发展、社会制度是个体为主、个体自发行动的结果，还是社会集体行动、整体演进的必然？一些人强调个人即个体是权利的初始拥有者和公平的首要判断者，一些人强调集体及政府是权利的初始拥有者和公平的首要判断者。这种争论的结果事实上已经长期、全面影响着我国的体制改革、经济发展和收入分配。

个体又称个人，一般指人类社会中的一个人或是一个群体中的特定主体；个体主义（个人主义）有价值观上的个人主义和方法论的个人主义之分。价值观上的个体主义认为独立的个体是社会的本源或基础，善和恶是个体的主观评价，社会活动是以个体为主体、以个体行为基础的，人是社会的能动性、有目的的自觉自为的行动主体，而集体行动只不过是众多个体自发性或有组织的共同行动，社会、国家只是个体为了保障自己的某种权利或利益而组成的，习俗、法律等只不过是个体之间强制性或自愿性达成的行为制度或规范。方法论上的个体主义坚持个体是社会的真实本体，个体是其利益进而也是人类利益的最终、最佳判断者，构成人类社会经济活动的唯一真实基础就是个体的人。社会现象最终可以还原为个体以及个体之间的互动，并可以通过后者来得到解释，个体的利益之和就是国家和人类利益。因此，个体主义方法论强调以个体为出发点，基于个体的立场来研究社会经济现象。

与方法论上的个体主义相对的有方法论上的整体主义和结构主义，而个人主义与整体主义的关系成为近期方法论之争的焦点问题。整体主义方法论认为，社会整体不仅仅是其构成元素即个体的总和，相反，社会作为一个整体及其结构获得了比个体之和更多的属性，即整体及其结构属性。整体主义方法论强调，研究社会现象的出发点和立场不应该是个体，而应该是社会制度、社会结构等宏观性社会现象，应当对社会经济现象进行总量分析或宏观分析。

许多人把马克思主义经济学的方法只归结为整体主义，这种认识并不准确。固然，与个体主义相比，马克思主义偏向于整体主义。但马克思并不排斥个体主义，是整体主义与个体主义的辩证统一。马克思的历史概念的基础是能动的人而不是物质，个人是现实的个人，即在社会关系中进行物质生产活动的个人；人是能动的人，是有认识能力、行动能力，通过行动改变自身条件的人，个性的发展是个体发展的核心内容，个体的发展是人类的发展理论的出发点和落脚点，人的社会特性、类特性必须在个人那里得以展现和发展，人在经济活动具有某种目的，人类的发展归结为个体的全面自由发展。

如果承认马克思和恩格斯《共产党宣言》中的每个人的自由发展是一切人的自由发展的条件的命题，那么拥有权利的公民就可以建立组织机构如政府，并让渡或赋予这些组织机构一定的权利及权力，而政府行为的边界就由公民让渡的权利性质和范围所决定，政府依法运用强制性的权力的目的是更好地发展和保护公民的权利，实施或分配公平。进而，在个人权利的优先顺序上，一些人着重坚持个人天生享有生存、享乐、尊严、自由等人身权利，公平就是这些权利的实现方式；另一些人强调个人的财产权，认为人身权只有在一定的所有制即财产制度基础上才能真正实现。

现在，几乎所有的国家或党派都坚持个人权利的平等一致，强调权利与义务的对称统一，都承认要赋予居民尽可能充分和适当的权利。这也正是约翰·罗尔斯在1971年出版的《正义论》中阐发的基本思想：公平的第一原则是充分恰当的（权利）平等和自由；第二原则是在前途、资源等社会地位或正义上的机会公正平原则，以及在经济利益或福利上的差别原则，即最小受惠者的最大利益，差别或不平等有利于平等的实现。而且，第一原则优于第二原则，第二原则中的机会平等原则优于差别原则。① 经过诺齐克、德沃金、阿马蒂亚·森等学者的驳难和完善，最大化或理想性的公平，至少是指人们依据广泛平等的权利自由从事各项活动，是指公民各项活动过程的公平自由和各项活动的结果受到全面承认和认真保护，存在和行使权利也就意味着存在和实施公平②。只有实现了权利上的人人平等，才可能在社会经济活动上达成利己、自利与利他、互利的统一。如果把平等理解为狭义的人在法律和行

① 约翰·罗尔斯：《正义论》，何怀宏等译，中国社会科学出版社1988年第1版，2009年修订版；约翰·罗尔斯：《政治自由主义》，万俊人译，译林出版社2000年版；约翰·罗尔斯：《政治哲学史讲义》，杨通进等译，中国社会科学出版社2011年版。

② 阿马蒂亚·森的代表性著作几乎都译为了中文，这在当代欧美经济学家中实为异数，揆诸原因，应当与国内学者对中国社会经济发展、收入分配等问题的关注和焦虑有关。近期的可参见阿马蒂亚·森：《以自由看待发展》，任赜、于真译，中国人民大学出版社2002年版；阿马蒂亚·森：《伦理学与经济学》，王宇等译，商务印书馆2006年版；阿马蒂亚·森：《正义的理念》，王磊、李航译，中国人民大学出版社2012年版。

为规则上的平等，那么这种平等与公平的含义就大致相同了，而且这种意义上的公平、平等与自由也不会产生冲突了。

作为一种政治哲学，自由主义大致可以分为古典自由主义和现代自由主义。前者主张政府为守夜人，自由放任，消极；后者主张政府谋求社会公正，必要时牺牲一定的自由和财产。诺齐克 1974 年出版的《无政府、国家与乌托邦》最为重要。诺齐克提出，只有一个政府极少干预的、功能上最弱的国家（minimal state），才是一个最公正及值得追求的政治组织。这样的国家，其功能及权力只限于防止暴力、盗窃、欺诈以及确保契约的执行。除此之外，政府应绝对尊重人们的选择自由及私有产权，不应因平等或福利等其他价值，进行任何的财富再分配。换言之，诺齐克希望为自由放任的市场资本主义建立稳固的道德基础。资本主义值得拥护，不是因为其有效率，不是因为两害相权取其轻，而是因为它最能保障每个人的基本权利，是人类所能渴求的最好的乌托邦。

诺齐克在《无政府、国家与乌托邦》中提出了三原则：获得的正义，最初财产的获得必须来源清白；转让（交易）的正义，交易的自由公正；矫正的正义，如果获得、交易等环节出现不正义，就要根据正义的历史原则加以矫正。因此，如果一个人的财产符合获得、转让的正义原则，那么就不能施行罗尔斯的分配正义原则。国家只能是最小的守夜人，《无政府、国家与乌托邦》书中的最后一句是“or less”。

6. 公平与自由、法律

自由也常常被一些人认为与公平密不可分。不过，言语中的自由也是一个歧义纷现的概念。所谓的自由至少包括两种含义：一是个人心灵、思维的自由无拘，文学艺术和学术研究在一定程度上就是这种自由的表现；二是个人在社会行动上的自由，这种自由受到法律、财产、自然环境等因素的限制。本文使用的是后一种含义的自由。

严格地按照逻辑推论，按需分配、收入均等平等性质的措施都在一定程度上妨碍了个人的自由，妨碍了个人通过交易和竞争来最大限度地追求自己的收益。因此，哈耶克、诺齐克等新自由主义者就从总体上摒弃公平或者准确地说平等的观念，主张在尊重法律和既得利益的基础上回到对公平的传统理解。即公平是规则和过程上而不是结果上的，如果提供、获得和分配利益的规则和过程是正确的，例如通过自由市场机制，那么谈论利益分配的结果是否平等就没有什么意义了，甚至可以说不平等具有天然性。实际上，政府失灵也是现代自由主义者的结论，他们认为包括收入转移、福利制度在内的政府政策破坏了个人自由，理性预期学派甚至主张取消一切相机抉择的政府干预。由于坚持自由优先于公平特别是平等的思想，因此现代自由主义的公平就意味着人们能够自由平等地实施自己选择的生活计划。

可见，现代自由主义者所指的自由主要是基于个人权利的充分、平等而产生的行动或选择自由，这种自由实质上是公平的一种形式或表现。不过，这种公平观念是一种理论上的极端化表现，更准确地说，是社会中优势群体的公平观念。因为自由在表层或法律上是社会包括政府所承认和保护的个人行为的权利和状态，在实质上反映了个人占有和使用资源特别是经济资源的状况和后果，也就是马克思所说的经济基础决定着人们的行为方式和上层建筑。极端的选择自由和经济决定论无异于优胜劣汰的达尔文主义，而现代社会还需要人道主义，需要对弱势群体的尊重和保护。由于单一的私有产权和市场竞争制度存在着种种失灵效应，当代政府已经全面干预了市场经济的运行过程，自由和公平都是政府干预下的自由和公平，何况只有主体权利平等才能最大程度地实现主体行动自由。约翰·罗尔斯就认为，公平就是所有社会价值——自由和机会、收入和财富、自尊的基础——都要平等地分配，除非对其中的一种价值或所有价值的一种不平等分配合乎每一个人的利益。

根据法律原则分配资源也被认为是一种公平。历史上就有一种把公平和法律联系起来的倾向：法律包含了确定人们相互交往的普遍原则，遵守法律就是公平。古希腊的伯里克利就已经提出，法律对所有的人都同样公平。法律面前人人平等意味着人人都受普遍性法律的约束，个人行动的合理性仅仅取决于行动的性质，而与行动主体的身份无关。如果承认这种倾向，那么法律本身就应该公平，就应该以权利为本位，是良法而不是恶法。康德等认为，法律应该符合普遍的道德规范，符合自然法的要求，在实在法后面有一个道德法或自然法。道德法可以由理性发现，法律只是更明了、强制性地表现和促进了道德法。当法律与道德法冲突时，公平就要由道德法界定。政府通过制定和实施法律，就可以实现社会经济的公平。因此，传统的计划经济在某种意义上就可以说是对政府作用的极端理想化崇拜的结果，认为一切社会经济活动特别是公平的价值都可以由政府统一实现。

当然，政府及法律并不是公平的天然和主要的实现者。从历史进程和逻辑推论上看，应该说非政府、非法律的个人自由和公平出现在先，只有当个体和道德力量不能有效地推进和保障公平时，才需要政府出现和介入，法律是对个体、社会、市场失灵的调整校正，而不是全面替代。而且，只有当政府和法律是建立在个人权利和自由选择的基础之上，法律以平等权利为本体时，才能对个体、社会、市场失灵进行公平有效的调整校正。因此，法律标准的主要功能是对已有分配标准的规范和保护，以及对偏离公允标准的分配行为的调节和校正，法律并不是一种本原性、独立性的分配标准。在市场经济中，商品是天生的平等派，市场交易和竞争的公平就集中表现在平等自愿的等价交换上，这一点早为亚里士多德所察觉。亚里士多德曾针对不同的商业公平提出了不同的对策，认为交易若是公平就应该有一个共同的价值来衡量双方的物品。在现代市场经济中，市场公平就意味着全面、公平竞争和自愿、等价交易。

这样，在法国大革命中提出的“自由、平等、博爱”目标中，平等（法律、权利上的）即公平应该是更基本的目标，因为从权利平等中可以分形出自由和博爱。由此可以说，公平是民主法治的精髓，是市场经济和社会生活合理有效进行的前提和基本条件；公平又借助法律来保障和施行，借助经济效率来支持和完成。

在现代社会，观念公平不仅蕴藏于公众的思想和陈述在各种文字载体，更实际体现在法律中，制度公平或权利主要通过宪法、民商法而具体规范并具体实施，公民享有的基本的权利又称自由或人权，对基本权利的确认和保障构成了整个宪法价值体系的核心。然而，我国宪法既变动频繁，又实施不力：新中国成立后，最初以 1949 年《中国人民政治协商会议共同纲领》作为临时宪法，以后分别于 1954 年、1975 年、1978 年、1982 年颁布了四部宪法，现行的 1982 年宪法又经 1988 年、1993 年、1999 年、2004 年的四次重大修订；我国宪法规定了公民的人身权利和精神自由、政治权利、社会经济权利等方面的 18 项基本权利，但至今只对约半数基本权利制定了具体的法律加以保障，且法院不能解释或审查宪法及任何法律规定，不能在诉讼程序中直接引用宪法条款，只能直接根据具体的法律条款作出判决。

7. 平等

平等对应的英语一般是“equality”，又译为均等、相等、平均、同等，平等主要是指居民受益的标准或状态，绝对平等是指资源或价值分配结果上的均等无差别状态。对于收入分配上的平等与不平等的客观性特征和规范性特征，不平等的测度方法等问题，庇古、森、黄有光等作了大量的研究工作。本文主要探讨经济活动领域及其结果的国民收入的平等问题，暂不考虑其他领域的平等问题。如上所述，对公平的理解和界定可以从经济资源的占有、生产、交换、分配的制度安排和制度实施结果上分别展开，对平等问题也可以同样分析。

经济发展、收入分配上的平等主要指经济资源、国民收入的分配结果上的均等，这种平等可以有两种理解或含义，或者说平等实际上包含至少两个属概念的平等，每一个属概念的平等分别对应着性质不同的资源占有、使用、分配方式。

平等的第一种含义或者概念是指如果不考虑资源所有者在生产过程中的劳动、资本、知识等投入上的差别，而要求全体公民利益分配结果上的均等，这种含义上的平等在历史上表现为形形色色的平均主义思想和实践。从中国来看，战争年代和新中国成立初期的官兵平等、供给制就具有革命平均主义的强烈色彩。在计划经济时期，我国在全社会范围内对职工实现统一的分配原则和工资标准，个人收入形式和收入结构过度单一化。在 1956 ~ 1977 年的

20 多年中，我国职工工资只进行了四次调级，累计调级面不到90%，1952 年职工人均年工资445 元，1978 年提高到615 元，扣除物价因素，几乎零增长，每个职工工资增长不到一级，职工技术等级、劳动贡献和工资等级严重脱节，收入分配高度平均化，城镇居民收入分配的基尼系数长期保持在0.16～0.18之间，20 多年中还有约一半年度的名义工资水平同比下降，按劳分配名存实亡。1979 年，我国农村基尼系数也只有0.23，远低于同期绝大多数发展中国家的水平。而且，根据世界银行考察团报告，有限的收入差距主要还是由于各居民户之间的就业率差距造成的。① 显然，收入分配上的平均主义与效率之间显然存在根本性的冲突，奥肯（1994）、黄有光（2003）等对这一含义的平等（不是公平）与效率之间的冲突性已经作出清晰、有力的解释。

平等的第二种含义或属概念是指个人平等分享资源、收入或利益的普惠原则，但这种均等原则或普惠原则只限制在两种特殊情形或领域。第一，首先和主要针对弱势、贫困等特殊人口的平等无歧视的救助，具体包括社会慈善事业，包括政府对无能力、低收入或无收入的弱势、贫困人口一视同仁地提供义务教育、公共保健、社会福利、社会救助等公共产品和公共服务。第二，主要是收入的再分配领域而不是初次分配领域，不是生产领域，且主要体现在个人生存、发展的公共性、基础性的需要方面。这一含义的平等似乎在短期、局部上与注重投入产出关系的效率之间存在着冲突，不符合经济原则。然而，由于这部分人群几乎无法创造经济财富，这种平等分配只要控制在一定范围和幅度内，对经济发展并不造成显著影响。而且，有关义务教育、公共保健、平等就业、社会保障等方面的研究已经反复证明，社会保障、社会发展政策具有长期、宏观上的有效性，这种平等具有正当性，也是要优先实行至少是兼顾的公共政策。

可见，结果均等事实上包含着两类性质不同的资源分配方式。比较而言，

---

① 世界银行考察团：《中国：社会主义经济的发展》，中国财政经济出版社 1983 年版，第 107 页。

平等的第二种概念应当属于公平的范围，而且，公平概念和平等的第二种属概念大致对应于罗尔斯的公平（justice）第一、第二两个原则，而罗尔斯的公平原则已经成为现代社会在观念、政治和社会生活中所确认、坚持和追求的基础原则。但在实践上看，我们长期地、经常地把公平理解、界定为结果均等意义上的平等，而且往往理解为或愿意理解为第一种意义上的平等，长期的经济实践也贯彻的是第一种平等。或者，如果把这两种内容不同、效果迥异的平等混为一体，或者把公平狭隘地理解为平等的第一个属概念，那么这一语境中的平等与效率之间的关系就只好呈现着复杂不清、而且往往是矛盾冲突的状态了。

三、公平的实现或分配

在公平的分配上，第二类问题是资源的这些占有、配置方式的运行状况和结果，运行的绩效或效率状况，在经济活动中就是经济增长和收入分配的结果，是国民收入水平以及国民收入的分配结果，国民收入水平以及国民收入的分配结果是检验、判断资源占有、配置方式优劣的方法和标准。

公平不只是一种社会观念、学术思想，不只是本质公平，公平还是一种社会实践和政府政策的公平，是分配的公平，公平的实现、公平的分配，包括公平的初次分配和再次分配。

1. 分配公平的内涵

提出各种各样的公平理论，主要不是为了进行智力游戏和道德说教，而是为了在社会经济活动中贯彻公平原则，把价值理性的观念或本质公平转化为工具理性的形式和实质上的分配公平，最终为了社会经济的不断进步和个人需要的全面满足。按照罗尔斯的理解，公平的原则或标准就在于提供一种在社会因素结构中分配权利和义务的方法，确立社会合作的利益和负担的适当分配。由于对公平及公平与自由、法律、效率之间关系性质的理解，制约和指引着社会经济活动的方向、内容和规则，这就有必要认真研究和科学界定公平范畴，为人们的社会经济活动提供一个明晰适当的原则。这样，观念上和现实分配中的这两种公平形态就密不可分、互为一体了：本质公平就是指用一定的公平观念对分配公平的制度和状态的评价与预测，分配公平就是指符合一定公平观念的资源占有配置制度和状态。

这样，公平就是指个人的人身权利和法律规定的政治权利不受财产多少的限制，更不受性别、年龄、地区、职业、宗教、种族、民族等因素的限制；就是指公有和私有的合法财产和收益都不可侵犯，个人在人身平等和财产神圣的制度下自由平等地参与社会经济政治活动；就是指社会包括政府和法律应该提供一个自由、开放、高效、有序的发展环境，个人能够从经济政治文化活动中依法获得各种的和最大的收益，实现人的自由全面发展。

从公平的权利本体和价值取向可以得出一个结论：社会应该形成和保持一种公平的公平制度和政策，这种制度能够实现个人的自由发展和最大福利，促进社会经济的持续进步。从整体上看，如果把个人的各种社会行为大致分为前、中、后三个阶段，那么也可以把个人的权利公平分为三个组成部分：行为起始时的资源条件和机会公平，行为中的规则、形式和过程公平即程序公平，行为结果即各种分配结果的公平。这样，实质和程序的公平就包括了社会生活的各种过程和各个方面，如人身权利和政治权力制度、财产和收入分配制度、资源配置和经济发展机制等，而这都包含了如何界定个人权利和实现个人权利这一核心内容。

从新中国宪法的演变过程也可看出，个人权利在经济、政治、社会文化活动中的基本地位和个人权利与公平的发展状况。在个人与政府的关系上，1954 年、1975 年、1978 年的三部宪法一直把“国家机构”放在“公民的基本权利和义务”之前，1982 年宪法把“公民的基本权利和义务”放在了“国家机构”前面，这更好地体现了人民主权的思想。在公平的内容上，1982 年宪法恢复或增加了个人的某些权利，如人格尊严、禁止非法拘禁和非法搜查等，明确了法律面前人人平等的原则。

由此让人想到了马克思等关于“重新建立个人所有制”的思想。马克思在论述资本主义私有制后的新社会时，提出了在“生产资料的共同占有的基础上，重新建立个人所有制”，即“联合起来的社会个人的所有制”①。如何落实马克思的这一思想？似乎可以这么设想：首先，变生产资料的资本主义私有制为社会占有即个人共同占有；其次，政府除把生产和提供纯公共物品和战略性产业所必需的生产资料变为国有制外，其余大部分生产资料是实行国有制、集体所有制还是其他所有制，是采取合伙、公司还是独资企业形式，主要由个人或社会按照效率的标准，自主自愿地选择决定。在社会主义市场经济中，国有制为主导、公有制为主体、多种所有制共同发展的所有制结构是解放和发展生产力的前提条件和操作手段，是为了实现马克思等提出的重建个人所有制和人的全面自由发展的目标。

2. 公平分配的具体内容

由于经济活动是政治、社会活动的基础，财产权是人格权的基础，个体权利是集体选择的前提，下面再重点分析经济发展和收入分配中的公平的实施机制和实施内容。

从实施机制或形式上看，由于市场是比政府相对有效的资源配置使用方式，公平的实施应该首要依赖市场机制，自愿交易和正当竞争是保证资源有效配置的基础性方式，政府进而才可以对社会和市场失灵进行弥补和校正。对政府与市场的制度选择，最终起决定作用的还是社会实践，是社会生产力的发展水平。

从实施内容和过程上看，由于完整的经济过程大致可以分为前、中、后三个阶段，即生产、交易和分配开始前的资源条件起点，生产、交易和分配的进行过程，生产、交易和分配的结果。相应地，经济公平也可以大致分为事前的资源条件和制度公平、事中的过程公平以及事后的分配结果公平。

经济活动中的资源条件和制度的起点公平主要是指产权制度、资源配置方式和法律的公平。由于经济资源具有稀缺性，占有一定的资源是人们进行生产、交易和分配活动的必要物质条件，产权制度的性质就决定了人们在经

① 《资本论》（第一卷），人民出版社2004年版，第874页。

济活动中的地位和相互关系。显然，如果大量资源集中在少部分人手中，而少部分人既不是合法拥有资源也不能有效使用资源，有产者在经济活动中就会处于优势和支配地位，无产者就会处于劣势和服从地位，资本雇佣劳动，人们的经济活动起点无论如何不会公平；如果资源全部由社会共同占有，有效配置使用资源又是一个至今无法解决的难题。单纯的私有制或国有制、市场机制或政府机制都是一种经济上的浪漫主义，这就必须在资源的占有和配置方式上进行权衡和搭配，经济学对此的一种回答是：在公共物品的生产和提供上主要依靠国有制和政府机制，在私人物品的生产和提供上主要依靠非国有制和市场机制，不同的人、组织和所有制通过公平、自由、广泛的竞争、合作、交换，充分发挥其行为的自由性、创造性和积极性，最终实现资源配置的微观和宏观效率的最大化，而效率是判断制度和方法优劣的主要标准。

经济活动过程公平主要是指各种经济主体在生产、交易、竞争等过程中具有平等对称的权利和义务，受统一的法律和规则的约束，自愿交易，正当竞争。在市场经济中，这种公平主要体现为市场开放、分工生产、诚实信用、自愿交易、正当竞争、限制垄断等方面的内容，是指所谓的过程开放和规则平等即程序公平。

经济活动的结果公平主要体现为收入的初次分配和再分配。收入分配首先是指初次分配，此时的结果公平应该指经济活动的主体按照统一的标准分配社会物品，按要素分配和按劳分配就分别被认为是私有制经济和公有制经济中的公平标准。不过，人们最终关注的收入分配是经过政府调节的再分配，此时人们的可支配收入应该保持适度差距，收入绝对平等或差距悬殊都被视为分配不公。庇古等从个人之间的效用比较，以及边际效用递减的特征出发，认为社会福利最大化只有在收入平等时才能达到。后来，收入的公平分配被进一步定义：令 U_i 代表第 i 个人的效用函数，X_i、X_j 分别代表第 i 个、第 j 个人消费的物品，如果 $U_i(X_i) \geqslant U_i(X_j)$，那么分配就达到了公平，反之就会产生嫉妒、不满和交易。

不过，这种结果平等、均等性质的公平观念显然不能令人满意。一是个人之间的效用如何比较？二是个人之间的效用是相互影响的，即具有外部效应。三是效用平等应该与收入公平相联系。如果收入是指再分配的结果，那么如何确定初次分配与再分配之间的关系，如何实行税收与转移支付、社会保障，以及如何降低再分配的交易成本就是难以解决的难题；如果收入是指初次分配的结果，那么个人收入水平受到财产、劳动能力、市场风险、法律制度等多种因素的制约，个人收入作为经济活动的结果势必存在较大差距，即使在公有制经济中，按劳分配也会产生较大的收入差距。四是如果社会存在不同的所有制而不是同一的国家所有制，如果个人在天然禀赋、后天努力、要素投入等方面存在着显著的差别，而坚持收入结果平等必然破坏经济活动的正常动力激励机制，导致经济活动的无效率或低效率，这也正是阿瑟·奥肯在《平等与效率》一书中提出的令人担心的事情。

由于结果公平应该是条件公平、程序公平的合理延续，这就必须把分配结果与生产和交易过程联系起来，但如何判断和实现结果公平就成为了理论和实践上的难题，人们对公平与效率的理解，公平与效率关系的确定等问题上的困难抉择也大都由此产生。现代自由主义者索性主张以条件、制度、过程上的公平来代替结果上的公平，强调个体的权利和行动自由，认为只要经济活动的过程是个人选择、公平合法的，那么由此产生的经济结果也是公平合法的，而不管结果上的差距如何。尽管如此，还是可以给出结果公平的大致区间：差距虽小但能够有效激励个人经济活动的积极性和创造性；差距虽大但都是个人经济活动的合法收入，且不致引起社会经济运行的严重震荡。邓小平提出的共同富裕政策既强调富裕过程的有先有后、波浪推进，又强调致富手段有辛勤劳动、依法经营等不同形式，还强调政府调节收入分配，可以说充分体现了公平原则的精髓。①

从 30 多年的经济发展和收入分配过程上看，我国不仅取得了经济的持续高速增长，GDP 年均增长率在 10% 左右，而且居民收入也实现了快速增长，

① 参见《邓小平文选》（第三卷），人民出版社 1993 年版。

特别是收入分配的结果不仅摆脱了过去的高度平均主义现象，而且在20世纪后10年出现了持续的、大幅度、全方位的收入差距。进入21世纪以来，我国收入分配差距扩大的势头尽管有所遏制，但收入差距仍然持续扩大。具体而言，城乡收入差距从2000年的2.78倍扩大到2007年的3.32倍；农村、城镇内部的基尼系数分别从2000年的0.35、0.32扩大到2009年的0.39、0.36，修正后的基尼系数应当超过了0.4的警戒水平；全国总体收入的基尼系数从2001年的0.45，扩大到2007年的0.48，但考虑到各种灰色、黑色的收入，基尼系数应当超过0.5，这已经达到了危险的水平。当然，由于体制改革的不断推进和人口的相对自由流动，地区之间的收入差距出现了缩小的势头，省际的基尼系数2003年达到0.357，2010年下降到了0.264，回到了20世纪90年代中期的水平。①

在一种特殊情况下，全社会的资源如果由一个权威机构如中央政府统一占有，即实现国有制或社会所有制，且每个人的消费偏好无差别，那么此时实行结果平均主义的公平政策就有了一定的理由。但计划经济等经济实践已经证明：中央政府既不能完全、正确、及时、低成本地预先得到每个人能力和偏好的信息，即使能够完全、正确、及时、低成本地得到每个人能力和偏好的信息也不能通过计划等手段充分地发挥每个人的才能和实现每个人的偏好；何况先天和后天因素形成了每个人在才能、偏好、贡献等方面存在着广泛而明显的差异，分配结果上的适当差距正是增进效率和最大化福利的充分必要条件。尽管出发点不同，许多经济学家、哲学家、伦理学家也把排除独断专行以及排除政府计划分配视为公平的前提条件甚至核心。

3. 公平的效率取向

对规范性的本质公平和分配上的制度公平如何评价，归根结底要看这种观念是否符合当时社会经济发展的需要，这种制度在实施过程中是否在更大

---

① 中国发展研究基金会：《转折期的中国收入分配》，中国发展出版社2012年版，第2—7页。

程度上促进了个人的全面自由发展和社会经济的持续进步。换言之，公平的存在基础是个人对资源占有和配置的权利制度，选择和改革某种权利制度的主要动因是提高效率，评价公平与否的最终标准要看所谓的公平是否提高了社会经济活动效率，规范性的公平观念要用实证性方法进行实践上的分析和检验。

与人们对于公平的多样化理解不同，人们对效率有着大致一致的界定，即效率是关于投入与产出的比较。在经济学上，资源配置或分配的最优状态就是一种既改善了某些人的境遇，同时又不使其他任何人蒙受损失。当资源配置或市场实现了瓦尔拉均衡状态，此时的帕累托效率就是最优效率。如果把个人福利和社会福利的最大化视为一个社会的最终目标，那么衡量公平的最终标准就是在至少满足个人基本需要基础上的帕累托效率。即使存在信息不足、交易成本等缺陷，但黄有光等提出的第三优理论表明：帕累托效率仍然是最优的选择法则，至少在预期值上可以成立。罗尔斯也提出了类似的标准：只有当没有任何其他选择的分配方式可以使社会中最贫困者的生活得到改善时，我们现存的收入和财富就是公平的。

当然，对于帕累托效率是否是经济效率的恰当标准，经济学界也存在着争议。有人认为帕累托效率本身就是资源或收入分配上的不公平状态，用一种暗含着不公平状态的指标来作为衡量状态是否公平的标准，这本身就是个莫大的讽刺；1998 年诺贝尔经济学奖得主森也对帕累托效率持批评看法。不过，本文仍然认为帕累托效率是一个可选择和可接受的效率概念。

在经济活动中，人类无论是选择私有制还是公有制，市场机制还是计划机制，分工交换还是自给自足，都是为了有效占有和配置相对有限的资源，以实现生产成果的最大化，进而为了有效分配和消费相对有限的物品，以实现个人和社会福利的最大化。在这个意义上，法律、权利的公平意味着社会在最大程度上保证了每一个社会成员充分而恰当地发挥自己行为的选择性、积极性和创造性，公平内含着效率优先原则，公平的最终目的是促进经济效率的普遍持续提高，而只有效率普遍持续提高的经济，才能提供数量和种类的扩大的资源用于分配，总量扩大了的资源才能保证分配和效用的不断改进。

公平是对资源特别是对总量不断扩大的资源的占有配置，因此，离开了经济效率提高而情绪化、道德化地奢谈公平或平等不是一种思想上的肤浅，就是一种道德上的虚伪或嫉妒。

如果把公平定义为机会、程序、标准上的人人平等充分的权利，统一、自由的交易和竞争规则，这也是“机会平等”、“起点均等”或“公平竞争”的含义，那么公平就保证了社会主体能够自主选择、自主发展，各尽所能，公平竞争，最终按劳分配或按要素分配资源。制度、政策上的公平是社会经济有效运行的前提条件，社会经济的有效运行是制度、政策公平的结果，公平引致和保障效率，效率支持和实现公平，公平与效率之间呈现出一种互动性关系，而不是什么冲突、抉择性关系。政府对社会经济活动的干预，主要应当提供以平等权利、统一规则为本体的公共政策，这一公平优先的政策选择也是导向效率的公共政策。

4. 公平与政府、效率之间的应有关系

根据上述的理论清理和分析，可以对公平问题有比较清晰统一的认识。

第一，公平是一个内涵多变、结构多样的概念，本文确立的是权利本体、个人和市场优先、效率取向的公平观念，公平在现代社会的本质表现应该是个人享有充分而恰当的权利。公平与强调结果均等的“平等”是两个有实质差别的概念。

第二，分配的公平虽然包含了经济、政治、社会、文化等方面的内容，但经济公平特别是财产权利应该是其他公平的主要基础。经济公平包括了经济活动的起点条件和制度、生产和交易过程以及分配结果的公平。

第三，人们首要关注的公平应该是人们如何占有、配置资源进行经济活动，如何分配各种物品的问题，是个人福利最大化，效率是公平的实践目的和支持条件，公平是手段和目的、起点和终点的统一体。

第四，多样化、多层次的社会应该有多元的观念和分配的公平。在社会主义市场经济中，共存、竞争的公有制和非公有制、按劳分配和按要素分配、政府和市场等都应该是实现公平的经济制度。

第五，分配的公平必须分层次、分步骤实现：个人和市场优先，集体和政府次之；条件、规则和过程公平优先，内容和结果公平次之。在收入分配上，初次分配应该由市场交易和竞争主导，体现的是效率优先原则。政府在尊重个人和市场力量的基础上，对初次分配的结果进行调节校正，规范分配过程，保护合法收入，取缔非法收入，调节收入差距，救济无劳动能力和基本收入的人群，以实现个人福利和社会福利的最优化。

第六，尽管政府通过法律、社会保障制度等手段，可以调节社会成员的资源占有配置状态，但在观念上一定要清楚：政府干预是在市场、道德等机制失灵、缺损的情况下而出台的辅助性的手段，政府机制同样可能存在着严重的失灵和缺损。

改革开放以来，中国在公平与效率上的态度取向适应了社会经济进步的客观要求。公平在我国长期被理解为收入结果上的大致均等，我们最初要求公平优先、兼顾效率，这实际上反映了计划经济时代分配上的平均主义现实和政府对收入分配的全面干预；随着市场取向改革的不断推进，人们对公平的理解也逐渐理性全面，公平与效率被置于同等重视的地位；进入 20 世纪 90 年代，效率越过公平而成为优先考虑的目标，分配公平成为保证效率不断提高的制度因素。在某种意义上，改革开放的过程就是检验社会实践的标准从理论到实践再到生产力的演变过程。这也正如邓小平所说的，一切以是否有利于发展社会主义社会的生产力、有利于增强社会主义国家的综合国力、有利于提高人民的生活水平这“三个有利于”为根本判断标准，不断开拓我们事业的新局面。①

如果这样理解公平，不把公平特别是经济公平（justice or fairness）理解为阿瑟·奥肯的结果均等（equality），那么公平与效率之间应有的关系就十分清晰了：从长期和总体上看，个体的、市场的交易和竞争效率要高于集体、政府的选择和管理的效率，而社会经济活动的条件、制度、过程和结果上的

① 《中国共产党第十五次全国代表大会文件汇编》，人民出版社 1997 年版，第 11 页。

公平将会引致并保证经济效率不断提高，经济效率的不断提高反过来支持已有的分配公平，公平与效率之间呈现出相互促进、相互制约、互为因果的统一关系，集体选择和个人理性、社会福利和个人福利、利他互利和利己自利之间就相互兼容统一了。进而，在狭义公平即收入分配上的结果公平上，公平与效率的相互关系可以理解为：在既定的产权制度前提下，市场主体首先按统一的标准分配收入，通过一定甚至较大的收入差距来激励和保持个人经济活动的积极性和创造性；政府进而规范收入分配过程，合理调节收入差距，使从事经济活动的人至少获得最低工资，使无劳动能力的人至少满足基本生活需要，以实现社会公平和人道。反之，如果把公平仅仅理解为结果上的均等无差别，那么这种公平与效率之间只能存在着冲突、替代的关系。

这样，公平与效率的相互关系在本质和主流上就是权利、制度与效率之间的关系，而政府在公平与效率的抉择取舍和政策设计上的任务就十分简单明确了：政府通过制度变革和创新，以及政府的具体行政行为和司法行为，确认个人和企业的各种权益和平等地位，维护社会经济活动的条件、规则、过程和结果的公平。具体来说，政府作为实现公平的重要力量，要继续推进政府体制和政治体制改革，逐渐实现人民主权、法律面前人人平等、建立法治国家的政治公平目标；政府要规范和维护包括财产制度、企业制度、交易和竞争制度、合同制度、收入分配制度、社会保障制度等内容的社会主义市场经济体制；政府要推进社会主义精神文明建设，形成有利于个人发展和社会经济进步的价值观念、道德规范、文化条件。亚当·斯密当年先后发表了《道德情操论》和《国富论》，既主张个人理性和自由竞争，又不忘政府干预和公平互利，想必也有一番深意。

5. 我国收入分配政策的演变状况和未来取向

制度变革、政策调整是推动我国30多年经济增长的三大因素之一，而无论是改革开放之初的城镇国有企业的放权让利改革，农村的家庭土地承包制改革，还是中央和地方之间、政府和居民之间的财政体制改革，都包含着逐步确立个人、企业在经济发展中的主体地位，逐步调整政府、企业、个人之间的国民收入分配关系的内容，而这些一系列的制度改革、政策调整在理论基础上就是如何认识公平、平等和效率问题，如何处理公平和效率关系问题。

从党的历次全国代表大会上看，1982 年党的十二大虽然没有明确提出如何处理公平与效率关系问题，但城镇、农村都在逐渐打破公有经济、计划经济一统天下的传统制度框架。1982 年宪法把公民的权利置于国家权利之前，这些都开始排除过去 30 年的强调平均主义以及片面、绝对地认识和处理平等、公平与效率关系上的错误政策。

1987 年党的十三大提出，分配政策既要有利于善于经营的企业和诚实劳动的个人先富起来，合理拉开收入差距，又要防止贫富悬殊，坚持共同富裕的方向，在促进效率提高的前提下体现社会公平，这就明确提出了效率优先、兼顾公平的政策取向。

1992 年党的十四大提出，在分配制度上以按劳分配为主体，其他分配方式为补充，兼顾效率与公平。

1997 年党的十五大关于所有制结构和分配方式的政策取向，又回到了十三大的政策轨道。党的十五大提出，把按劳分配和按生产要素分配结合起来，坚持效率优先、兼顾公平。党的十五大在经济体制改革上的最大突破大约就是确立了公有制实现形式多样化、多种所有制经济共同发展的经济制度。在社会主义市场经济中，允许非公有制经济与公有制经济共同发展，首先就意味着居民个人真正成为经济活动的主体，私人财产成为了生产要素，生产要素可以自由流动和合理配置，市场交易和竞争可以自由、全面、自觉发挥个人经济活动的积极性和创造性，熊彼特式的经济创新成为推动经济增长的重要方式，标准多样、结果有别的分配公平成为经济增长的动力机制。1999 年党的十五届四中全会进一步提出了从战略上调整国有经济布局和改组国有企业，有所为有所不为；国家通过了保护个人权益的《中华人民共和国个人独资企业法》。

2002 年党的十六大依然提出，确立劳动、资本、技术和管理等生产要素按贡献参与分配的原则，完善按劳分配为主体、多种分配方式并存的分配制度，坚持效率优先、兼顾公平，初次分配注重效率，再分配注重公平。2007年通过的《中华人民共和国物权法》，意味着开始对个人权利包括私人产权的全面确认和有效保护。

2007年党的十七大提出，收入分配制度是社会公平的重要体现，初次分配和再分配都要处理好效率和公平的关系，提高劳动报酬在初次分配中的比重，再分配更加注重公平。这表明我国经济发展和收入分配政策上又作了调整，转而强调公平问题，强调处理好效率和公平的关系而不是效率优先，而且逐渐摒弃了结果均等的传统认识，强调权利上的充分、平等，实现社会公平正义。

进入21世纪以来，2001年我国加入世界贸易组织，中国经济开始全面融入世界经济体系，经济增长和居民收入依然保持了高速度增长。我国颁布的《中华人民共和国立法法》《中华人民共和国公司法》《中华人民共和国合同法》《中华人民共和国物权法》《中华人民共和国反垄断法》等法律法规，以及行政、司法等方面的一系列改革，都在科学界定和建立个人和政府之间的关系，建立一个普遍、平等提供公共产品和公共服务的中性、有效的政府，而不是追求自身利益最大化或严重偏向某些利益集团的政府。然而，经济体制改革相对缓慢，少数行业出现了行政垄断的现象，其他方面的体制改革相对滞后，收入分配的差距继续扩大。在收入分配制度上，尽管市场的范围和作用不断扩大，但基于个人之间在城乡、地区、行业、企业之间的事实上的制度分割和制度差异，基于劳动力市场、资本市场上的分割性特别是制度性分割，我国的收入分配领域出现了复杂多样的问题。

如何认识我国改革开放30多年来的收入分配问题，如何认识我国的收入分配制度及其变迁，如何评价我国收入分配的结果，诸如城乡之间、地区之间、行业之间、单位或企业之间的收入增长和收入差距，如何认识城市、农村、单位的收入增长和收入差距，以及全国居民的收入增长和收入差距？导致我国收入分配上的这些现象的因素或原因是什么？是市场化改革的结果还是市场化不足的结果？国家制度和公共政策如何对我国收入分配产生复杂多样的影响？未来我国收入分配的趋向是什么，收入分配上的公共政策取向是什么？

综合国内外经济发展经验和李实、蔡昉、王小鲁等虽有差异甚至冲突的已有研究，从公平的概念和公平的实现，从公平和效率的相互关系的角度看，导致我国收入分配上的一系列问题不外乎两个相反相成的原因：一是原有经济、政治等方面的体制改革滞后和体制复归，相应的就是市场化改革相对滞后，且制度和政策原因是导致收入差距扩大的主要原因。例如，垄断行业与竞争性行业的工资差距中，约 2/3 归因于垄断；城乡之间、城镇内部的社会保障制度分割也造成了城乡之间、城镇内部的收入差距扩大。相反，户籍制度改革、扶贫开发、统一的社会保障制度改革、中央财政对地方的转移支付等制度和政策改革，不仅在一定程度上缩小了收入差距，而且促进了市场化形成，统一开发、自由竞争的市场机制有利于从长期、整体上实现收入分配公平。

30 多年前，中国痛定思痛，最终确定了以全面改革开放来实现现代化是中国成功转型的关键性的社会选择。由此不断深化，全面、持续推进经济和其他方面的制度改革和政策调整，个人具有充分、平等的权利，确立个人在社会经济发展中的主体地位，建立更加公平、自由的市场竞争体制和社会发展体制，以权利平等、制度统一的公平促进和保障经济发展和收入分配公平，尽可能消除各种制度性的分配不公，以经济发展和收入分配成果巩固权利平等、制度统一的公平改革，实现公平和效率之间的良性互动关系。目前，针对中国现代化进程中出现的各种挑战，继续坚持以人为本、效率取向的实践标准，全面坚定地推进经济、政治和社会各方面的改革开放，将是中国全面持续推进现代化的制度保障。

中国作为一个发展中国家，不仅是国土广大、人口众多的大国，也是历史悠久、文化丰富、勇于实践、包容进取的大国。在认识和处理国内问题、国际事务上，我们只要按照“三个有利于”“三个代表”的实践标准，秉承平等、开放、理性、诚恳、勇敢、负责任的态度，执政为民，把每个人的健康、安全、幸福置于首位和目标，把科学技术、所有制、民主、法治作为实现目标的手段和途径，政府保护最大多数人的最大化的利益，追求普遍、公共的利益。那么，中国现代化的可持续性、中国现代化模式的涌现都将可以预期。

参考文献

[1] 阿兰·斯密德：《制度与行为经济学》，刘璨、吴水荣译，中国人民大学出版社 2004 年版。

[2] 阿马蒂亚·森：《后果评价与实践理性》，应奇编译，东方出版社 2006 年版。

[3] 阿马蒂亚·森：《伦理学与经济学》，王宇等译，商务印书馆 2006 年版。

[4] 阿马蒂亚·森：《以自由看待发展》，任赜、于真译，中国人民大学出版社 2002 年版。

[5] 阿马蒂亚·森：《正义的理念》，王磊、李航译，中国人民大学出版社 2012 年版。

[6] 阿瑟·奥肯：《平等与效率》，王奔洲译，华夏出版社 1987 年版。

[7] 阿尤布、赫格斯特德：《公有制工业企业成功的决定因素》，罗龙等译，中国财政经济出版社 1987 年版。

[8] 安东尼·阿特金森、约瑟夫·斯蒂格里茨：《公共经济学》，蔡江南译，上海三联书店、上海人民出版社 1994 年版。

[9] 安格斯·麦迪森：《世界经济千年史》，伍晓鹰等译，北京大学出版社 2003 年版。

[10] 奥斯卡·兰格：《社会主义经济理论》，王宏昌译，中国社会科学出版社 1981 年版。

[11] 邦雅曼·贡斯当：《古代人的自由与现代人的自由》，阎克文、刘满贵译，商务印书馆 1999 年版。

[12] 布坎南：《伦理学、效率与市场》，廖申白译，中国社会科学出版社 1991 年版。

[13] 蔡昉等：《中国劳动力市场转型与发育》，商务印书馆 2005 年版。

[14] 查尔斯·沃尔夫：《市场或政府》，谢旭译，中国发展出版社 1994 年版。

[15] 陈新民：《德国公法学基础理论》，山东人民出版社 2001 年版。

[16] 戴维·米勒等：《布莱克维尔政治学百科全书》，邓正来等译，中国政法大学出版社 1992 年版。

[17] 丹尼斯·C. 缪勒：《公共选择理论》，杨春学译，中国社会科学出版社

1999 年版、2011 年版。

[18] 厄内斯特·曼德尔:《权力与货币》，孟捷等译，中央编译出版社 2001 年版。

[19] 菲利普·安东尼·奥哈拉:《政治经济学百科全书》，郭庆旺等译，中国人民大学出版社 2009 年版。

[20] 冯文荣等:《中国个人收入分配论纲》，北京师范大学出版社 1996 年版。

[21] 弗·冯·哈耶克:《个人主义与经济秩序》，邓正来译，三联书店 2003 年版。

[22] 格罗斯曼、赫尔普曼:《全球经济中的创新与增长》，何帆等译，中国人民大学出版社 2004 年版。

[23] 韩水法:《社会正义是如何可能的》，广州出版社 2000 年版。

[24] 黄泰岩等:《中国经济热点前沿》(第 1 辑至第 8 辑)，经济科学出版社 2004 年至 2011 年版。

[25] 黄有光:《效率、公平与公共政策》，社会科学文献出版社 2003 年版。

[26] 黄宗智:《中国发展经验的理论与实用含义:非正规经济实践》，载于《开放时代》2010 年第 10 期。

[27] 加雷斯·D. 迈尔斯:《公共经济学》，匡小平译，中国人民大学出版社 2001 年版。

[28] 杰弗里·托马斯:《政治哲学导论》，顾肃、刘雪梅译，中国人民大学出版社 2006 年版。

[29] 金观涛、刘青峰:《观念史研究》，法律出版社 2010 年版。

[30] 劳伦·勃兰特、托马斯·罗斯基:《伟大的中国经济转型》，方颖等译，格致出版社、上海出版社 2009 年版。

[31] 李由:《大国经济论》，北京师范大学出版社 2000 年版。

[32] 李由:《论公平的权利本体与效率取向》，载于《经济与管理论丛》2000 年第 6 期。

[33] 联合国开发计划署:《2000 年人类发展报告》，中国财政经济出版社 2001 年版。

[34] 廖申白:《论西方主流正义概念发展中的嬗变与综合》，载于《伦理学研究》2002 年第 2 期。

[35] 林毅夫:《制度、技术与中国农业发展》，上海三联书店、上海人民出版社 1994 年版。

[36] 罗伯特·诺奇克:《无政府、国家与乌托邦》，姚大志译，中国社会科学出版社 1991 年版。

[37] 马克思、恩格斯:《共产党宣言》，人民出版社 1997 年版。

[38]《马克思恩格斯选集》(第 2 卷)，人民出版社 2012 年版。

[39] 曼瑟尔·奥尔森：《集体行动的逻辑》，陈郁等译，上海三联书店、上海人民出版社 1995 年版。

[40] 诺兰等：《伦理学与现实生活》，姚新中等译，华夏出版社 1988 年版。

[41] 乔万尼·阿里吉：《亚当·斯密在北京》，路爱国等译，社会科学文献出版社 2009 年版。

[42] 热若尔·罗兰：《转型与经济学》，张帆译，中国人民大学出版社 2002 年版。

[43] 史正富：《史无前例 30 年："中国奇迹"的政治经济学》，格致出版社、上海人民出版社 2008 年版。

[44] 世界银行考察团：《中国：社会主义经济的发展》，中国财政经济出版社 1983 年版。

[45] 瓦尔特·欧根：《经济政策的原则》，李道斌译，上海人民出版社 2001 年版。

[46] 王海明：《公平平等人道》，北京大学出版社 2000 年版。

[47] 威廉·鲍莫尔：《资本主义的增长奇迹》，郭梅军等译，中信出版社 2004 年版。

[48] 吴忠民：《从平均到公正：中国社会政策的演进》，载于《社会学研究》2004 年第 1 期。

[49] 西蒙·库兹涅茨：《现代经济增长》，戴睿等译，北京经济学院出版社 1989 年版。

[50] 休·史卓顿、莱昂内尔·奥查德：《公共物品、公共企业和公共选择》，费昭辉等译，经济科学出版社 2000 年版。

[51] 雅诺什·科尔奈：《社会主义体制：共产主义政治经济学》，张安译，中央编译出版社 2007 年版。

[52] 杨奎松：《中华人民共和国建国史研究（1、2）》，江西人民出版社 2009 年版。

[53] 姚洋：《转轨中国：审视社会公正和平等》，中国人民大学出版社 2004 年版。

[54] 姚洋：《作为制度创新过程的经济改革》，格致出版社、上海人民出版社 2008 年版。

[55] 约翰·伊特韦尔等：《帕尔格雷夫经济学大辞典》，陈岱孙等译，经济科学出版社 1992 年版。

[56] 张雷声：《论斯大林的社会主义观》，载于《中国人民大学学报》2000 年第 2 期。

[57] 赵人伟、基斯·格里芬：《中国居民收入分配研究》，中国社会科学出版社 1994 年版。

[58] 中国发展研究基金会：《转折期的中国收入分配》，中国发展出版社 2012 年版。

[59] 周天勇等：《中国行政体制改革 30 年》，格致出版社、上海人民出版社 2008 年版。

[60] 邹至庄：《中国经济转型》，曹祖平等译，中国人民大学出版社 2005 年版。

[61] Atkinson A. B. , *Social Justice and Public Policy*, Brighton: Wheatsheaf; and Cambrige, Mass. MIT Press, 1983.

中国发展道路：条件、原则、方式与未来*

——一个规范性的解释框架

如果把发展理解为在人类文明全球化背景下的工业化、市场化、民主化的现代化进程，那么中国的发展可以溯源自1840年鸦片战争前后。不过，在一个人口众多、国土广大、经济落后的大国，国民经济1978~2013年保持了年均9.8%的超高增长率，初步解决了数以亿计人口的贫困问题，2013年人均GDP超过6000美元，这无论如何都是一个世界性的奇迹。而且，中国后30多年发展的道路和经验不仅与前30年显著不同，与欧美发达国家和俄罗斯、印度、巴西等新兴市场国家也颇多差异。那么，中国经济的高速持续增长是前30年发展逻辑的延续，还是全面改革开放的产物？是人类现代化进程的一种特殊模式，还是一般性的国际经验？中国奇迹的条件、原则、方式是什么？如何理解和实现中国梦？显然，全面、准确地揭示中国奇迹的发生条件、一般原则和实施方式，兼有理论和实践上的双重意义。本文首先辨析中国作为社会主义发展中的大型国家的发展模式与道路的概念差异，进而从中国发展的约束条件出发，尝试刻画中国发展的一般原则和实施方式，最后简要探讨

---

* 本文原载于《徐州工程学院学报》2015年第1期，中国人民大学书报资料中心《社会主义经济理论与实践》2015年第5期全文转载。本文初稿“Constraints, Characteristics and Prospects of China's Transformation”入选2011年7月匈牙利科学院国际学术会议（SEBA-IE HAS International Workshop on labour markets, globalisation, EU integration, post-crisis development and transformation）论义。

中国发展可持续性的挑战和前景。

一、中国发展的模式之争

1. 未竟的中国发展目标

现代化一般被定义为从古代农业社会向现代社会的经济、政治和知识的全面转型和发展过程，欧洲从15世纪开始的现代化进程包括了经济上的市场化、工业化，政治上的自由化、法治化，以及思想、知识上的多元化、科学化，生活上的城市化、社会化等多方面的内容。中国唐宋时期就曾经在经济、政治、知识等方面孕育过现代化的某些萌芽，但现代化的真正启动还是始于鸦片战争的一声炮响，所以中国现代化在一定程度上是被视为外部冲击下的西化、欧化、全球化。从清末的洋务运动和维新变法，民国的动乱和发展，直到新中国前30年的革命建设和后30多年的改革开放，都是现代化的不同发展阶段，但现代化至今仍处于进行之中，党的十八大、党的十八届四中全会依然提出全面建成小康社会和法治国家的发展目标。

关于古代农业社会向现代社会的发展或转型方式，中外学者曾经识别、概括了所谓的英美模式、法德模式、北欧模式、日本模式、苏联模式、巴西模式、西亚模式等不同类型。显然，当代中国发展具有世界性影响，随之而来的问题是，如何刻画中国发展的道路或类型？对于中国发展的经验，也有“中国模式”“中国道路”“中国转型”“中国逻辑”“中国案例”“中国经验”“中国特色”“中国奇迹”“北京共识”“牛津共识”等概念。极言之，这些概念大致可以归结为中国经验的模式与道路之争：是普适意义的中国模式，还是别具特色的中国道路？

中国经验的重要性和中国问题的严峻性都不言自明！然而，这些关于当代中国发展方式的不同概念和命题，国内外各方面既长期关注，广泛使用，又因内涵和解释不同而反复争论，存疑众多，理论上的分析和宣示远远落后于实践的发展和需求。从1997年亚洲金融危机、2008年世界金融危机的中国应对和中国“十二五”规划的即将完成，从2010年达沃斯世界经济论坛、慕尼黑安全政策会议，2011年3月中国两会上“我们从来不认为自己的发展是一种模式”的回答，到党的十八大前后关于“中国特色社会主义道路”的讨论等方面看，对于变化中的中国发展问题的探讨还将进行下去。

2. 何谓发展模式

那么，是否存在着一种普适意义上的中国发展模式，学界关于中国发展模式及中国经济模式的概括是一个真实的或准确的陈述或命题吗？对于中国发展的模式与道路问题，虽有语言逻辑、研究方法上的争论，但在词语或概念之争的背后，实际上暗含着文化、理论和政策上的不同理解和诉求。尽管如此，在理论探讨上仍需充分遵照学术研究的规范，具体运用诸如经济学的原理和方法，对中国后30年的发展过程进行逻辑实证和经验检验相统一的分析，以揭示关于中国发展的诸命题，特别是中国发展的模式与道路的命题差异。

外来的“模式”（model）又译为“模型”“模范”“模特”等，如数学模型、航模、服装模特。模式是人们对所观察、研究事物的一种概括和命题，由反映事物的本质、刻画事物的内部关系和运行方式的诸因素或变量构成。如果承认真实世界中的社会经济现象都包含一定的因素或变量，遵循一定的原则、逻辑或规律，那么发展模式作为对某一时期、某一地区或领域的社会现象的抽象总结，是包含了多个命题的复合命题。中国经验如果是中国模式（the China Model），那么其内涵就应当至少包含两层结构：（1）存在于人类现代化进程之中，蕴含着规定、约束社会经济运行的基本原则、内在逻辑或规律；（2）这些基本原则、逻辑或规律在特定条件下的运行、表现形式，各个国家、领域的条件不同，其发展的模式或道路也因地制宜，状态依存，与时而变。

按照逻辑实证主义的解释，真命题包含两层含义：不仅是遵守语法、句法逻辑的命题，同时还是准确反映事实（经验）的命题；而伪命题是指不仅违反语法、句法逻辑，而且还指虽在逻辑上成立但不是准确反映事实（经验）

的命题。因此，如果判定“当代中国发展模式”这一命题，就要求它具备以下判断性标准。(1) 形式逻辑上成立，是遵守语法、句法逻辑的真命题。(2) 是关于事实的真命题，是可分析、可检验的命题，能够达到逻辑与历史即理论与经验的统一。关于中国发展模式的命题不是先验的假设、玄虚的理念或神秘的信条，而是对中国改革发展过程和结果的准确总结，是遵循从具体到抽象的思维原则，基于一定的概念、规则而提出的可操作性、可检验的命题，不仅可以进行形式上的归纳分析或演绎分析，而且可以赋予命题中的概念或变量以客观性、数量化的指标，进行定量描述，并可运用不同的经验数据对命题进行重复性的检验和完善，可以预测以至指导中国的未来发展。(3) 普适性。模式意味着存在成形的、样板性的原则和方法，具有国际上的普遍适应性。中国发展模式如果存在，它不仅可以成为指导未来中国发展的基准模型，而且可以成为其他发展中国家和地区研究、借鉴、学习的对象和榜样，甚至可能成为人类未来发展的重要路径。

那么，在因应世界挑战、解决中国问题的现代化发展上，是否存在一种既为中国所独创，又具有普适意义的中国模式或中国道路？华盛顿共识、北京共识、牛津共识等是对中国经验的准确归纳吗？如何认识中国特色社会主义道路的内涵？中国未来的发展道路是什么？

3. 华盛顿共识、北京共识与中国经验

对于现代化的发展道路，资本主义经历了从自由竞争到垄断资本的发展阶段，出现了 1929 年经济大危机、两次世界大战，以国家干预为特征的凯恩斯主义，以及以进口替代为特征的拉丁美洲模式、经济连年增长的新加坡“国家资本主义”模式等类型。19 世纪以来，还有资本主义与社会主义之间的竞争，而苏联斯大林模式曾是对于社会主义国家的发展道路的经典概括，1957 年在莫斯科《社会主义国家共产党和工人党宣言》中又被表述为社会主义经济的国有化、工业化、计划化的莫斯科共识。

然而，在自由竞争的和凯恩斯主义的资本主义遭遇了一次次经济危机，苏联模式也被认为是一种在整体和长期上低效、难以持续和改良的发展战略的大背景下，一些学者以及国际货币基金组织、世界银行等国际机构提出了源自约翰·洛克、亚当·斯密等的新自由主义的华盛顿共识，代表性意见是任职于世界银行的威廉姆逊（Williamson）在1990年美国华盛顿召开的一次讨论会上提出，包括十项政策工具的会议纪要。这一所谓的华盛顿共识包含关于现代经济发展的基本原则：贸易经济自由化和价格市场化；消除通货膨胀和宏观经济稳定；私有化；在此基础上的最小化政府。在20世纪80年代开始的全球性变革大潮中，大多数国家或多或少地遵循了华盛顿共识的基本原则。

20世纪90年代，除匈牙利等个别国家推行渐进稳定的改革战略，波兰、捷克等个别国家经济衰退不明显，深受华盛顿共识影响，推行全面激进改革的大多数苏联东欧国家在转型之初的十年陷入了经济停滞甚至下降的困境。中国的渐进性改革具有一些异于华盛顿共识的特点，最初并不为多数国家看好，但取得了至今最为突出的经济成绩，这就凸显了中国经验的国际意义，引起了国外学界对中国经验的重新思考和各种概括。

当代中国的转型与发展经验揭示了产权改革、市场取向的重要性，兼有华盛顿共识和北京共识的影子。中国经验的官方解释是指中国特色社会主义，是改革开放以来逐渐形成的中国特色的做法和经验，以及背后的思想观念和制度安排。不过，国内外许多学者还给出了许多不同的解释。例如，斯蒂格里茨等1998年提出修正了的后华盛顿共识，强调与发展相关的制度因素，承认政府在促进发展中的关键作用，关注贫困、收入分配、环境可持续性等问题。《时代》周刊前编辑雷默（Ramo）2004年在英国伦敦外交政策中心作了题为《北京共识》的演讲，提出中国通过艰苦努力、主动创新和大胆实践，摸索出了一个适合国情、独具特色的发展模式。约翰·奈比斯特夫妇2009年出版的《中国大趋势》也提出，中国政府自上而下和人民自下而上的纵向民主模式具有世界性的影响力。

国内学者如林毅夫、何清涟、吴敬琏、黄平、俞可平、陈平、史正富、李君如、姚洋、黄宗智、郑永年、丁学良、詹真荣等对于中国经验或中国道路的看法并不一致（林毅夫等，1999）。早在20世纪40年代，中国民主同盟的罗隆基等就提出过中国应走“英美的政治自由、苏联的经济民主”的第三条道路。姚洋认为，中国模式具有社会革命与社会平等、贤能体制、制度的有效性先于制度的纯洁性、中性政府四个基本因素。林毅夫2002年与杨小凯、2014年与张维迎就中国发展问题展开辩论（支振锋，2009）。一些人强调中国发展的中国国情、求实原则和政府主导模式，如林毅夫强调中国超越了传统社会主义和凯恩斯主义，得益于渐进改革推动、市场基础作用和比较优势发展战略，新近又提出了新结构经济学。一些人认为，中国经验是在传统资本主义与传统社会主义之间的市场、民主社会主义即中国发展的第三条道路，如匈牙利经济学家科尔奈在沉寂多年后提出，中国走的是既不同于传统市场经济、也不同于东欧转型经济的第三条道路（科尔奈，2013）。一些学者甚至颇为质疑两个共识和中国模式，杨小凯、张五常、张维迎、周其仁等认为，中国的发展成绩更多的是市场化改革的结果（张五常，2009）。

4. 如何刻画中国的发展经验

不论把中国发展经验贸然提升为中国模式，还是谨慎地还原为中国道路、中国逻辑，学术研究的当务之急不应拘泥于概念或观念，而是全面、准确地描述、分析中国发展的过程和绩效，揭示中国发展的基本原则和实践特色。由此，才可能真正回答中国发展的模式与道路问题。那么，成绩巨大的中国发展进程蕴含着哪些基本原则？如何按照学术研究的要求，具体而准确地刻画、分析和评价中国的发展经验，识别和刻画中国的发展方式？显然，中国发展的故事既独树一帜，别具特色，又包含一般性的原则或原理；中国发展方式应当既是一种演绎分析的命题，又是关于真实世界的经验总结。

从中国和世界历史来看，评价一种发展经验、一种文明的生命力不能以年、十年或个别国家为尺度，而应当以更多数据、更长时间、国际范围为检验尺度。清朝初期，中国经济总量曾世界第一，之后江河日下，长期挣扎于落后国家之列。正如罗荣渠、黄亚生等所分析的，巴西等国在20世纪60~80年代、东南亚在1997年之前都曾实现了与中国类似的经济高速增长，其中巴西1968~1974年GDP年均增长11.4%，但巴西等国也产生了中国类似的转型问题，这些问题最终使巴西等国一蹶不振，社会经济陷入了长期停滞的发展陷阱（罗荣渠，1993）。欧洲、北美地区和澳大利亚等国家经济只是低速增长，社会问题曾很严重，但持续发展两三百年后都取得了远远超过中国的现代化绩效。

由此，探讨中国发展的分析框架，应当基于发展问题的构成要素，基于长时间、大数据、国际比较的经验观察和判断尺度，包括发展的基本原则（内在逻辑）和实施方式两个层面，从而提出解释中国发展道路的演绎性命题系统。

第一，从发展问题的构成要素看，人类经济发展包括发展的主体、动机和目标、环境约束条件、资源配置方式、经济增长方式等要素，这是分析中国发展经验必须关注的因素或变量。

第二，内含于中国发展过程、引导社会经济发展的基本原则。如果承认不同时代、不同地区的人类既具有相似的人性假设和行为动机，社会实践是解决人类无限的消费需求与有限的生产供给之间矛盾的过程，是人类以最小投入获得最大满足的劳动过程；人类又受到各不相同的自然环境和社会条件的约束，人的性质、动机和行为具有社会性、时代性。那么，人的个体行为和集体行动都应当具有共同性、普遍性的原则或原理，人类的社会经济活动都应当具有其同一性、规律性。社会科学研究就是力图透过纷乱多样的现象揭示人类活动的同一性、规律性，人类不同时期、不同地区、不同领域的社会经济活动都应当遵循这些基本原则，都可以据此建立解释性、分析性的理论体系。

第三，这些基本原则在中国特定的环境约束条件下的具体实践形式或实施方式。中国的经济奇迹不是因为中国人发明了什么新的文化理念或经济原理，而一定是在其特定的国情条件下，自觉不自觉地遵循了鲜活的生命激情和古老的经济原理，正确地做了许多看似中国特色但原则正确的事情，才能使国民经济获得了长期高速增长。世界上或许不存在一种崭新范式的中国经济学、中国政治学，但通过全面调查、准确认识中国国情和本土经验，可能形成解释、指导中国发展的中国学派。

基于以上的分析角度和框架，中国发展经验的命题系统应当包含中国发展的约束条件、基本原则、实施方式、实施效果等方面的内容。比较而言，莫斯科共识、华盛顿共识或后华盛顿共识、北京共识或姚洋框架，在理论分析和表述的逻辑上都失于散乱无序。中国发展只是一国有限时间的个别经验，本文暂且称为中国道路，而不是国际普适的中国模式。由于论文的研究目的和篇幅所限，本文主要是关于中国发展的一个规范性的解释框架。

二、中国发展的约束条件

真实世界中并没有所谓的理想状态和最优模式，任何模式都是在一系列假定的标准条件下，基于逻辑和历史而构造的理论模型。因此，好的模式或道路都是在特定的环境条件约束下，能够为最广大的社会经济主体提供长期普遍的经济激励，符合最小成本最大收益原则，实现社会经济持续发展的模式或道路，都是各具特色、各得其所的发展模式或道路。

那么，催生当代中国社会经济成功转型，顺利推进现代化的主要的环境约束条件是什么？中国发展的基本原则和实施方式是什么？可以说，中国的转型发展是在承袭了传统、革命和建设的遗产，发挥了人口、地域大国的优势，利用和平、民主与发展的国际环境的条件约束下，遵照现代经济活动的平等权利、自由竞争、创新发展、全面开放的基本原则，实施了将党和政府有效主导、渐进性竞争性的改革、经济改革优先等策略相互配合的综合发展策略，发挥了国际竞争中的中国比较优势，从而实现了经济增长、社会进步、政治稳定之间的目标动态平衡。

1. 传统、革命和建设的遗产

1976 年之后中国的转型发展，首先承袭了传统、革命和建设的遗产条件。（1）传统遗产主要指中国古代经济、政治、思想、知识等方面的物质和精神积累，诸如传统道德、贤能政治、民生思想、农耕知识等文化遗产，传统遗产潜移默化地影响着中国转型。（2）革命指鸦片战争以来中国的经济、政治、知识等方面的各种变革，特别是旧民主主义革命和新民主主义革命。经过一百多年来的各种变革特别是社会主义革命，中国已经从传统的乡村自然经济、专制社会开始向现代社会转型，从等级、身份社会向权利平等的公民社会转型，个人正在成为具有充分、平等权利的社会主体，这是市场经济、民主政治的社会基础。(3) 建设主要指新中国成立后前30年的各方面建设，城乡居民初步摆脱了文盲、病弱状态，国家建立了统一集中的政治体系和比较完备的工农业体系。不过，中国社会经济发展水平仍然相当落后，农村人口和农业依然是经济结构的主要部分，中国GDP占世界比例从1950年到1978年一直停留在5%的水平，1980年人均GDP仅467元人民币，而同期世界平均水平为2385美元。

尽管如此，从改革的初始条件看，我国以农村人口为主、较少享受计划经济好处的社会经济结构；相对分散的经济体制，生产技术、分工水平低下的经济结构；资源配置上的既非计划经济，又非自然经济，而是濒临崩溃的"混乱经济"。在这种经济状态下，中国无论是向计划经济整顿还是向市场经济转轨，都容易增进收益。以致阿马蒂亚·森认为，毛泽东领导的社会革命和建设虽然问题重重，但无意中为1979年中国商品和市场经济改革启动以来的经济高速增长准备了一定条件。

2. 大国优势

传统、革命和建设遗产当然是中国发展的重要条件，但更重要的、中国特色的条件是中国是发展中的、社会主义的大型国家。由于"社会主义""发展中"都是尚待探讨的、规范性的概念，大型国家、大国优势或大国效应才是中国发展的重要前提条件。大国优势是指一个国家因人口、国土、经济、知识等发展要素上的巨大数量、完备结构，一国即便相对封闭仍可形成相对完备的产业、市场、知识等社会结构，引致多样化、竞争性、低成本、高效率的发展优势。

以大国经济优势为例。现代化经济是建立在技术进步、分工和交易基础上的大工业、市场化经济，而分工、交易的展开与加速又需要一定的条件。斯密在《国民财富性质和原因的研究》(1972) 第3章揭示，钱纳里等 (1988)

的实证研究，都揭橥了分工、发展与市场范围（规模）之间的关系。按照张培刚、李由、陆铭等的研究，分工、竞争、交易和合作并不是随时随地发生的，而有着一定的条件和概率，都受到市场范围或经济规模的限制。只有当进入市场的经济主体数量多，交易数量和频率大，分工和专业化优势、企业内部的规模经济、范围经济和企业之间的聚集经济才能够发挥，公共治理、公共基础设施和公共服务才可有效提供，资本流动、企业并购与一体化、研究开发、技术创新和技术扩散、产业形成结构调整、经济增长才能够持续普遍地进行。这就是欧洲近现代经济增长与打破各种关税壁垒、扩大海外贸易与海外移民，以及与苏联东欧建立经济互助委员会和西欧建立经济共同体等现象相伴发生的原因，这就是建立欧盟、北美自由贸易区和亚洲合作的原因。

市场范围或经济规模主要由人口、国土、经济发展水平三大要素和制度特性所决定，而中国是一个人口、国土和经济总量的大国。中国人口从 1949 年的 5.5 亿人增长到 13 亿人，数以亿计的低收入、年轻化、普遍接受多年教育的劳动人口在经济转型中焕发了巨大而持久的经济积极性和创造性。中国 960 万平方公里国土几乎与欧洲相当，自然资源总量大、品种多，加上数量庞大的人口，中国可以形成相对完整的经济组织体系和产业结构。由此，新中国即使在前 30 年的政治动荡、经济封闭的条件下，中央集中体制也可以克服小国封闭的局限，发挥大国经济的潜在优势，在全国范围内开发、配置各类资源，在一定程度上实现工厂生产、产业发展的规模经济，保障国民经济的快速增长。后 30 多年来一系列的对内改革、对外开放措施，更不断扩大着分工、交易、竞争、合作的市场范围，调整、优化了企业、市场、产业和政府的结构，国民经济实现了持续高速增长。

从体制改革和社会发展上看，中国因人口众多、国土广阔、民族多样、文化多元等大国特征，地区之间禀赋差异明显，发展路径不相同，发展水平不平衡，这就可以在保持国家统一的前提下，通过人口流动、市场竞争和地区分工、地方政府竞争，充分发挥各个群体、各个地方发展与变革的积极性、创造性，充分发挥中国发展的大国优势。

3. 和平、民主与开放发展的国际条件

如果说传统、革命和建设的遗产是中国发展的历史条件，大国是国内的、内在的条件，那么中国发展还是在和平、民主与开放发展的国际条件、外部条件约束下进行的。

第二次世界大战结束后，全球性战争未再发生，中美两国也转入了40多年的和平竞争，中国现代化不仅获得了总体和平、稳定的国际环境，而且通过中美建交、中日友好、中苏和解而充分利用了这一发展机遇。苏联东欧剧变后，国际格局从两极对抗变为基本稳定的一超多强，中国又通过亚太经济合作组织、上海合作组织、中国东盟自由贸易区、东盟“10+3”体制、加入世界贸易组织、中印和谈等强化了与各国的开放、交流与合作，全力推行了大国开放的现代化战略。由此，国内现代化因对外开放、开放经济而获得了各国知识、技术、管理、资源等各种因素的支持，中国迅速融入分工和竞争的全球化体系。

三、中国发展的基本原则

在上述环境条件约束下，对于中国经济30多年高速增长的发展经验，形成了中国特色社会主义的主流解释。那么，中国在解决经济发展的主体、动机和目标、资源配置方式、经济增长方式等问题上，遵循了哪些重要的原则和方法？一些文章从改革开放、所有制结构、宏观调控、多种分配方式、先富后富等角度的归纳解释看似全面具体，其实失之肤浅混乱。从国际比较、发展模式的角度看，就需要通过经验研究和抽象思维，比较、识别哪些条件、原则和方式是中国特色的还是普遍适用的，哪些是短期、偶然、过渡性的还是长期、稳定、普遍性的？显然，某些条件、原则和方式如果属于特殊性、过渡性的前者，最终将归并、收敛到人类发展的某些类型或模式，这些中国经验的意义就并不显著了。某些条件、原则和方式如果属于普遍性的后者，这些条件、原则和方式综合为中国道路或中国模式，那么它的存在条件、适应范围是什么，它在多大程度上可以被其他国家所学习、借鉴？

观察、分析和比较中国的发展经验，基本结论是，中国发展的约束条件和实施方式具有显著的地域性、时代性和民族性，中国特色的国情和手段导致中国式道路空前绝后，难以复制，但中国发展暗含的基本原则又具有相当的普遍性，是人类近现代几百年反复试验、普遍有效的经济常识和行为逻辑。中国经济转型发展的成功正是汲取了国内外现代化的教训和经验，考虑了中国特定的环境条件约束，遵循了现代经济发展的平等权利、市场竞争、创新发展、全面开放的基本原则，这些基本原则解释了中国发展的主体、动机和目标、资源占有和配置方式、经济增长原因等问题，共同构成了“中国社会主义市场经济”的复合命题或理论框架。

1. 平等权利

产权清晰、自主决策、自由竞争、市场交换是经济有效运行、有序发展的前提条件，而这一切都必须确立全体居民是社会经济发展的基本主体，必须建立在全体居民享有充分、平等的公民权利的制度基础之上。人在本质上是社会的主体、目的，还是生产要素、劳动对象和工具？如果根据马克思和恩格斯《共产党宣言》中的“每个人的自由发展是一切人的自由发展的条件”① 的根本原则，以及毛泽东《论联合政府》中“人民，只有人民，才是创造世界历史的动力”② 等经典论述，那么社会主义应当是人本的、民主的社会主义，不是官本的、资本的国家主义，人类个体是社会的主体和目的，个体有目的、能动性、自觉自为的行动是社会行动的基础，而资本、科学技术、企业、公有制或私有制、法律和政府等生产技术、生产关系、上层建筑都是手段而不是目的。

从方法论和价值观上看，人类个体是其利益进而也是人类利益的最终、最佳判断者，构成人类实践的真实基础是个体的人，社会实践以个人为主体，

① 《马克思恩格斯选集》（第一卷），人民出版社 1995 年版，第 294 页。
② 《毛泽东选集》（第三卷），人民出版社 1991 年版，第 1031 页。

以个人行动为基础，人类面对的问题都可归结为个体面对的种种取舍，以及个体在这些取舍之间的选择，社会现象最终可以还原为个体以及个体之间的互动，并可以通过后者来得到解释，个体的利益之和就是国家和人类利益。相对地，集体行动是众多个体自发性或有组织的共同行动，国家、组织是个体为了保障自己的某种权利或利益而组成的，习俗、法律等是个体强制性或自愿性达成的行为制度或规范。在经济活动上，个体应当是占有、配置资源的基本主体，个体的分工和创新，以及个体之间基于平等权利、自由竞争的交易和合作是现代经济运行和发展的基础方式，公民、私有制、市场竞争应当先于政府、国有制和政府干预，国家、组织等集体、公共行动只是对个体、市场失灵的补救。

个体如果真正成为社会经济活动的主体，具有经济活动的动力，就要求通过宪法和宪法实施，赋予并保障居民享有充分、平等的权利或自由。居民的权利可以分为人身权和财产权，以及由此形成的社会和政治权利，例如我国现行宪法首先拨乱反正了“公民的基本权利和义务”与“国家机构”之间的主辅关系，进而规定了公民普遍享有的 18 项基本权利，以及过去曾经规定、现在有待恢复的公民的居住和迁徙权、罢工权、土地等生产资料所有权等权利。因此，人为主体，个体充分、平等的权利应当是实现发展的基础性原则或第一原则，这一权利安排才能够有效激励亿万民众的经济、政治、知识活动，才是知识创新、经济增长、社会进步的制度保障。

2. 市场竞争

人类生存、发展所需要的物质资料主要是劳动创造的私人物品，人类解决生产劳动中的信息、决策和实施问题以及配置资源的基本方式大致有二：一是自上而下的强制性权力、行政命令的方式；二是分散独立的竞争和交换的市场方式。市场的本质是在公民充分、平等权利的基础上，将社会分工的众多买方和卖方协调起来，通过自由竞争、自愿交易而共同决定产品和服务价格，从而实现资源有效配置的一种方式或机制。人类历史和中国经验充分表明，市场是现代经济运行、资源配置的基础性、决定性方式，国有制和中央计划主要是一种在紧急状态或公共物品领域才相对有效的资源配置的补充方式，而好的、有效的市场必须是自由竞争、平等竞争、完全竞争的市场。过去 30 多年中国取得的经济成就，直接和主要得益于政府大幅度退出经济领域，废除众多管制，创造和维护个人主体、市场竞争的制度条件的结果。

自由竞争、平等竞争、完全竞争是交叉性、关联性的概念。大致来说，自由竞争侧重指居民、企业具有充分、平等的经济权利，是经济活动的主体，市场主体在交易的对象、方式、条件等方面具有充分的选择和合同自由，生产要素能够自由流动，收入分配首先和主要由市场决定，政府不得任意干预市场。平等竞争侧重指市场竞争和交换的统一、一致的规则，个人、企业、政府等主体应当处于平等一致的法律地位，市场主体独立地行使权利，恰当地履行义务，善意地对待对方，严格执行依法订立的合同，遵守自由选择、公平竞争、等价有偿、诚实信用的行为准则和经济秩序，反对独家交易、欺诈交易和强制交易。完全竞争侧重指竞争状况和市场结构，构成市场供求双方的都是自由、平等、数量众多的生产者和消费者，市场是竞争性结构，即便由于规模经济、专利制度等而导致的不完全竞争市场，也应当是受到法律管制和社会监督的市场，商品的价格、产量等不能单方面地规定和控制。

3. 创新发展

现代经济不是社会简单再生产，而是扩大再生产，实现经济增长和发展的基本因素或方式不再是简单依赖劳动力或物质资源的投入数量，应当是基于分工和交换方式的劳动生产率持续提高，而劳动生产率的全面持续提高主要依赖于知识或科技创新，依赖于知识创新的迅速扩散和全面应用。对于我国经济增长的因素或方式，国内通俗而流行的说法是一靠政策、二靠科技、三靠投入，这一玄妙讨巧的总结不能说错误，但内涵则肤浅、苍白。在现代社会，个人、企业和国家竞争力的首要因素是知识创新和运用的能力，创新带来了经济持续增长和社会不断进步。

创新概念由熊彼特 1911 年在《经济发展理论》中首次明确提出，熊彼特式的创新主要是指将一种新的生产要素和生产条件的新结合引入生产体系，是产品、生产方法、市场、材料或供应来源等方面的创新。不过，对于长期处于农业经济和专制社会，又经历了中央计划经济的中国而言，创新不只是狭义的经济创新概念，而是包含了观念、知识、产品、市场创新和法律、组织变革等方面内容的广义创新。现代社会就是建立在知识、技术、制度的创造、应用、转移和扩散基础上的知识化、信息化、网络化、全球化的社会，知识、技术进步导致了企业生产函数中知识资本比重的不断增加和社会经济的全面发展。

研究开发是创新的主要来源，个人、企业是研究开发和创新的主要实施者，而这一切都有赖于个人主体、充分权利、自由竞争的发展机制，有赖于全面贯彻改革开放原则，这正是来自我国转型发展的基本经验。然而，由于人的主体地位和权利制度残缺，我国的创新机制还不健全，创新效率还很低下，60 多年中几乎没有重大的、基础性的知识创新，偏重开发应用性创新而不是基础理论、基本制度创新，创新偏重政府供给主导的强制性创新而不是个人需求主导的诱致性创新，经济增长方式有待转换，中国社会还没有全面转向资源消耗低、经济效益高、成果惠及民生、社会和谐发展的可持续发展道路。

4. 全面开放

任何一个民族和国家都无法长期孤立地发展，人类的多样性文化和互动性交流才能保障一国社会经济的健康繁荣。一个有活力的社会共同体应当对内竞争、对外开放，内在动力和外部压力共同推动社会经济进步，这可从斯密以来的国际经济理论，汤因比关于文明的继承与发展、挑战与应战的分析，到谢德华关于中国的对外开放与制度性外包的总结等一系列研究中得到说明（谢德华，2011）。中国文明只是人类文明的特例，国际贸易、鸦片战争等外部冲击曾是启动中国近代化进程的重要诱因，中国当代发展也必须融入人类文明的全球化进程。

纵观我国 30 多年的发展过程，早在改革之初的 1979 年 7 月，中国就率先通过《中华人民共和国中外合资经营企业法》，批准在广东、福建试办经济特区。从 1992 年起，我国对外开放进入了由点到面的新阶段，推进沿海、沿江、沿边开放，改革外贸、外汇管理体制，大力引进港澳台和国外资本，1998 年签署《公民权利和政治权利国际公约》，2001 年加入世界贸易组织，最终形成了全方位、多层次、宽领域的对外开放格局，中国贸易依存度从 1990 年的 29.9%、1995 年的 40.9% 提升到 2005 年以来 60% 以上的高点。我国实施从出口导向到开放经济的发展战略，其整体和最终的目标不仅是利用境外的资金、技术、市场、管理经验，更是为了将国内社会与国际社会一体化，中国嵌入、置身于全人类、全球化的分工、竞争和合作，以开放来促进、强化、优化国内的改革和发展，引进境外先进的文化观念和制度安排，促使中国的开放发展不可逆转，并获得因国际分工和交易而带来的红利（罗斯基，2009）。

5. 全面、彻底、持续的改革

以充分、平等的居民权利为发展的基本制度，以竞争性市场为发展的基础方式，以全面创新为发展的主要途径，以全面开放为发展的推动和实现途径，这就是我国 30 多年发展经验的实质因素和基本原则。尽管古代传统、近现代革命和前 30 年建设为后 30 多年提供了丰富的历史条件，但并没有充分提供平等权利、市场竞争、创新发展、全面开放的条件和原则，支持和保障后 30 多年发展的条件和原则主要是通过经济、政治不断改革而获得的。如果说，平等权利、市场竞争是我国实现创新、全面、持续发展的基本的、第一位的原则，那么通过思想解放、体制改革而确立了个人充分、平等的权利，形成并保障了自由竞争、国际竞争、创新推动的发展道路，改革可称为我国实现创新、全面、持续发展的保障性、第二位的原则。

革命是为了解放和发展生产力，改革也是为了解放和发展社会生产力。透视我国 60 多年的曲折多变的发展进程，诸如最初的废止政社合一、“一大二公”的人民公社制度而代之以村镇政权体系和家庭承包责任制，1982 年、1988 年、1993 年、1999 年、2004 年的宪法修订，逐步废止中央计划、统购统销体制而代之以自由交易、市场竞争体制，废止城乡分割、地区分割的户籍制度，废止国营经济体制而代之以工效挂钩承包制、公司制，以及财政、金融、资源、交通通信等领域的改革，其总体和最终的取向都是为了改革低效率的国有计划经济体制，形成多种所有制和多元社会主体，建立产权清晰、权利平等、自由竞争的发展机制。中国的制度改革不仅全面释放了计划经济体制下被压抑、被隐藏的经济红利，而且行使了保护产权、维护竞争的政府职能，充分调动发挥了个人、企业的经济积极性和创造性，创造了更多的经济红利（罗斯基，2009）。

如何认识改革和发展之间的关系？正如党的十八大报告所指出的，经济体制改革的核心问题就是如何认识居民、政府的性质和功能，如何认识和遵循平等权利、自由竞争、创新发展、全面开放的基本原则，如何处理居民、市场与政府之间的关系。我国 1982 年宪法将曾被颠倒了的“公民的基本权利和义务”放回“国家机构”之前，以及宪法确定的“一切权力属于人民”、公民的人身权利和精神自由、经济权利、政治权利等方面的 18 项基本权利，颁布的立法法、公司法、合同法、物权法、反垄断法等法律法规，以及行政、司法等方面的一系列改革，都在科学界定和建立个人和政府之间的关系，建立一个普遍、平等提供公共产品和公共服务的中性、有效的政府，而不是追求自身利益最大化或严重偏向某些利益集团的政府。①

相反，我国社会经济发展如果出现了停滞，主要问题也出在未能遵循上述看似平常、实则根本的发展原则，未能处理好居民、市场与政府之间的关系上，是市场化、民主化改革推行不力的结果。中国这 30 多年的现代化转型虽然史无前例，个人、群体、组织的偏好、目标并不相同，对于改革开放也一直充满了不同意见而不是共识，但在什么是社会主义的主体和动力、怎样建设社会主义的问题上，党和人民并没有拘泥于经典理论和既定政策，而从解放和发展生产力的高度理解和把握社会主义本质，从以民为本、效率基准出发提出了“三个有利于”“三个代表”“科学发展”的执政理念和实践标准。改革，只有改革，全面、彻底、持续的改革，才可保障中国社会经济的健康发展。

---

① 李由：《政府与企业关系的应有性质与制度基础》，载于《人民论坛》2012 年第 32 期。

四、中国发展的实施方式

人类个体只有通过一定的组织和手段，物质和知识资源只有配置运用，才能发挥效力，实现目标。如果把中国后 30 多年的社会经济转型谨慎地称为“中国发展道路”，这一道路的实践特色就在于根据中国的环境条件，相机实施适宜的而非教条的改革和发展措施，迅速实现自己的发展目标的过程，而苏联东欧激进转型初期的受挫也正因为没有准确考虑各自的约束条件，盲目照搬照套的结果。在这个意义上，华盛顿共识试图构建的是现代社会经济发展的一般原则，北京共识试图提供中国发展经验的具体解释，国内学者如姚洋、张宇、杨其静、俞可平等也尝试提出了各自的分析（张宇，2009）。

那么，中国在发展过程中，是如何根据国内外条件，采取相宜措施，具体实施其发展原则，取得发展奇迹的？基于中国的发展经验，可以归纳、概括出中国发展的四种基本策略或方式：一是党和政府的有效主导；二是渐进性改革；三是竞争性改革；四是经济改革优先。正是借助于这些实施方式，过去 30 多年形成了以大规模、低成本的劳动力和资源投入为主要特征的比较优势发展战略，产出了大规模、低价格的加工业产品，国内生产和对外出口迅猛增长，劳动力和资源要素红利以及制度红利、全球化红利推动了中国经济 30 多年的持续高速增长。

1. 党和政府的有效主导

中国市场取向、国际竞争的现代化发展道路，要求社会成员的有效组织，多种所有制基础上的经济主体之间的平等竞争，劳动力和生产资料的自由流动。然而，中国的发展又起始于计划经济体制，必须通过经济政治体制改革才能够确立平等权利、自由竞争、创新发展、全面开放的基本原则。由于传统体制的惯性和环境条件的约束，经济发展和体制改革一旦实施不当，难免引发经济失衡和社会动荡，而经济发展又需要相对稳定的社会环境，这是一组看似难以同时达到的多元发展目标组合，拉丁美洲和苏联东欧的发展转型已经出现了各种各样的教训。

改革开放之前，我国早已形成了党政一体的强有力的社会动员和组织体系。1976 年之后，具有广泛社会基础和强大行动能力的党和政府经过历史反思和真理问题讨论，将整个国家的中心任务从“以阶级斗争为纲”果断转向“以经济建设为中心”，把一个革命的政党转型为一个执政的政党，通过适度集中的权力体制，党和国家领导人的平稳更替，政府目标的相对中性，党员队伍的规模扩大、结构多元和素质提高，自上而下的动员组织和体制改革等措施，使中国政府保持了一种统一、强势、高效的社会动员、组织和领导能力，为经济发展提供了相对稳定的社会环境，奇迹般地同时实现了经济发展、社会流动、政治稳定这些目标的多元组合和动态平衡（杨瑞龙，1994）。

2. 渐进性改革

中国经济是以体制改革而推动发展的现代化奇迹，充分发挥民众以及企业、政府的改革积极性和创造性，合理选择改革的对象、目标、措施和策略，稳定有效推进改革就至关重要，中国改革是“群众路线”的主体论、“黑猫白猫”的目的论和“摸着石头过河”的方法论的有效结合。中国改革具有政府主导、渐进推进的特征，改革的渐进性体现在各个领域改革顺序上的先易后难、逐步推进，体现为改革对象、内容和措施的选择性，有所为有所不为，许多改革措施是在事后以法律形式认可和规范，这是有效推进改革和发展的重要经验（李由，2008）。中国经济改革几经调整，但市场化改革的基本取向一直未变，并在 1992 年确立了社会主义市场经济体制，渐进性的市场化改革策略是中国发展的核心经验。

渐进性改革具有各种各样的表现方式。如在不同领域的改革顺序上，我国选择了先农村、后城市，先沿海、后内地，先体制外、后体制内，先竞争领域、后公共领域，先经济领域、后政治和社会领域的先易后难的改革路径，保证了各项改革的顺利推进。在每一领域、每一项改革的具体推进上，树立各种各样的改革样板，划分各种各样的改革试验区，不断试点、试错，循序渐进，很少采取疾风暴雨式的休克疗法，如国有经济、所有制结构、对外开放、财政体制、资本市场、社会保障体制、政治体制等方面的改革。再如，为了推进改革，既维持旧体制下的既得利益格局，又缓和意识形态争论和体制改革震荡，甚至在同一领域还实施了双轨制、增量式改革：或者在同一行业、企业内，部分经济活动保持旧体制，部分或新增部分实行新体制；或者在同一行业、地区，部分企业保持旧体制，部分或新增企业实行新体制，如价格、外贸、金融等方面的改革。渐进性改革虽然产生了设租寻租的腐败问题，但始终不渝地进行大胆而又谨慎的试验、纠错和改进，大致保证了改革的不断推进和平稳实施。

3. 竞争性改革

由于许多改革措施先在不同的地区、行业、企业中试点，这就形成了地区、行业、企业之间的改革竞赛或竞争，各种创新在改革竞争中得以产生、试验和推广。特别是对于中国这一发展中大国，地区之间的自然条件、历史传统、教育科技程度、经济发展水平等存在着广泛性的差异，这不仅为市场竞争、产业发展提供了条件，省、县等地方政府之间也可以进行竞争，中央政府向地方政府的放权和地方政府之间的发展竞争成为解释中国转型的重要视角，如张五常、钱颖一、周业安、周黎安等的解释（Qian and Weingast，1997）。

比较而言，渐进性改革主要体现了相信群众、依靠群众、尊重群众的首创精神的社会主体原则，竞争性改革主要体现了中央集中制国家的地方政府、基层官员的社会主体原则和竞争创新精神。当然，中国式的准联邦主义具有两面性，如果居民与政府、中央和地方之间的关系不能在宪法层面规范，如果地方官员的考核、薪酬、晋级、监督体制不健全，居民不能充分行使用手投票和用脚投票的权利，不健全的体制可能导致政令混乱、地区分割、设租寻租、政商合流等恶果，这也正是近年来中央政府大力推出取消行政审批、惩治官员腐败、统一社会保障体制等政策的重要原因。

4. 经济改革优先

一个国家的改革战略是全面改革、整体推进，还是重点突破、循序渐进，这是一个争论至今的问题。比较而言，苏联、俄罗斯和东欧国家普遍推行了政治改革主导的经济改革。相反，日本、新加坡、韩国等国推行了经济主导的改革，政治改革相对滞后。我国改革之初曾经推进思想解放和政治改革，但80年代后期以来，长期以经济改革和发展为主，社会发展与政治改革为辅，直到2006年才向经济与社会改革并重、政治改革为辅转换。经济改革优先的发展策略，在一定时期和一些国家取得了相当不错的发展成绩。

从实践上看，中国发展的独特实施方式之所以取得了出乎意料的伟大成果，归根结底是基于我国的一系列既适应国情又顺乎民意的经济改革，许多改革措施不约而同地与个人主体、平等权利、自由竞争的现代经济原则若合符节。例如，我国农村家庭承包责任制、外资企业、乡镇企业和私营企业等方面的改革因为契合了现代经济原则，推动了农业经济和非公有制经济的迅速发展。相反，由于政府干预色彩依然浓厚，金融、交通、能源等领域体制改革缓慢，教育、研究、出版、媒体等领域改革滞后，资本和生产要素配置远未市场化，知识创新能力相当缺乏，社会观念、伦理严重失范，实用主义、工具理性过度，中国发展的软实力严重不足。

不过，中国改革的上述措施也具有显著的中短期、特殊性、过渡性的特征。随着竞争性经济领域的市场化改革初步完成，多种所有制经济全面发展，某些改革策略和实施方式又在异化为限制甚至阻碍社会经济发展的因素。

五、中国发展的可持续性

虽然在过去和近期，中国式发展仍是一种比较有效的现代化道路。然而，这种发展道路是一种可持续、一般化的模式吗？过去30多年，得益于市场化改革和国际化竞争，建立在大规模、低成本的劳动力和资源投入基础上的比较优势发展战略是中国经济高速增长的重要原因。然而，人口、资源和制度的红利毕竟有限，积存的体制弊端和增长问题也逐渐暴露和加剧，中国在享受经济高速增长成果之时，也日益遭遇了经济、政治、知识等方面的一系列严重问题，经济增长的成本和劣势正不断推高。特别是对于多重转型中的中国，13 亿人口的诸多小问题都可能转换为国家的大问题，同时 13 亿人口的大问题又必须放在 70 亿人口的世界体系中加以考虑，经济问题往往又与社会发展、政治改革交织在一起。这些新旧问题构成了中国发展的限制性因素，发展的可持续性更加艰巨繁重。

1. 中国发展的深层挑战

经济方面至少面临着两大挑战。（1）个人主体、市场取向的改革仍待推进。如政府及国有经济对经济社会发展的过多干预，政府产业领域投资过多而公共服务领域投资效率过低，金融、交通、能源、通信、土地、医疗、出版、教育等领域的改革相对滞后，国家权力与国有资本结合而形成的国家垄断力量限制着市场竞争，市场主体特别是不同所有制经济主体之间还不能充分平等、自由地竞争发展。（2）经济增长动力不足，路径不稳。如中国人口文化素质不高，研究开发和创新严重不足，人口老龄化提前到来，并非自愿和有效的高储蓄、高投资而低消费的经济结构，增长过度依赖投资和出口，全社会生产率提高缓慢，国民收入中的劳动份额偏低甚至下降，城乡、行业、地区之间的收入与财产差距扩大化，居民收入分配的基尼系数从改革开放之初的约 0.2 迅速提高到危险的 0.5 左右，广大居民不能充分、公平地分享经济发展的成果。

中国发展还面临着社会发展和政治改革的挑战。苏联的悲剧就在于它虽然在军事、工业和科技现代化的道路上曾经走得很远，但社会、知识、政治现代化严重滞后，居民平等权利和社会参与相当有限，居民收入和消费水平严重滞后，广大居民不能充分分享发展的成果，最终导致国家解体。我国前 30 多年的社会经济转型，实际上还是一项尚待完成的巨大工程，现在，诸如因政府体制、户籍、社会保障等改革滞后，地区、行业、城乡发展不平衡，我国经济、社会、政治、环境发展不协调问题有加剧趋向，与社会主义市场经济、民主政治、和谐社会的发展目标还存在着重大差距。

国际环境条件的制约。世界发展既得益于中国经济的贡献，世界利益格局和权力分配又受到中国发展的影响，中国与美国、日本、印度、俄罗斯，以及东南亚等国家之间存在着又合作又斗争的矛盾关系。改革开放30多年，中国在技术、汇率、国际秩序等方面采取跟随美国的对策，中国大规模、高比例持有美国国债。然而，随着中国经济实力增强和对国际社会依存程度上升，未来国际环境特别是中美关系的发展方向，中国处理国际事务的智慧都将直接影响着中国未来的发展状况。

2. 中国发展的可能前景

如果把中国发展比喻为过河，最初我们可以看到河的对岸即发展目标，但并不清楚河流的状况，也缺乏桥、船或其他过河的工具，这是过去采取政府主导的渐进性、竞争性改革的重要原因。30多年前，中国经济濒临崩溃边缘，最终确定了居民主体、市场取向、全面改革开放的现代化发展战略，这是中国成功转型的关键性选择。

综观欧美历史、苏联教训、中国经验，我们对于对中国发展的状况、问题、趋势和前景应当具有高度清醒、全面理性的认识。如何全面凝聚并充分发挥改革的大智慧，针对现代化进程的各种条件和挑战，勇敢地冲破既得利益集团的反对，全面坚持以人为本、效率取向的实践标准，全面贯彻平等权利、市场竞争、创新发展、全面开放等普遍性的发展原则，全面调整、转换中国发展的改革重点和实施方式，坚定而稳妥地全面推进经济、政治和社会领域的系统性、整体性改革开放，这才是中国可持续发展的制度保障。

中国作为一个发展中国家，不仅是人口众多、国土广大的大国，也是历史悠久、文化丰富、勇于实践、包容进取的大国。在认识和处理国内问题、国际事务上，我们只要按照“三个有利于”“三个代表”的实践标准，秉承平等、开放、理性、诚恳、勇敢、负责任的态度，以人为本，执政为民，把每个人的健康、安全、幸福置于首位，把科学技术、所有制、民主、法治等作为实现目标的手段和途径，政府保护最大多数人的最大化的权益，那么，中国发展的可持续性以至中国发展模式的涌现都将可以预期（周弘，2009）。

参考文献

[1] 阿玛蒂亚·森:《以自由看待发展》,任赜、于真译,中国人民大学出版社 2002 年版。

[2] 勃兰特·罗斯基:《伟大的中国经济转型》,方颖译,格致出版社 2009 年版。

[3] 何清涟:《现代化的陷阱》,今日中国出版社 1998 年版。

[4] 李由:《大国经济论》,北京师范大学出版社 2000 年版。

[5] 李由:《中国转型期公共政策过程研究》,北京师范大学出版社 2008 年第 1 版,2011 年修订版。

[6] 李由:《政府与企业关系的应有性质与制度基础》,载于《人民论坛》2012 年第 35 期。

[7] 林毅夫、蔡昉、李周:《中国的奇迹:发展战略与经济改革》,上海人民出版社 1994 年第 1 版,1999 年第 2 版。

[8] 陆铭:《中国的大国经济发展道路》,中国大百科全书出版社 2008 年版。

[9] 罗荣渠:《各国现代化比较研究》,陕西人民出版社 1993 年版。

[10]《马克思恩格斯选集》(第一卷),人民出版社 2005 年版。

[11] 钱纳里、赛尔昆:《发展的型式(1950—1970)》,李新华等译,经济科学出版社 1988 年版。

[12] 谢德华:《中国的逻辑》,中信出版社 2011 年版。

[13] 雅诺什·科尔奈:《思想的力量》,王琳琳译,上海人民出版社 2013 年版。

[14] 亚当·斯密:《国民财富的性质和原因的研究》,郭大力等译,商务印书馆 1972 年版。

[15] 杨瑞龙:《论我国制度变迁方式与制度选择目标的冲突及其协调》,载于《经济研究》1994 年第 5 期。

[16] 姚洋:《转轨中国:审视社会公正和平等》,中国人民大学出版社 2004 年版。

[17] 俞可平:《中国模式与北京共识》,社会科学文献出版社 2006 年版。

[18] 约翰·奈比斯特、多丽斯·奈比斯特:《中国大趋势》,魏平洋译,吉林出版集团、中华工商联合出版社 2009 年版。

[19] 约瑟夫·熊彼特:《经济发展理论》,何畏等译,商务印书馆 1990 年版。

[20] 张培刚:《新发展经济学》,河南人民出版社 1992 年版。

[21] 张五常:《中国的经济制度》,中信出版社 2009 年版。

[22] 张宇:《中国模式的含义与意义》,载于《政治经济学评论》2009 年第 1 期。

[23] 支振锋：《“中国模式”与“中国学派”——“人民共和国60年与中国模式”学术研讨会综述》，载于《开放时代》2009年第4期。

[24] 周弘：《全球化背景下“中国道路”的世界意义》，载于《中国社会科学》2009年第5期。

[25] Joshua Cooper Ramo, “The Beijing Consensus: Notes on the New Physics of Chinese Power”, London: The Foreign Policy Centre, 2004.

[26] Williamson, “Latin American Adjustment: How much has Happened?” Washington DC, Institute for international Economics, 1990.

[27] Yingyi Qian, Barry R. Weingast, “Federalism As a Commitment to Preserving Market Incentives”, *Journal of Economic Perspectives*, Fall 1997, 11 (4): 83-92.

知识的创新、市场与经济发展*

人是经济活动的主体，企业是经济组织的形式，市场是配置资源的基础性、决定性方式，政府是维护经济发展的工具，这已经成为现代社会的共识。然而，现代经济如何才能够持续、普遍增长，个人、企业、市场与国家、法律、行政之间的边界如何界定，政府如何因地制宜、恰如其分地运用其职能，成为经济发展的助推器、安全网、守夜人，这实在是一项十分复杂艰难的实践任务。本文主要从知识的创新、市场和企业家精神的角度，探讨现代经济发展的决定因素和政企关系问题。

一、理论如何解释经济发展问题

商品堆积、产业变动、增长持续是现代经济的重要特征。马克思、恩格斯早在 1848 年的《共产党宣言》中就不吝赞扬："资产阶级在它的不到一百年的阶级统治中所创造的生产力，比过去一切世代创造的全部生产力还要多，还要大。"① 西蒙·库兹涅茨、安格斯·麦迪森等的经济统计工作也揭示，18 世纪之前，各地经济普遍处于长期停滞状态，其中，1700 ~ 1785 年荷兰的劳动生产率几乎未变，1785 ~ 1820 年英国的劳动生产率开始年均增长 0.5%。进

---

* 本文原载于《人民论坛》2015 年第 5 期，原文题目为《知识创新、市场与经济发展》。

① 《马克思恩格斯选集》（第一卷），人民出版社 1995 年版，第 277 页。

入 19 世纪，世界经济逐渐加快增长，1820 ~ 1870 年人均实际收入每年增长 0.9%，1870 ~ 1913 年提高到 1.4%，尽管经历两次世界大战和经济大危机，但 1820 ~ 2000 年人均实际收入依然增长了 8 倍以上，人口平均预期寿命从 1000 年的 24 岁提高到 66 岁，欧美国家的经济增长速度更快。新中国的发展绩效更为可观，改革开放前 30 年、后 30 多年人均 GDP 分别达到了约 4%、9% 的增长率。

从逻辑和历史相统一的分析角度看，导致分工产生、价值创造、产品交换、经济增长的因素有基本和派生、长期和短期、普遍和偶然、主要和次要之分。比较而言，我们最初总结的一靠政策、二靠科技、三靠投入的发展结论，后来提出的消费、投资、出口“三驾马车”的经济比喻，以及一些文章从改革开放、所有制调整、宏观调控、收入分配、阶级斗争等角度的归纳解释，看似全面具体，其实失之肤浅、混乱。因为制度、政策或消费、投资本身不是生产者和生产力，而制度、政策为何以及如何变革，如何解放或推动了经济发展？科技如何产生和应用，人力、物力为何、如何投入，出口如何具有比较优势，收入如何形成和分配，消费如何完成和扩大，政府为何建立和调控？上述现象与经济发展之间到底是什么关系？

那么，人类的现代发展是如何实现的？决定一国经济发展、生产方式改变的基本、普遍因素是什么？生产力和生产关系、政治和知识（思想、精神）在经济发展中的地位和作用是什么？根据传统理论，物质生活资料的生产劳动是人类社会存在和发展的基础，一个国家、一个时代的物质生活资料生产以及由此产生的社会结构是其政治和思想的基础。然而，第一次工业革命发端于英国而并非物质资源、交通条件相对优越的法国和南欧，率先成为发达国家的日本、新加坡都是亚洲物质资源相对稀缺的国家。可以说，我们的发展理论长期停留在哲学思辨的层面，西方的发展理论也遇到了一次次挑战，发展理论在命题提出、体系构建、逻辑推理、经验实证上还有待完善，理论逻辑与历史现象之间未能很好地协调统一起来。

由此，对于经济发展和发展中的政企关系，我们既要解放思想，变革观念，从哲学的本体论、认识论和实践观、伦理观上进行思考，又可以从经济学的知识创新、知识市场和企业家的角度，全面考察和有效解释现代发展问题。概言之，至少需要反思和厘清三个问题：一是在经济发展的生产力与生产关系、生产方式与上层建筑之间的关系上，过去常常片面强调存在决定意识，强调经济活动的决定性作用，而轻视知识和政治上层建筑的地位和作用；二是在发展主体的个体与整体、个人与国家之间的关系上，过去常常片面强调人的整体性、受动性，强调国家的理性和权力，而轻视人的个体性、主体性、能动性，轻视分工、交换和竞争的作用；三是在经济发展的因素和动力上，过去常常片面强调物质资源、生产资料的作用，注重资源、资金的投入，而轻视人的知识创新、劳动能力，知识的创新、扩散和应用，知识对发展的伟大作用和历史贡献。

二、基于知识的创新和市场的发展

现代经济持续增长的基本、普遍、主要的原因和动力是什么？不难发现，尽管影响、制约经济发展的往往有多个因素、多种方式，但决定经济发展的基本、普遍、主要的因素或方式只能是创新，是通过竞争性、普遍性、大规模、持续性的研究开发而实现的知识创新，是基于知识的创新和扩散而导致的技术、生产、交换、消费上的创新和变化，是经济活动的主体、对象、工具、环境、过程、方法等方面的创新和变化，是社会劳动生产率的全面、持续提高。

对于人类知识和知识创新在经济发展中的地位和作用问题，可以从以下几个层面进行理解：人是经济发展的基本的、能动的主体；知识和知识创新是导致现代经济持续增长的基本、普遍、决定性的因素；大学、企业、研究所等是研究开发、知识创新的组织形式；市场是知识竞争、交换、扩散、应用的基础方式。

第一，人是经济发展的基本的、能动的主体。“全部人类历史的第一个前提无疑是有生命的个人的存在。”① 人的主体性既是指独立的个体或个人是社会经济活动的主体和基础，个体是个人利益进而也是他人、公共利益的基本判断者，个人利益是人类活动的基础和主要的动力，个体的利益之和就是社会、国家和人类利益，社会活动以个体为主体、以个体活动为基础。

人的主体性又是指人是经济发展的能动主体。人是自然的产物，从动物演化而来，具有动物的本性和需要。人还是能够通过实践而认识、改造世界的有语言、会思维、多知识、智慧性的高级动物，还是既独立、分工、竞争又交换、互动、协作的能动性、组织性、创新性的社会动物，自觉能动地认识、改造世界而非被动、本能地适应世界正是人与动物的根本区别。“蜘蛛的活动和织工的活动相似，蜜蜂建筑蜂房的本领使人间的许多建筑师感到惭愧。但是，最蹩脚的建筑师从一开始就比最灵巧的蜜蜂高明的地方，是他在用蜂蜡建筑蜂房以前，已经在自己的头脑中把它建成了。”② 人的经济活动具有主观能动性，是由一定的习惯、道德、知识、观念等指导和约束的活动，是人的自主的、主动的、有目的、有计划的物质生活资料的生产活动，是为了不断满足人的物质性消费需要而能动进行的活动。许多人自以为不受知识或理论的影响，其实他们早已是某些知识或理论的俘虏。

第二，知识和知识创新是导致现代经济持续增长的基本、普遍、决定性的因素。人与其他动物的根本区别在于人在长期的进化发展中形成了智力成果，对于人类的信仰、习俗、道德、哲学、技能、文学艺术、社会科学、自然科学等智力成果，人们有知识、文化、思想、观念、意识、智慧、经验、信息等不同称呼，马克思称之为精神的、知识的上层建筑，本文统称为知识。

人类的各种知识，可分为描述性知识，关于自然现象的物理、化学、地质、生物等知识和关于社会现象的经济、政治、社会等知识；规范性知识，反映人类的价值与信念的知识，如宗教、道德、哲学、文学、美术、音乐等

① 《马克思恩格斯选集》（第一卷），人民出版社 1995 年版，第 67 页。
② 《资本论》，人民出版社 2004 年版，第 208 页。

知识；技能性、实践性知识，如医疗、新闻、工程、设计、教育等知识；形式性知识，是统一、整合所有知识的知识，如语言、数学、逻辑等知识。人类知识还可以分为信仰、习俗、道德、观念、技能、文艺等原发性知识和人文学科、自然科学、社会科学等系统性知识，分为基础性、原理性知识和应用性、开发性知识，分为公共性、已知性知识和私人性、创新性知识，经济合作与发展组织（OECD）则提出了 know-what、know-how、know-why、know-when 的四个“W”的知识分类。

创新尽管是熊彼特 20 世纪初才明确提出并解释资本主义发展的概念，其实也是关于人类发展问题的一般性理论。推动经济持续发展的主要因素或力量是人类的知识创新或创新性知识，创新性知识是指通过人的研究开发而生产、增加的真理性、正确性的知识，是能够有效地反映、解释客观实在或事实并预测未来、指导实践的知识，是有助于规避风险、降低不确定性的知识，是提高经济、社会、政治等人类活动效率的知识。申农、维纳等认为，信息是对事物可辨别的状态即事物差异度的衡量，是消除随机不确定性的东西，信息反映着对同一事物的知识量的差异，信息能够使人们对事物状态变化的认识从不知到知、从不确定到确定。20 世纪 60 年代以来，阿罗、马克卢普、贝尔、罗默、卢卡斯等关于知识、研究开发、经济增长的研究进一步解释了知识生产和应用对经济持续增长的作用，张维迎、张跃等也阐述了知识、思想对经济发展的决定作用。

人类知识的生产、交换、分配和应用是影响社会经济发展的关键因素，绝对不能轻视、歪曲知识和政治上层建筑的巨大作用。一个国家、一个时代的物质生活资料生产与政治、知识之间并不是简单的决定和被决定关系，政治、知识对经济活动也不只是哲学描述的反作用。实际上，马克思经济理论的内核和本质是人为主体的劳动价值和经济发展理论，经济发展的真实主体是那些能动性、有知识、敢创新的人群，劳动是人类有意识、能动性、组织性的劳动；人类劳动虽然包括简单劳动和复杂劳动，但条件反射只能维持动物的生存和繁衍，简单劳动只能维持人类循环重复、停滞不前的社会简单再生产，而复杂性劳动特别是创新性劳动才能推动人类经济的持续发展；科技是第一生产力，创新性劳动是基于知识的创新，是知识的创新、传播和应用过程；知识是形成人们的经济预期和决策、组织和管理经济活动、实现社会扩大型、可持续再生产的必要性、决定性因素。

企业家是通过探索、判断、发现、捕捉生产和交换中的赢利机会，创造性连接知识的生产和应用、知识市场和商品市场的中介和猎手，在技术、产品、市场、组织等方面实现生产要素的创新性配置，承担创新成本并获得创新收益的人。在这个意义上，大部分企业的创业者和管理者并不是企业家，只有应对经济活动中的未知性、不确定性，组织、管理创新活动并承担创新风险、责任的才是企业家，企业家是知识创新的实施者，是企业发展的关键因素和内在精神。

从历史、实践的角度，如果认真观察和分析诸如古代中国长期停滞、中世纪欧洲陷落、亚非拉许多地区至今落后，考察和分析近现代的欧洲文艺复兴、宗教改革、社会变革与欧美工业革命、经济增长，鸦片战争、新文化运动、十月革命炮声、1957 年反右、1978 年真理标准讨论与中国的革命和改革、经济的停滞和发展等一系列具体而微的发展事件，而不是先入为主、人云亦云地接受和执行某种理论，那么就不难发现：知识创新是人猿相揖别、人类文明产生和发展的基本、首要因素，知识创新、思想启蒙、观念转变、知识应用在古今中外的人类社会经济发展中都发挥了前提性、决定性的作用。例如，拿破仑以军事力量让欧洲君主闻风丧胆，但他的“让学者和驴子走在队伍中间”的军令和 1804 年称帝前夕颁布的《法国民法典》，保障了法国和欧洲繁荣至今。而马克思《资本论》和马克思主义作为创新性、批判性的知识成果，对于现代社会经济发展发挥的长期的、巨大的影响则是关于知识创新作用的另一个例证。

正是由于文化知识是人民生活的精神家园，是民族健康发展的血脉，现代经济是基于知识、技术、生产、交换、分配、消费等各个方面不断创新的经济，是建立在知识的创新、扩散、应用基础上的知识化、信息化、全球化的经济，知识、技术进步导致了企业生产函数中知识资本比重的不断增加和经济的持续快速增长。1996 年，经济合作与发展组织年度报告提出了知识经济范式，知识经济是以知识资源的占有、配置、生产、使用为基础的经济，2001 年进一步推出了解释经济发展的《增长的推动力：信息技术、创新和创业精神》。1998 年，世界银行发布了以“知识与发展”为主题的发展报告。

第三，家庭、企业、大学、研究所、政府等是研究开发、知识创新的组织形式，而企业是研究开发、知识创新的主要组织。知识创新主要源于人的有目的、有组织的研究开发活动，研究开发是生产、提供知识、技术创新的手段，那些在知识生产和应用中具有创新性贡献的人群才是真正的思想家、科学家、艺术家、发明家、教育家、企业家、政治家，才是人类文明的拓荒者和领路人。进入近代社会后，研究开发才开始成为有目的、有组织的人类活动，政府、大学和企业开始成为研究开发的主体。比较而言，来自政府的研究开发经费和创新成果出现了减少的趋势，企业特别是公司企业成为研究开发和知识创新的主要实施者，企业大量投资于研究开发，企业研究开发成果直接带来了经济增长。换言之，创新性的企业和企业家才具有真实的竞争和盈利能力。

1819 年，圣西门在短文《寓言》中提出了两个天真而恶毒的幻想：假如法国突然损失了 3000 名优秀的化学家、物理学家、数学家、诗人、画家、雕刻家、机械师、工程师、农夫、工匠，法国马上会变成一具没有灵魂的僵尸；但假如法国只不幸地失去了国王的兄弟、安古雷姆公爵殿下、国家大臣、国家参事、议员、元帅、主教、省长、法官、大财主等所谓的国家栋梁，虽然会使善良的法国人懊丧，但并不会给国家带来政治上的不幸。圣西门因此被控犯了“诬蔑国家罪”，而列宁则将之誉为警世名言。

第四，市场是组织、协调知识的生产、交换、竞争、应用的基础性、决定性方式。不断满足人类的消费需要是推动知识创新的内在动力，人类又是如何组织知识的生产、检验、交换、竞争、扩散、应用等一系列活动的呢？答案就是市场，是自由竞争、完全竞争、公平竞争的知识市场或思想市场。

知识有交流、竞争，有比较、选择，才能够源源不断地创新、优胜劣汰、进步积累。

知识市场上奉行的是与商品市场同样的法则，公民具有宪法赋予的言论、出版、通信、宗教信仰等自由，进行科学研究、文学艺术创作和其他文化活动的自由，个人、企业、学校、研究所、报社、书店等知识的生产者和消费者能够自由进出知识市场，能够自由展示、讨论、选择、交换知识，各种创新性知识因能够有效满足人的消费需要，增进个人利益和公共利益而不断生产、扩散、应用和积累，低效、无效，甚至荒谬错误的知识则逐渐被冷落、淘汰。如此，才能够全面地比较、学习、吸收、应用人类创造的知识成果，让一切劳动和资本、知识和技术、法律和管理的活力竞相迸发，让一切创造社会财富的源泉充分涌流，让发展成果更多更公平地惠及全体人民。

三、知识的创新和市场体制改革

1978 年以来，我们废除了以阶级斗争为纲的极“左”理论，废除了“两个凡是”等教条主义、主观主义的思想方法，坚持通过实践发展和检验真理的知识标准，坚持“三个有利于”“三个代表”的实践标准，“允许试，允许看，不强迫”“大胆地试，大胆地闯”，终于迎来了久违的科学研究、知识创新的春天。1995 年，我国正式提出了科教兴国战略。但 30 多年中，我国研究开发经费占 GDP 的比例长期不足 1%，依然主要依靠劳动、资源密集型加工业参与国际分工和国际竞争，知识的创新和应用成就不大。发展过程中资源消耗多，环境破坏重，技术含量少，品牌影响小，附加价值低，贸易依存度高，经济难以持续健康发展。特别是 2008 年美国和全球经济危机以来，我国面临着技术和产业调整，国际竞争激烈，供给过剩，价格下降，以及人民币升值、劳动力成本上升等因素的限制，自主研究开发和创新能力不足，技术来源过多依赖国外，80% 以上工业产品的生产能力利用不足但还要大量进口国内短缺产品，近年来还出现了科研、管理人员争相移民，消费者踊跃抢购日本电饭锅、马桶盖的现象。

在我国经济发展处于体制改革、结构调整、增速降低的紧要关口，在全面建成小康社会、全面深化改革、全面依法治国的未来时期，如何实现国民经济的持续健康发展？尽管我们能够开列无数项的理论和对策，但根本性、顶层性的发展原则和制度设计只有两条：一是尊重、落实和保障广大居民充分、平等的人身权、财产权和其他权利，同时规范、约束政府的权力，使广大居民真正成为经济发展的主体；二是建立健全知识创新和知识市场体制，使知识和知识创新成为我国社会经济发展的基本、普遍、决定性的因素。

第一，深化知识创新的体制改革。广大居民是知识创新的基础主体，家庭、企业、大学、研究所、政府等是知识创新的组织形式。为此，就要深化研究开发、知识创新的体制改革，全面落实宪法赋予的言论、出版、通信、宗教信仰等权利，自由地从事科学研究、文学艺术创作和其他文化活动，改革企业、大学、研究所等知识生产和知识教育的体制，全面激励广大居民特别是思想家、科学家、艺术家、发明家、教育家、企业家、政治家的创新精神，促进知识、技术、产品的创新和市场、法律、组织的变革，保护他们原始创新、集成创新、引进消化吸收再创新的成果和利益。

第二，深化知识市场的体制改革。舆论有底线，宣传有纪律，但知识无身份，学术无禁区。我国的知识市场存在着改革滞后、功能不全、效率较低的问题，难以发挥组织、协调知识的生产、交换、竞争、应用的基础性、决定性作用，严重限制着创新型国家、精神文明强国的建设。例如，2011 年以来我国发明专利申请受理量虽然连续四年位居世界首位，但专利的创新性和转化率严重不足；我国学习、吸收国外知识的广度和深度不够，某些研究和生产领域与国际先进水平的差距趋于扩大。

第三，弘扬和保护创新精神。思想家、科学家、艺术家、发明家、教育家、企业家、政治家等创新型人才的本质和精神就是自由的探索、冒险和创新，就是对知识的综合性收集和学习、创新性生产和应用。在经济发展中，没有企业家的企业至多是规范化、重复性的产品加工和销售机构，有了企业家而不知、不能保护的国家也不可能跻身于发达国家之列。

参考文献

[1] 弗里茨·马克卢普:《美国的知识生产与分配》,孙耀群译,中国人民大学出版社 2007 年版。

[2]《马克思恩格斯选集》(第一卷),人民出版社 1995 年版。

[3] 乔治·泰奇:《研究与开发政策的经济学》,苏竣、柏杰译,清华大学出版社 2002 年版。

[4] 王淑芳:《企业的研究开发问题研究》,北京师范大学出版社 2010 年版。

[5] 张跃:《唯思史观》,收录于《中国当代艺术》,九州出版社 2013 年版。

华为的治理方法论*

我国2001年加入世界贸易组织，2007年党的十七大提出完善开放型经济体制以来，内资企业特别是公司制企业如何基于自身条件和外部环境，确立其发展目标和治理原则，以应对全球化的经济竞争。设立于1987年的华为技术有限公司，最初业务只是代理销售电话交换机。但是，华为从一家微不足道的贸易企业，到跻身于“巨（龙）大（唐）中（兴）华（为）”的国内电信设备骨干企业，再不断超越国内外竞争对手，转型为一家现代化、专业化的世界企业，2010年进入了《财富》杂志500强企业榜单，还是我国寥寥可数的技术领先、开放发展的跨国公司，一定是长时间、全方位地做出了一系列正确的事情。

关于华为的报道和研究连篇累牍，比如华为面向世界、面向未来，科学管理、追求卓越的发展理念；比如华为尊重客户，致力解决每个人、每个组织的消费需求的经营战略等，深圳大疆、北京小米等也被视为跟进学习华为的优秀企业。一家企业的不断成长，固然与市场竞争、政策公平、国际和平等外部因素相关，更得益于其对资源配置和经济发展方式的理性认识，得益于其对出资者、劳动者、消费者权利的全面保护。华为扎根现实、竞争发展、股份共有、组织共治、利益共享、全球竞争等的商业模式，有效激发了公司全员的积极性和创造性，形成了公司持续创新和健康发展的强大动力，不失

* 本文原载于《人民论坛》2019年第32期。此为原稿，发表时有删减，引用时请注明。

为认识和确立我国企业成长和国家发展的一种角度。

一、扎根现实的发展目标

每个人、每个企业、每个国家的发展战略都不能凭空提出，必须建立在对个人、企业、国家的自身条件和外部条件，对国家的社会性质和发展阶段的全面准确的分析和决策的基础之上。中华民族在历史上曾经创造了辉煌的古代文明，但自元明以来社会经济发展相对停滞，鸦片战争以后更是严重落后于欧美发展水平。我国社会主义现代化建设，发轫于生产力落后、商品经济不发达、民主政治体制和其他方面体制也不尽完善的初级阶段。新中国成立 70 多年来，我国的社会经济水平总体上有了显著提高，但仍处于并将长期处于现代化发展的初级阶段。公有制为主体、多种所有制经济共同发展，按劳分配为主体、多种分配方式并存，社会主义市场经济体制依然是解决人民日益增长的美好生活需要和不平衡不充分的发展之间的矛盾的基本经济制度，其中竞争性、公平性、开放型市场依然是资源配置的基础性、决定性的方式。1978 年党的十一届三中全会召开，1987 年党的十三大系统提出初级阶段理论，2017 年党的十九大提出新发展理念，我国经济实现了年均近 10% 的持续增长。70 年的实践反复证明，凡是清醒认识基本国情并依法制定以人为本的发展战略的时期，就是我国社会主义事业健康发展的时期。

1987 年 9 月 15 日在深圳注册成立的华为技术有限公司（以下简称“华为”），正是任正非等敏锐地抓住了发展转型的天时地利：1980 年开始创建的深圳特区是我国最早的、最有力的改革开放试验区；1987 年 10 月召开的党的十三大首次系统提出了社会主义初级阶段理论、集中力量进行现代化建设、大力发展有计划商品经济、鼓励私营经济发展、坚持对外开放、努力建设民主政治等理论。而国家对通信行业长期实行严格的计划管理体制，通信服务和通信设备制造的发展水平严重落后于世界水平，非常不能适应国民经济和社会发展的迫切需要，数以亿计的居民几乎不能分享电话、电报、无线和移动通信的信息便利。由此，华为一开始就定位为一家以人为本、开放竞争、创新推动的发展中大国的制造企业，而非赚取巧钱、快钱的贸易企业或代工企业。

没有需要，就没有生产。社会一旦有技术上的需要，则这种需要就会比十所大学更能把科学推向前进。华为成立之后，很快就基于通信业务的国内外供求状况，明确了市场引导、员工为本、聚焦主业、技术创新的发展战略——由于通信设备是供给每个人、每个组织使用的，只有全面、准确、及时、低成本地适应并满足国内外用户需要，并根据技术创新、市场需求变化而调整业务，企业的研发、生产、销售和收入才能够获得最大化增长。由此，华为1998年制定的《华为基本法》第一条首先提出："华为的追求是在电子信息领域实现顾客的梦想。"由于通信服务特别是基本服务在一定时间内难以对内对外开放，华为将业务集中于通信设备的研发制造。《华为基本法》第一条同时明确："为了使华为成为世界一流的通信设备供应商，我们将永远不进入信息服务业。"

二、面向全球的竞争战略

从当年走出非洲到当代，人类社会一直处于全球化的分工、交流、竞争和合作的曲折演进过程。"资产阶级，由于开拓了世界市场，使一切国家的生产和消费都成为世界性的了。"① 每个人、每个组织、每个国家只有全面学习和不断应用社会分工、全球分工而产生的科学发现和技术、产品、服务、制度创新的成果，只有在对内放开、对外开放和内有动力、外有压力的条件下，在劳动的分工、竞争和合作基础上的实施共建共治共享战略，才能够克服个人、组织、国家的局限和不足，低成本、最大化地解决人民日益增长的美好生活需要和不平衡不充分的发展之间的矛盾。

① 《共产党宣言》，人民出版社1997年版，第31页。

华为处于改革开放时间最早、力度最大的深圳特区，不仅面对单方供给的国有通信服务企业和得天独厚的国有通信设备市场企业的全面竞争，还要面对实行不同制度的我国港澳台地区以及发达国家的众多企业的激烈竞争。企业如果要获得生存和发展，必须以国际最先进的技术、生产、销售、财务、管理标准要求自己，必须全面参与科技、生产、贸易和管理的全球化竞争。为此，华为从 1990 年就开始将公司业务从交换机的境外代理，转向为酒店、小企业、农村进而为国内和全球用户提供通信产品的研发和制造。

为了全面学习国外文化并参与全球化竞争，自 1995 年起，华为从观念、制度和操作、流程上，按照世界先进标准，对企业的研发、生产、销售、财务、管理等各个领域和环节进行了全方位、根本性的现代化、全球化升级改造。例如，1997 年与美国合益集团（HayGroup）合作，建立了人力资源的职位、绩效激励、选聘体系；1999 年与美国 IBM 公司合作，建立了产品研发体系，建立了面向市场的集成产品开发流程（IPD）以及信息、物流、财务的集成供应链（ISC），建立了印度软件能力模型（CMM）；与德国弗劳恩霍夫协会（FhG）合作，建立生产和质量体系；与毕马威、普华永道合作，建立财务流程、制度、监控、编码的全球化信息系统；引入埃森哲的客户管理模式、丰田的精益生产模式等。

企业想有效参与全球化分工和竞争，必须坚持基于人类知识的创新、扩散和应用的可持续发展道路。（1）无论是当初简单的电话交换机业务，还是现在以提供光网络、固定网、移动网和增值业务领域的网络解决方案为主营业务的电信设备制造，华为始终坚持以知识创新支持企业业务的发展战略。1998 年，华为开始从技术跟进、产品模仿向技术和制度创新的“发展型式”转变，当年投入研究开发的经费即超过 8 亿元，占销售额的 10%。此后，华为以市场需求为导向，坚持每年将 10%~15% 的销售收入用于研究开发，45% 以上的员工从事研究开发，并对创新人才给予丰厚的精神和物质激励，如 2019 年的百万年薪招聘博士。早在 2006 年，华为在我国电子信息百强企业中以 5043 项专利申请量遥遥领先；2010 年递交国际专利申请量超过松下公司成为全球排名第一的企业，其中90%以上为发明型专利。（2）遵守知识产权的国际规则，与其他企业的交叉许可、商业合作等。（3）遵守法律，合规经营，依法解决争议。到2018年，华为业务遍及170多个国家和地区，18万名员工中外国员工超过4万名，全球采购超过700亿美元，合作企业1.3万家，年销售收入相继超过诺基亚西门子、阿尔卡特－朗讯、爱立信公司，全年销售收入7212亿元。

三、共有共治共享的治理原则

人是一种能动性的社会动物，人的本质是一切社会关系的总和，而人在生产、交换、分配、消费等经济活动过程中形成的生产关系，特别是对劳动创造的实物性和知识性的财产或资源的占有、使用、分配关系，即财产权利则是一切社会关系中的基础性、核心性关系。在社会经济活动中，人的动机、目标和手段、行为应当相互统一。个人是其人生价值或目标的判断者、行为的决策实施者、人身和财产的所有者，个人的决策、投入与其收入、财产、尊严、安全之间全面直接地相互对应或高度匹配，个人才能够全面持久地关心世界、积累能力、投入资源、辛勤劳动、不断创新，而不会急功近利、损人利己。华为之所以能够扎根现实发展，参与全球竞争，正在于从根本上科学认识人的自然属性和社会属性，坚持了以全体员工为公司的权力和利益主体的人本性，化国家大法、法律为公司小法、基本法的法治性，全面确立了客户中心、员工为本、公司相关者利益兼顾的社会责任原则，股份、权力与利益全员共享的经济民主原则，权利与责任平衡、绩效与收益匹配的分权共治、分利共享的治理原则，建立了以人为本、全员共有、面向市场、组织共治、利益共享的公司存续、运行和发展制度。

全员共有的股份制度。在私有财产的法律框架下，国内外绝大多数私人企业在财产的占有和使用上采取了股权集中、一股独大的股权结构和资本至上、单边控制的治理结构，且众多大型企业实行了公开发行融资战略。然而，华为从成立之初就采取了内部全员共有的股份制度，2019 年才首次在国内资本市场公开募集 30 亿元债券。财产共有是指在充分尊重和依法保护每个人、每位公民的私有财产权的基础上，两个以上的自然人或法人对同一项资产共同享有一个所有权的一种法律关系，是关于个人如何建立组织、协调集体（团体）行动的财产制度，如我国《中华人民共和国民法通则》第 78 条的规定。财产共有分为共同共有和按份共有，前者如夫妻共有、家庭共有、合伙共有，后者如公司的股份共有。共有与公有是两个不同的概念和制度：共有是私人财产的一种制度安排，共有关系是多个权利主体基于共同的生产或生活的目的，将其资产联合在一起而产生的资产形式，是资产所有权的联合，如私有制基础上的合伙制、合作制和公司制。而公有是公共所有，是对私人产权的否定，比如国家所有制、集体所有制。

华为全员持股的股份共有制度具有以下特征。（1）全员持股。早在公司建立不久的 1990 年，华为就开始实施内部融资、员工持股的股权激励计划，股票根据任职 1 年员工的职位、季度绩效、任职资格等因素而由公司统一招募，员工之间不能转让，离职则售予公司，每股 1 元的价格水平一直维持至 2001 年。自 2001 年起，华为将原股票转型为虚拟受限股，持股者依然据此参与公司治理和公司分红并获得增值收益；2003 年成立华为投资控股有限公司，持股员工以此持有华为技术有限公司的股份，并在 2003 年、2008 年两次调整了股权激励政策。根据华为的财务报告，2009 年 9.5 万名员工中 61457 名持有公司股份，占员工总数的 65%，持有公司股份的 98.58%，任正非仅持股 1.42%；2011 年 7.43 万名员工持股，2016 年 8 万多名、2018 年 9.67 万名员工持股，占员工总数的一半以上；绝大多数员工持有数万股，少数可达上百万股，而任正非 2017 年持股下降到 1.01%。这样，华为突破了传统公司的股权（资本）至上原则，实现了股权与员工权利相统一、资本决定与经济民主相统一。（2）低价持股。我国上市公司每股额面值虽然是 1 元，但发行价、二级市场价往往过高，而华为直到 2001 年每股价格长期维持 1 元，2003 年配股价提高到 2.74 元，2010 年提高到 5.42 元，绝对值很低。（3）公平持股。

华为坚持公平激励原则，主要根据员工的绩效和年限而授权持股，重点激励研发、生产、管理、营销等各方面才能和绩效突出的员工。（4）股权平等与股权例外相结合。公司一般实行同股同权同利、一股一票的股权平等原则，但由于每一股东的才能和目标并不均同，为了每一股东、全体股东和公司的最大化利益，股东的权利与其才能、责任、收益应当相匹配，所以在特定情况下对部分股权实行例外原则。例如，股份分为优先股、普通股、劣后股，部分股份无表决权或限制表决权，而部分股份享有多表决权（一股多票）。华为在公司治理上实行民主决策、权威管理的原则，公司总裁（任正非）作为具有企业家才能的创始股东而有条件地拥有最后的决策权即重大事项的否决权，从而协调了公司治理中的平等与效率冲突。

既分工又合作，既分权又制衡，全员参与、动态优化的组织共治。（1）公司权力的经济民主。尽管德国、法国等国家20世纪试行了员工参与公司治理的共决制（参与制），部分公司的职工董事占全部董事的1/3～1/2，职工董事对工作环境、工资福利、聘用辞退等直接关系员工权益的公司事务具有否决权，但近现代社会上长期盛行的是资本至上、股东会中心的公司治理原则。华为坚持以客户为中心、以员工为根本，将资本因素与劳动因素特别是复杂性、创新性劳动统一起来，在全员持股的基础上建立了公司股东会的权力机构，股东会由工会和任正非组成，持股员工代表会（2019年由选举产生的115名持股员工代表和18名候补持股员工代表组成）及其定期会议具体履行员工、工会的治理职责。（2）分工、分权原则。华为根据员工的才能、绩效和公司的职能、业务以及区域特征，建立公司的股东会、董事会、监事会、独立审计师等组织机构，以及内部控制制度，持续改善公司治理的架构、组织、流程和考核，人尽其才，岗尽其能，权尽其用，充分贯彻分工、分权、制衡、专业化原则，激励员工保持信念、提高能力和转换岗位，防止能力的单一和僵化以及权力的集中和专断。例如，任正非长期只担任总裁兼董事，1999年董事长另选他人，并从2011年开始实行轮值CEO制度、2018年开始实行董事长轮值制度，如2018年改选董事会，董事17人，4人每半年轮值董事长。（3）权责平衡、激励约束的原则。华为对每一位在职者、行权者进行考核和监督，实现不同岗位、权力之间的有效合作和相互制约，使公司长期保持有效增长。分工、分权、制衡、激励的公司治理原则不仅保障了经济发展，也是现代国家政治改革的重要借鉴。（4）社会责任原则。在经济民主、全员共治的基础上，华为与供应商、消费者、合作伙伴、产业组织、开源社区、标准组织、大学、研究机构等全球范围的利益相关者构建共生共赢的生态圈，推动技术进步、产业发展。华为虽然以其技术和产品而产生了强大影响力，但其合规经营、股份共有、权力共享、社会责任的治理结构有效制约了公司权力。

绩效与收益匹配、收益全员分享的利益共享原则。华为将全员共有、组织共治的公司财产和治理制度与公司收益共享的分配制度融合起来，从而将按因素分配与按劳分配融合起来，真正探讨了共享经济的中国经验。在员工收入上，华为形成了工资、奖金、股权激励的三元结构，且三部分的比例大致相当。以股权激励为例，其资本收益包括持股分红和增值收益，年收益率一般在30%~50%，其中2010年每股总收益2.98元，2016年、2017年每股总收益分别为2.56元、2.83元，远远超过我国上市公司1%左右的股息率。此外，华为2014年还增加了时间单位计划的第四部分收益。

四、公司治理与公共治理

从人类历史演进和我国社会主义初级阶段看，个人拥有充分的人身权利、财产权利等基本权利，在社会实践中当家作主，这不仅是人类自古以来所追求的、现代化社会所确立的基本原则，不仅是经济活动和公司治理的基本原则，同样也是我党的奋斗目标和我国宪法、民法的基本内容。事实上，在几百年的现代化过程中，人类在市场竞争、企业治理、公共治理等不同领域中的实践经验都是相互影响、借鉴和运用的。例如，格老秀斯、霍布斯、孟德斯鸠等的政治思想和现代国家的公共治理经验就对经济运行、公司治理产生了全面影响，充分信息、自由竞争、激励相容等经济思想又反哺了欧美国家20世纪80年代的政府改革。在40年的改革开放过程中，我国的经济体制改革、市场体系发育与政府管理体制、社会治理体系变革之间也呈现出一种互动共生的关系。华为扎根现实的发展目标、面向全球的竞争战略、共有共治共享的治理原则对于经济改革、公共治理也有参考意义。

中国特色社会主义进入新时代，面对人民日益增长的美好生活需要和不平衡不充分的发展之间的矛盾，如何坚持和发展中国特色社会主义，全面建成小康社会进而全面建设现代化强国？1992年，邓小平南方谈话指出：社会主义的本质，是解放生产力，发展生产力；计划和市场都是经济手段；一切符合“三个有利于”的所有制形式都可以而且应该用来为社会主义服务。在经济领域，经济运行、体制改革、全面开放的核心问题就是处理好政府与企业、市场之间的关系，而人本性、开放性的市场体制和法治化、全球化的公共治理或许是处理政府与企业、市场之间关系的两个选项。

人本性、开放性的市场体制。公民的权利制度是确立居民、企业在市场经济中的主体性、中心性地位，发挥市场在资源配置中的基础性、决定性作用的前提和基础。我国宪法明确规定：国家尊重和保障公民的权利，公民在法律面前一律平等，国家的一切权力属于人民。党的十九大报告再次申明：人民是历史的创造者，坚持以人民为主体、为中心，人民依法享有广泛的权利和自由，这才是中国特色社会主义的本质要求，是发展社会主义市场经济、开放经济、创新经济的根本原则。在市场体制上，人本性体现在尊重和保障境内外居民、企业在经济活动中的充分且平等的权利，开放性体现在一视同仁、包容对待在我国注册和经营的内外资企业。唯有如此，才能够全面、深入、持续地激励和保障每个人、每个企业从事社会经济活动的积极性和创造性，让各种资源的活力竞相迸发，让一切创造社会财富的源泉充分涌流，才能够有效解决发展不平衡不充分问题，更好地推动人的全面发展和社会的全面进步。

法治化、全球化的公共治理。权为民所用，利为民所谋。处理好政府与企业、市场之间的关系，还要解决好政府改革、公共治理的问题。为了解放和发展生产力，我们要坚持全面依法治国，全心全意为人民服务，真正厘清政府与居民、企业、市场、社会之间的边界，积极稳妥推进立法、行政和司法等方面的改革，转变政府职能，深化简政放权，创新监管方式，接受人民监督，保证人民当家作主落实到经济生活和政治、社会、文化生活之中。政府在经济管理上要全面实施国民待遇原则的市场准入负面清单管理制度，彻底清理废除妨碍统一市场和公平竞争的各种规定和做法，打破行政性垄断和防止市场垄断。面对世界多极化、经济全球化、社会信息化、文化多样化深入发展的新形势，开放带来进步，封闭必然落后，我们还要遵循共商、共建、共享、共赢的原则，促进和而不同、兼收并蓄的文明交流，充分尊重和平等保护境内外居民和企业的合法权益，发展更高层次的开放型经济，共同创造人类的美好未来。

参考文献

[1]《邓小平文选》(第三卷)，人民出版社 1993 年版。

[2]《共产党宣言》，人民出版社 1997 年版。

[3] 李由:《中国发展道路：条件、原则、方式与未来》，载于《徐州工程学院学报》2015 年第 1 期。

[4] 马丁·魏茨曼:《分享经济》，林青松等译，中国经济出版社 1986 年版。

[5] 马克思:《1844 年经济学哲学手稿》，人民出版社 2002 年版。

[6]《马克思恩格斯选集》(第四卷)，人民出版社 1995 年版。

[7] 习近平:《决胜全面建成小康社会 夺取新时代中国特色社会主义伟大胜利》，新华社，2017 年 10 月 27 日。

[8]《资本论》(第一卷)，人民出版社 2004 年版。

我国未来发展的环境因素和战略选择*

1978 年以来，我国对内改革、对外开放，全面建成小康社会取得了巨大成就。据世界银行和国家统计局数据，以 2010 年不变价美元计算，世界经济总量从 1978 年的 84619 亿美元增加到 2017 年的 806838 亿美元，年均经济增长率为 2.9%；同期我国经济总量从 1495 亿美元增加到 122377 亿美元，年均经济增长率为 9.5%，对世界经济增长年均贡献率为 18.3%，均超过日本而居世界第二位。2019 年我国经济总量达到 99 万亿元，人均 GDP 超过 7 万元（约合 1 万美元）。在发展环境面临深刻、复杂变化之际，党的十九大提出第二个百年奋斗目标分为 2035 年、2050 年两个阶段推进，党的十九届五中全会提出“十四五”时期要为全面建设社会主义现代化国家开好局、起好步。经验表明，只有深刻认识国内外环境变化带来的新挑战和我国社会主要矛盾变化带来的新要求，真正坚持人民主体和全面开放的发展战略，全面尊重和依靠、激励和保护中外人民、中外企业的积极性、主动性、创造性，充分运用国内外的劳动力、知识和资本，才可能把我国建成富强民主文明和谐美丽的社会主义现代化强国。

一、未来发展的国际环境

党的十九大提出，到 2035 年基本实现社会主义现代化，到 21 世纪中叶把

---

* 本文原载于《学术前沿》2020 年第 24 期。此为原稿，发表时有删减。

我国建成富强民主文明和谐美丽的社会主义现代化强国。党的十九届五中全会提出，以推动高质量发展为主题，以深化供给侧结构性改革为主线，以改革创新为根本动力，加快建设现代化经济体系，加快构建以国内大循环为主体、国内国际双循环相互促进的新发展格局，为全面建设社会主义现代化国家开好局、起好步。环境是指人类赖以存在、发展的外部客观条件，包括社会环境和自然环境、国际环境和国内环境。一国发展战略的科学制定和有效实施，有赖于对国内外经济、政治、文化、自然等环境或条件的全面、准确观察和分析。只有全面准确地认识复杂变化的国际环境和国内环境，我们才能够准确识变、科学应变、主动求变。

从国际环境看，和平与发展仍然是时代主题，人类命运共同体理念深入人心，但我国发展的国际环境正发生着深刻复杂的重大变化。

第一，新一轮科技革命和产业变革深入发展。自牛顿1687年发表《自然哲学的数学原理》以来，人类经历了17～18世纪欧洲思想解放和第一次科学革命，18～19世纪以蒸汽机、机械化为特征的第一次工业革命，1890年以后以量子力学、相对论、生物学为核心的第二次科学革命和以电气化、全球化为特征的第二次工业革命。在这一发展过程中，英国、荷兰、法国等国家率先崛起，美国、德国、日本等国家后来居上。进入20世纪后半叶，随着机械、电力、电子、信息技术，特别是20世纪70年代以来微电子、生物技术、能源技术、互联网、数据库、物联网、区块链、分布式账户等技术的不断发展，人类开始进入知识化、信息化、网络化时代。1956年美国工人中的“白领”人数超过“蓝领”，2003年成立的美国特斯拉汽车公司自称信息技术（IT）企业，2020年美国脑机接口公司（Neuralink）发布了最新一代脑机接口的芯片和医疗设备。基于柯布－道格拉斯生产函数计算的知识创新、技术进步对经济增长率的贡献度表明，20世纪初科技进步对世界经济增长贡献不足10%，随后这一比例不断提高。欧美日等发达国家和地区不仅在科学研究、技术上仍然居于主导地位，知识的生产、扩散和应用又不断提高了其全要素生产率，知识创新、技术进步对发达国家经济增长的贡献度已经从20世纪末的 50% 提高到 70% ~ 80% 。

第二，国际力量对比深刻调整。根据世界银行数据，从 1978 ~ 2017 年世界主要国家的经济增长率、经济总量及对世界经济贡献率看，虽然仍然保持着美国一家独大和多极发展的格局，但美国相对地位有所降低，其经济总量占世界经济份额从 1978 年的 27. 8% 下降到 2017 年的 24% ，欧元区、日本分别从 25. 7% 、12% 下降到 15. 6% 、6% ，俄罗斯的经济份额更下降到 2% ，约相当于韩国的 1. 9% ，巴西从 2. 4% 微增到 2. 5% ，非洲经济停滞不前，南非甚至从 0. 6% 下降到 0. 4% 。中国、印度等发展中国家实施对外开放发展战略，积极参与国际分工、竞争和合作，国民经济实现了较快增长，中国经济总量占世界经济份额从 1978 年的 1. 8% 迅速提高到 2017 年的 15. 2% ，印度从 1. 6% 提高到 3. 2% ，中国成为和平发展的重要贡献者和最大获益者。尽管如此，我国在科研、教育、工业化、城市化、国家治理等方面还属于发展中国家，现代化还是我国要全力实现的奋斗目标。

第三，国际环境不稳定性、不确定性明显增加。第二次世界大战结束和 20 世纪 80 年代社会主义国家全面转型以来，和平与发展成为时代主题，但各国社会经济发展中的某些矛盾和缺陷并未彻底消除，特别是 2008 年全球金融危机导致的全球性长期萧条、2016 年英国公民投票决定退出欧盟和美国特朗普总统实行“美国优先”的贸易保护主义政策，经济全球化遭遇逆流，世界进入动荡变革期，单边主义、保护主义、霸权主义对世界和平与发展构成威胁。2020 年新冠疫情突然爆发，世界经济陷入第二次世界大战结束以来最严重的衰退，一些国家遏制打压全面升级，我国发展面临着更加不稳定、不确定的复杂严峻的国际环境。

二、未来发展的国内环境

从国内环境看，我国全面建成小康社会取得了决定性成就，正在转向高质量发展阶段，处于重要战略机遇期，但机遇和挑战都有新的发展变化。

第一，重点领域关键环节改革任务仍然艰巨。其中，经济领域的土地、劳动力、资本、知识、数据等要素市场化尚未健全，各种所有制、内外资企业的平等准入、公平竞争、公正监管的市场体系尚未建成。政府体制改革和政府职能转换有待推进，决策科学化、民主化、法治化和政务标准化、规范化、便利化水平有待提高，简政放权、放管结合、优化服务改革有待深化。在知识的生产、扩散和应用上，我国文学艺术创作、科学研究、新闻出版、广播影视、教育、医疗等领域也有待深化改革。

第二，人口的结构、素质和创新能力不适应高质量发展要求。人口大国的发展优势要通过自主性、高素质、年轻化、流动性的广大人民而实现，但我国人口结构不合理，人口受教育年限和科学素质不高。一是计划生育依然是基本政策，人口生育率持续降低，老龄化加剧，赡养负担加重。据国家统计局和联合国人口司统计数据，2019 年底我国总人口超过 14 亿人，但总和生育率为 1.47，远低于全球的 2.45、发达国家的 1.67；14 岁及以下人口占总人口的 17.7%，远低于全球的 25.9%、印度的 27%；65 岁及以上人口占总人口的 12.6%，远高于全球的 9%、印度的 6%。二是人口平均受教育年限偏低。据国家统计局 1% 人口抽样调查，我国人口（6 岁以上）平均受教育年限 1980 年为 4.5 年，1990 年、2000 年、2005 年、2010 年、2015 年分别为 6.26 年、7.62 年、7.8 年、8.8 年、9.4 年；劳动年龄人口（16 ~ 59 岁）受教育年限 1985 年为 6.38 年，2005 年、2010 年、2015 年、2018 年分别为 8.5 年、9.5 年、10.2 年、10.6 年；2015 年我国大专以上人口、高中人口分别仅占总人口的 12.4%、15.3%，而初中及以下人口占比超过 70%。相反，发达国家平均受教育年限为 13 ~ 15 年，如美国人口普查局公布的 2018 年美国劳动年龄人口受教育年限为 13.7 年，硕士及以上、学士及以上人口占比分别为 13.1%、35%。三是人口的科学素质偏低。据中国科协开展的中国公民科学素质抽样调查显示，具备科学素质的人口比例 2010 年、2015 年、2018 年分别为 3.27%、6.2%、8.47%（农村 4.93%），远低于发达国家 30% 左右的水平。换言之，高老龄化、低教育年限和科学素质的人口将成为限制未来我国全面实现现代化的重要因素。四是人口的流动性、组织性不高。1954 年《中华人民共和国宪法》规定居民有迁徙、居住的自由，但户籍制度改革仍未完成，合作社、工会、商会、学会等社会组织的治理体系有待健全。

知识、技术和经济创新能力不高。我国创新环境明显优化，据世界知识产权组织报告，2019 年中国研究与开发投入总额超过日本而居世界第二位，研究与开发人员数、国际专利申请数超过美国而居世界第一位，华为公司以 4411 件已公布申请连续 3 年成为企业申请人第一名，我国在世界知识产权组织发布的 129 个经济体的全球创新指数排名从 2011 年的第 29 位分别提高到 2018 年的第 17 位、2019 年的第 14 位。但在基础和高等教育、基础研究、核心关键技术创新、企业发展竞争环境等方面与发达国家相比依然存在重大差距。例如，研究与开发资金投入大但产出效率不高，基础研究投入占比只相当于发达国家的 1/3，发表论文数量多但创新性、引用率不高，出口产品数额大但增加值偏低，大型企业研究与开发投入严重低于发达国家水平。1978 ~ 2017 年，我国三种专利中的发明专利申请仅占 35.5%，美国、日本、德国、英国分别为 90.4%、82.3%、80.5%、72.3%；我国发明专利授权占比长期低于 20%（2019 年为 17.4%），美国、日本、德国、英国约为 80%；我国国外申请专利、国外许可专利占比长期低于 5%，而美国皆超过 40%，我国核心专利占比不足 1%，而美国约为 20%；我国在光学、电机电气装置、音像、医学、运输、计算机等领域与美国技术差距尤大，据国家外汇管理局统计，2017 年、2018 年我国对外支付知识产权使用费分别为逆差 239 亿、302 亿美元，美国分别为顺差 796 亿、767 亿美元。

第三，经济增长方式有待全面转变。我国经济增长长期依赖人口、资源的大规模、低效率投入。例如，据国家统计局历年数据，1999 年、2009 年、2018 年我国全社会固定资产投资相当于当年 GDP 的比率分别为 36.4%、67%、71.7%，且这一比率趋于上升。近年，中部、西部地区固定资产投资与 GDP 几乎相当，但 GDP 增长率 2007 年达到峰值后即持续下降，2012 年、2016 年分别跌破 8%、7%。2019 年我国煤炭、钢材、水泥的使用量分别为

41.5 亿吨、12 亿吨、23.5 亿吨，约占全球总量的 60%、60%、50%，但只产出了全球 16% 的 GDP。即便考虑到工业化、城市化对投资和资源的较高需要，我国劳动生产率依然处于世界较低水平。以全要素生产率（TFP）为例，按照珀金斯和拉瓦基（Perkins and Rawaki）所撰《预测 2025 年前的经济增长》（见勃兰特和罗斯基《伟大的中国经济转型》），1978～2005 年我国 GDP 年均增长率为 9.5%，TFP 年均增长率为 3.8%，TFP 对 GDP 贡献率为 40.1%，但这主要依靠人口、资源的长期大规模投入。按照张文魁等（2018）的研究，2008～2014 年我国 GDP 增长率从 9.6% 下降到 7.4%，但 TFP 急剧下降到 -0.6%～1.2%，这意味着随着人口、资源红利的逐渐耗竭，粗放型发展方式已经难以有效应对国际分工和竞争，不能支撑国民经济持续发展。

第四，发展不平衡不充分问题仍然突出。一是城乡发展不平衡。以城乡居民人均收入之比为例，1978 年二者之比为 2.56∶1，2007 年达到峰值 3.33∶1，2019 年依然达 2.64∶1。二是地区发展不平衡，西北、西南地区经济发展水平相对落后，工农业基础较好的东北、华北地区经济增长率也出现了下滑趋势。如果以秦岭淮河为南、北分界，南、北方的 GDP 总量之比从 1978 年 54∶46、2009 年 55∶45 扩大为 2019 年的 64∶36，2019 年北方省份只有北京、天津人均 GDP 超过了全国平均线，只有北京进入全国十大城市榜。三是居民收入、财产分配不平衡。1978 年我国居民收入分配的基尼系数为 0.24，1987 年、1998 年后分别持续超过 0.3、0.4，2002 年超过 0.45，此后多个研究机构认为基尼系数超过 0.5，2018 年依然高达 0.47。我国居民财产分配差距更大，如根据北京大学中国社会科学调查中心《中国民生发展报告 2014》，1995 年、2002 年、2012 年我国财产分配基尼系数分别为 0.45、0.55、0.73，考虑到特定群体非公开性的收入和财产，基尼系数可能更高。四是国有企业与非国有企业、外资企业与内资企业、金融企业与非金融企业之间的发展不平衡。例如，国有企业在铁路、石油石化、电网电力、烟草、电信、军工、公交、煤炭、航空航天、银行保险等行业保持主导甚至垄断地位，外资企业约占我国企业总数的 2%，但 1996～2018 年其税收、出口分别占全国的 18%、50%，竞争不充分的金融企业的工资、利润水平远远高于非金融企业，2019 年上市公司人均薪酬 16.4 万元而金融行业高达 41.1 万元。五是经济发展与民生发展不平衡，收入分配、住房、城市化、教育、医疗、公共基础设施和公共服务等民生领域问题较多。例如，2019 年我国户籍人口城市化率仅 44.38%，适龄人口高中（含职高等）毕业率仅超 70%，社会保障体系的公平性和统一性依然不足，我国社会保障 41%~45% 的“五险”费率和 2018 年养老保险的 28% 名义费率、21.6% 的实际缴费费率都远高于多数国家，而社会保障水平起点较低，2019 年参加城乡居民基本养老保险人数仅 53266 万人，社会保障支出的结构和效率有待改善，教育、医疗、住房成为民生的三大痛点。

第五，我国人均 GDP 水平不高，居民人均可支配收入水平更低。国内生产总值（GDP）是指一个国家所有常住单位在一定时期内生产活动的最终成果。据国家统计局数据，1978 年我国人均 GDP 为 381 元（约合 156 美元），2019 年增至 70892 元（约合 10261 美元），而发达国家普遍超过 4 万美元，美国 1978 年人均 GDP 为 10565 美元，2019 年超过 6.5 万美元。居民可支配收入是居民用于最终消费支出和其他义务性支出以及储蓄的总和，包括现金收入和实物收入，工资、财产等净收入和转移净收入，是居民分享发展成果、家庭用于自由支配的收入，是对初次分配总收入通过经常转移形式的再次分配（居民可支配收入 = 家庭总收入 - 交纳所得税 - 个人交纳的社会保障支出 - 记账补贴）。我国居民人均可支配收入的绝对水平和相对水平更低。例如，2019 年居民人均可支配收入为 30733 元，人均月收入仅为 2561 元，其中约 6 亿人口月收入约 1000 元，9 亿人口月收入约 2000 元，且人均可支配收入仅相当于人均 GDP 的 43.4%，这一比率 30 年来基本未变。比较而言，发展中国家、发达国家居民人均可支配收入大多相当于人均 GDP 的 50%~75%。例如，据美国经济分析局（BEA）数据，美国人均 GDP、人均可支配收入及其占比 1943 年分别为 1485 美元、1023 美元和 69%，1973 年分别为 6726 美元、4635 美元和 68%，1978 年分别为 10565 美元、7220 美元和 68%，2008 年分别为 48330 美元、35486 美元和 73%，2017 年分别为 45480 美元、59472 美元和 76%。换言之，2019 年我国人均 GDP、人均可支配收入分别相当于美国 1978 年、1973 年的水平，实现现代化任重道远。

我国居民人均可支配收入的绝对水平和相对水平偏低，这就意味着我国居民分享发展成果、自由支配使用的收入偏少，而政府支配使用的收入偏多，教育、医疗、养老等公共服务和社会保障效率不高。2018 年，我国税收入、一般公共预算收入、全国政府性基金预算收入、国有资本经营预算收入分别为 156401 亿元、183352 亿元、75405 亿元、2900 亿元，税收、一般公共预算收入、前四项收入占 GDP 之比分别为 17.4%、20.4%、29.1%，这些宏观税负指标并不高。但如果加上税费之外的政府债券、其他收费等项收入，考虑居民可支配收入偏低，我国宏观税负指标或许超过 50%。普华永道和世界银行 2004～2020 年《全球纳税报告》显示，2004 年、2017 年、2018 年我国企业的总税收和纳费率分别为 82.8%、64%、59.2%，世界平均为 53.1%、40.4%、40.5%（2018 年北美为 38.7%，欧盟为 38.9%，南美为 53.3%，非洲为 47.3%），我国宏观税负实际水平偏高。

三、人民主体的发展战略

国际、国内环境是居民、企业等社会经济主体存在、发展的外部因素，是居民、企业与政府之间关系性质的客观反映，也是我国分析、制定和实施发展战略的基本条件。面对新冠疫情全球大流行所带来的世纪罕见的供给中断和需求萎缩的双重冲击，我国准确判断国内外形势，果断采取行动率先控制疫情，率先复工复产，并率先实现经济增长由负转正，2020 年第二、第三季度经济即转为增长，增长率分别为 3.2%、4.9%，全年经济总量将突破 100 万亿元。从制定“十四五”规划和推进第二个百年奋斗目标的长期战略看，必须综合考虑国内外发展趋势和我国基本条件，深入贯彻新发展理念，强化有利于调动国内外居民、企业的积极性和创造性，有利于提高国内外的劳动力、知识和资本的配置效率的改革开放举措，推行坚持人民主体地位和全面开放的发展战略，构建中国和世界分工合作、互利共赢的人类命运共同体。

第一，充分发挥人民的主体作用。马克思和恩格斯的《共产党宣言》中已经明确概括了未来社会的核心命题：“每个人的自由发展是一切人的自由发展的条件。”① 坚持以人为本，坚持人民主体地位，全面依法治国，以满足人民日益增长的美好生活需要为根本目的，是中国特色社会主义的本质要求，是发展大国开放经济的根本保障。由于人民是发展的社会主体，是推动发展的根本力量，必须全面坚持人民主体地位，维护人民根本利益，贯彻国民待遇原则，全面激发和保护全体居民、企业的主动性、积极性、创造性，如此才能够为中国现代化事业提供最广泛最可靠最牢固的群众基础和力量源泉。

在经济分析中，深化供给侧结构性改革为主线、高度重视需求侧管理、实施扩大内需战略，坚持生产者主权和维护消费者主权，这一过程中的决策和行动、供给和需求、生产和消费的社会主体都应当且只能是人民，归根结底，必须坚持人民是经济活动、社会发展和人类历史的主体，这正是马克思主义的基本原理和中国特色社会主义的基本思想。同时，居民和企业是知识的生产、扩散和应用者，是经济活动的供给者和需求者、生产者和消费者，居民和企业的权利、能力和行为的方式、效率直接决定着一个国家的发展水平。由此，自 1954 年开始起草、2020 年通过的《中华人民共和国民法典》，为全面落实我国《宪法》规定的公民基本权利，充分尊重和平等保护每一位公民及其人身权和财产权，有效调整民事关系，全面推进中国现代化发展奠定了法治基础。只有如此，才能够尊重、激励和保护居民、企业的就业和创业，居民和企业才能够成为有尊严、有能力的就业者和竞争性、有效率的创业者，居民才能够通过高效劳动和投资而创造、分享更高水平的发展成果，才能够增强消费对经济发展的基础性作用。

第二，全面推进科教兴国战略，坚持创新驱动发展。科学技术是第一生

① 《共产党宣言》，人民出版社 2014 年版，第 51 页。

产力，人民对自然界和人类社会的认识水平直接决定了人民改造世界的能力、过程和结果，自然科学、社会科学和人文学科的创新能力是引领居民、企业全面发展的第一动力，知识的生产、扩散和应用才能够保障和实现国民经济的可持续健康发展。2008 年以来，我国经济运行进入了 GDP 增长率不断下降、全要素生产率更快下降的新常态发展阶段。2015 年《政府工作报告》首次提出提高全要素生产率，全要素生产率的提高不只依靠简单劳动力和物质资源的投入，更有赖于知识创新、技术进步、生产创新、组织创新、市场创新和法律创新。在近几年的国际竞争和贸易冲突中，也暴露了我国在基础研究、核心关键技术创新上与发达国家之间存在着广泛而巨大的差距。我国拥有有效发明专利的企业中仅有 2.2% 向境外提交国际专利申请，只有华为、中集、大疆、迈瑞等极少数企业的技术水平开始具有国际竞争能力。

由于我国基础性、前沿性、关键性的知识发现、技术创新能力依然严重不足，支持国民经济有效运行和持续增长的全要素生产率不高，如果不全面、迅速改变当前情况，必将难以顺利实现我国未来发展的战略目标。因此，我们要深化改革高等院校和研究机构的知识生产体制，充分尊重研究人员的创新自由并全面调动研究人员的创新动力。要深化改革各级各类学校体制，促进教育公平，推动义务教育在全国均衡发展，尽快将高中教育纳入义务教育范围，增强职业技术教育适应性，改革大学教育和管理体制，支持和规范民办教育发展，让全体居民成长为面向未来、面向世界、面向现代化的现代化事业劳动者和建设者。市场要成为配置知识资源的重要方式，企业要成为知识应用的主体，要不断提高企业的技术创新和经济创新能力。提高全要素生产率，从根本和整体上就是指提高知识创新能力、转变经济发展方式、提高全要素生产率对经济增长的贡献率。国际发展经验表明，越是处于较高的经济发展阶段，越要靠提高全要素生产率实现经济增长。只有这样，我国才能从过去的人口、研究、教育、工业、服务业大国，全面转型为人口、研究、教育、工业、服务业强国，国民经济才能转向创新型、开放型、高质量、高效率的发展阶段。

第三，深化政府体制改革，加快转变政府职能，完善经济治理和社会治理。政府的主要职能不是替代居民、企业和市场，不是直接从事社会经济活动，而是要充分尊重和全面保护每个人及其人身权和财产权，要体现人民的意志，尊重人民的首创，为居民、企业等主体的社会活动提供公平有效的立法、行政和司法服务，以及提供市场、社会不能充分有效提供的公共基础设施和公共服务。由此，在体制改革、政策调整的攻坚期，全面有效地推进深水区的各项改革，畅通居民参与政策制定的渠道，健全重大政策事前评估和事后评价制度，提高决策科学化、民主化、法治化水平，推进政务服务标准化、规范化、公开化、便利化，为全面建设现代化国家而充分释放和持续发挥制度和政策红利，这应当成为下一步政府体制改革的主要目标。

具体而言，国有资产管理和国有企业经营、行政许可和市场管理、财政收支和社会保障、货币金融等领域应作为下一步改革的重点领域。国家和政府要明确国有企业的性质、地位和职能，推进国有资产管理和国有企业经营的分类改革，加快国有经济布局优化和结构调整，调整国有企业在铁路、石油石化、电网电力、烟草、电信、公交、煤炭、航空航天、银行保险等本应竞争性领域的垄断性政策。要深化简政放权、放管结合、优化服务的体制改革，全面实行政府权责的清单制度，实施行政许可事项的清单管理，对新职业、新产业实行包容审慎监管，适当清理和减少就业、产业、投资、消费、区域等领域的管制性政策，加强事前的公共服务和事中、事后的依法监管，形成平等准入、开放有序、公平竞争、公正监管、诚信守法、高效规范的现代化市场体制。要明确中央和地方政府的事权与支出责任，完善预算、税收、支出、债务等方面的统一公共财政体制，合理降低居民、企业的税负，优化财政支出的结构和效率。例如，社会保障费率的国际水平约为17%，我国“五险”名义、实际费率可否分别降低20个或10个百分点？发达国家居民可支配收入相当于GDP的60%~70%，我国可否将43%的比率逐步提高到60%以上，让广大居民、企业真正成为投资、消费的主要主体？同时，我国要深化货币金融体制改革，稳定货币发行并规范金融监管，进一步开放银行、保险、信托、证券等金融市场，建立开放竞争性的金融市场。习近平 2018 年 11 月 1 日在民营企业座谈会上强调，民营企业贡献了中国经济的“五六七八九”：50% 以上的税收、60% 以上的 GDP、70% 以上的技术创新成果、80% 以上的城镇劳动就业、90% 以上的企业数量。[①] 但我国民营企业贷款长期仅占银行贷款余额的 25% 和企业贷款余额的 40% 左右，非完全性竞争的金融市场导致金融企业长期过高的工资和利润水平。由于新一轮科技革命和产业革命首要发生在信息技术领域，信息技术与商业、金融业的全面结合不仅造成了经济脱实向虚，即经济活动的信息化、金融化，而且过度刺激了中低教育年限和中低收入水平的广大居民的消费和借贷，财富不断向信息、金融行业集聚，扩大了居民之间的收入差距和财产差距，这正是美国等发达国家 20 世纪 70 年代和中国 90 年代后产生的经济现象。我国有必要有效监管信息、金融行业的不正当竞争和垄断行为。

四、全面开放的发展战略

全球几百年、我国一百多年的现代化进程，特别是我国 40 多年的改革开放经验表明：没有哪个国家能够独自应对人类面临的各种挑战，也没有哪个国家愿意退回封闭落后的孤岛困境；中国人民的梦想同各国人民的梦想息息相通，中国现代化事业离不开和平发展的国际环境。如果说对内改革是尊重和发挥本国人民的主体作用，对外开放就是为了尊重和发挥外国居民、企业和政府的社会主体作用，国际性分工、竞争与合作是各国劳动力、知识、资本的双向流动和互利运用，是各国居民、企业、政府之间的互相尊重、平等交流、分工合作、包容发展，对内改革、对外开放不只是我国现代化战略的一体两面，也是中国与他国结成命运共同体的文明进程。

第一，坚持对外开放、和平发展的理念。开放带来进步，封闭必然落后，

---

① 《习近平：在民营企业座谈会上的讲话》，中国政府网，2018 年 11 月 1 日。

这是新中国70多年的实践经验，也是未来发展的战略原则。按照“实践是检验真理的唯一标准”的思想原则和“三个有利于”的实践原则，我们要不断突破观念和利益固化的藩篱，破除一切不合时宜的思想观念和体制弊端，吸收人类文明的各种成果，全方位、系统性地推进经济、政治、文化等方面的体制改革。对外开放为国内外居民、企业提供自由平等的发展条件，是为了平等有效地“引进来”和“走出去”。未来我国的现代化经济就是自由准入、内外平等、社会分工、公平竞争、创新推动、法治保障的开放性市场经济。伴随着近年来我国GDP增长率和全要素生产率的降低趋势，过去过度依靠简单劳动力和资源投入的大规模、低增加值的出口拉动型经济增长方式难以为继，而当前国内科研、教育供给和管理能力难以充分支持我国未来发展，在依托我国的人力、物力、资源和市场、制度优势的基础上，必须坚持实施更大范围、更宽领域、更深层次的对外开放，促进国际分工、交流和合作，实现中国和世界的互利共赢发展。

第二，建设更高水平的开放型经济体制。自1971年我国恢复联合国席位、1972年中美签订《上海公报》、1980年我国恢复世界银行席位，以及2001年加入世界贸易组织以来，我国充分依靠和平发展的国际国内环境，不断推进从对外开放到全面开放的开放型经济，使商品出口与居民消费、生产投资共同成为拉动国民经济前进的“三驾马车”。从实现“十四五”规划和2035年、2050年发展目标看，我国要全面实施国民待遇原则，继续放宽准入限制，全面推进劳动力、知识、土地、资本、服务等要素市场化改革，加强反垄断和反不正当竞争执法司法，促进内外就业、创业、贸易、金融等方面的法律法规、监管体制、经营资质、质量标准、检验检疫、认证认可等方面的衔接统一，全面建设开放统一、竞争发展的现代化、国际化市场。只有全面清理废除妨碍统一市场和公平竞争的各种规定和做法，即对凡是在我国境内居住的所有居民、注册的所有企业都一视同仁、平等对待，才能够全面、深入、持续地激励国内外居民、企业从事社会经济活动的积极性和创造性，让一切拥有各种资源的活力竞相迸发，让一切创造社会财富的源泉充分涌流，才可能形成国内国际双循环的开放发展新格局。正如马克思、恩格斯《共产党宣言》中早就明确指出的："资产阶级在历史上曾经起过非常革命的作用。"① "资产阶级，由于开拓了世界市场，使一切国家的生产和消费都成为世界性的了。"② 双循环发展格局绝不是封闭内卷的国内循环，而是开放竞争的国内国际双循环、大循环，国内分工、公平竞争的国内经济循环与全球分工、开放竞争的国际经济循环是互联互通的统一体系，构建双循环格局才能够充分发挥我国社会分工、知识创新、企业生产、体制改革等各方面的大国比较优势。

第三，深化研究、教育、医疗、环境、出版等领域的改革，推进知识领域的交流、理解和合作，积极参与全球治理体系变革。我国既处于未来发展战略目标实施的关键机遇期，又面临艰巨的重点领域、关键环节、改革任务。知识、技术、组织、经济等领域创新能力不能充分适应高质量发展要求，科技革命和产业变革深入发展，单边主义、保护主义、霸权主义对世界和平与发展构成威胁，国际环境的不稳定性、不确定性明显增加等严峻问题层见迭出。这要求我们深刻认识错综复杂的国际环境带来的新矛盾新挑战，以开放包容、平等交流、分工合作、共赢发展的文化自信和大国心态，坚持多边主义和共商共建共享原则，充分交流、了解、学习和应用人类一切文化成果，开启全面建设社会主义现代化国家的新征程。

参考文献

［1］阿玛蒂亚·森：《以自由看待发展》，任赜、于真译，中国人民大学出版社 2002 年版。

［2］丹尼·罗德里克：《新技术、全球价值链与发展中经济体》，载于《比较》2019 年第 1 辑。

［3］国家统计局：《中华人民共和国 2019 年国民经济和社会发展统计公报》，

① 《共产党宣言》，人民出版社 2014 年版，第 30 页。
② 《共产党宣言》，人民出版社 2014 年版，第 31 页。

国家统计局网站，2020 年 2 月 28 日。

[4] 劳伦·勃兰特、托马斯·罗斯基：《伟大的中国经济转型》，方颖等译，格致出版社 2009 年版。

[5] 李由：《中国发展道路：条件、原则、方式与未来》，载于《徐州工程学院学报》2015 年第 1 期。

[6] 普华永道和世界银行：《2020 年世界纳税报告》，普华永道中国网站，2019 年 11 月 27 日。

[7] 习近平：《决胜全面建成小康社会 夺取新时代中国特色社会主义伟大胜利》，新华社网站，2017 年 10 月 18 日。

[8] 亚当·斯密：《国民财富的性质和原因的研究》，郭大力、王亚南译，商务印书馆 1972 年版。

[9] 张文魁：《高质量发展与生产率重振》，载于《新经济研究》2018 年第 8 期。

[10]《中央关于制定国民经济和社会发展第十四个五年规划和二〇三五年远景目标的建议》，新华网，2020 年 11 月 3 日。

走向人民主体、公平本位、创新驱动的共同富裕之路*

公平与效率的关系是人类社会经济发展中的基本问题，也是我国 70 多年以来一直试图解决而至今问题颇多的理论和政策领域。2021 年 8 月 17 日，中央财经委员会第十次会议再次提出："必须把促进全体人民共同富裕作为为人民谋幸福的着力点"，"正确处理效率和公平的关系，构建初次分配、再分配、三次分配协调配套的基础性制度安排"。可见，如何全面、准确认识公平、效率、共同富裕等问题，不只是单纯的理论问题，更是"促进人的全面发展，使全体人民朝着共同富裕目标扎实迈进"的重大政策问题。实践表明，人民主体、公平本位、市场决定是我国社会主义经济体制的基本内容，是我国实现创新驱动、经济发展、共同富裕的制度保障。

一、人民主体、公平本位、市场决定的经济体制

人是具有不断增长、多种多样的消费需要的生物物种和社会个体。人类为了降低其各种物质资料供给的稀缺、粗劣性，为了改善其生存发展的条件，勇敢探索，不断试错，理性实践，这就是人类劳动的历史的和自然的发生发展过程。从经济学的角度看，人类为了满足其物质性的消费需要，必须采取

---

* 本文原载于《中国经济评论》2021 年第 9 期（总第 15 期）。此为原稿，发表时有删减。

一定的生产方式，投入劳动和资产，展开生产、交换、分配、消费物质资料的社会经济活动。在经济活动的生产、交换、分配、消费四个环节，物质资料生产或价值创造、经济增长是交换、分配、消费的对象和源泉，政府（组织、权威、权力或暴力）、市场是物质资料交换或配置的两种基本方式，分配是对上一次生产成果在从事经济活动、非经济活动社会成员以及全体社会成员之间的分割、分布，消费则是社会成员对分配后的生产成果的使用过程，包括生活性消费和生产性储蓄（投资），分配和消费既是上一次经济活动的阶段性结束，又为下一次经济活动提供了初始的准备条件。按照近几十年的说法，生产、交换活动主要是做蛋糕，分配、消费活动主要是分蛋糕、吃蛋糕。显而易见，做蛋糕是分蛋糕的前提和基础，要想分得、吃到更多更好的蛋糕，必须做大、做好蛋糕，解决扩大再生产或经济增长问题。梦想、情怀、道德必须建立在广大、厚实的人类实践和经济活动的基础之上，实践检验一切理论和政策的唯一标准，贫穷不是社会主义，否则就容易流于空想、荒诞和苦难，这是我国70多年社会主义实践得出的基本经验和理论原则。

一个健全的、有效的现代经济增长和发展体系是由社会经济主体、财产或经济动力（激励）制度、经济增长方式、资源配置方式等部分有机构成的。人类数千年实践和我国近现代历史表明，人民主体、公平本位、市场决定是我国社会主义经济体制的基本内容，是我国实现创新驱动、经济发展、共同富裕的制度保障。

第一，充分发挥人民的主体作用。马克思和恩格斯1848年的《共产党宣言》早已概括了未来社会的核心命题：“每个人的自由发展是一切人的自由发展的条件。”[①] 我国宪法和党的十八大、十九大报告也明确提出：以人为本，人民主体，全面依法治国，以满足人民日益增长的美好生活需要为根本目的，这才是中国特色社会主义的本质要求，是发展大国开放经济的制度保障。在改革开放以来的开放型经济中，从事社会经济活动的人民主体包括我国的全

① 《共产党宣言》，人民出版社2014年版，第5页。

体居民（依法剥夺公民权利的刑事犯罪人员除外）和在我国依法从事社会经济活动的外国居民，包括全体劳动者和建设者，他们投资经营的内资企业和外资企业、公有制企业和非公有制企业共同创造了一国的国内生产总值。由于人民是发展的主体，是推动发展的根本力量，就必须全面坚持人民主体地位，维护人民根本利益，贯彻国民待遇原则，全面激发和保护全体居民、企业的积极性和创造性，如此才能够为中国现代化事业提供最广泛、最可靠、最牢固的群众基础和力量源泉。

从经济分析的角度看，转换经济发展方式和建立现代经济体系、深化供给侧结构性改革为主线和高度重视需求侧管理、实施扩大内需战略，坚持生产者主权和维护消费者主权，其决策和行动、供给和需求、生产和消费的社会主体都应当且只能是人民，都应当且只能是每一个居民、企业，归根结底都必须坚持人民是经济活动、社会发展和人类历史的主体，这正是马克思主义的基本原理和中国特色社会主义的基本思想。居民和企业是知识的生产、扩散和应用者，是经济活动的供给者和需求者、生产者和消费者，居民和企业的权利、能力和行为的方式、效率直接决定着一个国家的发展水平。

第二，全面落实公平本位的法律体系。人民是社会经济活动的主体，在法律制度上表现和落实为充分赋予并全面落实人民的各项权利，建立和实施公平且有效的中国特色社会主义法律体系。我国宪法明确规定，实行依法治国，公民在法律面前一律平等，国家尊重和保障人权，公民的合法的私有财产不受侵犯，公共财产神圣不可侵犯。公民享有言论、出版、集会、结社、游行、示威的自由，宗教信仰自由，人身自由和人格尊严，通信自由和通信秘密，劳动的权利和休息的权利，社会保障和社会救助的权利，受教育的权利。随着户籍、计划生育制度的深化改革，公民还享有出生、迁徙和居住等方面的权利。我国自 1954 年开始起草、2020 年通过的《中华人民共和国民法典》，全面明确规范、落实了我国《宪法》规定的公民的人身权和财产权。随着我国 1971 年恢复联合国席位、1980 年恢复世界银行席位，1979 年以来相继制定颁布《中外合资经营企业法》《外商独资企业法》《中外合作经营企业法》，并于2001年11月加入世界贸易组织，我国宪法、民法和缔结的国际公约、条约等各种制度规定，为坚持公有制为主体、多种所有制经济共同发展的基本经济制度，坚持按劳分配为主体、多种分配方式并存的分配制度，国家实行社会主义市场经济体制和完善宏观调控，建立开放型经济，为国民经济转向创新型、开放型、高质量、高效率的发展阶段奠定了法律制度基础。1979年以来，我国相继创办了4个经济特区、开放了14个沿海城市、开辟了多个沿海经济开放区；2015年以来，不断建立自由贸易试验区，逐渐消除国内的城乡、地区、行业、所有制之间和中外之间的各种不合理规定和做法，对中外居民、企业实施权利平等的国民待遇原则，建成公平竞争、全面开放的现代化经济体系。我国从计划经济、封闭经济初步转向市场经济、开放经济，开始全面融入世界经济的发展道路。

在公平与效率的关系上，我们过去对于效率有着基本一致的理解：效率是指经济活动的投入产出、成本收益的状况，是指生产成果的持续增长和收入分配的帕累托状态。邓小平1992年提出的是否有利于发展社会主义社会的生产力、是否有利于增强社会主义国家的综合国力、是否有利于提高人民的生活水平这“三个有利于”的实践结果，就是判断和指导我国改革开放的效率标准。然而，尽管提出了诸如公平、公正、正义、正当、平等一系列概念，但人们对于公平似乎并没有规范、明确、理性的理解和界定，公平长期被理解为收入和财产结果上的人人大致均等。在公平与效率的关系问题上，曾经提出了公平（实际上是结果均等）优先、兼顾效率，公平与效率兼顾，效率兼顾公平等不同的政策主张，这反映了在认识公平概念、处理公平与效率关系上的模糊不清。

在政治学、法学、社会学、心理学等其他社会科学中，对于公平、平等等概念早有相对明确、稳定的认识。国外学界一般将英语的“equity”“justice”“fairness”译为汉语的公平（公正、正义、合法），公平在法律或制度上等价于每一个人、全体人所拥有且可实施的充分且平等的权利或自由，即公平是以权利为内容、本体和目标的概念。例如，马克思所说的公民（曾译为“资产阶级”“市民”）权利，英国宪章运动、北美独立战争、法国大革命等都是资产阶级和无产阶级打破王权专制、争取公民权利的社会运动。一般将英语的“equality”译为汉语的“平等”（平均、均等），主要指分配的、结果的平等或平均。由于社会成员获得了从出生、教育、就业、创业到退休、死亡的比较充分、相对平等的权利，在经济领域获得了就业、创业、研究开发、生产、交换的自由，居民的收入和财产除非依法征税或自愿捐赠否则不能任意剥夺或侵占，这就充分、普遍、持续地尊重和激励了居民以及组织从事社会经济活动的积极性和创造性，而基于知识的创新、扩散和应用的社会经济活动实现了普遍、持续的经济增长和社会进步。

亦如马克思和恩格斯《共产党宣言》所言：“资产阶级在历史上曾经起过非常革命的作用。”① “资产阶级在它的不到一百年的阶级统治中所创造的生产力，比过去一切时代创造的全部生产力还要多，还要大。”② 概言之，公平与权利、自由、合法是相通、等价的概念，人民主体、以人为本、公民权利、公平本位是相通、等价的概念，如果这么认识和实施公平，那么公平与效率之间显然就是统一、互动的关系，人民主体、公平本位的制度安排就推动和保障了社会经济的全面持续发展，经济发展又反过来巩固了这种制度安排，否则就要改革或革命。相反，如果不尊重、不保护权利或公平，而把公平视为、变为结果均等，那么这种看似公平、实为均等的公平与效率之间就是矛盾、对立、权衡、取舍的关系。经济学家阿瑟·奥肯1975年出版的小册子，英文书名是 *Equality and Efficinency*: *The Big Tradeoff*，中文译为《平等与效率：重大抉择》，但国内许多人长期把这一平等、均等问题自觉不自觉地转换为公平、权利问题，由此导致国内理论研究和政策分析上的一系列困惑和混乱。权利内核、本位的公平与效率之间是自洽、互动性关系，不是矛盾、抉择性关系！只有澄清和明确了公平、平等、效率的理论内涵和实践背景，确

① 《共产党宣言》，人民出版社2014年版，第30页。

② 《共产党宣言》，人民出版社2014年版，第32页。

立一种人民主体、权利本位、法治保障的公平理论，才能够在实践中正确处理公平、平等和效率的关系。

第三，市场是资源配置的基础性、决定性的因素或方式。人类解决经济运行中的信息、决策和实施问题，配置资源的基本方式大致有二：一是自上而下的强制性权力、行政命令、统一计划的方式；二是分散独立的分工、竞争、交换、合作的市场方式。我国社会主义市场经济的本质就是将人民主体、权利本位的制度安排转换为经济运行和发展的基础性方式，就是在公民充分、平等权利的基础上将社会分工的众多买方和卖方协调起来，通过自由竞争、自愿交易共同决定产品和服务的生产和价格，从而实现资源的长期、普遍、有效的配置。人类历史和中国经验证明，市场是经济运行、资源配置的基础性、决定性方式，国有制和计划主要是一种在紧急状态或公共物品领域才相对有效的资源配置的补充方式。我国过去四十多年取得的经济成就，直接和主要得益于政府大幅度退出经济领域，废除众多管制，创造和维护公民主体、市场竞争的制度条件等行为。

自由竞争、公平竞争、充分竞争只是人们分析问题的角度不同，本质上是相通的、等价的概念。大致来说，自由竞争侧重指个人、企业具有充分、平等的经济权利，是经济活动的主体，市场主体在交易的对象、方式、条件等方面具有充分的选择和合同自由，生产要素能够自由流动，收入分配首先和主要由市场决定，政府不得任意干预市场。公平竞争侧重指市场竞争和交换的统一、一致的规则，个人、企业、政府等主体应当处于平等一致的法律地位，市场主体独立地行使权利，恰当地履行义务，善意地对待对方，严格执行依法订立的合同，遵守自由选择、公平竞争、等价有偿、诚实信用的行为准则，反对独家交易、欺诈交易和强制交易。充分竞争侧重指竞争状况和市场结构，构成市场供求双方的都是自由、平等、数量众多的生产者和消费者，市场是竞争性结构，即便由于规模经济、专利制度等而导致的不完全竞争的市场也应当是保护竞争和依法监督的市场，商品的价格、产量也不能单方面地由卖方或政府所规定和控制。只有全面清理妨碍统一市场和公平竞争的各种规定和做法，对凡是在我国境内居住的所有居民、注册的所有企业都一视同仁、平等对待，才能够全面、深入、持续地激励国内外居民、企业从事社会经济活动的积极性和创造性，让一切拥有各种资源的活力竞相迸发，让一切创造物质财富的源泉充分涌流，才可能形成国内国际双循环的开放发展新格局。

二、科教强基、创新驱动的高质量发展道路

人民主体、公平本位、市场方式是对公有制为主体、多种所有制经济共同发展，按劳分配为主体、多种分配方式并存，社会主义市场经济体制等社会主义经济制度的概括。在这一制度安排下，从复杂变化的国际环境和国内环境出发，我们必须科学应变、主动求变，建立基于知识的创新、扩散和应用的高质量发展道路。

从国际环境看，和平与发展仍然是时代主题，人类命运共同体理念深入人心，但我国发展的国际环境正发生着深刻复杂的变化。第一，新一轮科技革命和产业变革深入发展。人类经过了 17 ~ 18 世纪欧洲思想解放和第一次科学革命，18 ~ 19 世纪以蒸汽机、机械化为特征的第一次工业革命，1890 年以后以量子力学、相对论、生物学为核心的第二次科学革命和以电气化、全球化为特征的第二次工业革命。20 世纪后半叶，随着机械、电力、电子、信息技术特别是 20 世纪 70 年代以来微电子、生物技术、能源技术、互联网、数据库、物联网、区块链、分布式账户等技术的不断发展，人类开始进入知识化、信息化、网络化时代，发达国家的知识创新、技术进步对经济增长率的贡献度从 20 世纪初的约 10% 不断提高到 20 世纪末的 50%，当前的 70% ~ 80%。第二，国际力量对比深刻调整。根据世界银行数据，从 1978 ~ 2017 年世界主要国家的经济增长率、经济总量及对世界经济贡献率看，虽然仍保持着美国一家独大和多极发展的格局，但美国地位有所降低，其经济总量占世界经济份额从 1978 年的 27.8% 下降到 2017 年的 24%，欧元区、俄罗斯、日本分别

下降到 15.6%、2%、6%，非洲经济停滞不前，中国、印度分别从 1.8%、1.6% 提高到 15.2%、3.2%。但我国在科研、教育、工业化、城市化、国家治理等方面还属于发展中国家。第三，国际环境不稳定性、不确定性增加，单边主义、保护主义、霸权主义对世界和平与发展构成威胁，2020 年新冠疫情爆发加剧了国际环境的复杂严峻性。

从国内环境看，我国全面建成小康社会取得了决定性成就，正在转向高质量发展阶段，机遇和挑战都有着新的变化。第一，重点领域、关键环节的改革任务仍然艰巨。其中，经济领域的土地、劳动力、资本、知识、数据等要素市场化尚未健全，各种所有制、内外资企业的平等准入、公平竞争、公正监管的市场体系尚待建成，政府体制改革和政府职能转换有待推进，决策科学化、民主化、法治化和政务标准化、规范化、便利化水平有待提高，知识创新、扩散和应用领域的文艺创作、科学研究、新闻出版、广播影视、教育、医疗等领域也有待深化改革。第二，据 2020 年第七次全国人口普查、联合国人口司等数据，我国人口的结构、素质和创新能力存在着不适应高质量发展的问题。一是人口生育率持续降低到 2020 年 8.50‰的历史最低，总和生育率 1.3，远低于全球的 2.45、发达国家的 1.67，65 岁及以上老龄人口占总人口的 13.5%，远高于全球的 9%、印度的 6%，人口平均年龄 38.8 岁，远高于全球平均年龄的 31 岁，赡养负担加重，计划生育政策有待全面调整。二是人口平均受教育年限偏低。劳动年龄人口（15 岁以上）平均受教育年限从 1990 年的 6.45 年、2000 年的 8.58 年、2010 年的 9.08 年提高到 2020 年的 9.91 年，2020 年大专以上人口、高中人口分别仅占总人口的 15.4%、15.0%，而初中及以下人口占比超过 70%。相反，发达国家平均受教育年限为 13 ~ 15 年，如 2018 年美国劳动年龄人口受教育年限为 13.7 年，硕士及以上、学士及以上人口占比分别为 13.1%、35%。我国公民具备科学素质的人口比例 2010 年、2015 年、2018 年分别为 3.27%、6.2%、8.47%，远低于发达国家 30% 左右的水平。三是户籍制度改革仍未完成，人口的自由流动、有效组织度不高。2020 年人户分离的流动人口高达 4.93 亿人，他们不能充分、平等享有流入地的公共管理和服务。四是我国经济增长方式有待全面转变。1999 年、2009 年、2018 年我国全社会固定资产投资相当于当年 GDP 的比率分别为 36.4%、67%、71.7%，且这一比率趋于上升，中部、西部地区固定资产投资与 GDP 几乎相当，但 GDP 增长率 2007 年达到峰值后即持续下降，2012 年、2016 年、2020 年分别跌破 8%、7%、6%。2020 年我国生产、使用的钢材、水泥、煤炭分别为 13.2 亿吨、24 亿吨、42 亿吨，约占全球总量的 60%、55%、60%，但只产出了全球 16% 的 GDP，供养了 18% 的人口。按照张文魁等的研究，2008~2014 年我国 GDP 增长率从 9.6% 下降到 7.4%，但全要素生产率（TFP）增长率急剧下降到 -0.6%~1.2%，这意味着随着人口、资源红利的逐渐耗竭，粗放型发展方式已经难以有效应对国际分工和竞争，不能实现国民经济持续发展。五是城乡、地区之间，国有企业与非国有企业、外资企业与内资企业、金融企业与非金融企业之间的发展不平衡问题突出，居民收入、财产分配不平衡严重，经济发展与民生发展不平衡显著。

发展是解决我国一切问题的基础和关键，只能在高质量发展中促进共同富裕。实现共同富裕，首要问题是如何尊重、激励和保护勤劳致富、创新致富，如何为人民提高受教育程度、增强发展能力创造更加普惠公平的条件，如何形成人人参与、自由参与、长期参与的发展环境，走向基于知识的创新、扩散和应用的高质量发展道路。改革开放以来，我国创新环境明显优化，据世界知识产权组织报告，2019 年我国研究与开发投入总额超过日本而居世界第二位，研究与开发人员数、国际专利申请数超过美国而居世界第一位，华为公司以 4411 件已公布申请连续 3 年成为企业申请人第一名，我国在世界知识产权组织发布的 129 个经济体的全球创新指数排名从 2011 年的第 29 位提高到 2018 年的第 17 位、2019 年的第 14 位。但当前我国的知识、技术和经济创新能力依然不高，在基础和高等教育、基础研究、核心关键技术创新、企业发展竞争环境等方面与发达国家相比依然存在巨大差距。例如，我国研究与开发资金投入大但产出效率不高，基础研究投入占比只相当于发达国家的 1/3，发表论文数量多但创新性、引用率不高，出口产品数额大但增加值偏低，大型企业研究与开发投入严重低于发达国家水平。1978～2017年我国三种专利中的发明专利申请仅占35.5%，2018年、2019年占比分别为36%、32%，而美国、日本、德国、英国分别约占90.4%、82.3%、80.5%、72.3%；我国发明专利授权占比长期低于20%（2019年为17.4%），美国、日本、德国、英国约为80%；我国国外申请专利、国外许可专利占比长期低于5%，而美国皆超过40%，我国核心专利占比不足1%，而美国约为20%；我国在光学、电机电气装置、音像、医学、运输、计算机等领域技术差距尤大，据国家外汇管理局统计，2017年、2018年、2019年我国对外支付知识产权使用费分别为逆差239亿美元、302亿美元、276.8亿美元，美国分别为顺差796亿美元、767亿美元、637亿（2020年为713亿）美元。

世界发展经验表明，全要素生产率提高不只依靠简单劳动力和物质资源的投入，更有赖于知识创新、技术进步、生产创新、组织创新、市场创新、法律创新。在近几年的国际竞争和贸易冲突中，也暴露了我国在基础研究、核心关键技术创新上与发达国家之间存在着广泛而严重的差距，拥有有效发明专利的企业中仅有2.2%向境外提交国际专利申请，只有华为、中集、大疆、迈瑞等极少数企业的技术水平开始具有国际竞争能力。从制定“十四五”规划、推进第二个百年奋斗目标、实现全体人民共同富裕的长期战略看，我国必须综合考虑国内外发展趋势和我国基本条件，深入贯彻新发展理念，实行人民主体、全面开放、科教兴国、创新驱动的发展战略。科学发现、技术进步是社会经济发展的基本因素，人民对自然界和人类社会的认识水平直接决定了人民改造世界的能力、过程和结果，自然科学、社会科学和人文学科的创新能力是引领居民、企业全面发展的第一动力，基于知识的生产、扩散和应用才能够保障和实现国民经济的可持续健康发展。2008年以来，我国经济运行进入了GDP增长率、全要素生产率双重下降的新常态发展阶段。2015年《政府工作报告》首次提出提高全要素生产率，2016年发布《国家创新驱动发展战略纲要》，2021年《政府工作报告》再次明确坚持创新在我国现代化建设全局中的核心地位，把科技自立自强作为国家发展的战略支撑。

由于我国基础性、前沿性、关键性的知识发现、技术创新能力严重不足，支持国民经济有效运行和持续增长的全要素生产率不高，我们必须不断改革和完善国家创新体系。例如，深化改革大学和研究机构的知识生产体制，充分尊重研究人员的创新自由并全面调动研究人员的创新动力。经验表明，所有的现代化国家至少要求国民平均教育年限在高中以上，没有一个平均教育年限为初中的国家真正实现了现代化。要深化改革各级各类学校体制，促进教育公平，推动义务教育的全国均衡发展，尽快将高中教育纳入义务教育范围，支持和规范民办教育发展，增强职业技术教育的适应性，提高研究生教育质量，广泛开展科学普及活动，让全体居民成长为面向未来、面向世界、面向现代化的现代化事业的高素质的劳动者和建设者。市场不仅是物质资源、金融资源配置的基础方式，也应当成为知识资源配置的重要方式，企业要成为知识应用的主体，提高企业的技术创新和经济创新能力。而提高全要素生产率，从根本上和整体上是指提高知识创新能力、转变经济发展方式、提高全要素生产率对经济增长的贡献率。国际发展经验表明，越是处于经济发展的较高阶段，越要依靠提高全要素生产率实现经济增长。只有这样，我国才能从过去的人口、研究、教育、工业、服务业、公共治理大国，全面转型为人口、研究、教育、工业、服务业、公共治理强国，国民经济才能转向创新型、开放型、高质量、高效率的发展阶段，才能为实现共同富裕创造全面深厚的社会经济基础。

三、发挥市场和政府在收入分配中的应有职能

经济发展成果应当更多、更公平地惠及全体人民，不断促进人的全面发展、共同富裕，实现人民对美好生活向往的奋斗目标。

分配活动指是的生产成果的分配。从经济活动的某一个完整的过程或周期看，分配活动是对包括新创造的各种货物和服务在内的生产成果、价值的分配，是对经济活动的增量、流量、收入的分配。从经济活动既是人类活动

的物质基础和必要组成，又是持续的、变动的角度看，分配和消费的结果如果必须既满足人类当前的生存性和享受性的生活需要，又满足人类未来的发展性的生产需要，就要将一部分生产成果留存、储蓄起来，作为保持简单再生产或扩大再生产的物质条件。分配活动又可分为收入分配和财产分配、流量分配和存量分配。分配活动还可以分为功能性分配和规模性分配、市场性分配和非市场性分配。功能性分配是指根据社会成员投入的人力和物力、劳动和资本的各种生产要素，以及生产要素在经济活动中发挥作用或作出贡献的大小来分配生产成果，这些贡献可以分为劳动性贡献和非劳动性贡献，这些分配可以分为劳动性的工资和非劳动性的利润（包括利息、地租等）。规模性分配是指对各个社会成员分配到的规模大小或数量多少的生产成果，如果不考虑社会成员生产要素的投入和贡献，基尼系数就是一个规模性分配的数量指标。市场性分配是指通过公平、开放、竞争、有序的市场方式对生产成果进行分配。市场是资产阶级革命以来，也是我国改革开放以来逐渐确立的生产和分配的基本方式。我国竞争性经济领域的分配活动大致属于市场性分配，非竞争性经济领域的收入分配兼有市场性和非市场性的双重性质，非竞争性、非经济活动的其他领域则普遍实行非市场性分配。我国当前所说的初次分配领域大多属于市场性分配，再分配或二次分配、三次分配属于非市场性分配，政府和道德是再分配和三次分配的重要力量。

从纵向和横向比较的角度看，我国存在着人均 GDP 水平不高、人均可支配收入更低、收入分配差距偏大等问题。一是人均 GDP 水平不高。据国家统计局数据，1978 年我国人均 GDP 为 381 元（约合 156 美元），城镇、农村居民人均收入分别为 133 元、343 元，全国人口中 80% 的农村居民和部分城镇居民处于贫困状态，城镇职工平均工资为 615 元（甚至低于 1957 年的 624 元），国民经济濒临崩溃边缘，这是我国改革开放的现实背景。经过 40 多年的发展，2020 年我国 GDP 突破 100 万亿元，是世界第二大经济体，人均 GDP 增至 72447 元（超过 1 万美元）。根据国家统计局、联合国、世界银行等统计资料，当前发达国家人均 GDP 普遍超过 4 万美元，美国 1978 年为 10565 美元，2019

年超过 6.5 万美元，我国人均 GDP 不到美国的 1/5，收入差距依然巨大。二是人均可支配收入偏低。居民可支配收入是居民用于最终消费支出和其他义务性支出以及储蓄的总和，包括现金收入和实物收入，工资、财产等净收入和转移净收入，是居民分享发展成果、可自由支配的收入，是对初次分配总收入通过经常转移形式的再次分配。然而，我国居民人均可支配收入的绝对水平和相对水平偏低。例如，2020 年我国居民人均可支配收入 32189 元，人均月收入仅 2682 元，其中约 6 亿人口月收入约 1000 元甚至更低，9 亿人口月收入约 2000 元，且人均可支配收入仅相当于人均 GDP 的 44%，这一比率 30 年来基本未变。比较而言，发展中国家、发达国家居民人均可支配收入大多相当于人均 GDP 的 50%~75%，如据美国经济分析局（BEA）统计，美国人均 GDP、人均可支配收入及其占比 1943 年分别为 1485 美元、1023 美元和 69%，1973 年分别为 6726 美元、4635 美元和 68%，1978 年分别为 10565 美元、7220 美元和 68%，2008 年分别为 48330 美元、35486 美元和 73%，2017 年分别为 45480 美元、59472 美元和 76%。换言之，2020 年我国人均 GDP、人均可支配收入分别相当于美国 1978 年、1973 年的水平。这就意味着我国居民分享发展成果、自由支配的收入偏少，而政府支配的收入偏多。三是收入分配差距偏大。基尼系数为 0 意味着绝对平均主义，改革开放以前我国收入分配存在着严重的平均主义现象；基尼系数为 0.3 左右比较合理，超过 0.4 则意味着收入分配差距过大，南美洲、非洲和西亚许多国家存在着收入分配差距过大现象。根据国家统计局等方面数据，1987 年我国基尼系数突破 0.3，1994 年突破 0.4，2001 ~2019 年一直在 0.46 ~0.49 之间波动，2019 年为 0.465。

我国经济发展与民生发展之间不平衡，收入分配、住房、城市化、教育、医疗、公共基础设施和公共服务等民生领域问题较多。例如，2020 年我国常住人口城市化率为 63.8%，但户籍人口城市化率仅为 45.4%，适龄人口高中（含职高等）毕业率仅过 70%，社会保障体系的公平性和统一性依然不足。我国社会保障“五险”41%~45%的费率和 2018 年养老保险 28%的名义费率、

21.6%的实际缴费费率都远高于多数国家，而社会保障水平起点较低，2020年参加城乡居民基本养老保险人数仅54244万人，社会保障支出的结构和效率有待改善，教育、医疗、住房成为民生的三大痛点。据2016年国家统计局和经济合作与发展组织（OECD）发布的数据，在2015年主要国家的教育、健康、社会保障与福利占公共支出结构中，我国三项支出占比分别为14.9%、6.8%、10.8%，美国分别为16.2%、24.2%、20.8%，日本分别为8.7%、19.4%、40.7%，英国分别为11.9%、17.8%、38.4%，法国分别为9.6%、14.3%、43.1%，我国民生三项支出占比显著低于发达国家。近年来，我国税收收入、一般公共预算收入占GDP之比分别约为18%、20%，这些宏观税负指标并不高。但如果加上税费之外的政府债券、其他收费等项收入，我国宏观税负指标或许超过50%。例如，据普华永道和世界银行2004~2020年发布的《全球纳税报告》数据，2004年、2017年、2018年我国企业的总税收和缴费率分别为82.8%、64%、59.2%，世界平均为53.1%、40.4%、40.5%（2018年，北美为38.7%，欧盟为38.9%，南美为53.3%，非洲为47.3%），我国宏观税负实际水平偏高。教育、医疗、养老等公共服务和社会保障效率不高，实现现代化和共同富裕任重道远。

人类的一切社会制度和经济活动都应当是为了有效解决不断增长变化的消费需要与各种物质资料供给之间的供求矛盾。面对知识创新、经济增长、收入分配的数据及其体现的问题，如何有效解决收入增长、分配差距偏大问题？国内外发展经验表明，生产、交换、分配、消费是相互联系、协同运行的现代经济结构和体系，人民主体、权利本位、社会分工、市场方式的社会主义经济体制应当是不断有效地做大蛋糕和分配蛋糕的基本方式，政府调控和社会捐助只是解决收入分配不合理差距的辅助方式。收入分配应当保持差距虽大但不至影响社会经济稳定运行、差距虽小但能够充分保障和激励社会经济有效发展的状态。在实现共同富裕的进程中，我们过去深刻总结正反两方面的历史经验，认识到贫穷不是社会主义，打破传统理论和体制的束缚，推动解放和发展社会生产力。综上可见，在共同富裕问题上应当明确并坚持以下两项原则。

第一，人民主体、公平本位、市场决定、创新驱动不仅是有效创造财富的基本方式，也是合理分配财富的基本方式。我们要立足社会主义初级阶段，充分尊重、激励和保障国内外的人员、资本、知识、管理方式等参与我国社会经济发展。人口和资源的自由流动、市场的开放公平竞争有助于缩小而不是扩大收入分配的差距，内资私营企业和外资企业有助于促进经济增长和提高居民收入。要重点鼓励知识创新、辛勤劳动、敢于创业的发展带头人，要允许一部分人、一部分地区先富起来，扩大中等收入群体比重，先富带后富、帮后富。2018 年 11 月 1 日，习近平在民营企业座谈会上强调，民营企业贡献了中国经济的“五六七八九”：50% 以上的税收、60% 以上的 GDP、70% 以上的技术创新成果、80% 以上的城镇劳动就业、90% 以上的企业数量。但我国民营企业贷款长期仅占银行贷款余额的 25% 和企业贷款余额的 40% 左右，非完全性竞争的金融市场导致了金融企业长期过高的工资和利润水平。我国经济发展和收入分配的主要问题不是市场竞争的结果，而是市场竞争不充分、不开放、不公平的结果。

第二，依法发挥政府在促进共同富裕上的重要作用。正如党的十九大报告所提出的，我们要坚持以人民为中心的发展思想，深化政府体制改革，加快转变政府职能，建立科学的公共政策体系，完善经济治理和社会治理。政府的主要职能不是替代居民、企业和市场，而是要充分尊重和全面保护每个人及其人身权和财产权，为居民、企业的社会活动提供公平有效的立法、行政和司法服务，以及提供市场、社会不能充分有效提供的公共基础设施和公共服务。具体而言，要科学分析我国初次分配、再分配、三次分配问题，把保障和改善民生建立在经济发展和财力可持续的基础之上，重点改革我国的政府预算、税收征管、公共支出等公共财政体制，依法确定居民、企业与政府之间的关系，全面整治法外的各种社会负担，依法调节高收入，取缔非法收入，改善公共支出的结构，提高公共支出的效率。要加强基础性、普惠性、兜底性民生保障建设，改进、提高教育、医疗、失业、生育、养老等领域的公共支出，完善低收入群体的社会保障，依法鼓励高收入人群和企业更多回报社会，形成中间大、两头小的橄榄型分配结构，促进人的全面公平发展。

参考文献

［1］程树礼、李由：《关于共同富裕的思考》，载于《教学与研究》1992 年第 5 期。

［2］丹尼·罗德里克：《新技术、全球价值链与发展中经济体》，载于《比较》2019 年第 1 辑。

［3］《邓小平文选》（第三卷），人民出版社 1993 年版。

［4］国家统计局：《第七次人口普查公报》（第一号至第八号），国家统计局网站，2020 年 5 月 11 日。

［5］国家统计局：《中华人民共和国 2020 年国民经济和社会发展统计公报》，国家统计局网站，2020 年 2 月 28 日。

［6］李由：《公平、平等与我国收入分配政策取向》，收录于李实：《中国收入分配研究报告》，社会科学文献出版社 2013 年版。

［7］普华永道和世界银行：《2020 年世界纳税报告》，普华永道中国网站，2019 年 11 月 27 日。

［8］习近平：《决胜全面建成小康社会　夺取新时代中国特色社会主义伟大胜利》，新华社，2017 年 10 月 18 日。

［9］《在高质量发展中促进共同富裕 统筹做好重大金融风险防范化解》，载于《人民日报》2020 年 8 月 18 日。

［10］《中央关于制定国民经济和社会发展第十四个五年规划和二〇三五年远景目标的建议》，新华网，2020 年 11 月 3 日。

第三篇

不经之谈

- 趣话用典
- 《唐诗今选》序言
- 盛唐诗人张万顷生平考释
- 嘉祐二年春的帝国华彩
- 欲采蘋花不自由
- 细说京师大学堂
- 朱师
- 钱钟书不招研究生
- 送书出门记

趣话用典*

一

读了几本书，知道了一些人或事，说话、写作时常常自觉不自觉地在字句中表现出来。这种做派，往好里说是知识渊博，引经据典，自嘲或者被嘲的说法，就是知识堆积、獭祭鱼、掉书袋了。

何谓獭祭鱼？獭祭鱼又称獭祭，最早似乎出现于《礼记·月令》："东风解冻，蛰虫始振，鱼上冰，獭祭鱼。"獭是一种喜欢吃鱼的动物，在冬去惊蛰时节，经常将捕到的鱼摆在岸上，古人觉得这情形很像是陈列祭祀的供品，就称为獭祭鱼或獭祭。当今日本山口县獭越某纯米清酒厂，亦以"獭祭"二字古僻却有祈福之意，取为清酒商标。

唐宋以来，人们以獭祭鱼比喻写作上的喜欢翻书用典。宋代吴炯《五总志》、元代辛文房《唐才子传》都记载，李商隐作诗文时，常常把许多书本摊开，就像獭摆放鱼的样子，人称"獭祭鱼"。贺铸《夏夜雨晴遣怀》亦云："从嗤獭祭鱼，聊学蠹书虫。坐挹古人语，孰云吾道穷。"而按照陆宗达、王宁先生《古汉语词义答问·说"祭"字》，"祭"的本义应是"残杀"。獭性

---

* 本文写于2009年4月22日，原载于《北京师范大学校报》2018年10月30日，为"读来读去"系列之一。

残酷，食鱼往往只吃一两口就抛掉，捕鱼能力又强，所以每食必抛掉许多吃剩的鱼。这样，獭祭实指截取故实、堆积残余的意思。

掉书袋又如何理解？掉书袋，也称调文袋，掉是摇动、摆弄的意思，掉书袋是指说话或作文好引经据典，卖弄学问。凡话语、文章中引故实或用过去的语词，即称用典。据《南唐书·彭利用传》载：南唐士人彭利用对家人稚子，下逮奴隶，言必据书史，断言破句，以代常谈，时俗谓之“掉书袋”。

二

掉书袋不仅是学识的一种标志，也是中国文化的独有现象。中国悠久的历史和广大的地域，丰富多样的人和事、山和水、草木和鸟兽，文字又按照象形、指事、会意、形声等原则构成，这以往的一切怎能不在象形、指事的汉语中传承和展示？在思考和写作中，汉语实际上处处渲染着旧时的花香月色，遗传着旧时的言谈举止，包含着丰富多样的文化信息。摆出的鱼，搬弄的书，大致都是为了寻章摘句，引经据典。汉语想截断历史，开辟新天，很难。由此，说新不如述旧，掉书袋就具有了语言上的许多功用。

可引前人之言或事，使论之有据，言之有理。在继承与革新上，王安石尽管坦承“天变不足畏，人言不足恤，祖宗之法不足守”，但保守或主流的还是司马光的意见，“天不变，道亦不变，祖宗之法不可变”。掉书袋可以替代思考和创新，减轻自己的负担。似乎古人说了做了，后人就理直气壮，就不必再费心耗神了。何况就算想说想做，可能也做不了、做不好。取巧的，还可以救济思想的浅陋，掩饰才气的不足。既然如此，何不多囤积前人的陈货，需用时再一件件拿出来？

宋人的许多著作，如《涑水纪闻》《闻见后录》《都城纪胜》《夷坚志》《武林旧事》《浩然斋雅谈》《醉翁谈录》等书，其实大都是用笔抄下来的，名副其实的“笔记”。现代的周作人之辈，也往往以读书笔记的形式，通篇摘引古书洋文，加上自己的开头、引文间的连缀点染和结尾，就成了自己的东西。作者可称之文体的实验，但某些篇章与其说是一种巧妙的创造，毋宁说是一种高级的搬运。

可借古喻今，借题发挥。言语或诗文中有不便直接述说者，可通过引用比况，不尽之意，见于言外；借他人之酒杯，浇自己之块垒。如此曲折婉转，似乎就出了心中之郁闷或恶气。这方面，唐之王勃、王维、李白、杜甫、韩愈、李贺、李商隐、温庭筠，宋之王安石、苏轼、黄庭坚、贺铸、陈与义、周邦彦、李清照、辛弃疾、姜夔、吴文英、王沂孙等一大批诗人词家都是用典高手。黄庭坚说杜甫诗无一字无出处，他于此道更是亦步亦趋。有清以来，文网密而不漏，言行动辄得咎，高压之下，读书人有话偷着、反着、换着说，这或许正是清朝词之体裁再度兴起、考据之学大行其道的重要原因。

可含蓄精练，委曲微妙，减少词语的繁冗累赘。典故是长期沿用、众所周知的材料，读者容易联想，用典就可做到以少见多，含蓄有味，生动形象，以较少的字词传达丰富的信息。同时，用典可收到文辞典丽、文体优美、声调和谐、对仗工整等功效。

周邦彦《满江红》上片："昼日移阴，揽衣起，香帷睡足。临宝鉴、绿云撩乱，未忺妆束。蝶粉蜂黄都褪了，枕痕一线红生肉。背画栏、脉脉悄无言，寻棋局。"作者写女子别后思念，宛转缠绵，情见乎辞。此前宋子京《蝶恋花》亦有"远梦无端欢又散，泪落胭脂，界破蜂黄浅"等语。蝶粉蜂黄一般指女子体貌、妆容，如李商隐《酬崔八早梅有赠兼示之作》有"何处拂胸资蝶粉，几时涂额藉蜂黄"。而罗大经《鹤林玉露》甲编卷四引杨万里之子杨东山言，《道藏经》云"蝶交则粉退，蜂交则黄退"，周邦彦正用此典。如此，蝶粉蜂黄虽为生物现象，用之未免亵谑。

章质夫送酒六壶，书至而酒不达，苏轼戏作小诗："岂意青州六从事，化为乌有一先生？"沈括《梦溪笔谈》卷二三又载："吴人多谓梅子为曹公，以其尝望梅止渴也。"又谓鹅为右军。有一士人遗人醋梅与燖鹅，作书云："醋浸曹公一甏，汤燖右军两只，聊备一馔。"古人用典，虽然未必如此荒谬，但好事者偶尔为之，也是一件乐事。

三

书读多了，并不一定掉书袋。但只有读了书，积攒了一些陈货，甚至成为两脚书橱，才能够、也忍不住引经据典，掉掉书袋。

掉书袋，大致可以分为两类：一是用“典”，典是典册、书籍之意，使用古旧书籍特别是经典书籍中的词语，如四书五经、楚辞汉赋、《史记》《汉书》中的词语，这是“语典”；二是用“故”，故是故实、旧事之意，如《尚书》《诗经》《春秋》《左传》中的故实遗闻，这是“事典”。当然，语典与事典密不可分，因为任何人、事、地、物等故实，都要通过字、词、句等语言形式表达，语典中的名词、成语往往就是对事典的描述，用语典往往也是用事典。

书袋如何掉，或者典如何用？元代陈绎曾《文说》把事典的用法分成正用、反用、借用、暗用、对用、扳用、比用、倒用、泛用九种，明代高琦、吴守素《文章一贯》进一步把事典的用法分为正用、历用、列用、衍用、援用、评用、反用、活用、设用、借用、假用、藏用、暗用，以及逐段引证十四种。概括而言，这些用法只是直接引用（明引、援用）与间接引用（暗引、暗用）两大类。

善用书袋，应不用古人句，只用古人意；但用古人语，不用古人句。应移花接木，自成一体；水中著盐，饮水乃知。大学者、真诗人，见多识广，珠玉满腹，能够熔铸百家，出言或下笔，随手拈来，而了无痕迹，妙趣横生。

李商隐《锦瑟》中间两联：“庄生晓梦迷蝴蝶，望帝春心托杜鹃。沧海月明珠有泪，蓝田日暖玉生烟。”句句用典，典故本身不难理解，但表达了什么事实和感情，千年以来，众说纷纭，莫衷一是，难以笺注。有朦胧之美，亦有晦涩之实。而且，李商隐獭祭之鱼不只体现在诸如《牡丹》（锦帷初卷卫夫人）、《泪》（永巷长年怨绮罗）、《安定城楼》（迢递高城百尺楼）等诗歌中，他和好友段成式、温庭筠的诗文也骈俪对偶，繁缛华美，被称为“三十六体”，三个排行十六的书虫的文体。

辛弃疾作词，无意不可入，无语不可用，极尽自由而合乎规范。其《水龙吟·登建康赏心亭》下片：“休说鲈鱼堪脍，尽西风、季鹰归未？求田问舍，怕应羞见，刘郎才气。可惜流年，忧愁风雨，树犹如此。倩何人、唤取红巾翠袖，揾英雄泪。”岳珂虽指辛弃疾词作有用典过多之弊，但短短数行，连用张翰、刘备、桓温三典，点铁成金，融会贯通，读来一气呵成，并不隔膜。

四

清末文学革命之后，风花雪月不敌声光化电，浅俗白话替代了典雅古文，掉书袋的场所似乎大大减少。其实不然，如梁启超、鲁迅、陈寅恪、郭沫若、钱钟书、吕叔湘、启功、聂绀弩之辈的学人作家，博览群书，善于熔铸，不仅可以巧用古典，而且可以创造今典；不仅可掉中国书袋，而且可掉外国书袋。

与那个偷懒甚至懦弱的弟弟相比，大先生鲁迅实在是掉书袋的不世高人。在北洋政府和南京政府的各种文化检查甚至枪弹镇压下，鲁迅的杂文全面施展了指桑骂槐、辗转腾挪之能事。即以《自嘲》中广为传诵的诗句为例：“横眉冷对千夫指，俯首甘为孺子牛。”千夫指、孺子牛都是典故，但不知这两个典故，读者照样理解诗意。

钱钟书孤标高格，逞才使性，他的《管锥编》，不只卷帙浩瀚，文辞古雅，融汇古今，更是打通中西，旁征博引英法等多国文献，涉及四千作者上万著作，渊博不可究诘，机智莫可蹑迹。不读，顿失骊珠；读了，茫然无措。去世后编印的 16 开本的 3 册《容安馆札记》、20 册《中文笔记》、48 册《外文笔记》等材料，足以结撰成为一系列大作。改革开放之初，钱钟书曾访问美国国会图书馆，美方大谈其藏书丰富，钱钟书笑言：原来不知世上还有这么多不必读的书！

时代变了，袋中装的书也不同了。曾几何时，言必称马列，文必引“毛选”。前些年，小资一族还喜欢掉纳博科夫、杜拉斯、张爱玲、王小波，先锋派喜欢掉凯鲁亚克、格瓦拉、阿伦特、安·兰德。而今，马克思早不是非引不可，连海德格尔、罗素、哈耶克、罗尔斯、德里达也渐渐隐退。从前掉书袋还要四下搜寻撮抄的话，现在信息爆炸，网络发达，“度娘”或“狗哥”一下，古典今典纷至沓来，应接不暇，掉书袋何其方便？

明末张岱《陶庵梦忆》载，有一次，他到苏州天平山范长白园访友，天黑告辞，主人挽留：宽坐，请看“少焉”！张岱不解，主人回答：吾乡有缙绅先生，喜调文袋，以《赤壁赋》有“少焉月出于东山之上”句，遂字月为“少焉”。张岱《夜航船》还记载了以澹台灭明为二人，尧舜为一人的士子。又一次，翻阅秦文，迭见“皿煮”“砖制”，初始莫名其义，继而若有所悟：虽然“外孙齑臼”，却是“每文咸心”！哈哈，这样掉书袋，似雅实俗，出乖露丑。这样的书袋，不掉也罢。

《唐诗今选》序言*

一

诗是什么，诗人是什么，人是什么，人生和宇宙是什么？人从何来，因何而生，向何而去？人如何认识自己，人和诗如何真诚、有效地感知和应对工具理性、信息爆炸、全球竞争的时代？回应振古如兹、于今为亟的此类问题，古中国的老子、孔子、庄子、屈原，古希腊的泰勒斯、苏格拉底、柏拉图、亚里士多德等早有探索，奥古斯丁、卢梭、马克思、胡塞尔、海德格尔、萨特等哲人已经做了各种探索，不妨着意于阅读古代中国汉语诗歌即古诗，而唐诗、唐宋词是两个相对不错的入口。

诗者，志之所至、情之所凝也。诗者，根情、苗言、华声、实义。孔子说："诗可以兴，可以观，可以群，可以怨。迩之事父，远之事君。多识于鸟兽草木之名。""情欲信，辞欲巧。"又说："不学诗，无以言。""不学礼，无以立。""不知命，无以为君子也。"兴、观、群、怨，北宋张载训为兴己之善，观人之志，群而思无邪，怨而止礼义；南宋朱熹解释为"感发意志，考见得失，和而不流，怨刺上政"。南朝刘勰《文心雕龙》之《明诗》《风骨》等篇提出：人禀七情，应物斯感，感物吟志，莫非自然；诗者，因内符外，

---

* 李由：《唐诗今选》（上下册），贵州孔学堂书局2020年版。

各师成心，风清骨峻，持人情性。其《情采》又提出，诗是一种理性化的情感，“情者文之经，辞者理之纬，经正而后纬成，理定而后辞畅”。

人不是野兽，不是神灵，不是机器。自猿到人，古今中外，人一直是一种有意识、自主性、社会化、演化中的生命形式，是具有情感、理性、梦想等感性的和理性的意识形态或精神结构的生命个体和社会主体。个人首先和应当是其个体价值，进而也是人的价值的直接的、基本的判断者、创造者和所有者。正如《管子・霸言》称：“夫争天下者，必先争人。”“以人为本，本理则国固。”战国《郭店楚简》云：“天生百物，人为贵。”“性自命出，命自天降，道始于情，情生于性。”《孟子・尽心下》称：“民为贵，社稷次之，君为轻。”马克思、恩格斯《共产党宣言》明确提出：每个人的自由发展是一切人的自由发展的条件！而海德格尔《存在与时间》强调：此在的存在总是我的存在，此在对存在的领会只是此在的一部分。

诗、文学与其他人文学科、社会科学、自然科学所观照和反映的对象和内容都是宇宙中的人的生活或人类实践，但诗的本体和目的、方法和形式不同于信仰、道德、技术、科学。诗是人的本质的内省性和对象化，是人的心灵世界的自我构造和个体流露，是个人对其生活的具象认知和语言表达，是个人知行、人类文明的情感形式，人性的发现和呈现应当是文学艺术的核心和主线。以心感人人心归，诵诗心孔迥然开。法国波德莱尔《浪漫派的艺术》认为：诗是人类对一种最高的美的向往；诗要表现纯粹的愿望、动人的忧郁和高贵的绝望。青年何其芳的《〈夜歌和白天的歌〉初版后记》《一个平常的故事》提出：诗只是为了抒写自己，抒写自己的幻想、感觉、情感，自己关于美、思索、为了爱的牺牲。爱尔兰希尼的《个人的诗泉》咏唱：“我写诗—是为了认识自己，使黑暗发出回音。”好的诗歌是人的情感活动的自由而独立、创新而多元的表达，是关于自我、社会、自然的真和善之美的思考，是有助于人的自由发展的精神力量。

然而，人类在离开东非、走出中世纪，又经历了诸如索姆河战役、奥斯维辛集中营、古拉格劳改营、南京大屠杀等一次次灭绝人性的暴行，中国在经历了鸦片战争、戊戌变法、辛亥革命，再到市场经济、民主政治、信息社会、全球竞争，人如何认识、解放和实现自己？诗还要不要存在、创作和阅读？人们经过一次次的愚妄之后，如何才能过上普通的生活？人类在漫长而复杂的痛苦探索之后，终于能够确认：在人的社会实践、文明演化上，现代文明只能建立在每个人的充分且平等的自由或权利的基础之上，自由和法治正是社会主义核心价值观的基本内容，基于自由才有改革和开放、民主和法治、科学和创新、发展和和平；只有基于每个人的自由发展，才可能构建人类的以真、善、美为要素、结构和特征的精神文明和物质文明，才可能繁荣精神文明中的文艺、文艺中的诗歌！即如李泽厚《美学四讲》等认为，美的根源和本质源于人的实践，美是自然与人、真与善、感性与理性、规律与目的、必然与自由的矛盾统一，美是自然的人化和自由的形式。亦如高尔泰等《美是自由的象征》《审美与人的自由》指出：美的意义或价值是人类主体所定义和给予的，是人的本质的投射和呈现，是自由和智慧的象征；诗就是个人对野蛮、死亡的抗拒和对生活、荒谬的审美，是以智慧的、艺术的形式对人的生命的肯定和本质的揭示。

在心为志，发言为诗。诗是人类观照世界、增华自我、演化文明的一种方式。真正的诗，应当以自然为条件和远景，以个人为主体和目的，独立人格，自由思想，温柔敦厚，沉着痛快，直面人生的未来和困境、欢愉和苦难，构造一个坚守着个体的刚健和理性，又充盈着人性的激情和温厚的多彩世界，以抵御人性的冷漠、荒谬和狰狞。在诗和生活中，主观情致可以超越自然存在，感性力量可以改良理性教条，精神享受可以升华物质欲求，个体行动可以推进社会演化，个人可以超越自身的有限性。这样，个人或许可以真诚面对情感、诗歌、生活和未来，人类或许可以避免从理想、空想走向荒谬、毁灭。

在生命面前，理论是灰色的；在自由之上，生命是多彩的；在诗歌之外，文学是粗粝的。美是自由的表征，诗是生命的升华。人类如果存在，生命只要运动，个体冀望自由，社会追求文明，诗就必然活着！神祇可死，人性不死，诗人不死，诗意长存！

二

诗简单而丰富，纯净而深远，是人类的生命意识的自然流露，是心灵对世界的真实反映，是个人对自由的社会实践，是语言对生活的具象表达。而基于象形、会意、形声、指事、转注、假借等汉字特征和思维方式的古代中国汉语诗歌，则是中国文学的精灵，世界诗苑的奇葩。

不学诗，无以言；不知礼，无以立；不自由，毋宁死。诗歌、哲学和科学是个人、民族和国家创新发展的文化条件。闲时读诗，秦汉古奥，齐梁浮艳，两宋虽开辟新境，深曲清劲，然不免生涩枯淡，寒俭琐屑。南宋以后，风骨摧折，元气浇漓，而域外诗歌终有语言和文化的隔阂，最爱的还是风骨俊朗、情韵绵邈、流派纷呈、各体皆工的唐诗。

清代焦循《易余籥录》卷十五提出：楚骚、汉赋、唐诗、宋词、元曲、明八股，各立一门户，一代有一代之胜。王国维《人间词话》亦云："四言敝而有楚辞，楚辞敝而有五言，五言敝而有七言，古诗敝而有律绝，律绝敝而有词。盖文体通行既久，染指遂多，自成习套。豪杰之士，亦难于其中自出新意，故遁而作他体，以自解脱。"《宋元戏曲史·自序》："凡一代有一代之文学：楚之骚，汉之赋，六代之骈语，唐之诗，宋之词，元之曲，皆所谓一代之文学，而后世莫能继焉者也。"

汉唐是大一统中国的青春时光，既发扬踔厉，兼容并蓄，又八方交通，万国衣冠，独立自觉，刚健自信，开放包容，竞争尝试。而唐诗则是古诗发展的空前繁荣、难以超越的阶段，是人格健全、精神自由、情感充沛、兴味涵深与形式严整、意象鲜明、体裁多元、手法竞争的艺术统一。

中国古诗的独立自觉虽有先秦《诗经》、魏晋诗之争，唐代的古风、歌行、乐府、杂体等古体诗和绝句、律诗等近体诗却达到了艺术上的全面成熟，中晚唐还兴起了声律严谨、曲调繁富的近体词，唐代诗歌是一座群峰耸峙、风光各异的高山。以致鲁迅《致杨霁云》感叹："一切好诗，到唐已被做完。”闻一多宣称：“一般人爱说唐诗，我却要讲‘诗唐’。诗唐者，诗的唐朝也。懂得了诗的唐朝，才能欣赏唐朝的诗。”李梦阳等明代前后七子更极端地倡导：文必秦汉，诗必盛唐！

既然这样，如何选择、阅读、欣赏唐诗就是今人要做好的事情了。

三

唐（公元618—907年）崛起于民族、文化大冲撞、大融合的南北朝、隋朝之后，七世纪时疆域横跨欧亚，对内开明，对外开放，享国近三百年。但强大百年的帝国自安史之乱后开始分崩离析，玄宗、代宗、德宗、僖宗、昭宗竟然都曾被赶出京兆长安。依其制度演进和社会特征，唐代一般分为初、盛、中、晚四期，大抵高祖至睿宗近百年为初唐，玄宗、肃宗五十余年为盛唐，代宗大历以来八十年为中唐，文宗开成或宣宗大中至唐亡为晚唐。

北宋宋祁、欧阳修首倡唐代文章之三变，杨时、刘克庄等提出唐诗盛、中、晚三变，南宋严羽《沧浪诗话》细分唐诗为初唐、盛唐、大历、元和、晚唐五体，明代高棅《唐诗品汇》将元和纳入中唐而分为初、盛、中、晚四期。清初黄周星《唐诗快自序》、现代吴经熊《唐诗四季》则分唐诗为春、夏、秋、冬四序，黄周星称唐诗四序之中，各有良辰美景，亦各有风雨炎凝。或按胡适《白话文学史》，唐诗亦有儿童、少年、成人、晚年四期：儿童天真绮丽，少年激烈浪漫，成人气平神丰、通脱冷峻，晚年则绮靡藻绘、余霞衰飒。

诗之唐风并不是因改朝换代而突然形成的，而是经历了从初唐到盛唐因习旧章、渐变创新的演进过程。初唐诗远绍先秦、汉魏，近袭两晋、南北朝、隋代，包含齐梁诗风，王绩、杜审言、王梵志、四杰、沈宋、陈子昂、张说、张九龄等经过多元性吸纳和批判性综合，逐渐探索、确立了唐诗的内容和形式。正如殷璠《河岳英灵集》序云：“自萧氏以还，尤增矫饰。武德初，微波尚在。贞观末，标格渐高。景云中，颇通远调。开元十五年后，声律风骨始备矣。”唐诗在开元、天宝时期奔向繁荣，孟浩然、王维、储光羲之山水田园，王昌龄、李颀、崔颢、高适、岑参之军旅边塞，高妙有力地表达了人与自然、人与社会的关系特征，李白之幻想色彩、杜甫之人道主义则是盛唐气象乃至中国精神的伟大代表。中唐诗风格多样，横放杰出者当推钱刘、戴韦、韩孟、张王、元白、刘柳、二李、姚贾诸人。晚唐开始了诗的重心的逐渐南移，诗的中坚是许浑、温庭筠、杜牧、李商隐、韦庄、韩偓，尤其是李商隐拓展了深微幽眇的诗歌世界，温庭筠、韦庄开启了词的诗歌时代。

从诗的声韵、修辞、章句、题材、理念等形式和内容上看，在创造性地继承先秦至隋代诗歌的基础上，唐代进入了古诗的繁荣之期。在诗歌形式上，古诗大抵可分为古体诗和近体诗两大类，唐代不只继承和拓展了古体诗，于近体诗贡献尤大。初唐近体诗形成之前的诸如四言、五言、六言、七言、杂言等各体诗歌都可称为古体诗，唐代的古风、新旧乐府、歌行等也大都属于古体诗。近体诗是萌芽于齐梁陈隋、定型于初唐的诗体，讲究字之声韵、句之对仗和篇之句法，且绝句、律诗之字数、句数亦有规范，每句字数主要为五言、七言两种，包括四句绝句、八句律诗、排律（长律）三类，又称今体诗、格律诗。南朝梁陈时绝句初步成型，王勃等初唐四杰、崔融等文章四友、沈宋等于近体诗创制贡献尤大，文章四友存诗中的近体诗约占九成，晚唐五代勃兴的词也属于广义的近体、格律诗。在诗歌内容上，唐诗作者包括了自帝王将相至贩夫走卒的社会人群，唐诗题材覆盖了从衣食住行到政治外交的经济、社会、政治、军事、文化、国际关系等人类生活的方方面面，连帝王生活和国家大政也是诗人大胆反映和激烈批评的内容。无论是古体诗还是近体诗，唐诗都获得了相对自由的发展，达到了古诗难以逾越的峰巅，李白、杜甫则是其集大成者。

唐诗众星璀璨，群卉芬芳。虽经千年风雨，散佚严重，清代康熙时期彭定求等十人奉敕编校《全唐诗》九百卷即收有作者两千八百余人，诗四万九千四百零三首，删除重出、误收，实收约四万五千首。经王国维、闻一多、陈寅恪、岑仲勉、任半塘、程千帆、傅璇琮、郁贤皓、陶敏、谭优学、周勋初、吴企明、陈尚君等考辨，市河世宁、罗振玉、张元济、孙望、王重民、童养年、佟培基、陈尚君、徐俊等辑补，仅 1992 年《全唐诗补编》即增补唐诗六千三百二十七首，加上近年敦煌文献、出土文物、域外汉籍、佛道二藏、传世善本等所见佚诗，今存唐诗约五万三千首。

唐诗数量既多，又优劣纷呈，五万余首多是平庸之作，除非专门的研究人员，或者偏爱一家，欣赏唐诗往往就得通过选本了。唐诗的选编自唐初即已开始，如许敬宗《文馆词林》、崔融《珠英学士集》、孙翌（季良）《正声集》，以及佚名的《丽则集》《搜玉集》，现在可知的唐人选唐诗即有一百多种，唐至清代的唐诗选本逾六百种。唐代崔融《珠英学士集》、殷璠《河岳英灵集》、芮挺章《国秀集》、元结《箧中集》、高仲武《中兴间气集》、令狐楚《御览诗》、姚合《极玄集》、褚藏言《窦氏连珠集》、韦庄《又玄集》、韦縠《才调集》、赵崇祚《花间集》等十多种选本，以及敦煌石室写本留存至今。

四

作诗不易，选诗亦难。唐代之后，北宋李昉等《文苑英华》、王安石《唐百家诗选》、郭茂倩《乐府诗集》，南宋洪迈《万首唐人绝句》，明代吴琯《唐诗纪》、胡震亨《唐音统签》，清初钱谦益遗稿、季振宜《汇编全唐诗》等搜集、编选唐诗贡献尤大。

如果编一本唐诗百首，难度似乎不大，因为比较容易从众口流传的优美唐诗中选出。不过，百首诗歌，浮光掠影，挂一漏万，显然不能表现唐代诗人和诗歌的多重风貌。而且，编者不管目光如豆或者如炬，读者一定需求各异，趣味不一，这就注定了编选唐诗是一件吃力不讨好的事情。

唐诗选本繁杂，孙琴安《唐诗选本提要》即列示了清末以前的约六百种选本。近现代亦有俞陛云《诗境浅说》、高步瀛《唐宋诗举要》、闻一多《唐诗大系》、马茂元《唐诗选》、施蛰存《唐诗百话》、中国社会科学院文学研究所《唐诗选》、萧涤非等《唐诗鉴赏辞典》、王兆鹏《唐诗排行榜》、刘学锴《唐诗选注评鉴》等众多选本，而清代蘅塘退士（孙洙）的《唐诗三百首》居然至今畅行坊间。

诗歌选本，为了协助读者阅读诗歌、观照古今、充实人生，必须反映人的文明演化和文学研究的成果，坚守良好且均衡的文学品位和标准。比较而言，多种流行的选本都或多或少存在着未能全面、及时吸收唐诗研究的成果，立意、造论各执一端的缺点，难以全面、准确反映唐诗的风貌和特征。面对社会发展和读者需求，重新编选唐诗也还是值得一试的冒险。

五

诗如何选择、笺释，标准和体例是什么，面向哪些读者？一个众口难调、难以兼美的艺术难题。

诗言志，歌永言，声依永，律和声，八音克谐，无相夺伦。文学是生活的升华和观念的结晶，文学之别于其他，在于以实事、真情为基础，以具象、抒情为特征。诗之别于散文、小说、戏剧，在于发诸情性，赋而比兴，谐于律吕，超乎世尘，以个人之情感、精神而宣喻人类之情感、精神，以源于自然、社会而高于自然、社会之真、之善为旨归，以字词精当、声调谐和、体被文质、情兼雅怨、骨高力劲、意真理惬、境象独特、韵味深长之美而取胜。

唐代如王昌龄《诗格》卷上、稍后日本空海（遍照金刚）所编《文镜秘府论》卷四皆曰："凡作诗之体，意是格，声是律，意高则格高，声辨则律清，格律全，然后始有调。"王昌龄《诗格》又曰："诗有三不：一曰不深则不精，二曰不奇则不新，三曰不正则不雅。"殷璠《河岳英灵集》亦称："璠今所集，颇异诸家：既闲新声，复晓古体，文质半取，风骚两挟，言气骨则建安为传，论宫商则太康不逮。"

明代洪武三年高启《独庵集序》云："诗之要，有曰格、意、趣而已。格以辨其体，意以达其情，趣以臻其妙也。体不辨则入于邪陋，而师古之义乖；情不达则堕于浮虚，而感人之实浅；妙不臻则流于凡近，而超俗之风微。三者既得，而后典雅、冲淡、豪俊、秾缛、幽婉、奇险之辞变化不一，随所宜而赋焉。”清代同治二年曾国藩致沅弟（曾国荃）书则主张：“自古圣贤豪杰，文人才士，其志事不同，而其豁达光明之胸襟大略相同。以诗言之，必先有豁达光明之识，而后有恬淡冲融之趣。”诗文应得阴阳之美，具气势、识度、情韵、趣味之象。

现代如马一浮《复性书院讲录·论语大义》称：“诗以感为体。令人感发兴起，必假言说。……须是如迷忽觉，如梦忽醒，如仆者之起，如病者之苏，方是兴也。”朱光潜的《诗的隐与显》指出：“诗的要素有三种：就骨子里说，诗要表现一种情趣；就表面说，诗有意象，有声音。我们可以说，诗以情趣为主，情趣见于声音，寓于意象。”傅庚生《中国文学欣赏举隅》：“文学之欣赏，所取资于文学作品者不外为内容与形式两方面。……情必持之以理，理必融之以情，……约之以感情、想象、理性、形式四者。”唐诗的艺术特征，陈伯海《唐诗学引论》总结为风骨与兴寄、声律与辞章、兴象与韵味，或者可以从命意、章法、格律、风调等方面认识和评判。

近现代哲学则揭示：人是社会实践的主体和目的，是自尊、自为的社会主体，每个人的自由发展是一切人的自由发展的条件！人类理性虽然只提出自己能够解决的任务，但理性是并且应当是人的情感的奴隶，诗是并且应当是情感的结晶和自由的象征。

唐诗的编选准则，类如孔子选诗，殷璠《河岳英灵集》，清代王士禛《唐贤三昧集》、沈德潜《唐诗别裁集》、管世铭《读雪山房唐诗钞》、蘅塘退士《唐诗三百首》、曾国藩《十八家诗钞》，近现代陈衍《宋诗精华录》、钱钟书《宋诗选注》、程千帆和沈祖棻《古诗今选》，大致可借而用之。

六

唐诗的演进、诗人的风格和诗的艺术，包括秦汉至隋代的诗歌演进，唐诗的发展和分期，中唐诗的志趣、体裁、题材、风格等方面的重大变化，以及唐诗与宋诗、宋词的关系等问题，相关研究已汗牛充栋，毋庸赘述。

唐诗演进虽承前启后，错综复杂，确可大致分为初、盛、中、晚四期：初唐袭六朝余韵，杨广、李世民、虞世南、王绩开承平向上诗风，四杰、沈宋、杜审言、二张富艳精致，诸体初备；盛唐刚健热烈，发扬踔厉，气象阔大，诸音浏亮；中唐创新诗法，开拓诗境，如钱郎、刘李、戴韦、二李、张王、韩孟、元白、刘柳、姚贾，百花齐放，流派纷呈；晚唐感而悱恻，哀而沉郁，词密句丽，思远韵永。

以时代精神和诗歌范式论，杜甫虽然受到韩愈、元稹等绍介和宋人推崇，但在唐代的地位和诗歌选本中并不独居领袖地位。清代吴乔《围炉诗话》称：唐人能自辟宇宙、开宗立派者，唯李、杜、昌黎、义山。叶燮《原诗》云：古代诗歌能“全见面目”者，仅陶潜、李白、杜甫、韩愈、苏轼。乾隆御定《唐诗诗醇》于唐诗则录李白、杜甫、白居易、韩愈四家，以为包括众长。纪昀总纂《四库全书总目提要》评曰：“盖李白源出《离骚》，而才华超妙，为唐人第一；杜甫源出于国风、二雅，而性情真挚，亦为唐人第一。自是而外，平易而最近乎情者，无过白居易；奇创而不诡于理者，无过韩愈。”现代推许、标示风骚的则是李、杜、白三大家，或王维、李白、杜甫、白居易、李商隐五大家。

以分期历史论，初唐王绩、杜审言、王勃、沈佺期、宋之问、陈子昂、张说，盛唐张九龄、孟浩然、李颀、王昌龄、王维、崔颢、高适、李白、杜甫、岑参，中唐钱起、刘长卿、戴叔伦、韦应物、李益、张籍、王建、韩愈、白居易、刘禹锡、柳宗元、元稹、贾岛、李贺，晚唐许浑、杜枚、温庭筠、李商隐、韦庄、韩偓等，可为各期诗人的代表。

唐代的伟大诗人当然是李白、杜甫，本书各选九十三首、一百一十五首；次为王维、李商隐，本书各选五十五首、七十六首。四人之诗，最好还是读其全集。至于其他诗人脍炙人口的佳作，亦披沙拣金，兼容并蓄。本书正选唐代诗人二百三十二位，诗一千四百一十七首，书名《唐诗今选》袭自程千帆、沈祖棻《古诗今选》，兼有吸收古今研究成果、适应当代读者需求之意。

所选唐诗，可以诵读多年以至一生了。

七

本书主要是为受过基础教育的当代汉语读者，提供一个体例统一、风调多样、作品均衡、笺注准确的唐诗经典选本。选录、编序、笺注的基本原则如下。

（一）诗作选录的范围和标准

论诗应兼顾优劣，选诗则去粗取精。本书既力求呈现唐诗百家竞争、循序演进、各体皆工、流派纷呈的繁盛风貌，又力图选录唐代汉语诗歌的优良作品。唐代虽有华夷之争、安史之乱、藩镇割据等问题，但基本是一个疆域广大、民族融合、政权统一的国家。本书入选诗人、诗作，按照诗人生年的时序和唐代诗歌的流变，起于初唐虞世南而讫至唐末谭用之，分为初唐、盛唐、中唐、晚唐四编，而不囊括五代。由于种种原因，唐时突厥、回鹘、吐蕃、靺鞨、高丽等周边民族诗歌罕有传世而未选录。

“诗言志，歌永言，声依永，律和声。”古诗之别于散文、小说、戏剧，在于发诸情性，赋而比兴，谐于律吕，超乎世尘，以源于自然、社会而高于自然、社会之真、之善为旨归，是内容与形式的融合统一。唐诗的艺术特征，可以从命意、章法、格律、风调等方面认识和评判。借鉴钱钟书《宋诗选注》六不选原则，即押韵的文件不选，学问的展览和典故成语的把戏也不选，大模大样地仿照前人的假古董不选，把前人的词意改头换面而绝无增进的旧货充新也不选，有佳句而全篇太不匀称的不选，当时传诵而现在看不出好处的也不选。本书选录唐诗，大致遵循题材多样、志真情惬、格律严整、声调谐和、体被文质、风调特出的标准，尽可能为读者提供一个具有真实、健康的思想内容和粹美、新颖的艺术形式的唐诗选本。即如诗之内容，诸如城乡生活、自然风光、忧国悯人、宦情旅况、男欢女爱等，只要描摹生动、真挚有味之作品，皆可入选。

（二）诗人、诗作的编排

入选诗人，按照其生年的顺序排列；生年未详者，参照其登第、仕宦、交游等因素而酌定。然诗人生卒与唐诗分期并非完全符合，大致而言，全书分为四编，选诗二百三十二人：自虞世南至张谔四十人为初唐，选诗一百二十六首；自张旭至岑参四十一人为盛唐，选诗四百七十七首；自钱起至李贺七十五人为中唐，选诗四百七十六首；自许浑至谭用之七十六人为晚唐，选诗三百四十八首。

读诗、学诗，既要了解诗人之时代、人生，诗作之文意、本事，又须辨识其作诗之格律、章法，如此才可能领悟诗之意蕴、境界、风格、情致的高下优劣。诗人小传，兼顾其时代、里贯、生平、文学和评价，因人而异，各有侧重。其资料来源，参照往古与晚近、纸上与地下、国内与国外等多重资料，相互参证，裁量而定。如上官婉儿、卢照邻、王无竞、李隆基、王之涣、王维、崔颢、高适、畅诸、张万顷、戴叔伦、耿湋、韦应物、李端、包何、卢纶、殷尧藩、姚合、李商隐、张泌等众多诗人生平，即根据新出碑铭和研究成果而认真修订。

诗人作品多难以系年，为便于检索，每位诗人作品基本按照五言和七言、近体和古体的诗歌体裁而编排，同一诗人同一体裁作品大致按照其创作时间顺序编排。作品文本，主要依据清代彭定求等编纂、中华书局1999年版《全唐诗》，市河世宁、孙望、王重民、童养年、佟培基、陈尚君等辑校，中华书局1992年版《全唐诗补编》，兼顾早期文本与考释成果，根据陈垣的对校、本校、他校、理校之法，从先、从优而酌定。

（三）笺注详略适当

唐代以来，各种诗格、诗法、诗话、诗史连篇累牍，现当代唐诗选本、辞典汗牛充栋，然舛误亦不胜枚举。明末清初钱龙惕《复石林长老论注李商隐集书》提出注诗三善：注事不注义，宜简不宜繁，阙疑不存疑。而笺注对象大致分为字词注释、本事或史事、评论或鉴赏三类，大致对应于古代学术的词章、考据、义理三端，广义的考据包括字词注释和本事考证。即如陈寅恪、程千帆强调诗史兼治、诗史互证，文学批评须基于考据。

本书所选唐诗，注释为主，兼及其他。具体而言，每一诗作笺注大致包括三部分内容。一是注释。诗之注释虽不可少，但应简洁、准确。诗之篇名，关键、疑难之字词、人名、地名、典故等，以及重要异文，人多不知者，在音、义上精注，人多知之者少注或不注；多注字、词，兼释句、篇。二是本事。部分正选诗作，为揭示其创作上的前缘后影，适当附录其相关史事和作品，以助读者了解和理解。三是评论。由于诗人的不同作品在内容和形式上各有特色，不便对其作品进行统一的、浮泛的评价，何况诗之欣赏、评论也应当是一种自我创作。本书主要对诗人的代表性或特出性作品，从其内容和形式、地位和影响上简要评议。诗之笺注文字如果较多，为便于阅读、理解，其注释、本事、评论等文字皆另分一段。当然，古代诗歌之注释与本事、本事与评论之间往往并无清晰边界，本书尽可能将内容相近者合为一段。然诗无达诂，言人人殊；兴发于此，义归于彼。所选唐诗之声韵格律、比兴寄托、微言大义，若非通训诂、明典故、察背景、考身世，揆情度理，探幽索隐，实难以条分缕析，谈言微中。古代社会，作诗、选诗已然不易。在信息爆炸、竞争激烈、乡愁远去的当代世界，解诗、读诗更为困难。管世铭《读雪山房唐诗钞》自许：虽不敢谓尽有唐诗之胜，而凡为诗人之所当吟讽及有裨于诗教者，宜无不在。这一选本，当是竭力博采众家，荟萃精义，标举诗法，发抉义蕴。但一人性情，难免顾此失彼；一人识见，难免孤陋寡闻。我的关注、选择、笺释，你们是否会意、感通、喜欢？本人于文学、语言、历史等科皆为初学，书中定然存在缺失和错误，诚望识者不吝指正。

盛唐诗人张万顷生平考释*

张万顷生活于盛唐时期，至少有两件事在历史上留下了淡淡的痕迹：一是诗二首收入天宝间芮挺章编《国秀集》卷下，可见他当时颇有诗名，是一位知名的诗人①；二是为安史之乱前、后五任刺史，安史之乱中又为安禄山治下的河南尹，而士人宗室赖以免者众，不同于觍颜事敌之张均、张垍兄弟，是一位重要的地方大员。然而，《旧唐书》《新唐书》均无传，其相关史料散见于颜真卿的《颜勤礼碑》、姚汝能的《安禄山事迹》，以及《旧唐书》《新唐书》《册府元龟》《资治通鉴》等，以至于学界长期以来只得曰生卒、字、里贯等皆不详。不过，新公布的《唐故朝散大夫使持节颍州诸军事守颍州刺史张府君墓志并序》等碑志，为重新了解、评价张万顷提供了珍贵资料。

一、早前资料综述

张万顷，盛唐时期人。天宝间芮挺章编《国秀集》，卷下收其诗二首，即《东溪待苏户曹不至》《登天目山下作》。清代《全唐诗》卷二〇二，另收其《送裴少府》一首。《东溪待苏户曹不至》，或作于两京期间如河南法曹任上，风雅有趣，通脱随性，向来脍炙人口：

---

* 本文原载于《北京师范大学学报（社会科学版）》2014 年第 6 期。

① ［唐］殷璠等编，傅璇琮注：《唐人选唐诗八种》，华夏出版社 1996 年版，第 295 页。

洛阳城东伊水西，千花万竹使人迷。

台上柳枝临岸低，门前荷叶与桥齐。

日暮待君君不见，长风吹雨过青溪。

然而，由于《旧唐书》《新唐书》均无传，相关史料相当简陋，张万顷的里贯、生卒、仕宦等生平事迹只散见于芮挺章《国秀集》、刘澄《南阳和尚问答杂征义》、颜真卿《颜勤礼碑》、姚汝能《安禄山事迹》《旧唐书》《新唐书》《册府元龟》《资治通鉴》等书，且不无脱漏存疑之处。

张万顷的一生，大致可以分为安史之乱前、安史之乱至去世两个时期。按照这一分期，唐宋时有关张万顷的资料大致如下。

安史之乱前，相关资料极少。唐代刘澄《南阳和尚问答杂征义》，载有内乡县令张万顷与惠能弟子神会讨论佛性。《旧唐书·列传第五十五·宇文融韦坚杨慎矜王鉷》，“时天宝六载……令河南法曹张万顷宣敕示之。”① 此外，诗人钱起与张万顷亦有交往，见其《谢张法曹万顷小山暇景见忆》（清风乱流上）。《南阳和尚问答杂征义》又称《神会语录》《神会录》《菏泽神会禅师语录》《神会和尚语录》等，唐代敦煌卷子有三个写本，胡适1930年出版《神会和尚遗集》，以及铃木大拙等较早整理收录。张万顷与神会问答如下：

内乡县令张万顷问：真如者似何物？答曰：比者诸大德道俗皆言，不迁变名为真。神会今则不然。今言真者无可迁变，故名为真。所言如者，比来诸大德道俗皆言：两物相似曰如。会今即不然，无物相似曰如。又问：佛性是有是无？答曰：佛性非边义，何故问有无？又问：何者是非边义？答曰：不有不无，是非边义。又问：何者是不有，云何是不无？答曰：不有者不言于所有。不无者不言于所无。二俱不可得，是故非边义。②

安史之乱至张万顷去世，相关资料稍多。据唐姚汝能《安禄山事迹》

① ［后晋］刘昫等：《旧唐书》，中华书局2000年版，第2187～2188页。

② 胡适辑：《神会和尚遗集》，上海亚东图书馆1930年版。此据杨曾文编校：《神会和尚禅话录》，北京中华书局1996年版，第96页。

卷中，天宝十四年，安禄山起兵反，“博陵太守张万顷献《汉高祖不宿柏人颂》”①。《资治通鉴·唐纪三十三·唐玄宗天宝十四载》，十二月，“河南尹达奚珣降于禄山……禄山以其党张万顷为河南尹”②。《安禄山事迹》卷下，安禄山“令万顷捕杀皇支，万顷多所脱免”，“张万顷、独孤问俗、张休并复旧官”③。《册府元龟·卷一四九·帝王部·舍过》，“肃宗至德二年十二月，既收雒阳，先是博陵太守张万顷陷贼，伪授河南尹，安抚百姓，全活宗枝，帝嘉之，舍其罪，授濮阳太守”④。《新唐书·逆臣上·安禄山传》，“初，禄山陷东京，以张万顷为河南尹，士人宗室赖以免者众，肃宗嘉其仁，拜濮阳太守”⑤。《资治通鉴·唐纪三十六·唐肃宗至德二载》亦载，“安禄山所署河南尹张万顷，独以在贼中能保庇百姓，不坐”⑥。《旧唐书·本纪第十·肃宗》，乾元元年十月，“以濮州刺史张方须为广州都督、五府节度使”⑦。此“张方须”，当为“张万顷”之误。《册府元龟·卷七百·牧守部·贪黩》，“张万顷为广州刺史，上元二年，以赃贬巫州龙标县尉员外置长任”⑧。

此外，大历十四年颜真卿《唐故秘书省著作郎夔州都督府长史上护军颜君神道碑》，即《颜勤礼碑》亦证张万顷广州之事：颜頍“仁孝方正，明经，大理司直，充张万顷岭南营田判官”⑨。晚唐裴铏《传奇·孙恪》，有孙恪“之长安，谒旧友王相国缙，被荐于南康张万顷大夫为经略判官，挈家而往”⑩。南

---

① ［五代］王仁裕、［唐］姚汝能：《开元天宝遗事 安禄山事迹》，中华书局 2006 年版，第 96 页。

② ［宋］司马光：《资治通鉴》，中华书局 2011 年版，第 7057～7058 页。

③ ［五代］王仁裕、［唐］姚汝能：《开元天宝遗事 安禄山事迹》，中华书局 2006 年版，第 101 页。

④ ［宋］王钦若：《册府元龟》，中华书局 1989 年版，第 26 页。

⑤ ［宋］欧阳修、宋祁：《新唐书》，中华书局 2000 年版，第 4861 页。

⑥ ［宋］司马光：《资治通鉴》，中华书局 2011 年版，第 7168 页。

⑦ ［后晋］刘昫等：《旧唐书》，中华书局 2000 年版，第 170 页。

⑧ ［宋］王钦若：《册府元龟》，中华书局 1989 年版，第 2474 页。

⑨ 颜真卿《颜勤礼碑》1922 年出土，今存西安碑林。影印本多见，如《颜勤礼碑》：武汉古籍出版社 1992 年版，第 87～88 页。

⑩ 裴铏《传奇·孙恪》，参见《唐五代笔记小说大观》，上海古籍出版社 2000 年版，第 1145 页。

康为唐初析岭南端州之端溪县而置，南康张万顷大夫当指广州刺史张万顷。

综上，张万顷的生平可概括如下。生卒、籍贯不详。开元八年（公元720年）在内乡县令任上；天宝六年（公元747年）在河南法曹任上。天宝十四年（公元755年）安史之乱爆发，博陵太守张万顷献《汉高祖不宿柏人颂》；安禄山授张万顷河南尹，令捕杀皇支，万顷多所脱免。至德二载（公元757年），陷贼官六等定罪，张万顷以在贼中能保庇宗室、百姓不坐，复旧官。后仕至濮州刺史、广州都督、岭南五府节度使。上元二年（公元761年），以赃贬龙标尉，不知所终。清代《全唐诗》等又称，张万顷为开宝间进士，不知何据。由于资料过少，陶敏《全唐诗人名汇考》未收“张万顷”，郁贤皓1987年《唐刺史考》、2000年《唐刺史考全编》只有张万顷任博陵（定州）、濮阳（濮州）、广州三州刺史的简单记载。①

二、张万顷及严仁墓志考释

治史论事，司马迁《史记》即得益于文字、口述和文物的综合运用。由于刘敞、欧阳修、沈括、王黼、李公麟、赵明诚等的努力，北宋金石学兴起，欧阳修提出金石研究具有订正史籍诗文阙谬，考索典章制度渊源，品评历史人物得失等功能。近现代如张伯英、罗振玉、李根源重视唐代碑志收集整理，王国维、陈寅恪、郭沫若、岑仲勉以至今戴伟华、韩理洲、陈尚君等则发扬了地下实物与纸上遗文互相释证，异族故书与吾国旧籍互相补正，外来观念与固有材料互相参证的学术风范。②

---

① 陶敏：《全唐诗人名汇考》，辽海出版社2006年版；郁贤皓：《唐刺史考》，江苏古籍出版社1987年版；《唐刺史考全编》，安徽大学出版社2000年版。

② 当代学人关于唐代碑志研究论述，可参见韩理洲：《新出土墓碑墓志在唐代文史研究方面的学术价值》，载于《西北大学学报》1996年第3期；戴伟华：《出土墓志与唐代文学研究》，载于《传统文化与现代化》1998年第4期；胡可先：《出土文献与唐代文学史新视野》，载于《文学遗产》2005年第1期；胡可先：《出土文献与唐代诗学研究》，中华书局2012年版，等等。

清末民初特别是改革开放以来，在各地的开发建设中，出土了大量的历代墓志，这成为学术研究的重要史料，许多人物的世系、子孙、姓名、生卒、仕宦、行踪等据以补正。仅日本气贺泽保规自1997年主持编纂《唐代墓志所在总和目录》，至2009年修订版所收录的2008年底前公开发表的唐代墓志即达8737方（含墓志盖369方），实际出土的唐代墓志当在一万方左右。诸如王之涣、韦应物、郑虔、裴夷直、姚合等著名诗人墓志的出土，填补了唐代文学研究上的许多空白。而1976年5月苏州虎丘出土《唐故朝散大夫使持节颍州诸军事守颍州刺史张府君（万顷）墓志并序》（以下简称《张万顷墓志》）①，1992年洛阳偃师出土《唐故绛州龙门县尉严府君（仁）墓志铭并序》（以下简称《严仁墓志》）② 等，为千年之后我们重新认识张万顷提供了宝贵的资料。

张万顷墓位于今苏州城北街道虎丘新华村，据说1976年即发现，1991年发掘，早期已被破坏，出土青石墓志一方，志首刻“唐故朝散大夫使持节颍州诸军事守颍州刺史张府君墓志”。不过，该墓志似乎一直未被研究人员重视，检索国家图书馆、中国知网、苏州地方志网站等网络资料，有数篇《严仁墓志》的研究资料，但无《张万顷墓志》的研究信息。似乎仅王晓杰、李茗公《揭秘内乡县衙》曾提及“新发现的唐代内乡县令张万顷”③，墓志旧拓片曾参加2011年9月江苏省第二届四季古籍文献拍卖会，但称并未见到墓志文，且他人多有误“颍州”为“颖州”者。

苏州博物馆编著、文物出版社2012年出版《苏州博物馆藏历代碑志》即收录有《张万顷墓志》及照片，墓志全文如下：

右卫兵曹参军赵郡李纾撰，陈王府典军河南褚凑书。吴郡张氏，以衣冠文术为世业，清白玄妙为遗训。自居于吴廿余代，世不陨矣。公名万顷，字

---

① 苏州博物馆：《苏州博物馆藏历代碑志》，文物出版社2012年版，第12～13页。

② 吴钢：《全唐文补遗》（第三辑），三秦出版社1996年版，第72页。亦见周绍良：《全唐文新编》，吉林文史出版社2000年版，第4736～4737页。

③ 王晓杰、李茗公：《揭秘内乡县衙》，中州古籍出版社2011年版，第188～190页。

混，即陈散骑常侍尚书仪曹郎汾之曾孙，隋建节校尉长仁之孙，台州临海令叔达之第五子。不坠先范，能读诗书，年廿一明经擢第，授越州鄮县尉，转襄州襄阳县尉，征为集贤院学士，拜邓州内乡县令，改宣州溧阳县令，授义王府掾，转太府丞朝散大夫，太子洗马，又拜泗颍二州刺史，充本州防御使，又为元帅参谋。春秋七十有七，染疾而殁于越州之客舍。呜呼！家传其庆而达，天辅其善而寿，心精于述而妙，身聚于学而材。前后以书判登科者再，以讨论受辟者一，可谓文矣。以身白著闻，对策高第者二，以陟明褒政特为举首者一，可谓清矣。两典侯藩，三降天京。敕曰：卿频典藩翰，克著政声。既当寇难之时，乃有忠勤之效。想卿勉力，以副朕怀。冬寒，卿比■[①]平安好。敕文稍广，略而言之。府君身先所部■■建，德以利人，威以除害，可谓政矣。而又栖心道源，回向释门，昭万物于归一，了三乘之不二，可谓玄矣。中又悉心于物，精意为医，十全之术，六沴无道，发药之际，全活颇多，可谓妙矣。而终绝主祀，岂天道无知乎！夫人吴县君，同郡陆氏。父谔，王府典军、上柱国，讳怀忠。泗州司马韦察即府君之女婿也。不远千里匍匐，同归主办先远。以宝应元年十一月九日葬于郡城西通贤之原，从先兆宅。爰列方石，以志寒泉。铭曰：高族多贤，盛门传禄。惟先积庆，生此良牧。学既钩深，文亦昭郁。爰自解巾，逮于列藩。射荣登朝，天书降门。除害布政，异■同源。从政之余，归心于寂。空门灭色，虚室生白。我心惟精，无幽不赜。无■■那，逢危而■。人■不瘳，我亦斯寿。居常而殁，其谁以咎。寂寂者祀，茕茕者嫠。缇萦有女，伯道无儿。凡曰居者，其谁主之。爰有寒泉，在山之下。莫莫■■，■以■树。万岁千秋，于斯大暮。陇西李坦然镌。

《张万顷墓志》撰者赵郡李纾，当为礼部侍郎李希言之子。李纾字仲舒，少有文学，天宝末拜秘书省校书郎，《旧唐书·列传第八十七》、《新唐书·列传第八十六》有传。书者河南褚凑，无考，河南为褚氏郡望，然多迁徙江南，如褚亮、褚遂良即丹阳人，褚凑或许也是褚遂良族人。

---

① 此处遗漏文字为墓志所缺，难以补全，这里保留了墓志铭的原貌，以下同。

《严仁墓志》即《唐故绛州龙门县尉严府君（仁）墓志铭并序》，署“前邓州内乡县令吴郡张万顷撰，吴郡张旭书”。墓主严仁（690—742），余杭郡人，曾任绛州龙门县尉，龙门位于东都洛阳西北，天宝元年（742）卒于洛阳。墓志是否为大书法家“吴郡张旭书”，学界尚有争议，如樊有升、李献奇《洛阳新出土唐张旭楷书〈严仁墓志〉》提出了《严仁墓志》与《郎官石柱记》的差异，李志贤《我看（传）张旭〈严仁墓志〉》认为墓志为集字而非张旭所书[①]。不过，墓志署“前邓州内乡县令吴郡张万顷撰”则毫无疑义，内乡县位于洛阳之南。张旭生卒年亦有多种考证，其卒年有公元 747 年、公元 750 年、公元 758 年等说，但张旭天宝初年在世则无异议[②]，且严仁余杭人，张旭、张万顷吴郡人，三人为苏杭大同乡，张旭常往于洛阳，与张万顷有相遇洛阳左近的时间、空间上的交集。在墓志中，张万顷称赞严仁“有循吏之美”“奉公忘私，克勤夙夜”。

据张万顷、严仁墓志等资料，就可初步解决张万顷的世系、姓名、生卒、科第、仕宦、家庭、行踪等问题。

张万顷的生卒年份。墓志未明言张万顷卒年，但云“宝应元年（公元 762 年）十一月葬于郡城西通贤之原”。张万顷晚年一直为高官，仅上元二年（公元 761 年）以赃左降，贬巫州龙标县尉员外置长任，差不多就是戴罪流放的性质。然肃宗次年去世，代宗即位，大赦天下，张万顷曾为元帅参谋，或即北归，染疾而殁于越州客舍。且越州与吴郡近在咫尺，张万顷兄弟至少五人，其婿亦为地方官，当年即有能力归葬吴郡祖茔。若如此，那么张万顷卒于宝应元年，生于垂拱二年（公元 686 年），其生卒为 686—762 年。

张万顷的世系、家庭。张氏居于吴廿余代，这与严仁墓志一致。南朝至

---

① 樊有升、李献奇：《洛阳新出土唐张旭楷书〈严仁墓志〉》，载于《书法丛刊》1992 年第 4 期；李志贤：《我看（传）张旭〈严仁墓志〉》，载于《书法丛刊》1999 年第 4 期。

② 张旭苏州（吴郡）人，《旧唐书》无传，《新唐书》记述简略，闻一多订其生卒年为公元 658～747 年，今人多认为张旭卒于天宝后期。参见阮堂明：《张旭卒年考辨》，载于《太原师范学院学报》2004 年第 4 期。

唐代，张姓亦为吴地大姓。张万顷为陈散骑常侍尚书仪曹郎汾之曾孙，隋建节校尉长仁之孙，台州临海令叔达之第五子，先世虽非显宦，也是官宦之家。张万顷夫人陆氏，同郡陆谞之女。张万顷无子，有一女，嫁泗州司马韦察。略为检索，张汾、张长仁、张叔达、陆谞、韦察等似乎也无事迹传世。宋钱易《南部新书》载陆谞事，但彼陆谞为唐末时人。按常例，张万顷无子，而兄弟多人，当择一侄为嗣，如白居易即以兄白幼文次子白景受为嗣，那么张万顷继嗣者是谁?

张万顷科第、仕宦、行踪。张万顷年廿一明经擢第，当在公元706年即唐中宗神龙二年，这可补清代徐松《登科记考》①。后以书判登科者再，以讨论受辟者一，以对策高第者二，以陟明褒政特为举首者一，可见他颇有文才吏能。安史之乱前，张万顷的仕宦经历在墓志中有相当清晰的记载：授越州鄮县尉，转襄州襄阳县尉，征为集贤院学士，拜邓州内乡县令，改宣州溧阳县令，授义王府掾，转太府丞朝散大夫、太子洗马，又拜泗、颍二州刺史，充本州防御使，又为元帅参谋。由此，两典侯藩指义王府掾、元帅参谋，元帅当指广平王、天下兵马元帅、后为代宗的李豫，张万顷至德二年后或曾任元帅参谋；三降天京指集贤院学士、太府丞朝散大夫、太子洗马。

张万顷若生于垂拱二年，神龙二年明经擢第，那么根据墓志和其他资料就可以给出张万顷生平的大概系年了：开元初任鄮县尉、襄阳县尉，其间或即参加了书判拔萃等考选；据神会行踪可知，开元八年在内乡县令任上，那么张万顷明经及第后的仕途应相当顺利。此后至安史之乱前的经历，则如墓志所列举。义王李玼（？—784年），原名李漼，唐玄宗第二十四子，开元十三年（公元725年）封为义王，张万顷授义王府掾当在开元十三年之后。张万顷嫁女泗州司马韦察，假设时在泗州刺史任上，那么任泗州刺史当在开元

① ［清］徐松著，赵守俨校：《登科记考》，中华书局1984年版，第138～142页。后出如孟二冬：《登科记考补正》，北京燕山出版社2003年版；王洪军：《登科记考再补正》，广西师范大学出版社2010年版；许友根：《〈登科记考补正〉考补》，南京大学出版社2011年版。以上诸书皆未收张万顷科第之事。

二十年（公元 732 年）前后，张万顷约 45 岁。天宝十四年，在博陵太守任上，同年十二安禄山任河南尹。至德二年，肃宗免罪，任濮阳太守，此后曾兼元帅参谋。乾元元年（公元 758 年）改濮阳郡为濮州，张万顷则为濮州刺史，同年改任广州都督、岭南五府节度使。上元二年（公元 761 年），以赃贬龙标尉，次年卒于越州。由此统计，张万顷先后出知泗州、颍州、博陵、河南、濮阳（濮州）和广州六个府州，仕途相当显赫，这可补郁贤皓《唐刺史考全编》，该书未载张万顷任泗州、颍州刺史事。

张万顷有诗三首、文二篇传世。诗《登天目山下作》云："去岁离秦望，今冬使楚关。泪添天目水，发变海头山。别母乌南逝，辞兄雁北还。宦游偏不乐，长为忆慈颜。"秦望山在越州城南；天目山有杭州天目山、泰州天目山，一在吴郡东、越州西，一在吴郡北。揣其诗意，别母辞兄，或为早年所作，比如赴任越州鄮县尉，或者任襄阳县尉途中。《送裴少府》云："夕膳望东周，晨装不少留。酒中同乐事，关外越离忧。座湿秦山雨，庭寒渭水秋。何当鹰隼击，来拂故林游。"风格转为健举，《东溪待苏户曹不至》则清脱，这二首当为中年以后所作，可能就在两京任职期间，比如河南法曹或太府丞朝散大夫任上。文《对举方正者判》为张万顷任河南尹时作，为清代董诰等编《全唐文》所收；《唐故绛州龙门县尉严府君（仁）墓志铭并序》为新发现之文，收入吴钢主编《全唐文补遗》（第三辑）。

《张万顷墓志》还特别记载了张万顷与佛教、医药的关系。墓志一再提到，张万顷"栖心道源，回向释门"，"从政之余，归心于寂"。唐代虽有崇奉道教、武宗灭佛等行动，但思想和社会相对开放多元，佛教特别是禅宗成为一部分士人修养人生、规避现实的一种方式。在唐代刘澄《南阳和尚问答杂征义》中，就留下了内乡县令张万顷与惠能弟子神会讨论佛性一事，张万顷对佛教的关注和修习或许也影响到其后来的行为选择。神会襄阳人，俗姓高，年轻时参谒六祖惠能，曾至洛阳荷泽寺、南阳龙兴寺、滑台、弋阳、武当、襄阳、荆州等地，晚年复回荷泽寺，被誉为荷泽宗之祖。神会生卒年有争议，一般认为公元 684 ~ 758 年，这与张万顷几乎一致。据刘澄《南阳和尚问答杂征义》、宋代赞宁《宋高僧传·唐洛京荷泽寺神会传》，开元八年，神会奉敕配住南阳龙兴寺，人称“南阳和上（尚）”，曾与王琚、徐谔、张万顷、王维等来往，由此可知张万顷任内乡县令在此前后。① 墓志又载，张万顷“悉心于物，精意为医，十全之术，六沴无道，发药之际，全活颇多”，似乎还有行医发药之善举。

三、几个尚待实证的问题

然而，一些新的疑问又出现了：墓志为什么没有记载河南法曹经历？安史之乱爆发至张万顷去世这七年，其他史料称张万顷曾任博陵太守、河南尹、濮州刺史、广州都督等高品之职，但墓志为什么一无所记，新旧唐书为什么无传？张万顷有无其他著述？等等。

墓志未载天宝六年（公元747年）河南法曹任上事。河南法曹，正七品下。张万顷若神龙二年明经及第，以后历任义王府掾、太府丞朝散大夫、太子洗马、泗、颍二州刺史等七品至四品或者更高品职，但二十年后又在河南法曹任上，似乎依然沉沦下僚，这就难以解释了。或者《旧唐书》所载史料有误，比如，假设天宝六年为开元六年（公元718年）之误？或者张万顷其间曾遭贬谪？

墓志缺省了张万顷任博陵太守、河南尹、濮州刺史、广州都督等四任四至三品显宦的经历，而这在《颜勤礼碑》、《旧唐书》、《新唐书》、《册府元龟》和《资治通鉴》等史料上言之凿凿。泗、颍二州与濮州，唐代虽属河南道，也并非一地。那么，是盛唐有两位张万顷——一为曾任河南尹、广州都督的张万顷，一为吴郡张万顷？抑或墓志有意缺省了张万顷陷贼事贼这一有玷志行的经历？比较而言，前一种可能性史无佐证且无人辩证，概率极低，后一种可能性应当很高。

那么，张万顷陷贼事敌之事如何？可以说，性质非常严重，实为其人生

① ［宋］赞宁：《宋高僧传》，中华书局1987年版，第179～180页。

一大污点。

安禄山叛军所至，河北、山东等州县或降或走，望风披靡，如颜杲卿、颜真卿、许远、张巡等奋力抵抗者罕见。姚汝能《安禄山事迹》卷中载，安禄山移营至沙河县，博陵太守张万顷献《汉高祖不宿柏人颂》，安禄山遂多载草木于黄河中，并以长索系破船、大树碍凌，黄河一宿而冰合，安禄山得以渡河南下。汉高祖不宿柏人，典出《史记·张耳陈馀列传》和《汉书·高帝纪》，汉八年冬，高祖刘邦东击韩信余寇，还经赵国，欲宿于柏人县，赵相贯高等阴谋刺杀刘邦，刘邦问县名，曰“柏人者，迫于人也”。不宿而去，得以避祸。若如此，张万顷即便胁迫而从，但献颂之举难免有出谋划策之嫌，罪名大矣，所以《资治通鉴》称张万顷为安禄山之党，安禄山随即委任其为位高权重的河南尹。在河南尹的位置上，张万顷态度有了转变，或者说为自己留了一条后路：士人宗室赖以免者众。

至德二年，长安、洛阳相继收复，肃宗命凡陷贼官分六等定罪，前河南尹达奚珣处斩，左相陈希烈赐死。《资治通鉴·唐纪三十六·唐肃宗至德二载》载，张万顷以在贼中能保庇百姓，不坐。乾元元年，以濮州刺史张方须（即张万顷）为广州都督、五府节度使，从河南道要地改官岭南，即有明升暗降之意。上元二年，张万顷以赃贬巫州龙标县尉员外置长任，惩处则相当严厉。可见，肃宗当时尽管对张万顷等既往不咎，甚至委以新职，只是乱时稳定人心、收拾大局的无奈之举。形势一旦好转，即秋后算账，以赃而左降龙标县尉，重走了王昌龄等的贬谪之路。

国人向来有避讳、谀墓的做法，这在诸如唐代王无竞、陈希烈、韦渠牟等的墓志中即有体现。如陈希烈玄宗时曾任左相，但因与李林甫关系密切，安禄山又任其为相，肃宗至德二年赐死于家。《大唐故左相兼兵部尚书集贤院弘文馆学士崇玄馆大学士上柱国许团公陈府君墓志》即《陈希烈墓志》，文字异常简单，不纪墓主生平，仅概言“公发迹进士擢第，历官廿正，从仕五十年”。并有“噫！道之所生，或■或遏。人之体道，有否有臧。冥乃不可得而言，近则史或以为戒”等议论①。白居易作《元稹墓志铭》，于元稹附贵得相一节，亦有省略，但留下了“时行而道未行，身遇而心未遇”等意味深长之语。② 由此，张万顷尽管在“安史之乱”结束后未受惩罚，反有奖勉，但并不光彩，所以《张万顷墓志》隐去了“安史之乱”前后的陷贼、历官、贬谪等耻辱的经历，也就可以理解了。事实上，墓志于此也有隐晦的表示：张万顷“既当寇难之时，乃有忠勤之效。想卿勉力，以副朕怀”。

“何当鹰隼击，来拂故林游?”按照墓志所记，张万顷最终竟回到半个世纪前仕宦开始的越州故地，并在那里告别了动乱纷扰的时代，也许对于生命、社会和理想有了另一种思考。

参考文献

［1］陈尚君：《跋王之涣祖父王德表、妻李氏墓志》，载于《文学遗产》1987年第5期。

［2］戴伟华：《出土墓志与唐代文学研究》，载于《传统文化与现代化》1998年第4期。

［3］樊有升、李献奇：《洛阳新出土唐张旭楷书〈严仁墓志〉》，载于《书法丛刊》1992年第4期。

［4］韩理洲：《新出土墓碑墓志在唐代文史研究方面的学术价值》，载于《西北大学学报》1996年第3期。

［5］胡可先：《出土文献与唐代诗学研究》，中华书局2012年版。

［6］胡可先：《出土文献与唐代文学史新视野》，载于《文学遗产》2005年第1期。

［7］苏州博物馆：《苏州博物馆藏历代碑志》，文物出版社2012年版。

［8］王承文：《唐代的左降官与岭南文化》，收录于郑学檬、冷敏述：《唐文化研究论文集》，上海人民出版社1994年版。

［9］王晓杰、李茗公：《揭秘内乡县衙》，中州古籍出版社2011年版。

① 王仁波：《隋唐五代墓志汇编》（陕西卷第一册），天津古籍出版社1991年版，第152页。

② 《元稹墓志铭》全称《唐故武昌军节度处置等使正议大夫检校户部尚书鄂州刺史兼御史大夫赐紫金鱼袋尚书右仆射河南元公墓志铭并序》，参见朱金城：《白居易集笺校》，上海古籍出版社1988年版，第194页。

嘉祐二年春的帝国华彩*

历史的真相和底蕴往往隐藏在一个个、一连串的事件之中，宋仁宗嘉祐二年的科举可能就是理解北宋帝国兴衰的一个重要关节。

嘉祐二年正月六日，翰林学士欧阳修权知贡举，至三月七日，即公元 1057 年 1 月 31 日至 4 月 2 日，正值“东风杨柳欲青青，三月露桃芳意早”的冬末春初，东京开封举行了进士（奏名进士）、诸科、特奏名进士的考试。三月五日，宋仁宗御崇政殿，试礼部奏名进士，赐章衡以下二百六十二人及第，一百二十六人同出身；次日，试进士科之外的诸科，赐单至诚以下三百八十九人及第；三月七日，试特奏名进士，即对进士考试多次不中、年龄已大（如天圣五年规定为进士五举年五十，乾道二年规定为进士八举年四十、进士五举年五十）者特许附试，赐张应以下一百二十二人及第。以上共八百九十九人（一说八百七十七人，似误）及第。同时，苏洵送子入京，庆历二年进士王安石在京任群牧判官，五月始知常州，古文宋六家汇聚一地，实为中国古代文化史的盛典。

对于那次科举大典，诸多史籍尽管保有了相对清晰的记载，国内近来仍然流行着各种道听途说的妄论。诸如欧阳修为示公正，误将苏轼答卷当作弟子曾巩，苏轼只以第二名中进士，似乎成了该科探花；若有其事而异想天开的“苏轼、苏辙、张载、程颢、程颐、曾巩、曾布、吕惠卿、章惇、王韶”

---

* 本文写于 2016 年 3 月 23 日，是关于唐宋文学思考的副产品。

等“嘉祐十子”名单；描写嘉祐二年贡举的煽情却臆想的鸡汤文、口水体的开篇：“那一年，身居江湖而心忧庙堂的范仲淹离开了这个世界”。

科举取士始于隋唐，但唐代贡举尚未定型，状元或状头也并非风头无二。赵宋建国，沿袭唐制，贡举大致分为常科和制科两大系统。常科是常设之科，包括进士、九经、五经、开元礼、三史、三礼、三传、明经、明法、明字等规定了考试时间、内容、程式等科目。宋太祖黄袍加身，为了笼络人才，重视科举取士，尤其是进士考试以答卷决定取弃和名次，殿试制度使得进士成为了天子的门生，优渥异常，迁升荣速，公卿以下无不耸观，加上宋太祖时每科进士少则不足十人，多则二三十人，社会最看重的就是进士科。宋太宗雪夜即位后，每科进士及第数增加到一二百人。进士科通常考试诗、赋、论各一篇，以及策五道，帖《论语》十帖，对《春秋》或《礼记》墨义十条，而以诗、赋、论三篇为主。不过，宋真宗大中祥符元年实行省试糊名法，宋英宗治平二年改进士三年一大比，宋神宗熙宁八年又宣布废除诗赋、帖经、墨义取仕，改为四场考试，一场考《易》《诗经》《周礼》《礼记》大礼，二场考《论语》《孟子》兼礼，三场考论，四场和殿试考策。当然，熙宁改革并未完全推行，进士考试经常在诗赋、经义、论策之间变换。制科是皇帝亲自主持的小范围考试，宋代的制科在考试程式和题目上已经具有常科性质了，而且从山野之民到及第进士都可以参加。

北宋前期仿照唐政，以诗赋论考进士，举子常有以赋甚合圣意，成为状元。如宋太宗太平兴国八年，桂林王世则《六合为家赋》曰：“构进乾坤，作我之龙楼凤阁；开穷日月，为君之玉户金关。”主旨伟大，文字华丽，帝颜大悦，擢为第一。再如宋真宗咸平五年王曾《有物混成赋》有“得我之小者，散而为草木；得我之大者，聚而为山川”，大中祥符八年蔡齐《置器赋》有“安天下于覆盂，其功可大”，胸怀宽广，包容有度，得中状元。王曾不仅是该榜的三元，且礼部试取七十二名，殿试只留下三十六人，录取人数极少。欧阳修虽连中了监元、解元、省元，主考官晏殊为了挫其豪气而将欧阳修置于第十四名，让年轻帅气、姓名正确的十九岁王拱辰抢了状元，而李清照就是王拱辰的外曾孙女（李清照还是另一状元王珪的外孙女，且与秦桧妻王氏为姑表姊妹）。由于吕蒙正、胡旦、陈尧叟等状元得到了宋太宗的赐诗，宋太宗、真宗朝的吕蒙正、王曾、李迪、苏易简、蔡齐等状元仕至宰相（同平章事和参知政事），这进一步提高了进士和状元的社会地位。

转眼到了丁酉嘉祐二年（公元 1057 年），距离上一次皇祐五年贡举已过四年。《宋会要辑稿·选举》等载：春正月五日，以翰林学士欧阳修权知贡举，翰林学士王珪、龙图阁直学士梅挚、知制诰韩绛、集贤殿脩撰范镇并权同知贡举；天章阁侍讲卢士宗、集贤校理张师中封印卷首，馆阁校勘张洞、王俨充覆考官，梅尧臣、张子谅、张唐民、董参、吴秉、鲜于烧充点检试卷，张师颜、刘坦、李昌言、孙固、崔台符充诸科考试官；十五日，命直集贤院祖无择、集贤校理钱公辅考试知贡举官亲戚举人。换言之，欧阳修领衔的王珪、梅挚、韩绛、范镇、梅尧臣等组成的中央考试委员会，不仅名节自励，为人端正，而且囊括了名臣、学者、诗人的豪华考官阵容。正月七日，就试贡士六千五百人入闱，锁院五十日，应礼部试（会试）。欧阳修、王珪、梅挚、韩绛、范镇、梅尧臣六人公务之余，赋诗遣兴，得《礼部唱和诗集》一百七十三首。

那一年，宋朝开国已近百年，文恬武嬉，承平已久，虽巅峰时刻，但积弊已深，危机四伏，庆历新政的主将范仲淹早在五年前就倒在了赴任颍州途中的徐州。从知识、观念、文艺等方面看，士子流行的却是险怪奇涩、空洞无物之文，钩章棘句，浸失浑淳，号太学体，显然不适应社会经济发展的客观需要。参与新政又屡遭贬斥的欧阳修恰值知天命之年，正是一个人思想成熟、不甘老去、奋身一搏的关键时期，解放思想、逆转文风、选拔人才则是躬逢其位的欧阳修可能做到的最好选择。而年少三岁的宋仁宗登基三十五年，世事精明，为政宽通，又宵衣旰食，龙体欠佳，也在考虑传位储才、看家护院的家国大事。嘉祐元年，苏轼、苏辙等已经秋闱中举，自蜀入京，馆于开封兴国寺浴堂。

嘉祐二年，集聚京师、摩拳擦掌的待试贡士几近万人，这些人将是国家治理、社会创新的重要人力资源。欧阳修等瞻前顾后，果断提出力矫时弊，复兴两汉，文以载道，文学革命。在礼部考试中，欧阳修经梅尧臣推荐，确将苏轼《刑赏忠厚之至论》置第二，《春秋》对义居第一，但礼部奏名进士三百七十三人中李实居首。在三月五日开始的殿试中，苏轼只登乙科（二甲），这明确载于苏轼的墓志铭。曾巩、苏辙《刑赏忠厚之至论》亦留存至今，并为佳作。而苏轼独擅胜场的诗、赋，在礼部考试中似乎未能出彩，或者不合上意。李复圭《纪闻》云：是春殿试考《民监赋》《鸾刀诗》《重巽申命论》，及第不落一人。官家也求贤若渴，体恤下情，参加殿试的全部录取，还增加了十五个名额。三月十一日，殿试唱名状元、探花、榜眼是名头不响的章衡、窦卞、罗恺，第四、五名是郑雍、朱初平，但并不是才华横溢的苏轼、苏辙兄弟或曾巩、曾布兄弟，也没有传说中的程颢之弟程颐！三月十三日，又唱名赐特奏名进士一百二十二人、诸科三百八十九人。不过，思想开放、才能突出的士子大都脱颖而出了，士气文风骤然转变了。至于擅长太学体而实则简陋险怪的如信州铅山刘几等考生，欧阳修坚持一无所取。某生文有“天地轧，万物茁，圣人发”，欧阳修为续“秀才剌，试官刷”，批曰“大纰缪”，启封果为刘几。榜出之后，他们群聚诋斥，抗议告状，或为祭文投其家，将欧阳修视为仇敌。刘几落榜后，文风大变，嘉祐四年更名刘煇（辉）入闱，殿试《尧舜性仁论》，欧阳修擢为第一。

宋代彭百川《太平治迹统类》卷二八《祖宗科举取人・仁宗》载：嘉祐二年三月丁亥赐进士章衡等二百六十二人及第，一百二十六人同出身，是岁进士与殿试者始皆不落。章衡、窦卞、罗恺、邓考甫、王回、王韶、王无咎、吕惠卿、刘庠、苏轼、苏辙、郑雍、林希、梁焘、曾巩、曾布、程颢、蒋之奇、杨汲、张载、张璪、朱光庭、章惇、吕大均、刘元瑜、曾牟、曾阜、顾家、苏惟贤、邓绾、郭源明、林旦、黄好谦、蔡承禧、张纪等二百余人史上留名，其中王韶、吕惠卿、苏辙、林希、郑雍、梁焘、曾布、张璪、章惇九人位至宰执。曾巩生而警敏，文章端正，是年与弟曾牟、曾布、从弟曾阜，妹婿王元咎、王彦深，好友王回、王向赴试，并皆进士及第，未几其弟曾宰、妹婿关景辉、侄曾觉、弟曾肇亦中进士。

叶梦得《石林燕语》卷四等又载，林希（文节）连为开封府、省试第一，就等着廷试夺魁了。阅卷时，林希《民监赋》开头“天监不远，民心可知”，仁宗恶其语忌，亟付考官，考官不敢置之上等，状元就飞了。而章衡破题云“运启元圣，天临兆民。监其事以为戒，纳斯民于至纯。”仁宗浏览卷子，读“运启元圣，天临兆民”，曰“此太祖、太宗之事，朕何足以当之?”读“监其事以为戒”，叹息曰“此谓先帝”。至读“纳斯民于至纯”，乃竦然拱手曰：“朕何敢当!”此赋虽不切题，然政治正确，规模甚伟，遂擢为第一。章惇也及了第，但不愿屈居其侄章衡名下，嘉祐四年再试，高中第五；类似的如绍兴进士曹冠因依附秦桧而驳放功名，乾道中又蟾宫折桂。

嘉祐二年进士发榜后，主司欧阳修语梅尧臣曰：“吾当避（苏轼）此人出一头地。”苏轼进士考试只闯进了二甲，但四年后苏轼、苏辙在制科“贤良方正能直言极谏科”考试中大出风头，分别考了第三、第四等。可是整个大宋三百年一共就举行了二十二次制科考试，只录取了四十一人，而同期进士四万多人！更奇葩的，宋代制科成绩分一、二、三、四、五等级，五等不合格，但第一、第二等从没人中过，第三等有据可查的只有吴育、苏轼、范百禄、孔文仲四人，且苏轼两次科考两入三等，据说考评官司马光还想把苏辙也列入三等。

宋仁宗在位四十二年，进士考试十四次。嘉祐三年，诏礼部贡举，调整考试制度。嘉祐四、六、八年，胡宿、王珪、范镇权知贡举，又分别赐进士、诸科及第出身三百三十九、二百九十五、三百四十一人，英雄尽入彀中，野无遗贤了。唐代虽有大唐、盛世之称，但唐代的首要治功是维持了隋代的民族平等、国家统一的局面，改进了隋代的三省六部的政府组织体制。宋代崛起于五代十国乱世，立国之后又面临列强环伺的国际环境，对内必须采取思想自由、政治清明、经济发展的国策，民贵君轻，开放言路，奖引四民，民富国强。嘉祐四次贡举，取士一千八百多人。嘉祐八年，仁宗去世，英宗、神宗、哲宗、徽宗相继即位。嘉祐才俊特别是嘉祐二年进士科所取的吕惠卿、曾布、章惇等成为王安石变法的左膀右臂，王韶、梁焘等事功卓著，欧阳修、王安石、苏洵携手苏轼、苏辙、曾巩开启了北宋文学革命，张载、程颢、吕大均等掀起了北宋哲学革新。张载提出的“为天地立心，为生民立命，为往圣继绝学，为万世开太平”，差不多成为宋元以来士人的社会理想指南。嘉祐之后，面对帝国发展的深水区和攻坚期，好学上进的神宗支持王安石熙宁变法，文采风流的徽宗为调和新旧而建中靖国，大宋财政状况一度好转，西北收复千里失地，商品交换空前繁荣，一个新的时代似乎呼之欲出了。

但是，大宋依然只是赵姓的家天下，国家兴亡只是伯仲之间击鼓传花的权力游戏，与广大臣民的生死存亡何干？由于传统政策难以解决帝国内生的生存危机，新党旧党党同伐异，升斗小民苟且偷安，挽救危局的王安石变法又因缺乏君主立宪、市民自由、科技创新、市场竞争、媒体监督、法治保障等一系列条件支持而迅速失败，曾经交好的同僚王安石与司马光、同年苏轼与章惇等士大夫因新旧党争而势同水火，如元祐元年苏辙《乞罢章惇知枢密院》称章惇“深误国计”“遗患四方”，而绍圣元年林希《苏轼散官惠州安置制》称苏轼“罪恶甚众，论法当死”，崇宁元年宋徽宗甚至主持兴建了臭名昭著的《元祐党籍》碑，内忧外患交加下的古老帝国势必转向全面崩溃。两宋历经靖康之耻、厓山之劫，芸芸众生换了一拨又一拨更加野蛮无耻的奴隶总管，华夏文明最终辗转于存亡继绝的腐朽垂死困境。

欲采蘋花不自由*

柳宗元（公元773～819年），字子厚，籍贯河东（山西永济），唐代安史之乱中举族迁居吴地，其父柳镇家于长安。宗元少有才名，贞元九年即进士及第，旋因父亲去世而守丧，三年后任校书郎。贞元十四年试博学宏词科，授集贤殿书院正字。安史之乱后，宦官擅权，藩镇割据，士风浇漓，经济凋敝。贞元二十一年（公元805年）正月德宗去世，顺宗即位，重用王伾、王叔文等，急进推行改革，柳宗元任礼部员外郎，这就是后人所称的永贞革新。然而，改革既触及了宦官、藩镇、官僚等众多集团利益，又缺乏足够的社会动员和稳健的实施策略，加上顺宗病情加重，八月被逼退位为太上皇，改元永贞，宪宗即位，新政失败。二王相继贬死，积极参与改革的刘禹锡、柳宗元等八人被贬斥为远州员外司马，即八司马事件。元和十年正月，柳宗元与刘禹锡等终于被召回京，然三月复徙柳州刺史，卒于任所。柳宗元不仅是唐代著名诗人和唐宋八大家，其《天说》《天对》《封建论》《断刑论》还是唐代政治学、哲学的代表作。

如果用一句诗来形容或比拟柳宗元，我选择的不是他的“独钓寒江雪”“早梅发高树”“万死投荒十二年”或“欸乃一声山水绿”，而是“欲采蘋花不自由”。该诗题为《酬曹侍御过象县见寄》，全篇如下：“破额山前碧玉流，骚人遥驻木兰舟。春风无限潇湘意，欲采蘋花不自由。”此诗比兴并用，虚实

---

* 本文写于2017年8月3日。

相生，情含景中，意在言外，淡荡多姿，骚雅尤卓，以至被清代沈德潜《说诗晬语》卷上、方东树《昭昧詹言》卷二十一等推为唐诗七绝压卷之作，今沈祖棻、霍松林、尚永亮、吴文治等亦赞誉有加。

诗的系年、地点不易确定。象县既为唐代柳州属县，柳宗元如果是居停主人，那大约作于元和十年之后的柳州刺史任上，此亦通说，韩醇《诂训柳集》卷四十二则云作于元和十四年。不过，曹侍御如果过象县而遥寄潇湘柳宗元，此诗就作于永贞之后的永州司马任上了，如何书置《柳宗元研究》（岳麓书社 1994 年版）即持此论。非是白蘋洲畔客，还将远意问潇湘。永州位于潇湘二水汇流之处，据永州地方志记载，潇水之中至清代仍有白蘋洲，洲上有蘋洲书院。而诗中的曹侍御、破额山、蘋花、不自由等，也是有待探究的几个问题。

曹侍御是谁？唐代御史台设御史大夫、治书侍御史（高宗时改名御史中丞，正五品上），下辖三院：台院设侍御史（从六品下）四人，殿院设殿中侍御史（从七品上）六人，察院设监察御史（正八品）十人，以上二十人特别是殿院、察院十六人皆可简称“侍御”，别称“院长”，比如王侍御即担任监察御史的王维。比较而言，台院侍御史职位重要，品级又高，可坐御史台食坐之南床，有“台端”“端公”之尊称，而殿院、察院御史均不得坐。曹侍御生平未详，其侍御应当指殿院或察院御史，可能是实授的职位或挂名的虚衔。比如杜拾遗是指杜甫实际担任门下省左拾遗（从八品上），随后杜甫明升暗贬为华州司功参军（正八品下），杜工部则是指杜甫在四川挂名工部员外郎（从六品上），实际是严武剑南节度使的八品参谋，最终只是副县处级干部。晚唐薛能亦有《酬曹侍御见寄》（儒道苦不胜），诗中曹侍御则是另外一人。

破额山在哪儿？旧注一说为湖北黄州（黄梅）破额山（双峰山），如清代徐增《而庵说唐诗》，此显然为信口开河。从柳宗元生平和诗歌文本看，破额山只能在唐代柳州所属象县附近。情知已被山遮断，频倚阑干不自由。据今人如伍耀良实地踏探，柳州之东二十公里外的鹿寨县江口乡白沙村马朝屯附近，柳江、洛清江交汇处的柳江之滨，一山耸峙即破额山，江、山对面则是柳江县白沙乡。

蘋、蘋花是什么？在古汉语中，蘋、萍、苹、苹字形相似，读音相近，又都是植物，人们往往分辨不清，网络上更是常常混为一谈。但在真实世界和人类知识中，它们差别很大，并非一类。

一说起苹，当今人们最熟悉的应当是苹果的“苹”。苹果，古名柰、林檎，如千字文之“果珍李柰，菜重芥姜”，现在日语中的苹果依然称“林檎”。不过，柰、林檎个小味淡，如今很少种植，自 19 世纪末普遍引种的是欧美大苹果，元帅、国光、富士等苹果都是洋品种。苹还有他义，如《诗经·小雅·鹿鸣》、曹操《短歌行》之“呦呦鹿鸣，食野之苹”中的苹，据说是鹿吃的某种蒿草，苹蒿随着屠呦呦 2015 年获得诺贝尔奖而瞩目一时。萍又称浮萍、转萍，也是人们相对熟悉的单子叶植物，叶小如豆，根系细少，随波逐流。由此，萍就寄寓了无法自主、漂泊无依的意蕴，所谓的萍踪、萍聚、人生如萍、萍水相逢、身世浮沉雨打萍。有过农村或南方经历的，还应当见过萍这种盛夏疯狂生长、几日铺满水面的植物。苹之茎条簇生，可以为帚，如今俗称扫帚草、铁扫帚。

在蘋、萍、苹、苹中，“蘋”可能是今人最不熟悉、古人非常喜爱的植物。但蘋到底是什么样的植物？由于缺乏植物分类和图谱，导致后人在远古植物名实上聚讼纷纭。李时珍素称知识源于采视，其旁征博引的《本草纲目》却包含了许多莫名其妙、喜感十足的知识，其卷十九草八称蘋为四叶菜，误导今人依然不加思考地说蘋是蕨类的四叶菜、田字草。其实，从蘋又称蕒、蓱、绿蘋、青蘋、白蘋、水蘋，蘋开白花、有香气、可食用、可赠人等特征，它就是后人所称的宾草、苿菜、水苏，就是生于浅水、叶如心形、春夏白花的一种单子叶植物。蘋不是飘萍、浮萍之萍或苹果之苹，不是水生、蕨类、不耐看、不能吃的田字草，不是可扎笤帚的苹，也不是叶形相似但黄花的荇、紫花的莼。19 世纪中期日本细井徇、细井东阳著《诗经名物图解》，书中所绘的四叶、白花的蘋也是一种并不存在的植物。至于当今纸媒或网络上的唐宋诗词中的苹，几乎都不是苹果之苹，而可能是蘋或萍的错别字。

诗人为何欲采蘋花？这就不仅需要认识蘋的生物性质，还要了解蘋的社会功能。先秦时代，国人已经认识了蘋，蘋既可食用又可献祭，而采蘋则是勤劳守礼的女性行为。如《左传·隐公三年》之蘋蘩薀藻之菜“可荐于鬼神，可羞于王公”，《诗经·召南·采蘋》之“于以采蘋？南涧之滨”“于以奠之？宗室牖下”，屈原《招魂》之“菉蘋齐华兮白芷生”。魏晋南北朝时期，蘋增益了春天、江南的自然意象，如陆机《短歌行》之“蘋以春晖，兰以秋芳”，谢灵运《登上戍石鼓山诗》之“白芷竞新苕，绿蘋齐初叶”，鲍照《送别王宣城诗》之“既逢青春献，复值白蘋生”，柳恽《江南曲》之“汀洲采白蘋，日落江南春”，江淹《咏美人春游诗》之“江南二月春，东风转绿蘋”。隋唐以来，人们还以蘋象征芬芳、美好，以蘋表示相思、别愁，如李益《柳杨送客》之“青枫江畔白蘋洲”，张籍《湘江曲》之“白蘋茫茫鹧鸪飞”，于鹄《江南曲》之“偶向江边采白蘋”，温庭筠《望江南》之“肠断白蘋洲”，寇准《江南春》之“蘋满汀州人未归”，晏几道《虞美人》之“蘋香已有莲开信”，范成大《晚春田园杂兴》之“湔裙水满绿蘋洲”等。至于给女性起名，古人通常选择象征江南、春天、芬芳美好的蘋，如江采蘋、方蘋、徐方蘋、许德蘋，今人则纷纷选择萍或苹，但萍字其实最不可取！

欲采蘋花，何不自由？历来解为柳宗元欲采蘋献于曹侍御，而以被贬之身，其实不敢自由。不自由，指不由自主、不能自主决定，亦如白居易《适意二首》之“岂无平生志，拘牵不自由”；元稹《辋川》之“世累为身累，闲忙不自由”。然深究其意，不自由实有两类含义：一是人身因身体、财力、职业、刑罚等因素所限制，不能自主行动；二是虽然形式上不受以上因素限制，但事实上不能自主行动，不能施展抱负。柳宗元谪居永州十年，其官职为“永州司马员外置同正员”，永州司马是正六品下的地方官，与原先从六品上的礼部员外郎似乎差不多，但礼部员外郎是中央政府清要之官，员外司马则是正式编制外的只领俸禄、并无职权的添置之官，是安置贬谪官员的名义职位。柳宗元作为贬放改造、严加看管的戴罪之人，类似监外缓刑，虽可在有限范围探幽寻胜，并无真正的、完整的言行自由。元和十年正月，柳宗元被召回京，但由于武元衡等当权者的嫉恨，三月移任柳州刺史。唐代上州刺史为从三品，中州、下州刺史为正四品下。柳州领马平、龙城、洛曹、洛容、象五县，虽然人口稀少，比永州更为僻远，柳宗元毕竟担任的是正四品下的刺史实职，此时具有了一定范围的职权。

但是，试图挽救大唐的永贞革新迅速失败，相关人员惨遭打击。“二王八司马”属于有理想、有才干之人，意图改革藩镇割据、宦官专权等弊政，重振大唐雄风，并非夤缘食禄之辈。革新失败后，即便时隔多年，即便他们低首，但执政者大都宁枉勿纵，公报私仇，并不及时、真正平反、起用他们，以至逢恩不原，刘禹锡《酬乐天扬州初逢席上见赠》慨叹“巴山楚水凄凉地，二十三年弃置身”。柳宗元此诗无论作于柳州还是永州，无论担任司马或刺史之职，依然动辄得咎，忧谗畏讥，缺乏真正的言行自由，更不用说理想破灭、国政艰难的痛苦。与曹侍御酬唱，虽然时维佳日，春风无限，蘋花盛开，江流澄碧，这是繁荣希望、生机勃勃的季节；虽然曹侍御生杀予夺、交浅言少，却骚人诗心，温敬可亲，这是流落天涯、喜出望外的相识；但欲言又止，似亲实疏，欲采蘋花，实不自由。咫尺千里，行不由己，不只是柳宗元的职事所系或二人素昧平生，亦不只是柳宗元对监察之职的敬畏或对曹侍御的回护，更主要的是现实的严酷无情和内心的悲凉绝望。

在因循守旧、成王败寇的文化惯性下，“二王八司马”在时评和史论上也饱受恶议。比如同时韩愈《永贞行》称革新党人为“小人乘时偷国柄”，“一朝夺印付私党”，甚至泼骂“狐鸣枭噪争署置，睗睒跳踉相妩媚”。苏轼虽然赞扬柳宗元诗歌“发纤秾于简古，寄至味于澹泊”，但又贬斥柳宗元为“所谓小人无忌惮者”。唐宋八大家，柳宗元、欧阳修、王安石卓有见识，其余五位文人矣。倒是金代诗人元好问具有同理之心，其《论诗绝句》云：“谢客风容映古今，发源谁似柳州深？朱弦一拂遗音在，却是当年寂寞心。”

唐宋之际，华夏古代文明不只发展到了高峰，甚至出现了现代化转型的趋向，又因为过早成熟、缺乏创新和西、北部族屡次入侵等原因，开始了停滞和衰落。从古代诗歌中的蘋、萍意象和现存古代诗歌中蘋、萍使用的概率上，也可窥见文明变迁的一斑。略一检索，蘋普遍出现在隋唐之前的文献，萍则偶尔出现，如谢灵运《答中书诗》之“嗟兹飘转，随流如萍”，鲍令晖《欢闻歌》之“遥遥天无柱，流漂萍无根”。隋唐以来，萍出现的概率不断增加，如唐代杜甫《题郑十八著作虔》之“春深逐客一浮萍”或《严中丞枉驾见过》之“地分南北任流萍”，白居易《九江春望》之“飘泊浮萍是我身”，张祜《酬答柳宗言秀才见赠》之“五湖波上泛如萍”，宋代辛弃疾《朝中措》之“绿萍池沼絮飞忙”，文天祥《过零丁洋》之“身世浮沉雨打萍”。以蘋、萍为例，唐代诗词中十之五六是蘋，十之四五是萍；宋代诗词中则相反地十之四五是蘋，十之五六是萍。

柳宗元初贬永州，虽然愤懑，对政局和未来还有几分乐观，以为未久即可重返长安。其《零陵早春》云：“问春从此去，几日到秦原？凭寄还乡梦，殷勤入故园。”即便十年后被召，其《诏追赴都二月至灞亭上》仍然尽显喜悦之情：“十一年前南渡客，四千里外北归人。诏书许逐阳和至，驿路开花处处新。”或如北宋寇准《江南春》：“杳杳烟波隔千里，白蘋香散东风起。日落汀洲一望时，柔情不断如春水。”但国情人性之险恶无端，远远超过了他最坏的估计。至于柳州时期，“惊风乱飐芙蓉水，密雨斜侵薜荔墙”，“宦情羁思共凄凄，春半如秋意转迷”，由乐观之失望而转为悲观之无望了。天地寂寥，凄神寒骨，只得不问生死，随性而已。以此揣测，骚雅而苍凉、热烈而寂静的《酬曹侍御过象县见寄》，亦应作于柳州期间。

元和十年初，柳宗元刚返长安，迅即移为永州西南的下州柳州刺史，而刘禹锡亦移为荒徼远陬、民户不足五百的播州刺史。柳宗元以播州非人所居，且刘禹锡母老多病，具奏自往播州，加之裴度等人求情，唐宪宗只得假惺惺地将刘禹锡改遣连州。刘、柳衡阳分手，柳宗元有《重别梦得》：“二十年来万事同，今朝歧路忽西东。皇恩若许归田去，晚岁当为邻舍翁。”不过，柳宗元虽然因其土俗，为设教禁，虽有吴武陵、裴度等人援救，但重返长安遥遥无期。其柳州任上《种木槲花》即写飘零孤苦：“上苑年年占物华，飘零今日在天涯。只因长作龙城守，剩种庭前木槲花。”四年后的元和十四年，宪宗受尊号实行大赦，但柳宗元贫病交加，其《寄韦珩》云“奇疮钉骨状如箭，鬼手脱命争纤毫，今年噬毒得霍疾，支心搅腹戟与刀”，当年十月五日（韩愈《柳子厚墓志铭》误为十一月八日）永远留在了远离长安和故乡的柳州。

细说京师大学堂*

光绪二十四年（公元1898年）创办的京师大学堂，其早期大致经历了三个发展阶段：1896～1902年奏议和设立；1902～1912年复校和发展；1912年分立为北京大学校（北京大学）、北京高等师范学校（北京师范大学）等。初心可能错误，未必坚持；初生却是历史，务求真实。比如建校、校庆日、发展过程、历任校长等，在后来的北大、师大的校史上皆不够全面准确。

一

1840年鸦片战争和1842年《南京条约》，以外部冲击的方式开启了中国现代化的进程。如《南京条约》第一条即有文、白两种汉语版本：“一、嗣后大清大皇帝、大英国君主永存平和，所属华英人民彼此友睦，各住他国者必受该国保佑身家全安。”“第一条，自今以往大不列颠及爱尔兰联合王国女王陛下与中国皇帝陛下以及两方臣民之间和平敦睦，两方臣民各在对方疆土之内得享人身、财产之完全的保障与维护。”比照英语原文：“ARTICLE I. There shall henceforward be Peace and Friendship between Her Majesty the Queen of the United Kingdom of Great Britain and Ireland, and His Majesty the Emperor of China,

---

* 本文写于2018年5月3日。1983年考入北京师范大学之后，笔者一直关注学校的历史和发展，参与编写了“经济与工商管理学院30年大事记”，撰写了关于学校历史的“京师烟云”系列文章。

and between their respective subjects, who shall enjoy full security and protection for their persons and property within the dominions of the other. ”后译的白话文版本更为准确，而这些条款即体现了古代与现代的文明冲突。但东方睡狮依然深眠，文化、经济、政治、军事等方面维新变法举步维艰。经历了 1851 年太平天国运动、1856 年第二次鸦片战争、1860 年火烧圆明园，特别是 1894 年甲午战争和次年《马关条约》，帝座官位岌岌可危，朝野上下才有所警醒。

1896 年 2 月，管理官书局大臣孙家鼐上奏《官书局章程》，提出了“拟设学堂一所”。6 月，梁启超内兄、刑部左侍郎李端棻奏《请推广学校折》（罗惇曧《京师大学堂成立记》载，奏折为梁启超草拟），“奏为时事多艰，需材孔亟，请推广学校，以励人材而资御侮”，第一次正式提议设立“京师大学”。9 月，孙家鼐上《议复开办京师大学堂折》。1897 年 8 月，《万国公报》发表美国传教士李佳白《拟请京师创设总学堂议》。

1898 年 1 月，康有为等在北京南海会馆组建粤学会，上《应诏统筹全局折》：“自京师立大学，各省立高等中学，各府县立中小学及专门学。”2 月，江西道监察御史王鹏运上《需材孔亟请饬速设京师大学堂片》。6 月 11 日（光绪二十四年四月二十三日），光绪帝颁布《明定国是诏》，宣布变法，诏书强调：“京师大学堂为各行省之倡，尤应首先举办。”然一切进展甚慢，光绪帝震怒，6 月 26 日命军机大臣、总理各国事务衙门大臣会同妥速议奏。6 月 30 日，江南道监察御史李盛铎上《奏京师大学堂办法折》，提出五项具体建议。7 月 1 日、2 日，严复《国闻报》刊登梁启超等《公车上书请变通科举析》，提出废止八股取士制度等主张。京师大学堂章程议奏事宜辗转翁同龢、张謇、黄绍箕等，后交康有为、梁启超等起草。7 月 3 日，受军机处、总理各国事务衙门委托，康有为上《请开学校折》，并附梁启超《奏拟京师大学堂章程》，奏请加速筹办京师大学堂。《奏拟京师大学堂章程》是京师大学堂的首个章程，提出京师大学堂为各省之表率（第一章第一节）、于堂中别立一师范斋、以养教习之才（第一章第四节）、本学堂兼容并包、中西并重、观其会通、以实事求是为主等办学原则、设管学大臣、总教习各一员等建议，是中国近代高等教育的首个学制纲要。

1898 年 7 月 3 日（光绪二十四年五月十五日），光绪帝颁谕，称京师大学堂章程“纲举目张，尚属周备，即著照所议办理”，正式批准设立京师大学堂，吏部尚书、协办大学士孙家鼐为管学大臣（管理大学堂事务大臣），至 1899 年 7 月，“派孙家鼐管理大学堂事务，办理各员由该大臣慎选奏派，至总教习综司功课，尤须选择学赅中外之士……所有原设官书局及新设之译书局均著并入大学堂由管学大臣督率办理”，并著派梁启超办理译书局事务。大学堂设有仕学院、师范斋、中学堂、小学堂、编译局等。可见，7 月 3 日为京师大学堂创设之日，仕学院、师范斋为后来的北京大学、北京师范大学源头。

孙家鼐主管大学堂事务，原属意康有为任总教习，然因不满于《奏拟京师大学堂章程》关于组织机构权力安排等原因，其 7 月 17 日上奏拟保总办提调名单共计 21 人中并无康、梁等，奏拟总办张元济、总教习严复，然张、严二人皆未应聘，同日奏拟上海《时务报》改为官报，以康有为督办。8 月 9 日，京师大学堂分设中学、西学总教习，分请总理各国事务衙门大臣兼工部左侍郎许景澄兼任中学总教习，美国传教士、京师同文馆总教习丁韪良（W. A. P. Martin）任西学总教习，总教习类似于掌管教学事务的副校长。

1898 年 9 月 21 日戊戌政变，光绪帝拘于中南海瀛台，“百日维新”结束。因京师大学堂萌芽既早，为国储才，慈禧太后 9 月 26 日谕旨：“大学堂为培植人才之地”，应予继续兴办，而他法尽废。至于网络上流传的、某些学者引用的光绪帝开学典礼上的讲话，纯属今人的杜撰，因为光绪帝当时正囚禁于内苑瀛台。

1898 年 11 月 22 日，在今地安门沙滩后街（景山东街），原明代马神庙、清代和嘉公主（四公主）驸马府改建为京师大学堂校址，孙家鼐题写“大学堂”额匾悬于大门即东宫门，1966 年被破坏。12 月 31 日，京师大学堂开学，孙家鼐默默率领随员，以及仕学院（招收进士、举人）30 人、中学堂 60 人、小学堂 70 人等学生 160 余人顶礼膜拜孔子牌位，西学总教习丁韪良则鞠躬敬礼，课程则设诗、书、易、礼四堂和春、秋两堂。

1899 年 7 月，总理衙门大臣、吏部左侍郎许景澄为暂行管学大臣。

1900 年 5 月，义和团进入北京，大学堂受到冲击。6 月，许景澄反对端王载漪和义和团攻打使馆，保全公使，7 月，许景澄与徐用仪、立山、袁昶、联元等五大臣被慈禧太后越制处死。8 月，八国联军侵入北京，慈禧太后携光绪皇帝等出德胜门，经河北、山西至陕西西安，所谓的“两宫西狩”，京师大学堂被俄、德侵略军盘踞，遭严重破坏，8 月 3 日停办。

二

1902 年 1 月 10 日，战事平息，遭受西逃之耻的清廷决定推行新政，下令恢复京师大学堂，吏部尚书张百熙为管学大臣至 1904 年 1 月。1902 年 8 月，张百熙主持奏拟大学堂、考选入学、高等学堂、中等学堂、小学堂、蒙学堂等六个学堂章程，当月钦定颁行各省，即《钦定学堂章程》，此为第二个学堂章程，又称“壬寅学制”。京师大学堂分为预备科（预科）、大学专门分科、大学院三级。预备科学制三年，分政科、艺科，政科包括经史、政治、法律、通商、理财，艺科包括声、光、化、农、工、医、算学，毕业后可给予举人出身，可升入大学专门分科深造，预备科 1909 年改为高等学堂。大学专门分科学制三至四年，相当于大学本科各院系，分法政、文学、格致、农业、工艺、商务、医术七科 35 门，毕业后可给予进士出身，可升入大学院深造。京师同文馆并入京师大学堂，改为翻译科，次年改为译学馆，地址在东堂子胡同，1911 年停办。

1902 年，京师大学堂先设速成、预备两科。速成科分仕学馆、师范馆，学制三至四年，毕业后可任初级官吏、学堂教习，仕学馆 1903 年改为法律馆。10 月，速成科开始招考，五品以下八品以上的京官、道员以下教职以上的因事留京人员及外官候选，皆有报考资格。招考分初试和复试。10 月 14、16 日，举行初试，考题包括史学、政治策、算学策、交涉策、舆地策、物理策、外国文论 7 项。初试合格方可参加复试，10 月 23 日举行复试，试题有中文、外国文试题各一道，中文论题为“张居正毕士马克优劣论”，外国文试题为英、日、俄文论（西伯利亚铁道于世界商业之影响论）。11 月，速成科第 2 次招考，两次共录取 182 人。

1902 年 12 月 17 日，京师大学堂速成科仕学馆、师范馆开学，吴汝纶、辜鸿铭任正副总教习，严复、林纾分任大学堂译书局总办和副总办。12 月 17 日这一日，在 1902 ~ 1952 年亦作为北京大学、北京师范大学共同的校庆日，1898 年亦是两校共同的建校年。

1903 年 1 月，增设进士馆、译学馆、医学馆，医学馆次年设立于地安门内太平街，1906 年改为京师专门医学堂。2 月，刑部尚书荣庆（后转礼部、户部尚书）兼任管学大臣，张百熙一意更新，荣庆时以旧学调济之。4 月 30 日，京师大学堂学生鸣钟上堂，举行集会，声讨沙俄侵占中国东北，要求拒约抗俄，会后起草《拒俄书》和《争俄约疏》，此为中国近代高等学校第一次学生运动。下半年，张之洞、荣庆、张百熙拟具《奏定学堂章程》，包括十个学堂章程。年底，京师大学堂首次选送 39 名学业优秀者赴日本、欧美留学，其中师范馆学生 31 名。

1904 年 1 月，清廷颁布《奏定学堂章程》，又称“癸卯学制”，提出大小各学堂各有取义，急设各师范学堂，小学堂为义务教育，不便设立女学及女师范学堂，筹设农工商各项实业学堂，考核学生品行，经书必宜诵读讲解，初等小学断不宜兼习洋文，中学堂以上各学堂必生勤习洋文，学生禁止妄行干预国政，权利自由者为臣民应享之福，私设学堂概不准讲习政治、法律专科，私设学堂不得教授兵式体操，各学堂可采用官编、自编、外国教科书等规定。

1904 年《奏定大学堂章程》为京师大学堂第三个办学章程，改管学大臣为学务大臣，孙家鼐为学务大臣至 1905 年 12 月，统辖全国学务；京师大学堂另设总监督，专管大学堂事务，类似于后来的校长，总监督至 1912 年相继为张亨嘉、曹广权、李家驹、朱益藩、刘廷琛、柯劭忞、劳乃宣。同年，设预备科，为开办分科大学准备生源。京师大学堂仍分预备科（预科）、大学专门分科、大学院三级。不过，大学专门分科增为八科 46 门，即经学科、法政科、文学科、医科、格致科、农科、工科、商科八科，经学科包括11门；大学院改名通儒院，年限五年。同年，仕学馆（法律馆）并入进士馆，进士馆迁址李阁老胡同；师范馆改为优级师范科。

1905年4月30日，京师大学堂举办第一次运动会，目的是培养青年“临事不辞难，事君不惜死”精神，运动员高呼“皇太后圣寿无疆，皇上圣寿无疆”。12月，改设学部，荣庆为学部尚书，学部为中央教育行政机关，京师大学堂直属学部（北京大学、北京师范大学的先前校史中，皆缺了总监督曹广权、学部尚书荣庆二人）。

1907年2月，京师大学堂进士馆改为京师法政学堂；6月，京师大学堂设立博物实习科；1908年6月，京师大学堂师范馆改为京师优级师范学堂，监督为陈问咸，11月14日开学，次年6月迁入厂甸五城中学堂基址的新校区。1908年，京师大学堂第一批速成科学生毕业，次年第一批预备科学生毕业。

1910年3月，京师大学堂分科大学（大学专门分科）除医科外，七科13学门招考、录取分科大学生，3月31日分科大学在马神庙开学，校址在安德里北街。此前，京师大学堂总监督张亨嘉1905年奏请先设政法科、文学科、格致科、工科四科，学部1908年奏请筹办八科，1909年（宣统元年）宣布招考，1910年开办分科大学堂。

1911年10月10日，湖北武昌辛亥革命爆发。11月，劳乃宣为京师大学堂总监督；12月，以政局动荡、师生纷纷离校，京师大学堂暂行停办。

三

1912年1月1日，孙中山在南京宣布中华民国临时政府成立，蔡元培任教育总长。2月12日，清廷宣统皇帝溥仪宣布退位。2月25日，南京临时政府大总统令，严复署理京师大学堂总监督。3月10日，袁世凯在北京宣布就任中华民国临时大总统。5月，经教育总长蔡元培呈报，袁世凯临时大总统令，京师大学堂与时俱进，正式分立。

1912 年 5 月 3 日，京师大学堂主体改立为国立北京大学校，总监督改称校长，严复任校长，5 月 15 日重新开学。7 月，教育部以成绩未著、各方不满为由，下令停办北京大学校，经严复力争而复校。1913 年，招收预科新生，1916 年在汉花园（沙滩）兴建新校址即北大红楼，1918 年 8 月落成，原校址改称北大二院，另有三院、四院。1949 年 2 月 28 日，北平军事管制委员会接管北京大学。1952 年，北京大学与燕京大学部分系科合并，北京大学迁入燕京大学校址。2000 年，北京大学与北京医学院合并。

1912 年 5 月 15 日，京师大学堂优级师范学堂改立为北京高等师范学校，陈宝泉任校长，1920 年 12 月改称北京高等师范学校，1923 年 7 月改称国立北京师范大学校，7 月 1 日举办成立典礼，开学日期则为 9 月 28 日。1924 年 1 月，国立北京师范大学校成立董事会，实行董事会下的校长负责制，梁启超任董事长。北京师范大学 1927 年改称为京师大学校师范部，1928 年改称国立北平大学第一师范学院、国立北平师范大学。1931 年 11 月，北平师范大学与北平女子师范大学合并，经校务会议议决，将 12 月 17 日作为大学成立纪念日。1937 年抗战全面爆发后西迁，与北平大学、北洋工学院等组成西安临时大学，1938 年改称西北联合大学，1939 年独立为西北师范学院。在日伪统治下，1938 年 4 月成立了“国立北京师范学院”和“国立北京女子师范学院”，二校 1941 年合并为“国立北京师范大学”至 1945 年。抗战胜利后，西北师范学院部分教师留在了西安的西北大学、兰州的西北师范学院，主体 1946 年复员迁回北京，复校为北平师范学院，1948 年改为北平师范大学。1949 年 2 月 17 日，北平军事管制委员会接管北平师范大学，9 月改名北京师范大学，次年林砺儒校长请毛泽东主席题写校名。1952 年，北京师范大学与辅仁大学合并为北京师范大学，陈垣任校长。1954 年，北京师范大学迁入新街口外大街新址。1967 年 4 月 29 日，政教系谭厚兰任学校革委会主任，1973 ~ 1975 年丁元贞任学校党的领导小组组长，1984 年王梓坤任校长。1998 年，北京师范大学计划与北京邮电学院合并，两校互开西门、东门，据说拟议中的校名即“京师大学”，但并校之事终未合龙。

北京大学1949年、1950年在12月17日举行校庆活动，1951年10月21日《北大校刊》第14期刊登校历，12月17日仍规定校庆放假一日。王学珍等撰写《北京大学大事记》载，1951年12月7日，汤用彤副校长建议把北京大学校庆日改为5月4日，学校虽无决议，十天后的校庆活动却取消了。1952年5月4日，北京大学隆重纪念五四青年节，当年和次年却无校庆活动。1952年下半年，北京大学亦合并了燕京大学，并迁往燕京大学校址。自1954年起，北京大学在5月4日举办校庆，后有"池浅庙小""一塔湖图（一塌糊涂）两锅粥"等传说。

北京师范大学早期亦一直以1898年京师大学堂为前身，以12月17日为建校纪念日，且一直延续到新中国成立初期。1949年6月毛泽东主席登门看望北京师范大学汤藻贞、黎锦熙、黄国璋等教授，1950年2月邀谈师大林砺儒校长，8月底题写校名。但后来不知何年何月，北京师范大学改称1902年建校，而建校纪念日长期未予规定。1982年庆祝建校80周年，选定10月3～4日举行庆祝活动，10月3日《北京师大》刊登80周年校庆专刊；1985年9月9日（并非9月10日）举行首个教师节庆祝大会；随后三年的9月9日，邓颖超、王震、万里出席教师节庆祝大会。1992年建校90周年之际，学校将校庆日定为10月11日。2002年为迎接百年校庆，学校将9月8日定为校庆日，此后成为定例。北京师范大学又以"砸三孔"、教师节、莫言等获得诺贝尔奖著称。但是，北京师范大学在广东省珠海市举行的珠海校园暨教育园区奠基仪式，似乎刻意选择了2001年12月16日，此日亦成为北京师范大学珠海分校校庆日。2019年4月，教育部批复同意北京师范大学建设珠海校区，珠海分校2024年停止办学。

京师大学堂，以及北京大学、北京师范大学的创始人，私以为首推梁启超。梁启超不只推动戊戌变法、鼓吹自由科学、维护民主共和，而且屡屡倡办京师大学堂，拟订《京师大学堂章程》，出任国立北京师范大学首届董事会董事长，鞠躬尽瘁，遗惠后人。

1908年首次推出章嵚作词、冯孝思作曲、1914年拟订的京师优级师范学堂/北京高等师范学校的校歌（礼陶乐淑教之基），1923 年推出范源廉作词、冯孝思作曲的国立北平师范大学校歌（往者文化世所崇）。新时期以来，2002 年、2011 年亦曾两次提出校歌草案，即“天南地北”“木铎金声世所崇”。当然，还有“北师姑娘”“南山南”等民间版的师大之歌。

不揣简陋，另拟校歌新词如下：“从戊戌到戊申，我们的髫年韶华；从厂甸到新外，我们的旧居新家。巍巍古都，郁郁学府，山南海北聚一堂，春诵夏弦思无涯。恂恂我师，菁菁我友，诚勇勤爱学日进，木铎金声桃李发。从京师到西北，奔走于救亡变法；从五四到四五，高扬着德赛文化。巍巍古都，郁郁学府，饮冰树人西天雨，励耘敬文蓟门霞。恂恂我师，菁菁我友，以身作则昌民智，继往开来兴华夏。”

朱　师*

导师的语义是承担教育、指导工作的人，导师的外延应当比教师广，品质比教师高。古代社会的导师不仅富有知识和智慧，还应当德劭品高，所谓经师易遇，人师难遭。牛津大学实行导师制后，高校中的导师一般是指直接指导学术研究、论文写作的老师。在我从本科到博士的学习阶段，先后跟随何晓明、朱元珍、胡乃武三位导师，而朱元珍老师离开我们已经二十多年了。

我读本科时，学校在研究生保送制度上曾试行综合评价、全体同学投票表决制。班级五十多人，学校分配了三个名额，我侥幸被众人推为第二。但大约是考试成绩好的同学不服，后来改变规则，以分数论，而我奉行“60 分万岁”，最终落选。工作两年后，重作冯妇。原先报考的老师调走，就跟了朱师。1989 年 5 月复试时，朱师看了我发表的几篇文章，说不用考试，赶快回单位吧。

朱师也是江苏人，家乡他南我北，工作他北我南，一口略带南方口音的普通话，天然地就有了一种亲近感。他 1930 年 4 月 1 日出生于江阴，中学就读于著名的江阴南菁中学，前身是江苏学政黄体芳光绪八年（公元 1882 年）创办的南菁书院，“南菁”得名于朱熹《吴公祠记》中“南方之学，得其菁（精）华”。1953 年从江苏师范学院毕业后，朱师进入中国人民大学政治经济

* 本文原载于《师大校友》2016 年第 1 期。

学研究生班，1956 年毕业后长期在大学工作，1980 年、1986 年分别晋升副教授、教授，其间多次参与国家计委、体改委、劳动部等单位的调查研究。朱师敦学覃思，自 20 世纪 50 年代起在《北京师范大学学报》《经济研究》《北京大学学报》《学术月刊》《中国劳动科学》《计划经济研究》等期刊发表了大量论文。其中，在经济学科顶尖的《经济研究》上发表 4 篇论文（即朱元珍、范茂发：《国民经济的调整要首先按社会主义基本经济规律办事》，载于《经济研究》1980 年第 1 期；朱元珍：《扩大再生产的需要是社会主义生产目的的内容吗》，载于《经济研究》1980 年第 12 期；庄启东、刘循、朱元珍、孙克亮：《辽宁省城镇劳动就业问题调查》，载于《经济研究》1981 年第 12 期；朱元珍、刘循、刘志典：《经济管理体制改革的实质不是改变社会主义国家所有制》，载于《经济研究》1982 年第 3 期）。他还与程树礼、王善迈等老师主编了政治经济学教材，与宁玉山、钱淦荣主编了全国自学考试统编教材《政治经济学》。

1989 年，朱师年近六十，高而瘦弱。当时单位导师六七位，每年招生十多人，不似如今浩浩荡荡的四五百人。由于应届考生必须下农村、进工厂锻炼一年，朱师身边那一年就我一人，所以学习、生活中的接触更多，经常为他取送报刊信件。

朱师知识丰富，功底深厚。我读本科时虽已承教四年，但此前是远距离瞻谒，如今是面对面聆训，受益当然更深。除了上课，朱师经常布置阅读经典原著或报刊文章，思考一些重要的、前沿性的经济问题，几乎一周交一次作业。记得第一次去朱师家，朱师拿出修改得密密麻麻的作业，告诉我应当如何查阅资料、思考问题，如何遣词造句、谋篇结构，无异于当头棒喝。以前，我已经发表了几篇文章，颇有点志得意满，现在看来，许多地方颇为薄弱幼稚。如是，一篇作业往往修改了三五次，才勉强过关。而朱师的这些指导工作，都不是学校规定的教学任务。也正是朱师和其他老师的辛勤指导，我在攻读研究生期间居然发表了十多篇文章。

为人正直、治学严谨、教学高效是朱师的特点。在学习、考试、答辩上，对自己的学生和他人的学生，他都一视同仁，对事不对人，认真负责，从严要求，这在一些人看来真是迂腐不通。少数学生毕业论文答辩没有通过，甚至还有些不解，朱师也担心、难过，但遇到原则性问题还是尽可能地坚持底线。一次，朱师参加并主持外单位的论文答辩，因对论文和回答问题并不满意，最终也未通过。由于教学成绩突出，朱师 1989 年获得了北京市优秀教师奖。

读书不只是课本、黑板上的功夫，必须深入活生生的社会，了解现实中的生产生活。于是，跟着朱师，我们还走访了多家纺织、印染、化工、交通等企业，经常参加学术讨论会，参与了国家计划、体制改革、劳动、农业等部门的课题，远赴福建、广东、山东、山西等地调研，还在山东潍坊寿光农贸市场观察访谈了一周。

闲暇时，朱师也一改平时的严肃认真，亲切、幽默，娓娓而谈过去的学习和工作、得意和失落，嘲讽我的烟酒经济研究，调侃某师妹的妆化得重，偶尔客串一下红娘，给弟子们牵牵线。谈到社会上对改革的不解和反对，来几句“辛辛苦苦三十年，一夜回到解放前”之类的顺口溜。年底，全体学生到朱师家中相聚，朱师与我们聊聊学习、工作，师母热情地招待我们，开开朱师的玩笑。好像是 1990 年底，外面落满了雪，远在京北山村锻炼的师弟也回来了，朱师非常高兴，还多喝了点酒。

朱师个头细高，年轻时一定很帅，还是学校篮球队的队员，否则怎么娶了 1958 年毕业留校，活泼漂亮的上海姑娘？他工作勤奋，经常到夜深。后来深知，工作上如果想取得一点成绩，才气和机遇固然重要，但这都依赖于长期的努力和扎实的基础，机遇常常光顾的是有准备的人。但过度的教学科研还是损害了他的健康，正值学术生命旺盛之时，朱师竟于 1992 年 5 月 13 日过早地离开了我们。去世前，朱师还主持编辑、出版了国内第一部比较权威的《实用劳动大辞典》。1992 年 6 月底，我们忙于毕业，在论文答辩会上说起朱师，语声哽咽，几位老师也潸然泪下。

当年，朱师从烟雨江梅的南方来到北方，扎根落叶。他正直，热情，勤奋，认真，尽最大可能做好专业工作。但是，朱师一直只是一位普通的教师，一定还有许多曾经向往、未能实现的心愿吧？他去世后，专业资料几乎都被处理了。或许，在师母的心中，生命才是真实、第一的，其他的一切都是浮云。

钱钟书不招研究生

钱钟书为无锡钱福炯长孙、钱基博长子，生于1910年11月21日，因伯父钱基成无后，自小过继，伯父取名仰先，字哲良，小名阿先，又称阿宣。抓周时生父取名钟书，钱基博纂修《堠山钱氏丹桂堂家谱》载“字默成，一字中书”，而钱钟书常署“默存”。由于伯父宠溺，钱钟书颇有一段自由率性的童年时光，直到十岁时伯父去世才回到生父身边。钱钟书先后就读无锡东林小学、苏州桃坞中学和无锡辅仁中学，同学者有二舅高昌运（子毂）以及亲弟钟英、堂弟钟韩等，后来高昌运也留学英国并任教蓝田师范学院英语系，1929年报考清华大学，算学虽然只得15分，但国文、英文卓越，在当年录取的174名男生中排名57。

大学毕业后，钱钟书至上海光华大学任教两年，1935年以87.95最高分考取庚子赔款第三批留英学生而入牛津大学，1938年从法国巴黎大学归来，即被破格聘为西南联合大学外文系教授，10月抵达昆明开设大学英文、文艺复兴时期文学、现代小说三门课，次年暑假因家事向外文系主任叶公超请假返回上海，以迟迟未收到校方回复，只好应邀奔赴其父所在的国立蓝田师范学院（所谓的“三间大学”）并任英文系主任。1949年之后，钱钟书先在清华大学执教，1952年调入中国科学院哲学社会科学部。1938～1998年特别是1978～1998年，钱钟书作为教授的教授、博导的博导，完全可以招收研究生特别是博士生，但他几乎没有独立、完整地招收、指导研究生。

家学渊源，天分甚高，加之钱基博从严管教，又在清华大学、英国牛津大学、法国巴黎大学等研读多年，钱钟书精通英文，熟谙法文、德文、意大利文、西班牙文、拉丁文，在中外文史领域的阅读量达到了天高地厚的程度，这初步表现在其牛津大学 1937 年毕业论文“China in the English Literature of the Seventeenth and the Eighteenth Centuries”，以及出版的《谈艺录》《围城》《写在人生边上》《宋诗选注》《管锥编》等著作。其生前积累、逝后编印的 16 开本的 3 册《容安馆札记》、20 册《中文笔记》、48 册《外文笔记》等材料足可以形成一系列大作，他兴趣最浓、用功最深的外国文学竟然未能撰述。

钱钟书求知若渴，嗜书如命，又粹然率性，口角生风，创作评论兼擅，对他人的工作却很少公开表态。他当面或书面的称颂，往往是客套话，当不得真。钱钟书 1979 年访问美国回来，致中华书局傅璇琮信云：“弟今春在纽约，得见某女士诗词集印本，有自跋，割裂第三十五年前题画诗中两句，谓为赠彼之作，他年必有书呆子据此而如陈寅恪之考《会真记》者。”据范旭仑《钱钟书收女弟子》等考证，某女士似指徐志摩干女儿何灵琰，其 20 世纪 40 年代与周节之（礼予）、方资敏曾在上海从钱钟书学英文，后旅居美国；题画诗似指钱钟书 1938 年《题叔子夫人贺翘华女士画册》七绝二首，其一云“绝世人从绝域还，丹青妙手肯长闲。江南劫后无堪画，一片伤心写剩山”。叔子指冒广生（鹤亭）之子冒景璠（孝鲁、效鲁、叔子），绝域指苏联及莫斯科，冒孝鲁 1935 ~ 1938 年任驻苏联大使秘书，江南劫指日军侵华，蛰居上海期间钱钟书一度与冒孝鲁割席，1946 年起刊发的《围城》中董斜川亦有冒孝鲁夫妇的影子。

高才而博学者，孤介清高也就得其所哉。而钱钟书口无遮拦的呆语酷评，始自其中小学时期。钱钟书自幼博览群书，议论风生，少年学诗多绮靡之作，大异晚年编订的《槐聚诗存》。父亲为其改字“默存”，语出《易经·系辞上》“君子之道，或出或处，或默或语”，“默而成之，不言而信，存乎德行”。告诫他严谨宽恕，少说多做，以防口生祸端。杜甫《遣闷戏呈路十九曹长》云：“惟吾最爱清狂客，百遍相看意未阑。”夏承焘《天风阁学词日记》1953 年 9 月 8 日载：“阅钱钟书《谈艺录》，其逞博处不可爱，其持平处甚动人。”

邓广铭教授是北京大学和全国的宋史大家，钱钟联教授是江苏师范学院（苏州大学）清代诗歌研究的著名学者，他们都是我国1981年第一批博士生导师，是所在大学的招牌教授。当年人文学科、社会科学领域的博士生导师，江苏师范学院、扬州师范学院、南京师范学院、云南大学、厦门大学等大学仅1人，山东大学2人，吉林大学、四川大学3人，中山大学5人，武汉大学、华东师范大学6人，南京大学7人，复旦大学、中国人民大学9人，北京师范大学10人，北京大学23人。

翻阅钱钟书始于1953年、生前秘不示人的《容安馆札记》，摘两段腹黑邓广铭、钱钟联的文字。其六百三十六则："比见邓广铭《稼轩词编年笺注》，考索颇劬，于词章之学却无解会，笔舌亦甚伧俗，欲为文语，辄如鹦鹉能言。自负其注释能抉别稼轩运使古人，真庸而妄者。邓氏尚补正辛启泰《稼轩诗文钞存》，然如《朱子语类》卷一百十一载幼安帅湖南赈济榜文、《诗人玉屑》卷十九载幼安《答刘改之》等，皆缺而未收。"钱钟书博闻强记，作文或有积卡片、掉书袋之嫌。而他人著述难免挂万漏一，邓广铭60年中三次修订的《稼轩词编年笺注》早是后学的案上之书，钱钟书此处评论则为刻薄。

《容安馆札记》六百四十则："钱仲联《韩昌黎诗系年集释》荟萃群言，细大不捐。卷首采辑书目中有先君《韩愈志》，卷一《答孟郊》卷六《三星行》注释皆引余《谈艺录》，可谓贪多务得者矣。惜发明不多。好附会史事，尤其大病。若卷七《晚菊》注至引陈苍虬《崇效寺看牡丹》诗，谓'意本退之，而尤为深曲刻挚也'，真瓜皮之搭李皮。即使切当，亦乖体例，况其未乎！（阎若璩）《潜邱札记》卷一：'煅者有冷锤，于成刀剑后细密加锤也。精铁得此，愈见坚利，毛铁则破碎。注释，诗文之冷锤也，有意则得注精采倍加，无意则破碎。'仲联字萼孙，常熟人，出唐蔚芝丈之门。二十五年前余于先君客座曾与一面，渺然侏儒，衣履华鲜。作诗亦小有才藻。"按，瓜皮搭李皮出宋末陈世崇《随隐漫录》卷三，南宋姜石帚嘲林可山（林洪）冒林逋七世孙诗，云"定是瓜皮搭李皮"。钱钟书在1958年第2期《文学研究》上发表的《韩昌黎诗系年集释》，已经批评钱钟联"贪多务得，细大不捐"，以至1984年上海古籍出版社再版《韩昌黎系年集释》时，钱仲联怒将原引《谈艺录》书目《韩愈志》等尽皆删削。

普天下的学者，究竟哪些人是钱钟书真正看得上的？答案可能很尴尬：至少在文史领域，现代学人的整体水平确是不高，入钱钟书青眼的少之又少，能够对话的或许无人！比如王国维，钱钟书认为其少作时时流露西学义谛，其诗词甚有诗情作意，惜笔弱词靡，其宋元戏曲、《红楼梦》等研究也并不佳。再如偶或谈到鲁迅的汉代文学和古小说研究，钱钟书只以“近人”指代。陈寅恪也是教授中的教授，钱钟书颇喜其诗，于其学术却多有微词。钱钟书1984年4月22日给上海古籍出版社富寿荪回信，谈到陈寅恪《元白诗笺证稿》：“陈先生书（1950年）曾蒙见惠，弟不喜其昧于词章之不同史传，刻舟求剑，故未卒读也。”

钱钟书不独苛评今人，于古人尤其毒舌。如《容安馆札记》六百三则所言：梅尧臣《宛陵先生集》六十卷。“宛陵诗得失，窃谓安而不雅四字可以尽之。力避甜熟，乃至遁入臭腐村鄙；力避巧媚，乃至沦为钝拙庸肤；不欲作陈言滥调，乃至取不入诗之物，写不成诗之句，此其病也。”六百十六则评陆游《剑南诗稿》八十五卷、《逸稿》一卷，盖篇什多则语意易复，颇少剩义。又论方植之《昭昧詹言》多妄语，殊不足取；刘克庄《后村千家诗》二十二卷，学识庸陋。而文天祥《文山先生全集》二十卷，其文山《指南录》以前篇什皆犷滑，时时作道学腐语。《指南两录》《吟啸集》即事直书，虽不免浅率，而偶然有真切凄挚之作矣。等等。

钱钟书虽然狷洁直率，但严己而宽人，对事不对人。如钱钟书《谈艺录》即提及时贤徐燕谋评《宛陵集》、李拔可（宣龚）论元好问七律。钱钟书致信中华书局傅璇琮编辑：“拙著四二八页借（傅璇琮）大著增重，又四一六页称吕诚之（吕思勉）遗著，道及时贤，唯此两处。”在重版《宋诗选注》时，他人每有胜义即补录其后。狂者进取，狷者有所不为。20世纪六七十年代，钱钟书抱存亡续绝、薪尽火传之志，苦心著述，完成了巨著《管锥编》和大量札记。1981年，钱钟书力推钱仲联为江苏师范学院唯一的博士生导师，与南京大学程千帆、南京师范学院唐圭璋、扬州师范学院任半塘教授并为中国古代文学博士生导师。

钱钟书作为教授的教授，1949 年之后在清华大学、中国科学院、中国社科院也或多或少地参与了研究生培养。比如，1949 年在清华大学参与指导黄爱等研究生，黄爱（雨石）有译作《沉船》《众生之路》《虹》等；在中国科学院文学研究所指导新分来的王水照、栾贵明等人员。1979 年之后，钱钟书著作如《管锥编》等相继出版，《围城》及同名电视剧也大行于世。1981 年，钱钟书担任国务院学位委员会（文学学科组）委员，1982 年 8 月 3 日至 1993 年 10 月 14 日还兼任中国社科院副院长。不过，钱钟书一生并未独立、完整地招收、指导过一个研究生，个中原因绝非他不合行政职务、科研项目、学术论文等考绩要求。

晚年的钱钟书，境遇转优，但多病意倦，无可奈何。1993 年读到吴学昭所寄《吴宓日记》片段，即复函自责："少不解事，又好谐戏，同学复怂恿之，逞才行小慧……弄笔取快，不意使先师伤心如此，罪不可逭，真当焚笔砚也。"2009 年，杨绛又将二人晚年选录《全唐诗》的 9 册稿本赠予吴学昭。读钱钟书《阅世》，风骨何其凛然："阅世迁流两鬓摧，块然孤喟发群豗。星星未熄焚余火，寸寸难燃溺后灰。对症亦知须药换，出新何术得陈推。不图賸长支离叟，留命桑田又一回。"尽管如此，或因钱钟书位尊名高，别有标格，不必屈心抑志，降格以求；或因报考者没有读通《说文解字》，不熟悉汉文宋诗，未掌握多国文字，没有静心远志，师生之间恐难同气相求，教学相长，研究生还是不招了好，免得师生揪心，有司生怨。李慎之亦言，他最爱钱钟书的诗句"凋疏亲故添情重，落寞声名免谤增"。

送书出门记*

虽说读好书如晤良友，如对佳人，甚至有人说坐拥书城，万户侯也不换。但积书充楹、反客为主，友朋麇集、瞋目攘臂，佳丽三千、争风吃醋，毕竟也是烦心的事。时移势易，情恼意怠，还是分开的好。以此，隔了一年半载，自觉不自觉地就要整顿一下书架，清理一次队伍。心犹不甘的，盛装送人；面目可憎的，扫地出门。

当然，相处时日，自然生情。面对新欢旧好，常常流连再三，恋恋不舍。于是效法高祖，与书约法三章。若有不契者，硬起心肠，前缘不续，挥泪送宫娥！

一是年代久远，纸张黄脆，字迹漫漶者。

如《桃花扇》《长生殿》《围城》《拾遗记》《堆垒素数论》《近三百年名家词选》等，大都是20世纪70年代末80年代初的中学时代所买，现在多已形容憔悴，眉目不清，蓬头垢面。

如《半农杂文》（一、二集）、《花间集》与《中国章回小说考证》等，上海书店1980年出版的《中国章回小说考证》，大约还是胡适著作1949年之后的首次露面，这些书或是翻印，或是早出，竖排，字小。当时年少，精神好，看起来都很美，不吃力。现在头昏眼花，读来格外费劲。近些年来，凡竖排、字小的书，一律不买。

* 本文写于2009年9月3日，原载于《北京师范大学校报》2018年3月15日。

何况，这些书又非宋版元椠，连民国刻本都不是，存货很多，新版不断，后出转精，有什么保留价值？

却只是，旧友断断续续离去，新人络绎不绝到来，结构虽有调整，总量却在增加，这又如何是好？

二是时效性强者，事过境迁，敝帚不珍者。

曾几何，读书畏闻文字狱；而如今，作文常为稻粱谋。所谓的专业书、教科书、工具书，买了读了未必赏心悦目，但求冬暖夏凉、柴米油盐。

数学、物理等自然科学或语言艺术等人文学科，就像中医、算卦或者文物，知识创新不易，传统或更珍贵，许多书可以三十年甚至三百年不变，通一本书可以混一辈子。沈士远在北京大学讲《庄子》，开篇的《天下》就讲了一年。或者如刘文典，《庄子》课上第一句总是：“《庄子》嘛，我是不懂的喽，也没有人懂!”“古今以来，真懂《庄子》者，两个半人而已。第一个是我刘文典，第二个是庄周，另外半个嘛……还不晓得!”

不过，社会科学或技术科学变化神速，日新月异，甚至朝令夕改，一日千里，出版社更新的速度也快。如财经、计算机之类，如过去的课本，如应对工作或任务类而买的急就章，当时新鲜，过目即忘，已经淘汰多轮了。只是，有点恋旧和考据癖，所以架上还留了一些。

还有些书，新版本不断出现，旧相好只好抛弃。如刚刚去世的任继愈先生，1986 年在陕西宝鸡初读他的《老子新译》，现在新出了《老子绎读》，只好喜新厌旧、移情别恋了。类似的如《民主新论》《新教伦理与资本主义精神》之类，原著、汉译推陈出新，胜意纷呈，只好被出版社牵着鼻子走。

三是虽为名作，他人食之有味，自己视为鸡肋者。

买书为了阅读，不为储藏。曾经好高骛远，买过一批诸如商务版的汉译名著、三联版的学术文库的书籍，诸如康德、彭加勒、索绪尔、弗罗伊德等的高头讲章。对于书，或许真的是买来的书少读，借来的书多读，不让读的书最想读，架上许多藏书至今还只是翻而不入，形同陌路。

有些书，如王蒙、茹志鹃、陈梦家、李瑛等的小说诗歌，古希腊或者歌德、里尔克的某些译作，以前虽予青睐，今后难再亲近，于是恭送出门，另寻主人。即使想起，他们的书现在网上有电子版，书店中三五折也可买到，不必窝藏家中，误人青春。

有朋友说，一本书，如果一年还想不到翻一次，就该扫地出门了。这样的书，还有一堆，留之少用，弃之可惜。以后的日子，还将细细甄别，慢慢送客。

与君长别离，相识莫相忆。

附录　部分著作和文章

著作

1. 《实用劳动大辞典》（参编），中国劳动出版社 1992 年版。

2. 《社会主义市场经济概论》（合著），中国建材工业出版社 1993 年版。

3. 《中外金融诈骗纪闻》（合编），中国经济出版社 1994 年版。

4. 《收入分配理论》（参译），商务印书馆 1995 年版。

5. 《中国个人收入分配论纲》（合著），北京师范大学出版社 1996 年版。

6. 《国有资产管理体制改革实务》（合著），经济管理出版社 1996 年版。

7. 《现代资本主义论》（参著），江苏人民出版社 1996 年版。

8. 《职能定位与制度创新》（合著），贵州人民出版社 1998 年版。

9. 《世界经济新格局研究》（参著），北京师范大学出版社 2001 年版。

10. 《大国经济论》，北京师范大学出版社 2000 年版。

11. 《新世纪新阶段的政治宣言和行动纲领》（参著），中国人民大学出版社 2002 年版。

12. 《公司制度论》，北京师范大学出版社 2003 年版。

13. 《经济政治与社会》（合编），北京师范大学出版社 2007 年版、2010 年版、2014 年版。

14. 《中国转型期公共政策过程研究》，北京师范大学出版社 2008 年版、2011 年版。

15. 《公司制度概论》，经济科学出版社 2010 年版、2014 年版。

16. 《现代政治经济学教程》（合著），经济科学出版社 2015 年版。

17. 《唐诗选笺》，台湾秀威书局 2016 年版。

18.《新编政治经济学》（合著），北京师范大学出版社 2018 年版。

19.《唐诗今选》，贵州孔学堂书局 2020 年版。

20.《唐宋词今选》，贵州孔学堂书局 2022 年版。

文章

1.《资产存量重组：产业结构调整的另一种思路》，载于《生产力研究》1988 年第 1 期。

2.《我国西部地区发展模式小议》，载于《农村经济与社会》1988 年第 2 期。

3.《战后西方国有经济的发展、地位和作用》，载于《马克思主义理论教育参考资料》1988 年第 3 期。

4.《城乡局域一体化》，载于《内部文稿》1988 年第 17 期。

5.《试论艺术品的劳动特征和价格形成》，载于《艺苑》1989 年第 2 期。

6.《五四随想》，载于《南京日报》1989 年 4 月 25 日、5 月 2 日。

7.《体制效益与改革周期》，载于《广西党校学报》1990 年第 3 期。

8.《论工效挂钩改革的局限性》，载于《广东社会科学》1991 年第 3 期。

9.《对〈管子〉轻重思想的几点看法》，载于《宁夏大学学报》1991 年第 4 期。

10.《国民收入、物价与工资适度增长》，载于《宁夏社会科学》1991 年第 5 期。

11.《工资适度增长：理论、现状、对策》，载于《经济问题》1991 年第 6 期。

12.《行业工资制度改革的设想》，载于《经济体制改革内部参考》1991 年第 8 期。

13.《关于隐蔽性破产的思考》，载于《内部文稿》1991 年第 18 期。

14.《建立开放性、竞争性市场》，载于《农村经济与社会》1992 年第 1 期。

15.《论企业工资的形成机制》，载于《北京劳动》1992 年第 1 期。

16.《企业隐蔽性破产：原因、现状、对策》，载于《广东社会科学》1992 年第 3 期。

17.《关于共同富裕的思考》，载于《教学与研究》1992 年第 5 期。

18.《十四年第来关于收入分配问题的理论争鸣》，载于《学习》1993 年第 4 期。

19.《居民消费变化咏叹调》，载于《中国软科学》1994 年第 1 期。

20.《不规范的现实和规范的实现》，载于《广东社会科学》1994 年第 2 期。

21.《个人收入的困惑》，载于《中国软科学》1994 年第 2 期。

22.《投资基金：股民投资新目标》，载于《当代证券》1994 年第 42 期。

23.《经济转型与政府管理》，载于《北京师范大学学报》1995 年第 2 期。

24.《论中国经济体制改革中的通货膨胀问题》，载于《财经问题研究》1996 年第 9 期。

25.《试论经济发展中的法律创新》，载于《财经问题研究》1997 年第 8 期。

26.《面向二十一世纪的宏观调控体系》，载于《中国改革》1997 年第 10 期。

27.《国有企业活力的制约》，载于《中国改革》1999 年第 4 期。

28.《公司治理结构改革》，载于《改革内参》1999 年第 5 期。

29.《试论收入变动、国家规模与积累的相互关系》，载于《北京师范大学学报》1999 年第 5 期。

30.《黑幕下的“红光”》，载于《科学投资》1999 年第 6 期。

31.《为个私经济撑起一片蓝天》，载于《中国改革》2000 年第 2 期。

32.《经营者的激励约束与制度创新》，载于《中国改革》2000 年第 3 期。

33.《依程序行政，按规则游戏》，载于《中国改革》2000 年第 4 期。

34. 《所有制、权利平等与市场经济》，载于《中国改革》2000 年第 6 期。

35. 《论公平的权利本体与效率取向》，载于《经济与管理论丛》2000 年第 6 期。

36. 《中国经济增长中的财政和货币政策》，载于日本樱美林大学产业研究所年报第 19 号（2001 年 3 月）。

37. 《口渴：条例能否当一场及时雨》，载于《中国改革》2001 年第 5 期。

38. 《信用危机与制度变迁》，载于《中国改革》2002 年第 3 期。

39. 《西部大开发：政府做什么，成功靠什么》，载于《中国改革》2002 年第 7 期。

40. 《评陶大镛教授主编的〈世界经济新格局研究〉》，载于《经济学动态》2002 年第 5 期。

41. 《信息的非对称与市场的低效性》，载于《证券市场周刊》2002 年第 87 期。

42. 《论董事会的功能发挥》，载于《中央财经大学学报》2003 年第 7 期。

43. 《资本市场中企业价值评估方法》，载于《经济理论与经济管理》2003 年第 6 期。

44. 《宪法修正：私有财产保护与 50 年第政策周期》，载于《改革内参》2004 年第 1 ~2 期。

45. 《国有企业激励机制探析》，载于《石油工业技术监督》2004 年第 4 期。

46. 《世界经济新格局与中国的发展》，载于《国外理论动态》2004 年第 4 期。

47. 《银行业监督管理法能管多大用》，载于《改革内参》2004 年第 4 期。

48. 《邮政电信的行为逻辑》，载于《改革内参》2004 年第 5 期。

49. 《扶贫：这个法怎样立》，载于《改革内参》2004 年第 13 期。

50. 《迟到的北京人口迁徙解禁令》，载于《改革内参》2005 年第 13 期。

51. 《北京对外经济的回顾与展望》，载于《北京师范大学学报》2005 年经济学专刊。

52.《开放条件下的中国区域发展问题》，载于《北京师范大学学报》2006 年第 3 期。

53.《住宅：市场、政府与社会发展》，收录于《和谐社会：社会建设与改革创新》，北京师范大学出版社 2008 年版。

54. Constraints, Characteristics and Prospects of China's Transformation, 2011, July. SEBA – IE HAS International Workshop on labour markets, globalisation, EU integration, post – crisis developmet and transformation. 2011 年 7 月匈牙利科学院国际学术会议论文。

55.《政府与市场关系的应有性质与制度基础》，载于《人民论坛》2012 年 12 月（第 35 期）。

56.《公平、平等与我国收入分配政策取向》，收录于李实：《中国收入分配研究报告》，社会科学文献出版社 2013 年版。

57.《自由与繁荣》，共识网，2013 年 8 月 8 日。

58.《论经济转型的动力主体、实现途径和制度保障》，载于《人民论坛》2014 年 11 月（第 32 期）。

59.《盛唐诗人张万顷生平考释》，载于《北京师范大学学报》2014 年第 6 期。

60.《中国发展道路：条件、原则、方式与未来》，载于《徐州工程学院学报》2015 年第 1 期。

61.《知识的创新、市场与经济发展》，载于《人民论坛》2015 年 2 月（第 5 期）。

62.《马克思政治经济学的新探索》，载于《经济学动态》2015 年第 10 期。

63.《知识创新、分工扩展与社会扩大再生产》，载于《人民论坛》2017 年 3 月。

64.《当代中国马克思主义政治经济学的新发展》，载于《人民论坛》2018 年 2 月。

65.《自由贸易港是新时代全面开放重要抓手》，载于《人民论坛》2019年11月（下）。

66.《华为的治理方法论》，载于《人民论坛》2019年12月（上）。

67.《疫情防控中的公共治理反思》，明德公法网，2020年4月10日。

68.《我国未来发展的环境因素和战略选择》，载于《学术前沿》2020年12月（下）。

69.《走向人民主体、公平本位、创新驱动的共同富裕之路》，载于《中国经济评论》2021年9月。

图书在版编目（CIP）数据

政经与不经：李由文集/李由著．—北京：经济科学出版社，2022.7

（京师经管文库）

ISBN 978-7-5218-3799-5

Ⅰ.①政…　Ⅱ.①李…　Ⅲ.①中国经济-文集　Ⅳ.①F12-53

中国版本图书馆 CIP 数据核字（2022）第 115913 号

责任编辑：初少磊　赵　蕾

责任校对：郑淑艳

责任印制：范　艳

政经与不经

——李由文集

李　由　著

经济科学出版社出版、发行　新华书店经销

社址：北京市海淀区阜成路甲 28 号　邮编：100142

总编部电话：010-88191217　发行部电话：010-88191522

网址：www.esp.com.cn

电子邮箱：esp@esp.com.cn

天猫网店：经济科学出版社旗舰店

网址：http://jjkxcbs.tmall.com

北京季蜂印刷有限公司印装

710×1000　16 开　25.25 印张　360000 字

2023 年 4 月第 1 版　2023 年 4 月第 1 次印刷

ISBN 978-7-5218-3799-5　定价：88.00 元